广东华侨史文库

近现代东亚地区广东华侨社团研究

宋伍强 著

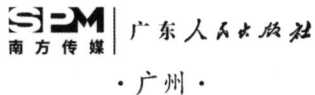

广东人民出版社

·广州·

图书在版编目（CIP）数据

近现代东亚地区广东华侨社团研究 / 宋伍强著. -- 广州：广东人民出版社，2025. 7. -- ISBN 978-7-218-14918-9

Ⅰ. D634.331

中国国家版本馆 CIP 数据核字第 2025Q7Z945 号

JIN-XIAN DAI DONGYA DIQU GUANGDONG HUAQIAO SHETUAN YANJIU
近现代东亚地区广东华侨社团研究
宋伍强　著

版权所有　翻印必究

出 版 人：	肖风华
责任编辑：	陈泽洪　寇　毅
责任技编：	吴彦斌

出版发行：	广东人民出版社
地　　址：	广州市越秀区大沙头四马路10号（邮政编码：510199）
电　　话：	（020）85716809（总编室）
传　　真：	（020）83289585
网　　址：	https://www.gdpph.com
印　　刷：	广州市豪威彩色印务有限公司
开　　本：	787毫米×1092毫米　1/16
印　　张：	21.25　　字　　数：320千
版　　次：	2025年7月第1版
印　　次：	2025年7月第1次印刷
定　　价：	90.00元

如发现印装质量问题，影响阅读，请与出版社（020-85716849）联系调换。

《广东华侨史文库》是《广东华侨史》编修工程的组成部分

由《广东华侨史》编修工作领导小组办公室资助出版

《广东华侨史文库》编委会

主　编：张应龙

副主编：袁　丁　张国雄

编　委：（以姓氏笔画为序）

　　　　刘　进　吴行赐　肖文评　张应龙

　　　　张国雄　袁　丁　黄晓坚

《广东华侨史文库》总序

广东是我国第一大侨乡,广东人移民海外历史久远、人数众多、分布广泛,目前海外粤籍华侨华人有3 000多万,约占全国的2/3,遍及五大洲160多个国家和地区。

长期以来,粤籍华侨华人紧密追随世界发展潮流,积极融入住在国的建设发展。他们吃苦耐劳、勇于开拓,无论是东南亚地区的产业发展,还是横跨北美大陆的铁路修建,抑或古巴民族独立解放战争以及世界反法西斯战争,都凝聚着粤籍侨胞的辛勤努力、智慧汗水甚至流血牺牲。时至今日,越来越多的粤籍华侨华人政治上有地位、社会上有影响、经济上有实力、学术上有成就,成为住在国发展进步的重要力量。

长期以来,粤籍华侨华人无论身处何方,都始终情系祖国兴衰、民族复兴、家乡建设。他们献计献策、出资出力,无论是辛亥革命之时,还是革命战争年代,特别是改革开放时期,都不遗余力地支持、投身于中国革命和家乡的建设与发展。全省实际利用外资中近七成是侨、港、澳资金,外资企业中六成是侨资企业,华侨华人在广东兴办慈善公益项目超过3.3万宗、捐赠资金总额超过470亿元,为家乡的建设发挥了独特而巨大的作用。

长期以来,粤籍华侨华人充分发挥桥梁纽带作用,致力于促进中外友好交流。他们在自身的奋斗发展中,既将优秀的中华文化、岭南文化传播到五大洲,又将海外的先进经验、文化艺术带回家乡,促进广东成为中外交流最频繁、多元文化融合发展的先行地,推动中外友好交流不断深入、互利合作不断拓展，成为世界和平与发展的友好使者。

可以说，粤籍华侨华人的移民和发展史，既是中国历史的重要组成部分，更是世界历史不可缺少的亮丽篇章。

站在中华民族更深入地融入世界、加快实现伟大复兴中国梦的历史关口，面对广东全面深化改革开放、奋力实现"三个定位、两个率先"总目标的使命要求，中共广东省委、广东省人民政府决定编修《广东华侨史》，向全世界广东侨胞和光荣伟大的华侨历史致敬，向世界真实展示中国和平崛起的历史元素，也希望通过修史，全面、系统地总结梳理广东人走向世界、融入世界、贡献世界的历史过程和规律，更好地以史为鉴、古为今用，为广东在新形势下深化改革开放、加快转型升级、进一步当好排头兵提供宝贵的历史经验，形成强大的现实助力和合力。

编修一部高质量的《广东华侨史》，使之成为"资料翔实、观点全面、定性准确、结论权威"的世界侨史学界权威的、标志性的成果，是一项艰巨的使命，任重而道远。这既需要有世界视野的客观立场，有正确把握历史规律的态度和方法，有把握全方位全过程的顶层设计，更需要抓紧抢救、深入发掘整理各种资料，对涉及广东华侨史的各方面重大课题进行研究，并加强与海内外侨史学界的交流，虚心吸收国内外的研究成果。作为《广东华侨史》编修工程的重要组成部分，编辑出版《广东华侨史文库》无疑十分必要。我希望并相信，《广东华侨史文库》的出版，能够为广东华侨华人研究队伍的培育壮大，为广东华侨华人研究的可持续发展，为《广东华侨史》撰著提供坚实的学术理论和基础资料支撑，为推进中国和世界的华侨华人研究做出独特贡献，并成为中国华侨华人研究的重要品牌。

是为序。

广东省省长 朱小丹

2014年8月

目 录

绪论 .... / 001
  一、选题依据和观点 .... / 001
  二、学术史回顾 .... / 003
  三、本书结构 .... / 007

第一篇　近代东亚开埠与日韩广东华侨社团（1842—1945） .... / 011

第一章　近代横滨广东华侨社团的形成与发展 .... / 012
  第一节　开埠初期横滨广东华侨社团的形成 .... / 012
    一、近代开埠与广东华侨的外移 .... / 012
    二、广东商人移居横滨 .... / 014
    三、横滨中华会馆 .... / 015
    四、横滨中华总商会（横滨华商会议所） .... / 018

第二节　日本关东大地震与横滨华侨社团 ……… /023
  一、1923 年关东大地震与横滨粤籍华侨 ……… /023
  二、横滨华侨团体总会 ……… /027
第三节　横滨粤籍华侨组织 ……… /031
  一、亲仁会 ……… /031
  二、同业组织和同乡组织 ……… /032
第四节　20 世纪 30 年代之后的横滨中华会馆和中华总商会 ……… /039
  一、横滨中华会馆 ……… /039
  二、横滨中华总商会 ……… /041

第二章　近代神户广东华侨社团的形成与发展 ……… /042
第一节　神户广东华侨组织的形成及变化 ……… /042
  一、近代神户广东华侨群体的形成 ……… /042
  二、神户广东华侨社团的萌芽与发展 ……… /044
  三、广业公所董事人员的变化 ……… /046
第二节　粤商在神户华侨社团中的地位 ……… /049
  一、神阪中华会馆 ……… /049
  二、神户中华总商会 ……… /050
  三、商话别所 ……… /051
第三节　20 世纪 20 年代神户广东华侨社会的多元化和社团组织 ……… /052
第四节　20 世纪 30 年代至太平洋战争时期的神户广东华侨社团 ……… /057
  一、九一八事变到七七事变前的广东华侨组织 ……… /057
  二、七七事变至"二战"结束时期的广东华侨组织 ……… /060

第三章　朝鲜开埠与旅朝广东华侨社会的形成 ……… /067
第一节　朝鲜开埠与广东人登场 ……… /067
  一、朝鲜开埠 ……… /067
  二、广东人的登场 ……… /069
  三、开埠初期广东商人活跃于朝鲜的原因 ……… /072
第二节　仁川、汉城广东商人之增加与朝鲜广东会馆的成立 ……… /074
  一、仁川、汉城广东商人之增加 ……… /074

二、朝鲜广东会馆的成立 ………………………… /076
　第三节　开埠初期朝鲜广东商人的活动 ……………… /080
　　一、东亚地区开埠与朝鲜广东商人贸易网络的形成 … /080
　　二、开埠初期广东商人在朝鲜半岛及其周边地区的
　　　　活动范围 ……………………………………… /082
　第四节　朝鲜华商第一人——谭杰生 ………………… /083
　　一、谭杰生其人 ………………………………… /083
　　二、同顺泰之商业网络 ………………………… /084
　　三、同顺泰的贸易形式 ………………………… /087
　　四、同顺泰投入的其他产业 …………………… /089

第四章　东亚地区国际关系变化与朝鲜广东华侨社会 ……… /091
　第一节　甲午、日俄战争与朝鲜广东华侨贸易业之萎缩 … /091
　　一、甲午战争爆发之际的汉城广东商人情况 ……… /091
　　二、重建华商组织 ……………………………… /093
　　三、广东商人进出口贸易额下降 ……………… /096
　第二节　汉城广东商人商业模式的转型 ……………… /098
　　一、彩票行业 …………………………………… /098
　　二、广东商人的多元化经营 …………………… /105
　　三、广东商人的商业活动受阻 ………………… /110
　第三节　朝鲜广东商人之没落 ………………………… /111
　　一、朝鲜总督府的朝鲜华侨政策 ……………… /111
　　二、日本信用调查机构的数据比较 …………… /112
　　三、广东商人于汉城华商总会的地位变化 …… /115
　　四、同顺泰的衰退与广东商人 ………………… /120

第二篇　"二战"后东亚广东华侨社团的变迁
　　　　　（1945—2010） …………………………… /123

第五章　战后横滨广东同乡会的分裂与和解 ……………… /124
　第一节　战后初期日本华侨社会的变化与横滨华侨社团 … /124
　　一、台湾省籍"新华侨"的加入 ……………… /124
　　二、东京华侨总会 ……………………………… /126

  三、"二战"结束初期的横滨华侨社会 …………… / 127
  四、横滨华侨社团 …………… / 130
 第二节 横滨的两个广东华侨组织 …………… / 132
  一、横滨华侨社会分裂 …………… / 132
  二、广东要明鹤同乡会 …………… / 134
  三、"亲台派"留日广东同乡会 …………… / 142
 第三节 "横滨中华街"与横滨两派华侨的和解 …………… / 145
  一、"二战"后的横滨中华街 …………… / 145
  二、两个派系的合作 …………… / 147

第六章 战后神户广东华侨组织的曲折与发展 …………… / 152
 第一节 神户中华总商会 …………… / 152
 第二节 神户广东同乡会的重建计划 …………… / 154
  一、神户中华总商会的公产问题 …………… / 154
  二、20世纪60年代中期之广业公所复兴案 …………… / 155
  三、中日邦交与广东同乡会成立案再起 …………… / 158
 第三节 兵库县广东同乡会之成立 …………… / 162
  一、广东省、兵库县友好关系缔结与兵库县广东
    同乡会成立 …………… / 162
  二、同乡会设立办公地点过程 …………… / 164
 第四节 兵库县广东同乡会之运作与活动 …………… / 166
  一、与祖国政府机关的交流 …………… / 167
  二、祖国各地的走访参观 …………… / 169
  三、广东话学习班 …………… / 171
 第五节 兵库县广东同乡会的心声 …………… / 172

第七章 东京广东同乡会的发展与现状 …………… / 175
 第一节 东京广东同乡会沿革 …………… / 175
 第二节 东京广东同乡会组织和会员活动 …………… / 180
  一、理监事会 …………… / 180
  二、会员活动 …………… / 181
  三、发展新会员 …………… / 184
 第三节 东京广东同乡会的对外交流 …………… / 185
  一、同乡会对外交流概况 …………… / 185
  二、同乡会与在日华侨组织的联系 …………… / 187

三、同乡会与广东省的联系 ………………… /190
　　四、同乡会与香港的特殊关系 ……………… /192
第八章　战后韩国华侨组织的变迁与首尔粤籍华侨 ………… /195
　第一节　战后韩国的华侨政策与华侨人数变化 …………… /195
　　一、战后韩国的华侨政策 …………………… /195
　　二、韩国华侨人数的变化 …………………… /198
　第二节　在韩华侨组织的变迁 ……………………………… /199
　　一、韩国华侨协会 …………………………… /199
　　二、韩国华侨协会的组织结构和作用 ……… /201
　　三、韩国华侨同乡会 ………………………… /202
　第三节　战后汉城广东同乡会和粤籍华侨 ………………… /204
　　一、1945年前后的汉城广东帮地位 ………… /204
　　二、广东同乡会会长郑家贤的贸易活动与移民 ……… /206

第三篇　"二战"后旅日广东华侨组织的专题研究 …… /211

第九章　神户中华青年会之成立及其作用 …………………… /212
　第一节　神户中华青年会成立经过 ………………………… /212
　第二节　神户中华青年会的组织结构与活动宗旨 ………… /215
　第三节　神户中华青年会初期活动 ………………………… /217
　　一、恢复神户华侨总会 ……………………… /217
　　二、收回移情阁 ……………………………… /218
　　三、华侨幼稚园经营 ………………………… /220
　　四、神户华侨青年会之"体育外交" ………… /222
　第四节　20世纪50年代的青年会 …………………………… /225
第十章　粤侨陈德仁与神户华侨历史博物馆 ………………… /227
　第一节　陈德仁与神户华侨历史博物馆的创办计划始末 … /227
　第二节　博物馆的创办过程 ………………………………… /230
　　一、博物馆营业申请 ………………………… /230
　　二、资料、文物的收集 ……………………… /233
　第三节　博物馆的前期活动 ………………………………… /236
　第四节　博物馆"日志"分析 ……………………………… /242

第五节　2000年以后的博物馆运营状况 ⋯⋯⋯⋯⋯⋯⋯ / 246
　　　一、博物馆的复馆 ⋯⋯⋯⋯⋯⋯⋯⋯⋯⋯⋯⋯⋯⋯⋯ / 246
　　　二、馆藏文献的整理及公开 ⋯⋯⋯⋯⋯⋯⋯⋯⋯⋯⋯ / 248
　　　三、神户华侨历史博物馆发展基金会之设立 ⋯⋯⋯⋯ / 249
第十一章　当代留日广东新移民现状与广东高校日本校友会 ⋯⋯ / 253
　　第一节　20世纪80、90年代留日广东新移民 ⋯⋯⋯⋯⋯ / 253
　　第二节　旅日广东留学生的流动及其社交网络 ⋯⋯⋯⋯ / 258
　　第三节　广东高校在日校友会萌芽 ⋯⋯⋯⋯⋯⋯⋯⋯⋯ / 263
　　　一、暨南大学日本校友会 ⋯⋯⋯⋯⋯⋯⋯⋯⋯⋯⋯⋯ / 265
　　　二、广东外语外贸大学日本校友会 ⋯⋯⋯⋯⋯⋯⋯⋯ / 267
　　　三、中山大学日本校友会 ⋯⋯⋯⋯⋯⋯⋯⋯⋯⋯⋯⋯ / 268
　　　四、华南理工大学日本校友会 ⋯⋯⋯⋯⋯⋯⋯⋯⋯⋯ / 271
　　　五、四所广东高校日本校友会组织分析 ⋯⋯⋯⋯⋯⋯ / 272

附录 ⋯⋯⋯⋯⋯⋯⋯⋯⋯⋯⋯⋯⋯⋯⋯⋯⋯⋯⋯⋯⋯⋯⋯ / 275
　　附录1　开埠初期东亚广东华侨名录 ⋯⋯⋯⋯⋯⋯⋯⋯ / 275
　　附录2　日韩广东华侨墓地逝者名录 ⋯⋯⋯⋯⋯⋯⋯⋯ / 280
　　附录3　战后旅日广东社团章程 ⋯⋯⋯⋯⋯⋯⋯⋯⋯⋯ / 283
　　附录4　社团法人广东同乡会《会刊》所载有关广东的信息
　　　　　 一览表 ⋯⋯⋯⋯⋯⋯⋯⋯⋯⋯⋯⋯⋯⋯⋯⋯⋯ / 303

参考文献 ⋯⋯⋯⋯⋯⋯⋯⋯⋯⋯⋯⋯⋯⋯⋯⋯⋯⋯⋯⋯ / 304

绪 论

一、选题依据和观点

本书以横滨、神户、东京、首尔（昔日称之为"汉城"或"京城"）、仁川两国五地的广东华侨社团为研究对象，涉及朝贡秩序的转变、日本的侵略扩张、"二战"后冷战格局的形成，以及中国与日韩两国建交等近现代东亚国际关系史的多个层面，将详细探讨和论述国际关系的变化对东亚地区广东华侨社团产生的影响，以及在不同时期广东华侨所面临的不同"选择"。

广东人移居海外，始于晚唐宋初，特别在鸦片战争之后，由于大批广东人迁徙至南洋和北美等地，形成了近代广东人出洋的高潮。目前祖籍为广东的华侨华人绝大多数生活在东南亚和欧美地区，这一群体主要是"二战"前出国定居的"老华侨"（又称"前期移民"或"早期移民"）。进入20世纪80、90年代，又有大量的广东新移民通过海外亲属关系等移居到北美、南美、大洋洲地区。21世纪伊始，留学移民又成了广东移民的主流，奔赴欧美发达国家和地区的人数显著增加。据统计，改革开放后出国的广东新移民约达100万人。[①]不过，目前居住在日韩两国的广东华侨却仅有万余人。近代日本的侵略扩张导致粤商在东亚地区的发展受挫，"二战"后冷战格局的形成又切断了日韩广东华侨与侨乡之间的纽带，进入改革开放时代日韩两国已

[①] 中国新闻社《世界华商发展报告》课题组：《2008年世界华商发展报告》，http://www.chinaqw.com/news/200902/02/148817.shtml，访问日期：2016年6月19日。

不是广东新移民的主要目标。这一现象使得学界甚少专注东亚地区的广东华侨。国内学术界对广东华侨的研究以东南亚以及欧美、澳大利亚等地区为主，极少涉及日韩两国方面。而在海外华侨研究领域，学者们多以国家和地区作为界限，将广东华侨研究置于近代以来东亚商业网络与当地社会发展的框架之中，未曾系统地论述东亚地区广东华侨社会的演变情况。

研究方法方面，由于本书内容——东亚地区广东华侨社团的历史与现状横跨近3个世纪160余年，因此，对不同时期的课题采取不同的研究方法。具体而言，第一篇近代部分采取多国家、多语种史料交叉式比较研究方法；第二、三篇现代部分则采用日本、韩国当地华侨华人社团和个人遗留下来的调查报告、手稿等一手资料，以及与他们有关的统计年鉴、报刊、口述自传等，对资料进行收集与分析，并结合访谈调查等。

本书的主要观点可概括为以下三个方面：

第一，开埠初期，广东华侨借助与欧美商人的关系，在东亚贸易圈占据绝对优势，继而他们在横滨、神户、仁川等通商口岸成立商业性组织。第一次世界大战结束后，以买办和贸易商为主的日韩广东华商组织结构发生了裂变。进入20世纪30年代后，日本对中国的侵略加剧，东亚广东华商的组织遭到破坏，旅日广东社团活动日渐减少，旅朝粤商也仅剩数户餐饮业者。

第二，"二战"结束不久，汉城华侨利用与香港之间的贸易关系迎来短期的繁荣，不过1948年成立的韩国政府对华侨采取排挤政策，导致为数不多的粤籍华侨生意惨淡，不得已于20世纪70年代初期转居美国。1952年日本与台湾当局签订所谓《日华和平条约》，旅日华侨面临支持新中国还是选择国民党的两难抉择。由于受台湾当局影响，横滨广东华侨社团分裂。而以广东籍华侨为主的神户华侨青年会为战后日本华侨社会的发展做出了积极的贡献。另外，中日邦交恢复前的30年间，香港成为旅日广东华侨心系祖国和亲近"广东"的热土，而东京地区广东华商亦成为旅日广东华侨和香港知名人士的沟通桥梁。可以说，东亚地区广东华侨与国内和其他国家之间的"地缘"关系依然存在。

第三，1972年中日邦交正常化后，振兴"横滨中华街"成为横滨广东华侨社会的新目标，新旧两派之间的隔阂逐渐消失。改革开放后，中日两国之间的交流迎来了新局面。东京、横滨、神户广东华侨社团加强了与祖国及家乡之间的交流活动,但也出现了新的问题,例如旅日广东新移民与广东"老华侨"之间的联系不多。但相信依靠"学缘"关系,旅日广东新、老华侨之间的关系终将会走向融合,彼此联系也将更为紧密。

二、学术史回顾

(一) 日韩华侨相关研究成果

近几十年来,国内外学术界对日韩地区华侨华人的研究,相继产生了一批重要研究成果,其中从华侨的移居、贸易、组织社团及政策等视角及相关领域出发,剖析华侨的历史变迁及现状的系列研究,可谓层出不穷。这类研究成果大体分为四个阶段,第一阶段是从近代至20世纪40年代末,日本政府及相关机构出于方便管理华侨的目的而进行的调查研究[①];第二阶段则是战后至70年代,日本学者和中国台湾学者对日韩华侨社会的"分散研究期";第三阶段是80年代以后,学者们对华侨的研究进入了多元化;第四阶段则是迈向21世纪,对"二战"后日本华侨研究日趋增多,改革开放后旅日中国新移民的研究成果也随之陆续显现。

"二战"后,日本学者首先对旅日华侨进行了概述性的分析。例如,内田直作的《日本华侨社会之研究》(同文馆,1949年)以及须山卓的《华侨社会——势力范围与生态》(国际日本协会,1955年)等。有些日本学者也开始注重旅日华侨的地方性研究,代表性成果有鸿山俊雄的《神户与中国移民》(华侨问题研究所,1954年)以及臼井胜美的《中国人在横滨居留地》(《横滨市史·第三卷下》,横滨市役所,1963年)。进入20世纪50年代中后期,中国台湾学者进一步推进了日本华侨研究,同时,开启了有关韩国华侨的历史、经济和教育等领域的相关研究。先后出版的成果则有卢冠群《日本华侨经济》(台北海外出版社,1956年)、臧广恩、蒋永敬编著《日本华侨教育》(台北海外出版社,1959年),以及张兆理编著《韩国华侨教

---

① 该时期的研究文献可从日本加藤圣文、宫本正明编写的《旧殖民地图书馆藏书目录》(ゆまに书房)和堀和生编写的《京都大学东亚关连文献目录》里查找。

育》（台北华侨文化出版社，1957年）、华侨志编纂委员会编《华侨志——韩国》（1958年）。这些研究成果至今被普遍认为是日韩华侨研究领域中的上佳之作。进入20世纪60、70年代，日韩学术界又陆续发表了一些相关日韩华侨的论文。其中韩国学者高承济《华侨对韩移民之社会史分析》（《白山学报》，1972年）等开始对清末时期的朝鲜华商的活动进行了分析。日本方面，神户华侨陈德仁发表了《华侨之巨贾——吴锦堂》（《神户中华总商会报》，1972年）。虽说学者们在此期间的日韩华侨研究是分散式的，但却为其后续研究工作奠定了基础。

20世纪80年代，日本学术界对日本华侨华人的研究呈现出两种新趋势、新特色。一是由单打独斗转为共同谋划。由山田信夫编写的《日本华侨与文化冲突》（岩南堂书店，1983年）便可窥得一二。从参编成员的结构来看，斯波义信、许淑真、佐伯有一、田仲一成等十名研究者，均来自东京和大阪两地，他们研究的领域广泛，涉猎了长崎、神户和函馆的华侨社会变迁及历程。80年代中后期，长崎华侨研究会与中国台湾"中央研究院"开展了共同研究，相继出版了《长崎华商泰益号相关资料》（1985年）和《长崎华侨与中日文化交流》（1989年）。安井三吉、洲胁一郎、陈来幸、过放、曾士才等神户华侨华人研究会学者们着手进入了共同研究阪神华侨史的新阶段，并于2000年以神阪中华会馆的名义出版了《落地生根——神户华侨与神阪中华会馆百年史》（研文出版，2000年）。二是区域专题性研究颇具特色，成果丰硕，如有关横滨华侨社会的访问调查报告也陆续出版，代表性成果有菅原幸助《日本的华侨》（朝日新闻社，1991年）、杜国辉《应对多元化社会的华侨华人》（1991年）等。同一时期，国内学者对日本华侨的研究也开始起步。陈昌福的《日本华侨研究》（上海社会科学院出版社，1989年）和罗晃潮的《日本华侨史》（广东高等教育出版社，1994年），这些研究成果主要从中日关系以及历史演变的角度来论述日本的华侨社会。另外，在韩华侨的研究领域也出现了一定程度的进展。如，1986年韩国朴银琼的《韩国华侨的种族性》（韩国研究会，1986年）从社会学的角度论述了在韩华侨社会形态的变化。此外，中国与韩国建交之际，中国学者杨昭全、孙玉梅共著了《朝鲜华侨史》（中国华侨出版公司，1991年）。后续的则有崔承现的《韩华侨史研究》（香港社会科学出版社，2003年）。

近年来，关于日韩中国新移民方面的研究成果开始陆续显现。新一代中国移民相对集中居住在日本的东京、大阪和韩国的首尔等大城市，因此，针对新移民的研究范围理所当然地锁定在这些繁华区域。中国学者方面以廖赤阳、王雪萍、王维等学者的研究为代表。他们的研究成果已在社会科学文献出版社以"留学日本丛书"分册出版（第一卷《大潮涌动——改革开放与留学日本》；第二卷《跨越疆界——留学生与新华侨》）。这些研究揭示了中国新移民融入当地社会的过程。日本学者方面，近年对旅日中国新移民的研究成果，当推山下清海的《池袋唐人街——透视东京最大中国新移民居住区的现状》（洋泉社，2010年）。该书对东京地区中国新移民的生活形态进行了概括式的纵览。同时，对在韩华侨华人研究也有了一定的积累。国内学者陆益龙的《嵌入性适应模式——韩国华侨文化与生活方式的变迁》（中国社会科学出版社，2006年）对当今韩国华侨从同化到认同以及社会融入进行了分析。日本学者安井三吉的《日本帝国与华侨》（青木书店，2005年），从社团组织、商业活动以及居住环境等方面分析了近代日本帝国主义侵略扩张对旅居日本、朝鲜等地区的东亚华侨社会造成的影响。而韩国学者李正熙的《朝鲜半岛华侨史》（东亚，2018年）利用翔实的多国多边文献史料，从商业、工业、农业三个层面论述了近代朝鲜华侨的社会变迁。上述研究无疑为丰富与完善日韩华侨华人研究增添了多方面的例证与成果，也为进一步的深入研究奠定了基础。不过，这些研究整体上侧重于"二战"之前的日本和朝鲜华侨，对新中国成立后的论述与探讨仍处于摸索阶段。

（二）日韩广东华侨相关研究成果

近代以来，随着东亚各国开设通商口岸，广东人以买办或商人等身份东渡日本和朝鲜，他们在横滨、神户、仁川、汉城等地参与了经济活动。有鉴于此，众多研究较集中于日韩广东华侨的商业网络方面。国内学者偏重于研究近代粤商的商业网络及其与侨乡的关系，如张应龙的《简论日本神户华侨华人与广东侨乡的关系》（《华侨华人历史研究》，2003年第2期），黄启臣和庞新平的《清代活跃在中日贸易及日本港市的广东商人》（《中山大学学报（社会科学版）》，2000年第1期），以及舒习龙的《晚清粤籍日本华侨的商人网络与商会组织》（《日本研究》，2013年第4期）。日本方面，在探讨近代东亚地区华商网络的过程中，作为典型案例，分析了旅日广东人的商业网络，其代表性成果有：滨下武志的《近代中国的国际契机——朝贡贸易体系与近代亚洲经济圈》（中国社会科学出版社，1999年），笼谷直人的《亚洲国际贸易秩序与近代日本》（名古屋大学出版社，2000年），古田和子的《上海网络与近代东亚》（东京大学出版会，2000年），以及帆刈浩之的《广东华侨华人关系网在横滨华侨救援活动中的作用——关东大地震的发生与横滨、神户、香港、广东》（《德岛大学综合科学部人间社会文化研究》第5号，1998年）等。

另外，日本学者石川亮太《近代东亚市场与朝鲜》（名古屋大学出版会，2016年），以及韩国学者姜抮亚《东亚华侨资本和近代朝鲜——广帮巨商同顺泰号研究》（庆北大学校出版社，2011年[①]）利用韩国首尔大学所藏同顺泰史料，勾画出了旅朝广东籍巨商谭杰生通过仁川—上海—香港—长崎—神户—横滨等贸易网络，对应来自东亚国际形势的转变带来的危机。不过，鉴于这些成果的研究视角和史料支撑的因素，在论述过程中较少涉及仁川、首尔地区的广东华侨社会及其社团组织的分析。

此外，在日本横滨开港资料馆从事研究工作的伊藤泉美发表了《横滨华侨社会的形成》（《横滨开港资料馆纪要》第9号，1989年）等一系列的研究成果，对横滨广东华侨社会的组织结构和社会地位等进行全方位的探讨。随后，学者陈来幸《近代中国总商会制度——息息相连的华人世界》（京都大学学术出版会，2016年）论述了近代中国商会制度的确立与旅日广东商人积极响应抵制日货运动的关系。

作为中国第一侨乡，广东省向海外移居人数众多，且主要集中在东南亚和欧美国家。学术界的广东华侨研究也以这些地区为主，鲜少涉及东亚地区。国内外多数学者在选择研究对象时，较偏重于以东亚地区商业网络以及

[①] 该书已于国内编译出版，详见姜抮亚：《东亚华侨资本和近代朝鲜——广帮巨商同顺泰号研究》，广东人民出版社，2018年。

神户、横滨、首尔等地方史为论述框架①，而轻视对当地广东华侨社会的实质分析。不难看出，日韩广东华侨华人由于"二战"后整体人数下降以及经济实力减弱而遭冷遇，与之相应的研究也处于东亚华侨研究的薄弱环节。职是之故，本书将在现有研究成果的基础上，通过深入研究近现代日韩两国广东人"社团"，对旅居东亚地区广东华侨华人社会进行系统性解读。

三、本书结构

本书由三篇十一章构成。第一篇（1842—1945，第一章到第四章）论述了近代横滨和神户、汉城、仁川地区广东华侨社团组织的形成与发展，以及20世纪20年代至30年代该四地社团组织的变迁。第二篇（1945—2010，第五章到第八章）则阐述了"二战"结束后受东亚地区国际关系巨变的影响，居住在横滨、神户和东京地区广东华侨同乡组织的分裂与整合的过程，以及韩国的华侨政策与汉城粤籍华侨再度迁徙的过程。第三篇（第九章到第十一章）作为专题研究分析了"二战"后旅日广东华侨组织的作用以及改革开放后广东新移民的现状与特点。

第一章和第二章分别论述了开埠初期到"二战"结束前，横滨和神户广东华侨社会的形成及组织活动。开埠初期，居住在横滨的华侨绝大多数为广东人，因此中华会馆的主要董事亦均由广东买办和贸易商担任。而神户方面，1874年神户华侨的广东、宁波、福建三帮各设总管，三帮联合管理当地华侨社会。但无论横滨还是神户，初期广东华侨组织皆以买办和贸易商为领导阶层。这一趋势一直持续到20世纪最初十年。

1923年9月1日，日本发生了关东大地震，横滨华侨社会遭到毁灭性打击。多数华侨避难到神户，亦让神户广东商人势力有所增加。20世纪20年代，横滨、神户广东华侨社会组织迎来了多元化时代。广东华侨在餐饮、涂装、理货（Tally）、印刷、藤椅等行业占据或垄断了大部分市场份额。该时期，他们构建了华厨、涂装业、藤椅业、理货业等同业组织，以及以广东各

---

① 例如，有关日本华侨研究的现状论述方面，饭岛涉编《華僑・華人史研究の現在》（汲古书院，1999年）主要按照神户和横滨等行政区域分别整理。详见《華僑・華人史研究の現在》，第49—67、94—112页。

地区为母体的同乡组织。进入20世纪30年代，随着日本侵略中国范围不断扩大，在日本的华侨活动受到监视和控制。广东华侨经济受到了极大影响，出现了大幅度的萎缩，亦导致华侨社团活动走向低迷。

第三章和第四章主要梳理了自近代朝鲜开埠到殖民地时期，仁川·汉城广东华侨社会的兴衰及组织活动。其中，第三章论述了自1882年清政府与朝鲜签订《中国朝鲜商民水陆贸易章程》至1894年甲午战争爆发前，仁川·汉城广东人商业的繁荣历程，具体从以下三个方面展开了论述：一是原居住在日本长崎、神户以及国内上海等地的广东商人利用海上通道各自迁入朝鲜的过程；二是仁川、釜山、元山等清政府专管租界的形成；三是上海—仁川·汉城广东商人商业网络的形成与发展。第四章分析了随着甲午战争和日俄战争，以及1910年日本吞并朝鲜等一系列外部环境的变化，仁川·汉城广东商人如何调整他们的商业模式。1920年起，朝鲜总督府开始提高关税，特别是1924年针对奢侈品进口征收高额关税政策，导致广东商人主打的欧美杂货等进口业务全面停止，带来了严重经济损失，以致广东华商在朝鲜华侨社会的地位直线下降。另外，至1937年中日之间的战争全面爆发，随着同顺泰家族撤出朝鲜市场，意味着朝鲜"广东帮"的衰落。

第五章和第六章将侧重点转向了"二战"后到中国改革开放以来横滨、神户的广东华侨社会组织。其中第五章论述了"二战"结束后，受台湾当局影响，横滨广东华侨在当地华侨总会的地位下降，接着，横滨华侨社会出现分裂，广东华侨组织也随即分为两派。不过，中日邦交正常化后，两派以中华街为中心重新整合起来。第六章论述了中国改革开放后，神户广东华侨正式成立兵库县广东同乡会的不平凡历程，以及该同乡会的收入来源、组织活动等情况。

第七章分析了东京广东同乡会的发展与现状。首先梳理了同乡会的历史变迁，其次将同乡会的活动分为内部活动及对外交流，分别进行了论述。其中在内部活动方面，除整理了同乡会1998年至2012年常规活动之外，还指出了该会存在青年会员严重缺乏等问题。对外交流方面则包括与在日华侨组织、侨乡广东之间的联系，同时，分析同乡会与香港之间的特殊关系，呈现在对外交流方面的多元化特点。

第八章，从"二战"后韩国的华侨政策以及旅韩华侨社会特征的角度，论述了"二战"后汉城广东华侨的商业活动及社会地位。首先，二战结束后的前三年，韩国华侨利用美军政厅实施的战胜国国民待遇，获得韩国与中国香港之间的进出口贸易的主动权，其中包括汉城粤商郑家贤。1948年8月，新成立的韩国政府对境内华侨实施各种限制政策，此类政策一直持续到20世纪90年代前期，导致了绝大多数华侨只能局限于小规模的餐饮经营这一行业。在韩华侨社会的特征之一就是山东籍华侨占九成以上，因此在组织结构方面山东华侨占据绝对优势。而广东会馆始终处于有名无实的状态，最终该会馆的一切权利则由首尔华侨协会全面接手。

第九章研究对象为1945年至1953年——"二战"结束初期这一阶段，日本神户中华青年会的成立及其社会活动情况。对神户中华青年会在"二战"后的混乱时期为提升当地华侨社会地位而开展的各项活动进行了剖析。在该时期，以粤籍华侨为主的神户华侨青年，为使自身成为名副其实的战胜国国民，自发组织青年会，为恢复神户华侨总会、收回日后成为孙文纪念馆的移情阁而积极奔走；通过开办华侨幼稚园、提高自我修养、开展各项文体活动等来提升神户华侨乃至全日本华侨在日本的地位。

第十章，1980年前后，神户中华总商会新会馆落成，广东华侨陈德仁主导创办了神户华侨历史博物馆。本章阐述了博物馆的创办过程、影响力和发展情况。陈德仁先生作为"二战"后领导神户广东华侨社会的重要人物，在神户华侨社会的积极响应下，成功申请了华侨历史博物馆开馆资格，并不断完善内部资料及典藏文物，积极主动地向日本社会展现神户华侨社会自开埠以来的历史，并以博物馆为载体加强与中国国内相关部门及其他国家华商的联系。为保证博物馆持续运营，神户华侨人士及日本学者等成立了神户华侨历史博物馆发展基金会，确保了博物馆的经济来源。该博物馆成为神户华侨寻根的标志之一。

第十一章将研究对象从广东"老华侨"转向"新移民"，分析了改革开放初期留日广东新移民的再次移民问题，以及新移民如何构筑社会关系，正视他们与老华侨之间关系已经断裂这一事实。不过，近年广东各大高校陆续成立日本校友会，这为日后搭建新、老广东华侨之间关系的桥梁提供了可能。

第一篇
近代东亚开埠与日韩广东华侨社团（1842—1945）

第一章　近代横滨广东华侨社团的形成与发展

第一节　开埠初期横滨广东华侨社团的形成

一、近代开埠与广东华侨的外移

16世纪至17世纪，葡萄牙、西班牙和荷兰等西方国家商人从海上向东行进，1524年第一批葡萄牙商人到达中国海域，开始与华商开展海上贸易。到18世纪，蒸汽机的发明及其在工业中的广泛使用，促使了产业革命（工业革命）进一步开展。1795年，以蒸汽机作为动力的第一艘汽船在克莱德河下水，延长了欧洲船只的航海距离[①]，为西洋商人进入中国市场提供了可能。

1684年，清政府解除"海禁"，先后设立闽、粤、江、浙四海关。1686年，广东招募十三家有实力的行商，指定他们与外商进行贸易。1757年，乾隆皇帝决定撤销宁波、泉州、松江三处海关的对外贸易，仅留广州一处。由此，"广州十三行"基本垄断了中国与西方各国之间的贸易[②]，使得广东商人与西洋商人建立起牢固的贸易伙伴关系。

1840年，要求所谓自由贸易的英国商人在林则徐虎门销烟之后，对中国

[①] 沈汉：《资本主义史》第2卷，人民出版社，2015年，第167—168页。
[②] 《中国海关通志》编纂委员会编：《中国海关通志》第1分册，方志出版社，2012年，第205—208页。

发起了第一次鸦片战争。1842年，清朝被迫签订不平等条约《南京条约》，开放广州、厦门、福州、宁波、上海为通商口岸，将香港岛割让给英国。欧美洋行将其在东亚地区的总部设在香港或上海，导致广州的贸易地位一落千丈。不过，随着西洋商人在中国东海岸势力的迅速扩大，他们为方便经商，仍然继续使用买办（comprador）。因此，广东买办得以南下香港，同时北上上海，在上海结成了广东商业组织[①]。《南京条约》的签订，意味着广州十三行的没落，但也促使广东商人走出广东，在上海和香港扎根，接着移居横滨、神户、仁川等东亚地区各通商口岸，迅速构建了广东人的商业网络。

西洋商人前往日本和朝鲜的通商口岸时，多经由香港和上海，并在当地带上中国买办。例如，1859年8月8日，法商二番馆劳雷尔和英商二番馆劳雷露，到横滨时都带上了买办。与日本商人进行生丝、茶叶等交易时，买办参与翻译、商品检查、计秤等，并从中收取手续费，可见当时买办的重要地位[②]。

1846年5月，美国舰队抵达日本浦贺，在随后的1853年和1854年，美国东印度舰队司令佩里（Commodore Mathew Calbraith Perry）又先后两次到达日本浦贺，1854年在横滨签订了《日美和亲条约》，迫使日本开放门户。1856年8月，美国总领事哈利斯在下田开设总领事馆，并于1858年6月和日本签订了《日美修好通商条约》。同年日本相继又与俄、英、法、荷签订通商条约，总称《安政五国条约》。而横滨被设为商埠的过程中，就有广东人罗森的参与。罗森，原籍广东南海西樵罗村，原名向乔，曾任英国驻华使馆秘书，后寓居香港，1853年应邀担任佩里舰队的翻译，经历了日美谈判的全过程，并著有《日本日记》一书以记其事。可以说罗森是我国近代到达横滨的第一人，这也是广东与横滨产生直接关系的开端[③]。

[①] 李吉奎：《近代买办群体中的广帮（1845—1912）——以上海地区为中心》，《学术研究》，1999年第12期，第103—110页。
[②] 陈福坡：《中天文集——陈福坡文史哲论丛》，东方出版社，1997年，第303页。
[③] 罗晃潮：《20世纪70年代前日本横滨华侨社会的广东人》，《岭南文史》，2003年第2期，第51页。

二、广东商人移居横滨

1859年7月1日，横滨开埠。开埠初期，抵达横滨的外国人主要是商人和船员。商人以英国人居多，主要来自中国上海和香港。例如，据日本学者斋藤多喜夫研究论述，1861年底，根据这些外国人抵达横滨前的经历判断，居住在租界的10名外国商人（英国人8人、美国人1人、法国人1人）均来自中国。其中，来自上海7人、香港2人、广东1人[①]。抵达横滨时洋人可携买办和佣人。当时日本几乎没有日英翻译人才，由于英国人对日本的商业习惯不熟悉，而中国买办刚好可以通过汉字和日本人笔谈交流。因此来日本之前，英国人会在上海、香港等地物色中国买办等帮手。这些帮手中绝大多数是广东人。

开埠初期，在横滨开设分店的天祥洋行（英Adamson, Bell & Co.）也曾与广东人Ah Qwai一同来到横滨。1861年，琼记洋行（美Augustine Heard Company）在横滨开设分店时，买办广东人陈玉池从广东家乡带了金银鉴定师、厨师和多名雇工前往日本[②]。1869年，作为英国怡和洋行（Jardine Matheson）买办，广东人鲍煜到横滨经营贸易，后任横滨中华会馆董事，成为横滨华侨社会很有影响力的人物。此外还有任职于大型洋行的广东买办——Corns商会曾卓轩及保安保险公司（China Trader's Insurance Co.）郑晓初。当时虽亦有像露清银行买办袁子庄等宁波籍买办在横滨崭露头角，但主要还是广东籍买办占据多数。就如上述琼记买办陈玉池，买办接受委托任务后首先独立雇用帮办、金银鉴定师、厨师等专业人员，这些人通常都是从亲属或同乡中选出。同时，随着横滨贸易商的聚拢，相关行业如理货业、印刷业、建筑业、涂装业等从业者也开始增加，其中包括服务于洋馆的工作人员，这些相关行业从业者都是广东人。因此，开埠初期，广东商人便开始主导横滨华侨社会。1864年，P&O汽船公司开通上海至横滨的定期航线。截至1872年，横滨华侨超过1 000人。

---

① 斋藤多喜夫：《幕末期横浜居留地の社会構成と居留地像をめぐって》，横浜居留地研究会编：《横浜居留地研究会報告——横浜居留地の諸相》，横浜开港资料馆，1989年，第14—30页。
② 伊藤泉美：《横浜華僑社会の形成》，横山伊德编：《幕末維新论集7：幕末維新と外交》，吉川弘文馆，2001年，第247—256页。

三、横滨中华会馆

横滨开埠初期，清政府并未和日本建立邦交。为管理华侨，日本施行"籍牌规则"，并利用有影响力的横滨华侨建立的组织来维持秩序。1867年11月，侨领张熙堂、陈玉池、韦香圃、胡达朝等以广东华侨为主的横滨华侨联名向日本地方当局申请，借得"山下町59番地"的土地，成立"清国人集会所"。该组织次年改称"中华会议所"，代表横滨中国人社会，此乃广东人在横滨成立的第一个组织。

横滨中华会馆的成立缘起于横滨中国人墓地①的搬迁。1868年以前，在横滨的中国人逝世后，被安置在英国人专用墓地一侧。不久，因英国人的空墓地不多，经中英双方商量，由英国公使向日本政府交涉租借墓地再转让给中国人。为更好地开展墓地建设和墓地搬迁等工作，源星海等六人发起募捐活动，共筹集善款4 536日元。多数遗族表示，与其搬迁坟墓，不如将坟墓迁回国内。经讨论后，6名负责人决定继续进行募捐活动以建立华侨会所。1868年到1871年间，另筹得了2 181.44日元。横滨华侨用前后两次募集到的所有善款购得永久租地权。1871年，横滨华侨在中国人集聚的横滨"山下町140番地"建立了关帝庙。1873年，在关帝庙旁建立中华会馆②。会馆主要负责华侨的户口登记、墓地管理、宗教祭祀等工作。在尚未签订清日两国邦交协议之前，会馆担负着公共行政管理机构作用，直到1878年横滨清国领事馆的设立。

横滨中华会馆，是代表整个横滨华侨社会的组织。据《横滨华侨志》介绍，至1878年，中华会馆管理横滨华侨期间，该会理事共有7名，分别是：陈玉池、韦香圃、胡达朝、源恬波、张熙堂、郑诵之、梁缙堂。其中，陈玉池和胡达朝是番禺人，韦香圃和张熙堂是香山人，梁缙堂是新安人。

---

① 开港初期，多数中国人来到横滨，其人数为1864年100余人，1867年660人。考虑到中国人人数剧增，需要有中国人墓地。因当时中国人在日本属于无条约国民，所以1866年经英国领事向日本政府申请，在元町字大境山租得500坪（1坪约3.3m²）中国人墓地。详细内容可参照，符顺和：《横浜中華義莊の調査について》，饭岛涉编：《華僑・華人史研究の現在》，汲古书院，1999年，第113—133页。
② 伊藤泉美：《横浜華僑華人に関する多様な歴史資料について——複合的資料利用の重要性》，《海港都市研究》，神户大学大学院人文科学研究科海港都市研究中心，2010年3月，第114—117页。

1872年，一艘名为玛利亚·罗兹号的外国船只从澳门出发，在将中国人口贩卖到秘鲁途中突遇暴风雨，被迫停靠横滨港。此时，不堪虐待而跳水逃离该船的中国苦力，被停泊在该港的英国军舰救起。英国领事馆将此事通报给日本外务卿副岛种臣，副岛命令神奈川县参事大江卓负责审理，释放全体苦力。此事件在历史上被称为"玛利亚·罗兹号事件"。由于船上运载的绝大部分苦力都是广东人，因此横滨广东华侨对船上苦力的营救极为关心。为感谢神奈川县政府，横滨中华会馆向副岛种臣和大江卓赠送大红锦旗。该锦旗尾部注有上述中华会馆粤籍董事陈玉池、韦香圃、胡达朝、张熙堂、梁缙堂5人姓名。日本国立公文书馆典藏着一本名叫《夜半钟声》的书籍。该书由横滨华侨于1873年编写，记载了当时营救苦力的整个过程，并在最后列出了预订该书的人员名单和刊印册数。订购者共有36名，据记载，广东籍以外的仅有黄如云1人，未发现源恬波和郑诵之（益丰行）的名字。源恬波和郑诵之很有可能是来自江浙一带或福建帮之人士，所以他们也未在锦旗上署名。不过值得注意的是，5名广东人董事均以中华会馆的名义与日本当地政府进行了沟通。①

表1-1　1872年横滨华侨订购《夜半钟声》名单

册数	姓名	籍贯	姓名	籍贯	姓名	籍贯	姓名	籍贯
三千本	陈玉池	番禺	缪辉堂	香山				
二千本	胡达朝	番禺						
一千本	郑怡堂	香山	张熙堂	香山	何雁宾	南海	陈奇伟	香山
	谭应锡	三水	阮月湖	南海	冯佐亭	番禺		
五百本	盛干臣	新安	鲍彦卿	香山	吴海珊	香山	李鉴沂	香山
	陈光远堂	香山	罗谦益堂	南海	杨春卿	南海	盛凤生	新安
	余崇德堂	香山	张永善堂	香山	梁缙堂	新安	黄如云	福建
	陈省三堂	香山						
三百本	何筠如	顺德	韦香圃	香山				

---

① 伊藤泉美：《横滨华人商业会议所设立考》，上海市档案馆编：《上海和横滨——近代亚洲两个开放城市》，华东师范大学出版社，1997年，第397页。

续表

册数	姓名	籍贯	姓名	籍贯	姓名	籍贯	姓名	籍贯
二百本	黎云生	南海	广利和	横滨	东同泰	横滨	广裕兴	横滨
	警迷子谭禹	顺邑	东兴号	横滨	石璧垣	南海	李景	香山
一百本	福记庄	横滨	德大庄	横滨	黄春富	开平		

资料来源：卞修跃：《稗海精粹——近代中国社会面面观》，四川人民出版社，1999年，第416—418页。

1871年9月，《中日修好条规》正式签订，第四条规定"两国均可派秉权大臣"，但清国领事迟迟未到。1874年2月，为加强对中国人的管理，日本颁布了《在留清国人民籍牌规则》，要求中国人自到港日起3天内登记，30天内领籍牌。对此中华会馆仍负责登记工作，且有相当大的权限。1878年1月22日，中国驻横滨领事馆设立，首任领事为范锡明。随后，中华会馆转为民间外交团体。1903年12月18日，日本政府认可中华会馆为社团法人。这一时期，中华会馆的董事也开始有新人加入。不过，在1923年关东大地震之前，董事会仍由广东买办陈玉池、鲍焜、曾卓轩三人主导。

表1-2　横滨中华会馆各届董事名单

年份	董事	董事	董事	董事	董事	董事	董事
1867—1878	陈玉池	韦香圃	胡达朝	源恬波	张熙堂	郑诵之	梁缙堂
1878—1898	陈国锡	陈奇伟	鲍焜	罗振声	缪辉堂	陈树森	鲍次楼
	陈慧生	罗铎臣	苏杰生				
1898—1923	陈玉池	罗伟堂	孔云生	鲍焜	曾卓轩		
1926	黄焯民	黄锐昌	孔云生	郑省三	温朝著	魏光煜	
1929	程毓林	黄炜民	黄锐昌	郑宗荣			

资料来源：《在本邦诸团体调查关系杂件1》，日本外交史料馆所藏，编号：k.3.7.0.14；王良编：《横滨华侨志》，中华会馆，1995年，第174—177页。

1923年9月，日本关东发生了大地震。绝大部分横滨华侨经神户回国避难，部分华商则选择滞留在神户。因此，从1926年的董事名单也能看出，人员更迭变化较大。此部分会在后面详述。

四、横滨中华总商会（横滨华商会议所）

1894年7月，中日甲午战争爆发，其结果是清廷战败，日本则成为东亚的列强，由此形成了20世纪东亚国际关系的新格局。这一巨变也深刻地影响到居住在横滨的华侨群体。1895年，广州起义失败后，孙中山于11月12日抵达横滨，在当地结识了经营印刷店的广东南海人冯镜如[①]、冯紫珊兄弟，随后成立了横滨兴中会支部，冯镜如出任会长。后续入会者有温炳臣[②]、郑晓初（香山籍）、冯懋龙（冯自由，冯镜如之子）等。1898年9月，戊戌维新失败后，康有为、梁启超流亡日本。康、梁与冯镜如兄弟合作，自1898年12月起，在横滨创办《清议报》（1898年12月23日—1901年11月21日）以及《新民丛报》（1902年2月8日—1907年7月）。保皇势力以"横滨大同学校"（1898年2月建校）为枢纽，其影响力席卷横滨华侨社会，横滨兴中会会员多转投保皇会[③]。尽管如此，温炳臣等人却继续支持孙中山的反清革命。1923年关东大地震后，温氏开始担任横滨中华总商会的领导职务（见后文）[④]。1905年8月，中国同盟会在东京成立。温炳臣即成为同盟会会员。冯懋龙为彰显对革命的始终如一更名为冯自由，担任同盟会议事部的评议员，跟随孙中山继续革命。

同一时期，横滨华侨面临能否前往日本内地迁居的问题。甲午战争前

---

① 冯镜如，原籍广东南海，革命家冯自由之父。19世纪60年代从香港远赴日本横滨，1878年，于横滨居留地53番地经营文经印刷所（英文名Kingsell & Co.Printer & Bookbinder），从事杂货出口及印刷业，曾编印《华英字典》。1895年，结识孙中山，资助孙中山的反清革命，被选为横滨兴中会会长。其商铺成为兴中会会员的活动场所之一。1900年，文经印刷所遇火灾焚毁。冯镜如回上海后任广智书局总经理。1903年，因组织张园国民议政会，被清廷通缉，后返粤闲居，1913年病故。参见，广东省地方史志编纂委员会编：《广东省志·人物志》上卷，广东人民出版社，2002年，第225—226页；可儿弘明、斯波义信、游仲勋编：《华侨·华人事典》，弘文堂，2002年，第676页。
② 温炳臣（1866—1955），广东台山人，原名芬，父学周，为儒医。少年就读于其父所办私塾。1878年随亲属到日本横滨，入天祥洋行，任职30余年。1895年加入横滨兴中会，后与陈少白、郑士良等革命志士交往。孙中山也常住其家。1899年，横滨发生"大同学校"事件，温炳臣积极参加与保皇派的斗争，还与鲍棠等组织工人俱乐部中和堂。1905年参加同盟会。1912年孙中山就任临时大总统时曾前往南京祝贺。1928年又代理安田火灾保险业务。抗日战争全面爆发后，一度被日本当局拘捕入狱。后在家闲居，兼任华侨社团及学校顾问等职。1955年，病逝于横滨。参见，李君明：《广东文人年表》第3册，广东人民出版社，2020年，第2335页。
③ 参见，任贵祥：《日本华侨对辛亥革命的支持》，《民国档案》，2011年第4期。
④ 详见，小笠原谦三：《孫文を支えた横浜華僑温炳臣、恵臣兄弟》，八坂书房，2009年。

后，日本相继与英国、美国、意大利等13个国家签订了废除"居留地"的"新条约"，成功地收回了领事裁判权，并规定该条约于1899年正式实施。这意味着外国人可以自由前往日本各地。然而，关于中国人是否也能与其他外国人一样自由迁徙，包括日本政府在内的各方意见产生了分歧。1898年，旅日华侨拜访驻日中国公使，提议由使馆出面与日方交涉，希望能获得自由迁徙的权利。随后，华侨也向日本当局、民间人士以及主流媒体申述他们的要求。此时，梁启超也参与了其中，为横滨华侨出谋献策，通过演说向日方强调华侨诉求的合理性和必要性。同时，在《清议报》上刊登了如《商会议》《论不急设商会之危》《论商业会议所》《论内地杂居与商务关系》等评论文章，在横滨华侨中大力宣传设立商会的必要性。此举为横滨华侨筹建商业会议所发挥了一定的积极作用[①]。

1899年7月，各帮之买办、钱庄、贸易商等重要商人代表在横滨中华会馆聚集，由吴植垣任议长，共同商议成立联合商业组织事宜，决定成立"横滨商业会议所"。在1899年8月1日的成立大会上，更名为"横滨华商会议所"，会员共90人。会员们公推卢荣彬为会长，鲍次楼、罗伟堂、谭玉阶、罗谦亭、孔云生为副会长，吴植垣任总干事，郑席儒、林北泉、邝余初、曾卓轩、郑雅亭、何静甫、罗左臣、梁洪初为干事。8月4日，在中华会馆庆贺光绪帝诞辰之际，共有500余人参加的横滨华商会议所成立庆典大会也随之隆重举行。来宾有东亚同文会会长长冈护美，东京商业会议所副会长大仓喜八郎，华商会议所顾问、东京专科学校事务长柏原文太郎，以及犬养毅、尾崎行雄等人。

在会务报告中，总干事吴植垣强调本会议所设立的主要目的有三点：第一，强化中国商人的团结；第二，研究商法、民法、商学；第三，开展与日本人合作交流[②]。

[①] 伊藤泉美：《横滨华人商业会议所设立考》，上海市档案馆编：《上海和横滨——近代亚洲两个开放城市》，华东师范大学出版社，1997年，第399-411页。

[②] 伊藤泉美：《横滨华人商业会议所设立考》，上海市档案馆编：《上海和横滨——近代亚洲两个开放城市》，华东师范大学出版社，1997年，第411页。

表1-3　1899年横滨华商会议所会董名单

姓名	商号	职业	姓名	商号	职业
卢荣彬	新隆	海产品、杂货贸易商	郑席儒	万利吉	
鲍次楼		怡和洋行买办	林北泉		不明
罗伟堂	永昌和	砂糖、海产品贸易商	邝余初	余记	砂糖、米、酒类贸易商
谭玉阶	福和	贸易商	曾卓轩		洋行买办
罗谦亭	东同泰	砂糖、海产品贸易商	郑雅亭		杂货商
孔云生	恒大号	贸易商	何静甫	大德堂	药材商
	万泰	钱庄	罗左臣	恭安泰	贸易商
吴植垣	永义和	贸易商	梁洪初		不明

资料来源：伊藤泉美：《横滨华人商业会议所设立考》，上海市档案馆编：《上海和横滨——近代亚洲两个开放城市》，华东师范大学出版社，1997年，第411—412页。

在上述名单中，鲍次楼为广东香山人，罗左臣为广东高明人，吴植垣（吴廷奎）为广东南海人。会议所以广东省籍华商占多数。除广东帮外，当时在横滨还有以露清银行买办袁子庄为核心的三江帮（浙江、江苏、江西籍人士）。在买办和贸易方面，两帮之间仍互为竞争关系，呈现出彼此互不相让的情况。成立初期，凡能获得侨居横滨的中国人投票5票者，均可以成为华商会议所会员。但因广东帮主导会务，袁子庄等很难加入会议所。

1903年7月，清政府设立商部。1904年，颁布《商会简明章程》，旨在促进全国各地及海外华侨成立商务总会。为适应国内外社会政治关系巨变以及经济活动组织化的要求，各地商业会议所积极响应政府的呼吁，转型为商务总会。由此，1905年至1908年，以马来半岛和爪哇岛为主的英属和荷属南洋群岛华侨社会，开始成立商务总会。1907年8月，日本中华商务总会在长崎率先成立。1909年，神户、大阪及横滨也各自成立中华商务总会①。

但在当时需经商部上奏，得到清政府认定方可获颁会印。由此横滨中华商务总会是由驻日公使胡维德及驻横滨领事吴仲贤向商部呈请颁发会印。1909年11月14日，"横滨华商会议所"改名为"横滨中华商务总会"，由广东帮广生

---

① 陈来幸：《通过中华总商会网络论日本大正时期的阪神华侨与中日关系》，《华侨华人历史研究》，中国华侨华人历史研究所，2000年第4期，第55—56页。

和号店主卢瑞棠任总理，福建同源泰魏之优、广东吴植垣任协理。多数华商会议所董事沿袭横滨中华商务总会干部职务①。会董共有17人，其中广东人占13人②。虽然在融合各帮上起一定作用，但该商会以广东人为主导的这一团体色彩依旧浓厚。总会成立之时并无独立会址，暂在中华会馆内办公。1915年，商务总会改名为"横滨中华总商会"。直至1920年，会员人数一直在增加。1909年为76人、1913年约百人、1920年为139人，但到1922年却减至84人。

1922年，横滨中华总商会会员中广东籍71人占85%，浙江籍10人占12%，江苏籍2人，福建籍1人，很明显粤籍会员在总商会内占有人数上的绝对优势。可以说中华总商会是以广东商人为主导的社团。而总商会内的广东人包括香山15人，南海14人，新会12人，台山6人，三水和顺德各5人，番禺和高明各4人，新安和鹤山各2人，东安和惠阳各1人。由广东商人垄断的行业情况如下：海产品杂货进出口（30家/33家）、餐馆（10家/10家）、杂货药材业（10家/10家）、油漆业（5家/5家）、印刷业（3家/3家）、藤椅业（3家/3家）、建筑业（3家/3家）。

1923年9月1日，日本发生关东大地震，商会运营随之停滞。1926年复会，商商会会址定在横滨中区"山下町140番"。但与上述横滨中华会馆一样，在灾难中幸存下来的大多数贸易商，或是回国或是转到神户，董事人员也发生大的变化。1928年，总商会的组织结构变更如下：会长程毓林，副会长黄锐昌、郑宗荣，特别会董孔云生、郑省三、温朝著、温炳臣、梁扶初等10人，调查魏光焰、邓福云等9人，理财梁杰贤，干事马樵亨、张有福、刘树春，书记长邓蔼湖，会员共计85名③。

---

① 伊藤泉美：《横滨华人商业会议所设立考》，上海市档案馆编：《上海和横滨——近代亚洲两个开放城市》，华东师范大学出版社，1997年，第416页。
② "横滨中华商务总会庚戌年职员一览表"，1909年，苏州市档案馆藏，转引自陈来幸：《辛亥革命时期的日本华侨与日本经济史研究的新趋向》，暨南大学、华侨大学编：《海外华侨与辛亥革命国际学术研讨会论文集》，2011年8月22日，第41—51页。
③ 1929年2月15日，神奈川县知事池田向内务大臣望月圭介和外务大臣田中义一的报告：《外国人关系诸团体に关する件》，《在本邦诸团体调查关系件1》，日本外交史料馆所藏，编号：k.3.7.0.14。

表1-4 横滨中华总商会会员构成(1922年1月)

单位：家

出生地		行业													
省·人数	县·人数	进出口业	海产杂货进出口业	中餐业	西餐业	西服业	西服制作业	钱庄	酒米杂货业	药材业	印刷业	藤椅业	捆包业	油漆涂装业	建筑业
广东 71	香山 15	3	2	2	1				5		1			1	
	南海 14	3	5	2						2	1	1			
	新会 12	2	2	1				1					1	2	3
	台山 6	1	2						1				1	1	
	三水 5	2	1			1							1		
	顺德 5	1					1	1		1				1	
	番禺 4	1	2	1											
	高明 4	3		1											
	新安 2			1					1						
	鹤山 2											1	1		
	惠阳 1							1							
	东安 1			1											
浙江 10		2			3			5							
江苏 2					2										
福建 1		1													
合计 84		19	14	9	1	6	1	8	7	3	3	3	2	5	3

资料来源：《横滨华侨商店之调查》，《上海总商会月报》，1922年第2卷第1号。

第二节　日本关东大地震与横滨华侨社团

一、1923年关东大地震与横滨粤籍华侨

1923年9月1日，日本发生关东大地震，横滨华侨社会受到毁灭性打击。地震发生前，横滨华侨有5 721人。地震造成的死亡人数为1 700—2 000人。1924年，据中华民国驻横滨代理总领事孙士杰编写的《横滨大地震中之华侨状况》中"总领事馆震灾后开办情形"一文记载，地震发生之前横滨广东籍华侨共有4 241人，其中3 446人生活在山下町[①]。在灾难中存活下来的华侨绝大多数首先移往神户。从神户回国的路线有两条航线，即神户—香港和神户—上海，其中选择香港路线的皆为广东华侨，其总人数达2 800人[②]。1923年10月25日，留在横滨的华侨仅有135人。1924年1月，华侨有所回流，亦仅有432人，其中广东籍365人。

根据《横滨大地震中之华侨状况》中的"现在居留横滨华侨户口调查表"和"办理华侨各种证明书"文献记载，日本学者伊藤泉美曾统计出775名横滨华侨（包括避难到其他地区的华侨）的籍贯和职业分布。其中，广东538人（69.4%）、福建133人（17.2%）、浙江53人（6.8%）、江苏40人（5.2%），其他山东、广西、奉天、湖北、直隶等合计为11人。广东人又以香山、顺德、高明、番禺、南海、新会、鹤山、三水等广肇帮为主。这份统计资料也对了解地震发生后横滨广东华侨社会职业分布提供了线索。同时，可依此推测出地震发生前横滨华侨社会中广东华侨的社会分布形态。

从不同省份华侨在横滨的职业分布来看，首先可以发现按各帮（广东、福建、三江）垄断的行业趋势，横滨华侨多从事布匹商、木工、船员、银行职员、钢琴技士，以及涂装业、印刷业、藤椅业、建筑业等行业。广东人主导的行业有银行职员（行业内商号总数所占比率：100%）、涂装业

---

① 中华民国驻横滨代理总领事孙士杰：《横浜大震災中之華僑状況》，1924年，转引自伊藤泉美：《『横浜大震災中之華僑状況』に見る関東大震災前後の横浜華僑社会》，《横浜開港資料館紀要》，第20卷，横滨开港资料馆，2002年。
② 帆刈浩之：《広東帮華人ネットワークによる横浜華僑救済——関東大震災時の横浜・神戸・香港・広東》，《徳島大学総合科学部人間社会文化研究》，徳島大学，第5卷，1998年，第97—99页。

（100%）、印刷业（100%）、船员（100%）、藤椅业（100%）、建筑业（100%）、旅馆业（100%）、进出口业（92.9%）、杂货业（89.7%）、餐饮业（85.7%）；福建人主导的行业有布匹商（100%）、木工（100%）；三江帮主导的行业有钢琴技士（100%）、裁缝及洋服业（94.1%）、钱庄（81.8%）、理发业（53.8%）。这与表1-4"横滨中华总商会会员构成"情况基本吻合。

表1-5 震灾后横滨华侨职业分布（1924年1月）

单位：人

分类/总人数	省别	县别人数	分类/总人数	省别	县别人数
餐饮业/189	广东162	香山35、高明22、番禺8、新会7、鹤山6、台山5、顺德4、南海4、三水3、东莞3、高要1、肇庆1、宝安2、古鹤1、不明60	荞麦商/10	福建5	不明5
				山东2	不明2
				广东1	不明1
	福建19	福清2、不明17		直隶1	不明1
	浙江6	宁波1、湖州1、不明4		浙江1	不明1
	广西2	不明2	银行职员/9	广东9	香山2、不明7
布匹商/53	福建53	福清11、不明42	商人/6	广东5	新会1、开平1、不明3
木匠/42	福建42	不明42		浙江1	不明1
职员/40	广东40	香山10、顺德4、番禺4、高明2、南海1、不明19	钢琴师/5	浙江5	镇海4、宁波1
洋服业/34	江苏17	上海6、川沙5、镇江2、不明4	建筑业/4	广东4	台山3、不明1
	浙江15	宁波1、鄞1、不明13	团体/2	不明2	
	广东2	不明2		福建1	不明1
杂货商/29	广东26	高明8、香山4、台山2、鹤山1、顺德1、南海1、三水1、不明8	棉花商/2	浙江1	不明1
	浙江2	不明2	贸易商/2	广东1	不明1
				浙江1	不明1
	山东1	不明1	旅馆业/1	广东1	不明1

续表

分类/总人数	省别	县别人数	分类/总人数	省别	县别人数
进出口/28	广东 26	香山 3、鹤山 2、高明 1、高要 1、不明 19	医生/1	广东 1	不明 1
	浙江 2	不明 2	司机/1	广东 1	番禺 1
涂装业/18	广东 18	顺德 5、香山 2、番禺 1、南海 1、惠州 1、新会 1、不明 7	书业/1	广东 1	不明 1
厨师/15	广东 14	新会 4、香山 4、顺德 2、高明 1、新宁 1、番禺 1、不明 1	中华会馆代表/1	广东 1	南海 1
	江苏 1	丹徒 1	化妆品/1	广东 1	香山 1
印刷业/13	广东 13	香山 3、顺德 1、不明 9	蚕丝商/1	广东 1	顺德 1
理发业/12	江苏 7	镇江 3、不明 4	画工/1	广东 1	香山 1
	福建 3	福清 3	保安/1	广东 1	香山 1
	奉天 1	奉天 1	工人/1	广东 1	香山 1
船员/12	湖北 1	不明 1	职业不详者/109	广东 98	香山 37、顺德 16、南海 12、新会 8、番禺 7、三水 6、东莞 4、高明 3、鹤山 2、开平 2、宝安 1
	广东 12	顺德 3、香山 2、鹤山 1、番禺 1、新会 1、新安 1、东莞 1、宝安 1、三水 1			
钱庄/11	浙江 9	宁波 3、鄞 2、奉化 1、吴兴 1、不明 2		江苏 4	川沙 3、丹徒 1
	广东 2	不明 2		浙江 2	不明 2
藤椅业/10	广东 10	不明 10	家庭主妇/25	广东 12	不明 12
店员/10	广东 9	顺德 3、开平 1、不明 4		江苏 5	
				浙江 5	
	奉天 1	奉天 1		福建 3	
			子女/5	福建 5	

资料来源：伊藤泉美：《『横浜大震災中之華僑状況』に見る関東大震災前後の横浜華僑社会》，《横浜開港資料館紀要》，第20卷，横浜开港资料馆，2002年，第24页。

地震发生后，横滨中华会馆的广东籍董事转移撤离，董事仅剩孔云生一人。孔云生，浙江人，经营钱庄万泰号（地址：山下町72番地），自1898年出任中华会馆董事。在保护横滨华侨的人身安全方面，需要由领事馆出面解决的事情堆积如山，孔云生主动与东京的公使馆取得联系。但由于总领事在地震中去世，无人能够负责。1923年9月14日，横滨中华会馆代表孔云生徒步到东京中华民国公使馆，致电外交部请求立即将副领事孙士杰以横滨代理总领事身份派驻横滨。

该时期，绝大多数横滨华侨途经神户回国，但仍有部分华侨留在神户，开始讨论如何恢复横滨华侨社会。1923年10月，这时已过了回国高峰期，滞留在神户的横滨华侨共有1 303人。10月初，在横滨中华总商会侨领的呼吁之下，神户的横滨华侨成立了复兴团体。地震发生前，在横滨担任横滨中华总商会会长的温德林①出任复兴会会长，横滨中华总商会副会长郑宗荣和卢颖衢任副会长，陈佩琪等担任干事，加上其他干部人员共有20人。该会以神户贸易商广泰祥②为办事地点，将横滨的情况传达给避难华侨，协助处理横滨的不动产等财产，以及生命保险等各项保险的调查、咨询工作③。

1925年1月，横滨华侨人口恢复到1 939人。1925年秋，会馆重建完毕。同年12月23日，在中华会馆内举办恢复关帝庙的祭拜活动。1926年春季，中华会馆举行大会选举。4月17日，进行董事选举，汪荣宝总领事列会，开票结果是：黄焯民（P&O汽船公司买办）、黄锐昌（贸易商）、孔云生（钱庄经营）、郑省三（Corns商会）、温朝著（贸易商）、魏光煜、程毓林（贸易

---

① 温德林（1867—1925），广东高明人，17岁赴日，从事中日之间的海产、杂货贸易，后创立德和号和公安泰。任横滨中华总商会会长、中日协会副会长、中华慈善会会长，关东大地震时在神户成立横滨华侨震灾善后会，参见横滨开港资料馆编：《図説横浜外国人居留地》，有邻堂，1998年，第71页。

② 广泰祥：由番禺人凌伯通创办，后由凌春田、凌国威兄弟继承。凌家在香港开了贸易公司凌大利，主要向日本出口藤材和草药。广泰祥是香港凌大利的支店，凌国威在日本用香港的材料造藤器，藤器出口到美国。广泰祥为三层楼。广泰祥和横滨广信祥为同一家族经营。横滨广信祥，店主凌国忠，该店是凌国忠之父凌伯炅开港初期来到横滨创办的。香港的广裕泰从印度尼西亚进口藤原木，在香港制材后，由香港凌大利（店主为凌伯炅之弟凌伯泰）、横滨广信祥、神户广泰祥（凌伯通为凌伯炅之弟）销售，参见中华会馆、横滨开港资料馆编：《横浜華僑の記憶——横浜華僑口述歴史記録集》，中华会馆，2010年，第104—117页。

③ 伊藤泉美：《関東大震災と横浜華僑社会》，《横浜開港資料館紀要》，横浜开港资料馆，第15卷，1997年，第23页。

商）当选为董事①。不过，因为当时经济势力较强的横滨广东贸易商皆在神户设有分店或联号，两地广东商人之间的关系非常亲近②。与东南亚的贸易方面，神户港的优势远远超过横滨港③。因此，关东大地震时避难到神户的横滨华侨中，多数贸易商决定留在神户东山再起。震灾后恢复的横滨华侨社会依然以广东人占主导。但与地震前相比，由于从事餐饮业等贸易以外行业的人群占多数，可以说与横滨买办以及进出口贸易商的影响力相比毫不逊色。

二、横滨华侨团体总会

20世纪20年代，中国政府开始呼吁海外华侨强化团结合作。华侨社会的团结合作，包括消除以祖籍为主形成的广东帮、福建帮、三江帮、北帮等各帮之间的分歧，以及资产阶级和无产阶级之间的对立。1919年，五四运动爆发。1925年，上海发生了五卅运动，中国国内掀起了民族主义思潮。这些都为旅居海外的中国人形成国家和民族意识起到了积极作用。同一时期，中国国内灾难频发。1920年，陕西、华南、山东、直隶等地发生干旱，受害人数达5 000万人。1921年，受淮河流域水灾影响人数达1亿人。第一次世界大战结束后，欧洲列强重新控制中国市场，国民失业人数增多，选择出国谋生的华工不断涌现。日本华侨人数自1919年的12 294人，骤增至1930年的30 836人，新到的华侨大多数从事非贸易行业④。

1923年，日本发生了关东大地震，在东京一带出现惨杀华工事件，其中

---

① 伊藤泉美：《『横浜大震災中之華僑状況』に見る関東大震災前後の横浜華僑社会》，《横浜開港資料館紀要》，横浜開港資料館，第20卷，2002年，第7—9页；伊藤泉美：《1920年代中頃の横浜華僑社会——諸団体の動向を中心に》，《横浜開港資料館紀要》，横浜開港資料館，第24卷，2006年，第25页。
② 详见陈来幸：《从一些家族史看广东华侨与中日关系》，张应龙编：《广东华侨与中外关系》，广东人民出版社，2014年，第77—88页。
③ 横滨开港早于神户，1868年神户开港后，多数横滨广东商人到神户开业，横滨华商和神户华商之间自然形成关系网络。甲午中日战争后，神户港的地位上升，1902年神户广东商人携手成立了广东帮轮船公司，其目的为"进出口货物应齐心协力、避免将利益转到外界"，他们租得两艘蒸汽船，每月两次往返神户和横滨，参见鸿山俊雄：《神戸大阪の華僑——在日華僑百年史》，华侨问题研究所，1979年，第37—40页。
④ 日本统计局编：《日本帝国统计年鑑》，各年版。

也有少数横滨华侨惨遭杀害①。受此影响，横滨和东京地区华侨大批回国。临时回国避难的华侨重返日本时，也有部分华工"混入"其中而进入日本境内。基于以上因素，1924年日本发布诏书352号及实施细则，严控华工的流入②。这反而增强了东京、横滨一带华侨凝聚力。

1924年，东京华侨成立驻日华侨联合会，旨在自治、爱国、和睦、外交。会长为东京神田中华料理第一楼店主林文昭。1925年2月，华侨联合会举办年度会员大会，大会宣言文稿涉及大会成立的主要原因有两点：一是虽然日本国内有华侨一万人以上，在各地皆有华侨团体，但尚无团结所有华侨组织的统一联合体；二是关东大地震发生后，华侨社会意识到成立代表性组织的必要性。华侨联合会决定以东京为总部，在日本各地华侨人数超过千人的城市设支部，百人以上的地区设分部，百人以下设联络处。该组织的中央干部会由劳工部、商业部、厨师部、店员部、零售部、理发部、裁缝部组成。

1925年3月19日，驻日华侨联合会横滨支部成立，其办事处设在伊势佐木町1-10中华料理永乐轩（店主温朝英）。为加强团结，横滨支部开展中文教育。1925年4月19日，第一次开班授课在山下町140番地中华公立学校举行，约90人参加。华侨联合会秘书处处长郝兆先③与横滨支部的伍安瑞（原东京浅草义厨会）、杂货商广永泰黄汉儒、厨师刘树春、永乐轩店员陈丽安共同组织中文学习会。

不过，成立不久的东京驻日华侨联合会内部出现了严重分歧，代表资产阶级的华侨联合会会长林文昭和代表无产阶级的秘书处处长郝兆先首先发生分裂。1925年12月底，虽由驻日公使汪荣宝居中调停，但联合会内部分裂情绪日益激烈，最终走向解散，横滨支部就此失去前进的方向。

东京华侨联合会发生内斗时期，横滨出现了另一个叫"横滨华侨团体总

---

① 详见郑乐静：《日本温州籍华侨华人社会变迁研究》，科学出版社，2015年，第34—35页；中华会馆、横滨开港资料馆编：《横浜華僑の記憶——横浜華僑口述歷史記錄集》，中华会馆，2010年，第26—27页。
② 许淑真：《労働移民禁止法の施行をめぐって——大正十三年の事例を中心に》，《社会学雑誌》，神户大学社会学研究会，1990年，第7号，第102—119页。
③ 驻日华侨联合会秘书处处长郝兆先是日本大学留学生、广东中央通信社驻日分社主任、上海民国日报社驻日记者。

会"的组织。该会于1925年6月1日在中华会馆内成立。7月12日，总会在山下町97番地"和亲剧院"举行成立大会。以横滨地区各华侨组织代表为主，参加人员达270人。该会成立宗旨为联络会员之间的感情，自由平等，中日亲善。章程规定，由横滨各华侨团体按规定派出代表担任总会委员会的常务委员（1名）、秘书处、外联部、调查部等职位。①

从1925年7月的第一次总会干部名单来看，该会部分成员同时还隶属于其他团体，例如国民党7名、和亲会5名、驻日华侨联合会4名、三江公所3名、南番顺同乡会3名、华厨会2名、四邑公所2名、中华体育会2名、同义会2名、要明同乡会2名、香邑梓友会1名、留日中华圣公会1名。反过来说，横滨华侨团体总会是由横滨华侨社会的同乡会和同业组织等社团构成的。其中除三江公所外，以上团体基本上都由广东人控制。起初，起草总会章程的委员梁鹏侣、谭敬明、郑宗樑、邓霭樵、许岱钟也都是广东人。

表1-6 横滨华侨团体总会董事一览表（1925年7月）

姓名	职务	籍贯	职业	所属1	所属2・3
刘树春	调查（临）	广东	中华料理	华侨联合会员	国民党员
陈丽安	秘书（临）	广东	中华料理永乐轩会计	华侨联合会员	和亲会员
伍安瑞	秘书	广东	杂货中介	华厨会调查	华侨联合会员
罗报生	秘书（临）	广东	中华料理	华厨会副会长	华侨联合会员/国民党员
鲍连就	外联（临）	广东	公司职员	香邑梓友会员	国民党外联
鲍应辉	调查	广东	United俱乐部会计	国民党员	—
陈顺成	调查	广东	国际银行职员	国民党员	和亲会评议员
梁鹏侣	秘书（章）	广东	渣打银行职员	国民党员	—
黄锐昌	外联（临）	浙江	杂货贸易商	三江公所会员	—
孔云生	调查	浙江	钱庄	三江公所会员	—
张继成	（临）	浙江	洋服商	三江公所会员	—
雷全晃	调查	广东	杂货商	四邑公所会员	—

---

① 伊藤泉美：《1920年代中頃の横浜華僑社会——諸団体の動向を中心に》，《横浜開港資料館紀要》，横浜開港資料館，第24卷，2006年，第7—17页。

续表

姓名	职务	籍贯	职业	所属1	所属2·3
梁杰贤	理财（临）	广东	药商	四邑公所会员	—
梁扶初	外联（临）	广东	中华料理万珍楼经理	中华体育会员	—
鲍博公	调查	广东	中华料理	中华体育会副会长	
何景芳	秘书	广东	藤家具制造	同义会外联	南番顺同乡会总务
许岱钟	调查（章）	广东	藤家具制造	同义会文牍	—
陈耀堂	调查（临）	广东	杂货商	南番顺同乡会会长	和亲会干部
程毓林	调查	广东	杂货贸易商	南番顺同乡会副会长	
温能佳	调查	广东	中华料理	要明同乡会员	
谭敬明	秘书（章）	广东	中华料理	要明同乡会员	
郑宗樑	（章）	广东	国际银行职员	留日中华圣公会干事	—
邓霭樵	常务委员	广东	中华会馆书记	和亲会员	
温炳臣	外联（临）	广东	生命保险公司外交员	和亲会评议员	国民党员

资料来源：伊藤泉美：《1920年代中頃の横浜華僑社会——諸団体の動向を中心に》，《横浜開港資料館紀要》，第24卷，横浜开港资料馆，2006年，第17页。

注：（临）为筹办委员会委员，（章）为章程起草委员。

日本外交史料馆所藏文件记载：1925年到1926年期间，横滨华侨团体总会代表为梁扶初、秘书陈丽安等3人，外联黄锐昌等8人，其他干部10余人，办事处设在山下町140番；1928年底，办事处迁到山下町131番，秘书长改为邓霭樵，理财梁杰贤，外联梁扶初、黄锐昌、王乾芳，书记江业来、郑志远[①]。1925年和1926年间，总会代表梁扶初是中华料理万珍楼经理，同时还是横滨中华体育会成员。由此可见，该时期横滨非贸易行业华侨的影响力在逐步增大，总会活动倾向于支持社会运动。例如，1925年7月，广州和香港发生"省港大罢工"，横滨港船员举行罢工；1926年3月，广东又发生了船员罢工事件。对这些社会运动，横滨华侨团体总会均表示支持，并为其捐款。不过，原以中华会馆为主体的社团势力依然强大。1928年底，横滨中华会馆书

---

① 《在本邦诸团体调查关系杂件1、2》，日本外交史料馆所藏，编号：k.3.7.0.14。

记邓霭樵重新担任该会代表，梁扶初专门负责总会外联。

1928年12月5日，从震灾中逐渐恢复过来的横滨中华会馆召开全体大会，并选出董事会。董事长孔云生，常务董事黄锐昌，财务董事黄焯民，卫生董事魏光焜、郑省三，侨务董事温朝著，学务委员梁扶初、温炳臣、梁杰贤等10人，卫生委员马福生等4人，会员总数59名①。1928年，梁扶初等成为中华商会董事会一员。鉴于1934年以后日方对华侨组织的调查文件上再也没有出现过有关华侨团体总会的记录，因此可推测日本发动九一八事变后，横滨华侨人数大减，总会活动处于停摆状态。

第三节　横滨粤籍华侨组织

一、亲仁会

1875年，横滨至上海的航路开通，江浙一带前往横滨的华商人数随之增加。1887年，横滨三江公所成立，部分福建商人加入②。与之相比，横滨广东华侨动作迟缓，至1898年才成立"亲仁会"。虽然横滨华侨中广东华侨占绝对多数，但横滨中华会馆及华商会议所等社团基本可以替代横滨广东华侨组织，这是横滨广东华侨较晚成立同乡组织的原因之一。

1898年4月成立的"亲仁会"，是由横滨广东帮实力派商人组成的团体。该会是横滨广东华侨各阶层的上层机构，主要成员是贸易商、汇兑商、餐饮业者、理货员等组织的代表人物。目前因史料有限，亲仁会的成立经过及前期活动尚有待考证。根据日本外交史料馆所藏文件，可以找到有关该组织干部人员变动的部分情况。1917年，亲仁会会长为刘杏村，办公地点设在山下町166番。刘杏村出生于广东台山县，官居五品，后从事海产品、杂货等进出口贸易，经营广胜隆商务，是横滨华侨社会的核心人物。1923年，受震灾影响，会务一度停滞，1924年9月复会。1925年12月，办事处设在山下町87番

---

① 1929年2月15日，神奈川县知事池田向内务大臣望月圭介和外务大臣田中义一的报告：《外国人関係諸団体に関する件》，《在本邦諸団体調査関係雑件1》，日本外交史料馆所藏，编号：k.3.7.0.14。

② 罗晃潮：《日本华侨史》，广东高等教育出版社，1994年，第240页。

地，名誉会长汪扬宝、会长郑宗荣、副会长郑省三，会员有80名。震灾后，因横滨主要贸易商或移居神户或回国，亲仁会成员中餐厅经营者开始占据多数。此外，因多数横滨贸易商留在神户之故，亲仁会在神户和东京均拥有会员①。1928年，会长郑省三，副会长程毓林、鲍启康、杨式如等6名，理财温朝著，会计梁爵臣、陈文千，核数梁□勋②、陈兆三、郭竹樵等4人，会员59名，办事处位于山下町166番地。会务方面无特别的活动③。

进入20世纪30年代，多数广东华侨陆续回国，会员减少，亲仁会的会费等收入来源随之减少。1934年，亲仁会组成为：会长陈耀堂，副会长郑宗荣，会计周敬文，文牍程立，检数梁爵臣，总务鲍达夫、鲍汝坚，评议西川时藏、郑如章、黄健乡，名誉会长蒋作宝，名誉会员王鸿年等5人。办公地点设在山下町202番地。该时期，理事会内部意见出现不和，该会试图通过换届时推举陈洞庭改善僵局，但未见成效④。1937年亲仁会成员变更为：会长郑省三，副会长陈兆三，会计鲍启康，文书鲍华耀，总务黄永辉、鲍达夫，核数郑如章，评议员陈洞庭等5人。后因战争爆发多数会员回国，会员数骤减到30人。为增加会费收入，亲仁会决定将会费从3日元上调到5日元⑤。

二、同业组织和同乡组织

开埠初期，除买办、进出口商人外，广东华侨在横滨土木建筑、藤具制造、出版印刷、油漆业、餐饮业等熟练工作行业也占多数。

1757年，乾隆皇帝决定撤销宁波、泉州、松江三处海关的对外贸易，仅留广州一处，故广东人得地利之先首先学到西方近代建筑等。开埠初期，日本国内没有一家涂装业者，对西方建筑也缺乏了解，缺少文印馆等近代服

---

① 伊藤泉美：《横滨华人商业会议所设立考》，上海市档案馆编：《上海和横滨——近代亚洲两个开放城市》，华东师范大学出版社，1997年，第398页。
② □表示文献资料中的文字解读困难。
③ 1929年2月15日，神奈川县知事池田向内务大臣望月圭介和外务大臣田中义一的报告：《外国人关系诸团体に関する件》，《在本邦诸团体调查关系杂件1》，日本外交史料馆所藏，编号：k.3.7.0.14。
④ 日本内务省警保局：《庁府県别外国人又は外国人関係団体表》，1934年10月，第185—186页。
⑤ 《横浜華僑の戦時中および終戦直後の概況》，横浜市总务局行政部教育课编：《横浜市地域研究费による成果报告书》，横浜市总务局，1997年，第82—83页。

务行业。同时横滨开埠晚于广州，故广东人到横滨最先开始从事这些行业。1872年，横滨居留地41番地有 Wing Hing 为印刷装订店铺，主要经营印刷个人用明信片、西餐厅菜单、外国商馆收据单、发票单、商标等业务。1879年，横滨居留地164番地 Quang Sing 和183番地 Kwong Ynue Wo 为藤椅制造业，同年华工木业12家、涂装业8家[①]。

19世纪末期，神户港在日本国内地位越来越高。1893年，横滨在进口额方面开始落后于神户。1914年，横滨进出口总额居于神户之后，位列第二。以进出口业务为主要营生的横滨广东帮开始转移到其他地区，或留在横滨转型从事餐饮业。同一时期，另有一批华工开始独立创业，从事餐饮业、藤器制造业等行业的人员有所增加。

20世纪20年代，横滨广东同业者组织相继成立。1918年，广东籍餐饮业者率先成立"京滨华厨公所"[②]。横滨中华街大型餐馆有成昌楼、聘珍楼[③]、万珍楼（万新楼）、永乐轩。因餐馆数量不是很多，不少横滨的华厨转到东京的第一楼"中华饭店"等工作。1929年12月，广东帮藤器制造业者成立"横滨人和会所"[④]。1935年1月，横滨的广东新会、高要、高明县籍餐饮业

[①] 伊藤泉美：《横浜居留地における華僑の職業》，横浜居留地研究会编：《横浜居留地研究会報告——横浜居留地の諸相》，横浜开港资料馆，1989年，第31—35页。
[②] 1872年，在横滨居留地山下町只有一家中国饭馆，挂的是英文招牌，到1890年才有两家。1900年到1905年期间开始增加，1910年有17家。这时候才有些招牌上有中英文，如聘珍楼 HEI CHIN ROW。其经营者和厨师多是广东人，以四邑和三邑人士最多。1925年，山下町的中华料理只有聘珍楼、永乐楼、远芳楼、成昌楼、东坡楼、安乐园、万珍楼等，参见王良编：《横滨华侨志》，中华会馆，1995年，第478—479页。
[③] 聘珍楼，张某开业，后张茂元继承，关东大地震由鲍庄昭、鲍金钜父子继承，第二次世界大战后庞柱琛继承。继承者皆为同乡关系。
[④] 1861年广东南海人冯浩长将广东藤器技术传到日本横滨。冯氏住在横滨中区前田桥街，开设了藤椅、藤床等藤器家具商行。经营了20余年，仅冯家一家。1880年到1890年，藤器业者少有增加，1920年前后增加到十余人，他们都是从广东招聘来的技术工，渐渐独立创业。藤器原料都是从中国香港、新加坡、印度尼西亚进口。当时以外国商馆、外国人商船公司为客户。第一次世界大战后，日本社会对藤器家具特别喜爱，需求量增加，20世纪20年代后期，制作藤器的技工增加到百余人。主要藤器商行有：131番地鸿利号，店主李祐占（李奕宽之父），1899年1月成立，雇员有20人左右；187番地生昌号，李衍祥，1904年成立；106番地冯浩长；瑞兴店李卓延。107番地、123番地、136番地、183番地、87番地都有藤器商行。鸿利号的藤器材料藤主要是从中国香港进口。藤器行业从20世纪30年代陷入不振，"二战"结束后由日本人取代。参见横滨市：《横滨市史稿·産業编》，横滨市役所，1932年，第658页；王良编：《横滨华侨志》，中华会馆，1995年，第447—449页。

经营者又成立"山下町中华料理业组合"。1939年12月，理货业者成立"中华核数俱乐部"①。广东各个同乡会在职业选择上也各有特点。例如，高明公所会员专营餐饮业，这一点与从事外汇、杂货贸易、餐饮业、涂业、印刷业等的三邑和四邑会员不同。

表1-7　20世纪20—30年代横滨广东各同业组织

名称	基本情况	1925—1926年	1928年	1934年	1937年底
京滨华厨会	1918年6月成立，会址为山下町150番地	1925年代表罗报生，会员98名，为京滨地区厨师提供住处，以及介绍工作；1926年常务李电英、谭森川，会员98人	会长李电英，外联方炳南，理财关礼清、谭籍光，外交李贤端、伍安瑞，调查何炳坤，会员130人	代表李电英，监查刘冠芳，调查刘燕立、吴新，财政何星亮，会计曾肇颐，核数关礼清，书记刘仕荣等3名，会员204人	代表李电英，监督黄绍安，外联李永銮，会计曾肇颐，文牍刘树棠等2名，理财何星亮，核数陆志伦，会员约200人，每年举行一次会员大会
同义会	藤椅职工组织，1922年4月1日成立，会址为山下町144番地	1924年4月恢复组织，1925年2月搬到山下町144番，1925年12月7日举行改选，代表何绍文，会员55人；1926年会长何绍文，评议员陈廷协、李有堂、陈耀民、何松光，会员55人	常务邝子补，监察何其良，财务陈泽和，会计甘序庠，核数杜鉴堂，文书卢大装等4名，会员62人，每年举行一次会员大会，进行投票改选	无记录	无记录

---

① 此外，1930年11月，三江帮餐饮业团体成立了"京滨华侨皖江联盟会"；1936年1月，江浙两省侨胞洋服业团体成立"京滨华侨洋服业组合"；1937年7月，江苏侨胞理发业团体成立"横滨华侨理发业同业公会"。参见罗晃潮：《扶桑觅侨踪》，暨南大学出版社，1994年，第101页。

续表

名称	基本情况	1925—1926年	1928年	1934年	1937年底
山下町中华料理业组合	1935年1月成立，会址为山下町140番地	—	—	—	会长鲍庄昭，副会长温朝著，干事罗孝明、梁□勋、简荣树、李电英、吴乘朝、段春元，会员112人。每年举行一次会员大会

资料来源：《在本邦诸团体调查关系杂件1、2》，日本外交史料馆所藏，编号：k.3.7.0.14。

注："□"为解读困难的文字。

同一时期，随着横滨广东华侨人数剧增，以同乡为主体的组织纷纷成立。其中，1919年4月，四邑公所（新会、台山、开平、恩平）成立。1920年1月，要明公所（高要、高明）成立。1921年9月，三邑公所（南海、番禺、顺德）成立。1925年，中山公所成立。1929年，人和公所成立。

广东同乡会及同业者组织都属于亲仁会的下级组织。除上文（本章第二节第二项）横滨华侨团体总会成立背景时所述各因素外，还有一点值得注意。20世纪20年代，多数华工为寻找生计来到横滨，抵埠后首先会去找同乡会或者华厨公所。在那里，他们不需要担心食住问题，找到工作之前都可以留在这些组织里。1931年，九一八事变爆发前，每个团体的会员数都超过百人。其中，中山公所会员人数超过200人。1928年，前四个团体的会员总数达717人，占整个横滨华侨人数的20%，其影响力非常之大。

表1-8 20世纪20—30年代横滨广东各同乡会概况

名称	基本情况	1925—1926年	1928年	1934年	1937年底
四邑公所	1919年4月成立，会员为新会、台山、开平、恩平人，会址设在山下町147番地	1925年1月恢复，代表李象琴，会员91人；1926年代表李象琴，委员长温炳臣，干事吴三傍等6名，书记刘孔琳，其他人员24名	会长温炳臣，理财梁变漪，会计关礼清，核数杨华耀，外联马福生、黄晓东，文牍叶庆、刘礼琳，干事陈源宗，会员113人，每年举行一次总会	常务温炳臣，总务梁杰贤，外联李英乾，理财马福生，书记英华聪、关东成，干事黄英、伍祝三、杨华耀，监查陈孙韶等3名，会员60人，每年举行一次会员总会之外，无其他活动	常务总务外交皆由马福生任，理财陈达明，书记马柏良，干事杨华耀、胡粕臻、李永銮，监察陈孙韶、雷金晃、廖露易，会员60人，每年举行一次会员总会之外，无其他活动
要明同乡会	1920年1月成立，会员为高明、高要人，会址设在山下町151番地	代表温能佳，干事主任温朝著，书记谭最昌等2名，其他董事22名，会员188人，关东大地震后，同乡会停止会务	会长温炳臣，理财罗孝明，会计刘汝江，调查梁吕严、谭福元，外联谭生财、瞿季础，总务黄玉廷，大区柏孙，书记谢汉明、谭最昌，会员191人	主席罗培宗，文牍杨桂芳，理财谭裕庆，会计黄润苏，外联陈丽安，核数陈仕荣，纠察李广元，干事谭森川等5名，常务委员罗培宗等5名，会员90人，每年举行一次会员大会	主席罗培宗，理监事会名单同1934年，会员数减少到80人，会员主要从事料理行业，抗日战争全面爆发后因多数华侨回国，同乡会财政问题严重，1938年1月解散

续表

名称	基本情况	1925—1926年	1928年	1934年	1937年底
三邑公所/南番顺同乡会	1921年9月成立，会员为南海、番禺、顺德人，会址设在山下町143番地	1925年3月复会，1925年代表陈耀堂，会员44人；1926年会长陈耀堂，副会长程毓林、曾信廷、马樵享，会员44人	会长陈耀堂，副会长程毓林、凌焯民、梁爵臣，理财庄益生，核数邓蔼湖，文牍李仙样、超德根，监督张易初，总务梁善等5名，外联冯隆阶等6名，会员191人，每年举行会员大会选出理监事	会长程毓林，副会长周敬文，监查梁坤泉、黄广钿，理财梁爵臣，会计赵承杰，核数庄益生，外联凌国忠，文牍陈润琪，干事梁寿如、凌钜波，评议员陈耀堂等5名，会员24人，每年举行一次会员总会	会长程毓林，副会长周敬文，监查梁坤泉、黄广钿，理财梁爵臣，会计赵承杰，核数黄永辉，外联凌国忠，文牍李仙然、凌钜波，评议员庄益生等5名，会员40人，成立按月存款轮流借用的互助会，抗日战争全面爆发后回国人增多，解散互助会
中山公所	1925年9月成立，会员为中山人，会址设在山下町146番地	1925年代表陈洞庭，会员222人；1926年名誉会长鲍明常，会长陈洞庭，副会长鲍连就，总务张泽广、鲍善常，其他理事22名，每年举行年会	执行委员鲍明常、鲍连就、林口珍、林钧举、杨式如、郑小东、郑宋荣，监事曾肇颐、曾子乙、廖子蕃、□焜全、杨志超，会员222人	无记录	无记录
人和公所	1929年成立，惠阳人同乡会，山下町103番地	—	—	主席张木荣，财务陈谭福，文牍邱兆祥，外联黄友生，会计张佛水，核事廖悦维，干事方汪祥，会员27人，每年举行一次大会	主席陈谭福，财务阙光□，文牍邱兆祥，外联张木荣，会计张佛水，核事廖悦维，会员28人，每年举行一次年会，因战争会务颇为不振

资料来源：《在本邦诸团体调查关系杂件1、2》，日本外交史料馆所藏，编号：k.3.7.0.14。

注："□"为解读困难的文字。

横滨广东同乡会和同业组织之间的相互关系，可参考伊藤泉美制作的战前横滨华侨组织结构图（图1-1）。

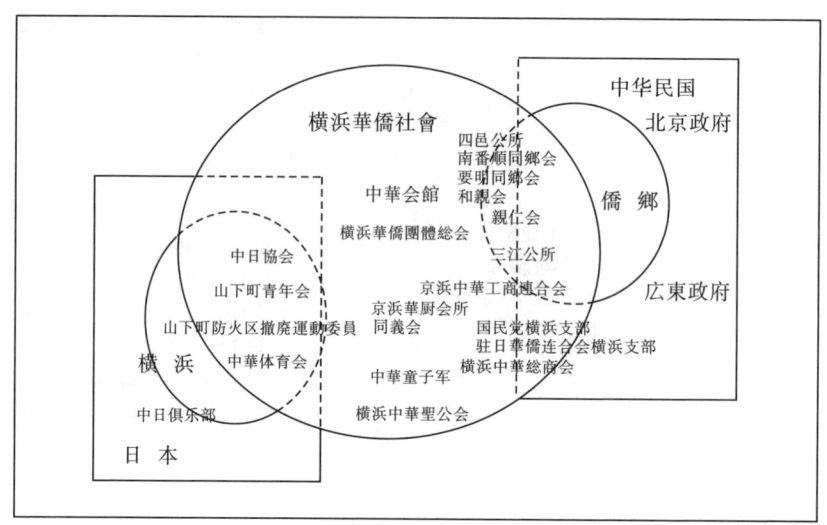

图1-1　战前横滨华侨组织结构图

资料来源：伊藤泉美：《1920年代中頃の横濱華僑社会——諸団体の動向を中心に》，《横濱開港資料館紀要》，第24卷，横濱開港資料館，2006年，第34頁。

20世纪30年代，横滨广东同业组织也面临着日本政府取缔、会员减少、日本人同业者竞争等威胁和压力。因资料所限，本论举例横滨华侨涂装业的兴衰，尝试探究广东同业组织的变化。

涂装业可分为船舶涂装、桥梁涂装和建筑涂装。开埠初期，横滨华侨专门从事西洋船舶的涂装，接下来是建筑涂装。当时最为出名的是"招相记"。店主招清相是广东顺德人，早年在上海学习涂装技术，开埠初期到了横滨。1875年，在居留地184号创办招相记，主要从事船舶涂装[①]。当时横跨太平洋的欧美船只都在横滨三菱船渠进行维修，而招相记在三菱船渠主要负责涂装工作。招相记直接从船主处接生意，几乎独占整个市场[②]。后来，招相记也包办日本邮船的涂装工作等。招相记事业顺利，最忙时工人达数百

---

① 横浜開港資料館编：《図説横浜外国人居留地》，有鄰堂，1998年，第79頁。
② 中華会館、横浜開港資料館编：《横濱華僑の記憶——横濱華僑口述歴史記録集》，中華会館，2010年，第119—121頁。

人。日本大正时期，招清相已是百万富翁，后在中华街拥有多套房产。1878年，横滨涂装店已有4到8间。1898年至1920年前后，增加到10间左右。关东大地震后，东京和横滨等地需修复或重建受损建筑物。这时横滨华侨涂装业者业务猛增。"二战"前，在横滨中华街经营祥记的陈耀祥就专门负责建筑涂装。

1898年，横滨日本人涂装业者成立横滨涂装职工组合，开始对抗广东涂装业者。日本政府也逐渐开始对华侨涂装业者实施取缔政策。例如，1930年7月，横滨招相记雇佣顺德人数名，未经日方同意，便派其在旧居留地外进行涂装工作，其后受到神奈川县的制裁[1]。20世纪30年代，中华街从事涂装业者有3家，祥记、美彰（代表凌钜坡）、叶某的店铺。进入20世纪40年代，涂装店内开始雇佣日本工人，但工头仍是广东人，建筑涂装的主要业务限定在中华街内华侨商店的涂装和洋馆的涂装[2]。

第四节 20世纪30年代之后的横滨中华会馆和中华总商会

一、横滨中华会馆

日本外务省资料记载，1934年，横滨中华会馆理事会成员名单为：理事长郑宗荣，常务理事陈洞庭，教务理事黄焯民，侨务理事魏光煜，财务理事陈耀堂，医务理事陈德华，慈务理事鲍伯公，常务委员鲍启康等4人，教务委员张有福等6人，侨务委员马福生、温惠臣，财务委员鲍达夫、张沛，医务委员杨子驹，慈务委员梁杰贤、温炳臣等6人。会员为"横滨在留全体中国人"。1934年春季，函馆发生大火灾。为救济当地华侨，横滨中华会馆和中华总商会联合发动募集善款活动，并将筹到的4 000日元送到灾区。1937年，横滨中华会馆的理事会成员发生变动：理事长陈洞庭，常务理事鲍启康，总务理事温炳臣，教务理事鲍伯公，侨务理事马福生，常务会员周敬文等2名，

---

[1] 陈来幸：《阪神地区における技术者华侨ネットワーク一考——理髪业と塗装业から》，王柯编：《阪神华侨の国际ネットワークに关する研究》，2002年，第74—76页。
[2] 中华会馆、横滨开港资料馆编：《横滨华侨の记忆——横滨华侨口述历史记录集》，中华会馆，2010年，第119—121页。

总务委员温朝著等2名，医务委员李国旗等2名，财务委员李贤和，侨务委员何元吉等2名，教务委员黄耀商。

表1-9 横滨中华会馆各届董事（理事）名单

年份	董事姓名						
1933	郑宗荣	陈洞庭	黄焯民	魏光焜	陈耀堂	陈德华	鲍博公
1935	郑宗荣	陈洞庭	黄焯民	魏光焜	陈耀堂	鲍博公	温炳臣
1937	陈洞庭	鲍启康	鲍博公	梁杰贤	马福生	温炳臣	鲍连就
1939	陈洞庭	温炳臣	马福生	鲍启康	周敬文	温朝著	鲍博公
1941	陈洞庭	马福生	李电英	谢政良	鲍金钜	周敬文	霍成
1943	陈洞庭逝世	李电英逝世	鲍金钜	霍成逝世	罗孝明退出	张有产回国	简达明回国
1945	全体理事退任登记						

资料来源：《在本邦诸团体调查关系杂件1》，日本外交史料馆所藏，编号：k.3.7.0.14；王良编：《横滨华侨志》，中华会馆，1995年，第174—177页。

1937年日本侵华战争全面爆发，多数华侨准备回国。为帮助贫困华侨顺利回国，会馆成立横滨贫侨归国救济会，共募集到8 000日元的捐款，协助超过上千人回国。因中华会馆陷入财政困难，自1942年1月起，将华侨登记手续费提高到1户3日元[①]。1941年，第八届理事委员会理事中，除6名来自三江公所外，其余17名全是来自亲仁会的广东人[②]。1943年，广东元老陈洞庭、李电英、霍成三名理事相继逝世，罗孝明退出，张有产和简达明回国。后虽有新任理事继任，但会务基本处于停滞状态。1945年6月24日，全体理事退任。

1946年3月，横滨华侨联合会成立，接手中华会馆原有管理华侨业务。后来管理关帝庙和中华义庄业务，主要由支持国民党的横滨华侨总会人员负责。1968年9月12日，财团法人中华会馆理事会重新开始运营。1990年，在第四代关帝庙落成之际，横滨华侨成立"关帝庙管理委员会"（现关帝庙理事

---

① 《横浜市地域研究費による成果報告書》，第84—85页。
② 内田直作：《日本華僑社会の研究》，同文馆，1949年，第231页。

会）。中华会馆①负责墓地管理至今。

二、横滨中华总商会

20世纪30年代，随着日本侵略中国东北三省及其侵略范围的不断扩大，在日本的华侨活动受到严格的监控。这也影响到了华侨贸易，使得华侨商业活动日益衰落。同时，受中国国内掀起抵制日货运动影响，销往中国的华商贸易遭到严重打击。横滨中华总商会会员人数日益减少。

1934年，总商会在努力发展新会员的同时，积极加强与海外中华商会的联系。是年总商会干部成员为：主席郑宗荣，常务委员陈洞庭、陈耀堂、陈德华、魏光焰，执行委员有罗光明等9人，检查委员温炳臣、鲍伯公等7人，会员有46名。1934年1月，总商会例会决议，向总领事馆提议：由总领事馆出面，同神奈川县当局交涉有关放宽中国人入境的取缔政策。1937年，总商会干部成员发生变动：主席陈耀堂，常务温国勋等4人，执行委员郑宗荣等10人，会员人数40人。同年，抗日战争全面爆发，多数会员纷纷回国。该会活动基本处于停滞状态②。

"二战"后，横滨的大贸易商转移到东京。20世纪60年代初期，成立以东京华商为主的"日本华商贸易公会"。横滨贸易商及藤器制造业华商等开始转行从事餐饮业、旅馆业、游戏业。横滨中华总商会由程毓林续任会长，张湖顺、梁兆华任副会长，陈福坡、卢康德、谢能、周宜昌等为核心人员。1972年，张湖顺任会长。1995年，陈福坡任会长。但总商会逐渐失去它的作用，至今已是有名无实。

---

① 横滨中华会馆理事名单

年 份	理事	理事	理事	理事	理事	理事	理事
1968	薛来宏	庞柱琛	鲍金钜	张福根	张湖顺	段春源	王庆仁
1972	鲍金钜	张福根	张湖顺	王庆仁	段春源	庞柱琛	吴笑安
1977	吴笑安	陈福坡	鲍金钜	段春源	王庆仁	张湖顺	张福根
1979—1981	吴笑安	陈福坡	鲍金钜	王庆仁	谢骏豪	张湖顺	梁兆华
1982	吴笑安	王庆仁	张湖顺	谢骏豪	陈福坡	梁兆华	杜国辉
1985—1989	吴笑安	王庆仁	陈福坡	梁兆华	张湖顺	杜国辉	谢武坤

资料来源：王良编：《横滨华侨志》，中华会馆，1995年，第174—177页。

② 神奈川县：《外国人又は外国人関係団体調》（1937年12月），《在本邦诸団体调查关系杂件1》，日本外交史料馆所藏，编号：k.3.7.0.14。

第二章　近代神户广东华侨社团的形成与发展

第一节　神户广东华侨组织的形成及变化

一、近代神户广东华侨群体的形成

谈及神户和大阪时，在日本关西地区，多是将大阪置于神户之前，称"阪神"。但在关西华侨社会史上则称之为"神阪"，即神户华侨的地位高于大阪华侨。这与当时包括广东华侨在内，原居住在大阪的华侨移居神户，使得神户成为关西地区华侨社会的中心有关。

1868年1月，依据1858年"安政五国条约"，神户和大阪对外开埠。此时，居住在长崎的华侨跟随欧美传教士或洋行来到神户和大阪。因神户和大阪同时开放，外国商人在选择租界时有所困惑。自古以来，大阪以商业发达闻名，是关西的商业中心。基于此点考虑，多数外商更青睐于选择大阪，而华商自然也偏向于选择该地。不过在港湾结构上，神户港深于大阪港，港内可停泊外商的大型商船。因此，外商船舶停靠点逐渐由大阪港转为神户港。1872年进入大阪港的外商船舶有52艘，同年进入神户的则多达236艘。1874年，大阪和神户之间又开通铁路，加快了国外商船利用神户港的步伐。

1868年，居住在大阪的华侨人数为21人。其中，以广东商人居多，并在大阪川口开设商号。1872年，川口华商有源庆、义昌、东成泰、成记、德泰、东泰、广裕隆、汇昌、同泰、广元隆、万顺、源隆、庆隆祥、公和、同孚泰、万源、广源生、云记等18家。这18家华商中最有势力的是广东商家同孚泰[1]。开创初期，广东商人在大阪和神户的开业特点是先在大阪创设商号，紧接着在神户也设同等规模的商铺。例如，开埠不久，同孚泰便从长崎来到大阪开店，1870年已在神户拥有店铺。该时期亦有横滨广东人迁来神户的记录[2]。

1868年八九月，就有十余名广东、宁波、福建籍华商从长崎抵达神户。1871年，神户华侨人口增加到240人左右。1878年，清朝在神户设理事府。当年神户华侨有457人，其中广东华侨最多，为323人，三江人（浙江、江苏、江西籍人士）84人，福建人50人[3]。

1871年，兵库县为管制居留华侨制定《清国人取缔临时规则》，将神户华侨分成上、中、下三个等级，并发放籍牌，籍牌上有姓名、性别、年龄、住址、职业、籍贯等信息。神户大学图书馆藏有当时发放籍牌的部分资料。其中，有关广东人的籍牌有45份，他们抵达神户的年份为：1870年2人，1872年3人，1873年8人，1874年6人，1875年6人，1876年11人，1877年5人，不确定抵达年份者有4人。初期，广东香山人最多，有15人，其次是三水、南海、鹤山、顺德等。他们多数是从大阪转移到神户，间或有来自横滨的广东人[4]。1877年前，神户已有广东商号万源号、和昌号、怡南号、南兴号、彩和号、生源隆、广裕隆、顺和号、义馨居、恒升豫、祥升店等。他们在神户经营进出口贸易、零售、涂装业、印刷业、工艺等各种行业。

19世纪80年代后半期至甲午中日战争爆发前夕，神户华侨人数不断增加，例如，1887年为597人，1889年887人，1891年913人，1894年达到1 004人。这一时期，从事进出口贸易的广东商人皆在大阪和神户开设颇具规模的商号，其经济势力明显盖过福建、三江两帮。

---

[1] 陈德仁编：《日本神户华侨历史年表》，手稿资料，第2页。
[2] 日本贸易局：《阪神在留ノ華商卜其ノ貿易事情》，1938年，第2—4、12页。
[3] 鸿山俊雄：《神戸大阪の華僑——在日華僑百年史》，华侨问题研究所，1979年，第25页。1878年，兵库县对神户华侨的统计人数为619人。
[4] 《兵库县准给清国人民上等籍牌》，藏于神户大学图书馆。

1888年，日本机构调查过居住在神户和大阪的华商，如表2-1中显示的，华商当时资本金均超过1万两（银两和日元比率大约为2.5：1）。其中，资本在五万两以上的广东商号有同孚泰、广昌隆、裕贞祥、义和泰、怡和号、祥隆号、同茂泰等。与三江商人和福建商人不同，广东商人在神户和大阪开设的商号资本金相对均衡，没有明显的侧重。

表2-1 1888年神户、大阪华商商号一览表

	神户居留地		大阪居留地	
资本	五万两以上	一万两以上	五万两以上	一万两以上
广东	同孚泰、广昌隆、裕贞祥、义和泰、怡和号、祥隆号、同茂泰	和昌号、其昌号、公兴号、广同生、怡南号	同孚泰、广昌隆、裕贞祥、祥隆号、怡和号、义和泰、同茂泰	利兴成
浙江	鼎泰号*、德新号*	全益号	德兴隆、丰记号	鼎豫号、义生成
福建	建记号*、怡锠号	益昌号	怡锠号	森茂号、福联顺、复兴号

资料来源：中华会馆编：《落地生根——神户华侨と神阪中华会馆の百年》，研文出版，2000年，第102页。

注："*"为资本金十万两以上者。

1894年甲午战争爆发前，居住在大阪的华侨有三四百人。战争期间，广东和三江华侨大部分回国，华侨人数锐减到原来的三分之一。1895年战争结束，他们重返大阪，受到当地日本商人阻挠。与此同时，战后神户港迅速开通多条海外航线，连接中国华南地区及南洋多国。大阪广东商人及三江华商大举转移到神户[①]，由此，神户便成了关西地区广东华侨的中心地。

二、神户广东华侨社团的萌芽与发展

前文提到，1871年兵库县依据《清国人取缔临时规则》施行籍牌登记时，要求华侨在"籍牌"上填写籍贯。据此，神户华侨大致有广东、福建、浙江三个群体。1874年，兵库县将神户华侨分为广东、宁波、福建三帮，并

[①] 内田直作：《华侨研究资料第22辑——长崎に於ける华侨团体の沿革と神阪中华会馆について》，日本外务省南洋局第二课，1942年，第88页；神田末保：《川口华商の研究》，《同志——神户贸易同志会会报》，第17号，神户贸易同志会，1940年。

要求各帮推选总管。事实上，1870年6月，成记、祥记、广源兴、同孚泰、义和安、德昌、同泰、源昌、源泰、东安泰等商号，为建设华侨专管墓地，就曾联名向当地政府申请并租得神户市宇治野村山部600坪（约2000平方米）土地。1873年，神户华商再次申请扩建宇治野村的中华义庄，当时申请人已有广东总管郑雪涛（同孚泰）、宁波总管张德澄、福建总管王元辰，由此可见，此时神户华侨社会已形成广东帮、福建帮和三江帮三个组织。1870年神户福建人团体"八闽会所"在神户复兴号内成立，1903年在神户北长狭通五丁目建起了新会所。大约在1877年神户三江帮成立了"三江公所"，初期会址设在鼎泰号内。1890年迁移到神户海岸通三丁目。1897年又迁至荣町一丁目。1909年，在北长狭通五丁目建设新址，称三江商业会议所①。1876年神户广东帮成立广业公所②。据上述"籍牌"记载，1877年，广东人梁文玩到神户任神户广东总管，其居住地址为"神户荣町4丁目广东公所"。

当时，广东商人在大阪也成立了商业团体，其名称与神户同为"广业公所"。1889年，大阪到中国东北的航线开通，随后北帮势力在大阪地区逐渐增强。1895年甲午战争结束后，大阪广东商人移居神户，大阪广业公所随之迁到神户，与神户广业公所合并。1897年，广业公所向日本政府租得神户海岸通四丁目9番地约130坪土地，建成广业公所会馆，又称"广东公所"或"神户广业堂"③。1909年，广业公所会员人数为22人。广业公所对会员的影响力极大，凡与会员利益有关事项，均由公所主持对外交涉。会员从事贸易时，进口货可向买主扣回五厘，即每百元加收五毫；出口杂货则均照金额扣除一分，即每百元扣除一元；如果出口海产，则扣除一分二厘，其中二厘在年底结算后，全部上交公所，充作经费。

---

① 罗晃潮：《日本华侨史》，广东高等教育出版社，1994年，第238—239页。
② 内田直作：《日本華僑社会の研究》，同文馆，1949年，第157—165页。
③ 中华会馆编：《落地生根——神戸華僑と神阪中華会館の百年》，研文出版，2000年，第72—73页。陈德仁：《神戸華僑を語る》，《社会学雑誌》，第7号，神户大学社会学研究会，1990年，第8页。

表2-2 广业公所董事名单

年份	董事	董事	董事	董事	董事	董事
1905	黄文珊（利兴成）	麦少彭（怡和号）	黄煜南（裕贞祥）	陈达生（祥隆号）	李耀旒（广昌隆）	杨秀轩（文发号）
1918	潘霖生（同孚泰）	郑祝三（同孚泰）	陈衮裳（广昌隆）	杜贯之（怡和号）	潘泽生（均泰号）	—
1935	黄启勋（裕贞祥）	刘砺生（砺兴公司）	潘植我（得人和）	容伯章（广和号）	李树安（裕发公司）	程肇昌（逢生泰）

资料来源：潘干元提供：《潘植我回忆录》，中国人民政治协商会议汕头市委员会文史与学习委员会编：《汕头文史》，第17辑，2002年，第37页。

1899年，广业公所将会址迁至海岸通二丁目21番地。1903年向日本财务局申请借得神户市生田区海岸通三丁目33番地130余坪地，另建广业公所会馆。1905年5月11日，向神户地方政府申请法人登记并获批。当时登记资产有位于海岸通三丁目33番地的地上建筑物24 000日元，此建筑物内所置动产1 500日元，现金9 500日元，总额达35 000日元[①]。1905年，就任广业公所董事的共有6人：黄文珊、麦少彭、黄煜南、陈达生、李耀旒、杨秀轩。

广业公所会员主要从事日本与中国以及东南亚之间的进出口贸易。在20世纪20年代后，该所会员人数也发生了变动：1923年37人、1928年33人、1935年43人。

三、广业公所董事人员的变化

1871年，清朝和日本签订修好条约之后，中日之间的贸易额大幅增加。1873年，中日贸易额超过日本与欧美各国，居日本对外国贸易总额的第一位。1875年，神户华商从日本出口到中国华南及东南亚地区的贸易额达301.4万日元，进口额达176.1万日元。华商贸易的繁荣期一直持续到明治末年。

1900年前后，神户贸易商有40余户。其中，广东帮占33户，主要有同孚泰（郑雪涛，香山人）、怡和号（麦少彭，1861年生，三水人）、祥隆号（陈达生，1853年生，顺德人）、广昌隆（李耀旒，1854年生，新会人）、文发号（杨秀轩，1869年生，澄海人）、裕贞祥（黄煜南）、利兴成（黄文

---

① 当时在日本天妇罗盖饭一份为10钱、理发一次15钱、白米10公斤15钱，100钱=1日元。

珊)、同茂泰等。这些商家基本上都在不同时期兼任神户广业公所董事。其中,同孚泰、裕贞祥、怡和号等年贸易额达到百万日元以上。以下笔者简单梳理一下这三家商号的基本情况,以及这一时期神户广东商人的贸易变化。

郑雪涛,香山人,和新会人叶启合股创立同孚泰。二人从上海合伙购货到日本长崎销售。掘到第一桶金后,便在长崎创立永同孚。1869年前后,郑雪涛和叶启到神户开办同孚泰,主要将日本海产品出口到香港,并进口大米和杂粮到日本。后来正金银行雇请买办时,叶启首荐其侄叶鹤龄出任。花旗银行在神户开设时,请叶鹤龄推荐买办,叶鹤龄推荐香港正金买办简殿卿的儿子简东甫[①]。

黄煜南,新会杜阮人,早年由叶启带往神户,在同孚泰苦学10年,业务精通。后得到神户汇丰银行(香港上海银行)买办蓝卓峰的支持,并征得叶启同意,离开同孚泰合资创办了裕贞祥。初期资金仅有8 000日元,20余年后资金已超过200万日元。每年营业额至少有1 000万日元,员工有30余人。裕贞祥在香港开办了昌盛隆和昌盛行,在印尼泗水开办了怡盛隆,在新加坡、三宝垄、泰国、越南均有联号。与黄煜南经历类似的还有黄文珊、黄景舒(皆为新会杜阮人),二人原为同孚泰雇员,后分别独立开店,即黄文珊的利兴成、黄景舒的联昌隆。利兴成在香港有利益号,在广州有龙昌盛,在天津有恒丰盛,同时在梧州和汕头有支店。

麦少彭(1861—1909),广东南海人,其父麦梅生早年到日本,在长崎经营海产品贸易,后到神户和大阪开设怡和商行。在神户,麦梅生结识了日本火柴工业商泷川弁三,并作为其代理商向中国出口火柴。1881年,20岁的麦少彭由其父带到神户。麦少彭继承父业,大力发展对华南和东南亚等地出口贸易,在香港开办怡生号,在广州和新加坡开办怡记号。利用与泷川家族的关系,包销了泷川家族生产的火柴业务。1902年,在神户经营火柴出口的共有21家商号,仅怡和号当年出口火柴的营业额就达110多万日元之多[②]。在

---

① 叶少林:《日本神户华侨办庄的发展及其衰落》,中国人民政治协商会议广东省委员会文史资料研究委员会编:《广东文史资料》,第14辑,1964年,第61—80页。
② 东莞市政协编:《东莞学人文丛·罗晃潮集》,花城出版社,2012年,第202页;陈德仁编:《神户中华同文学校八十周年纪念刊》,神户中华同文学校,1984年,第514页。

火柴出口方面，麦少彭的出口量远远超过吴锦堂，被称为火柴出口王①。1906年起，麦少彭与吴锦堂联合参加钟纺股票买卖大战，最终败给铃木久五郎，背负巨额债务。同一时期，横滨正金银行买办叶鹤龄也在股市中投资失败。而麦少彭又是叶鹤龄的保证人，雪上加霜，麦少彭的商号倒闭。1909年11月，麦少彭在香港逝世。

日俄战争结束后，日本政府积极扩张海外银行、海运、邮政等商业网络，支持日本商人直接参与进出口贸易。日本政府向使用铁路的日本商人实施运费减免4%—5%的优惠政策，在海上航运方面也优先装运日商货物。20世纪20年代初，日本政府为限制华侨商人进口大米，开始征收关税。同一时期，日本在香港设立纺织株式会社，代替华商直接销售日本纺织品，切断了华商出口日本棉织品的财路。同一时期，日本厂商联合将支付给华商的佣金从5%减到2%②。1913年，神户领事许同范报告"中国人在日本神户经商情形"，指出日本三井直接到海外从事与日本的进出口贸易，以及他们和中国之间开通的清日汽船、"南满"铁路等直接威胁到华商的利益。日本商人开始垄断中国到日本的进口贸易，过去华商经营的市场多半已被日商取代③，神户华商仅保留部分日本商品出口到中国方面的市场。受此影响，广业公所董事杜贯之、潘泽生、潘霖生、郑祝三先后辞职，具体辞职时间依次如下：1924年3月12日、1927年9月20日、1928年11月10日、1928年12月5日前后④。

在此期间，神户华侨保留并加强了南洋贸易。神户华侨贸易商人有两个进出口渠道：其一是与广东、福建、江苏地区的国内贸易；其二是与香港及南洋之间的贸易。其中南洋贸易又分为以广东人为主流的印度尼西亚、新加坡方面和福建人占多数的马尼拉贸易。日本学者笼谷直人认为，20世纪10年代中后期开始，神户广东商人虽失去中国市场，但依然保留并加强了南洋贸易。例如，1925年，由神户出口到中国香港及东南亚的贸易总额为1亿3 800

---

① 陈德仁：《神戸華僑を語る》，第10页。
② 叶少林：《日本神户华侨办庄的发展及其衰落》，中国人民政治协商会议广东省委员会文史资料研究委员会编：《广东文史资料》，第14辑，1964年，第71页。
③ 陈来幸：《中華民国の成立と中華総商会秩序の再編——神阪華商に関する領事報告を中心として》，孙文研究会编：《辛亥革命的多元構造——辛亥革命90周年国际学术讨论会（神户）》，汲古书院，2003年，第245页。
④ 纪念刊编辑委员会编：《兵库县广东同乡会十周年纪念刊》，兵库县广东同乡会，1992年，第25页。

万日元，其中华商出口额为8 000万日元①，约占58%。1923年关东大地震后，避难到神户的多数横滨华侨并没有重返横滨，而是加入神户广东商人贸易行列。这一时期，与南洋华人社会有强大商业网络的广东商人实力增长较快。其中，陈树彬的东南公司、潘植我的得人和、刘砺生的砺兴公司、任传伯的万利公司等商号迅速壮大②。例如，1927年任广业公所总理的陈树彬就与东南亚的广东商圈及福建商圈皆有业务联系，1930年任该所总理的潘植我在南洋有强大的血缘及地缘网络③。直至1930年，神户广东商人还是拥有自己的贸易空间。不过该时期，一直与神户广东贸易商相互依存的神户广东买办的事业开始走下坡路，神户广东帮失去了买办支持。因为神户买办④方面和本书无直接关系，故不在此一一展开。

第二节　粤商在神户华侨社团中的地位

一、神阪中华会馆

1890年，李经方以钦差大臣身份出使日本，清政府另派洪遹昌出任神户理事官。1891年4月，洪遹昌到任后，在李经方的支持下，呼吁阪神地区的

---

① 笼谷直人：《戦間期アジア通商網の歴史的意義——日本加工綿布取引を事例に》，日本孙文研究会、神户华侨华人研究会编：《孫文と華僑——孫文生誕130周年記念国際学術討論会論文集》，汲古书院，1999年，第324页。
② 鸿山俊雄：《神戸大阪の華僑——在日華僑百年史》，华侨问题研究所，1979年，第37—40页。
③ 详见陈来幸：《从一些家族史看广东华侨与中日关系》，张应龙：《广东华侨与中外关系》，广东人民出版社，2014年，第77—88页。
④ 1900—1930年间的神户买办有：欧美银行方面香港上海银行（汇丰银行）蓝拔群（香山人），后其子蓝卓峰接班，渣打银行鲍翼君（香山人），后曾莆臣接任，兰印商业银行梁惠之，和兰银行郑道亨（香山人），独亚银行郑咫颜，万国宝通银行杨楚雄，花旗银行简东甫（南海人）；日本银行方面横滨正金银行叶鹤龄（新会人），后王敬祥（福建人）接任，后其子王重山继任，事务工作由鲍翼君处理，"台湾银行"李晖亭（香山人）；欧美轮船公司方面怡和洋行（Jardine, Matheson& Co..Ltd.）蔡景堂，太古洋行吴巽快（香山人），后李应昌接任，渣华日本轮船公司（和兰公司）（Java-China-Japan Line）陈观庆，P·O公司（Peninsular and Oriental Steamship Company）杨寿彭，英船务公司简照南（南海人），其余有干士洋行芦西垣和鲍且初（均香山人）、禅臣洋行吴俊升（香山人），他们绝大多数是广东人。参见鸿山俊雄：《神戸大阪の華僑——在日華僑百年史》，华侨问题研究所，1979年，第215—216页；叶少林：《日本神户华侨办庄的发展及其衰落》，中国人民政治协商会议广东省委员会文史资料研究委员会编：《广东文史资料》，第14辑，1964年，第61—80页。

广东帮、福建帮、三江帮团结一致对外，以共求利益为目的，参照横滨纯中式建筑的中华会馆，建设神阪中华会馆。1891年，三帮发起募捐筹建神阪中华会馆。《创修中华会馆记》记载，"司是役者，为郑雪涛、蓝卓峰、朱季方、白建梅、黄槐三"。神户华侨三个团体代表郑雪涛、蓝卓峰、朱季芳、白梅建、黄槐三等为建设中华会馆大楼积极奔走。至1891年底，郑雪涛等神阪华侨筹得22 343日元，李经方公使捐1 000日元，洪遐昌领事捐500日元。日本其他地区华侨也有捐款，如横滨2 011日元、长崎400日元、函馆120日元。募得款项总计26 374日元①。1892年，会馆正式落成。1893年又在会馆两侧增建祭祀天后圣母的天后宫。同年，中华会馆正式成立。1904年9月，广东帮麦少彭、三江帮吴锦堂、福建帮王敬祥各出2万日元将中华会馆升级为社团法人。

会馆的组织机构由神阪华侨根据各帮的势力按比例构成。例如1927年的24名董事中，神户广东帮10名、神户三江帮6名、神户福建帮3名、大阪北帮3名、大阪南帮2名②。而会馆每年经费以神阪地区五个组织，即广东帮、三江帮、福建帮、大阪北帮、大阪南帮为单位进行收取，每个组织的交付金额根据各帮每年营业额而定。例如1928年，神户华侨各帮交付金额为：广东帮465元，三江帮155元，福建帮130元③。

二、神户中华总商会

1904年，清政府颁布《商会简明章程》。1908年秋，神户领事张鸿在就任欢迎宴上呼吁华侨成立商会。1909年春，驻日大使胡维德再三指示神户领事张鸿推进组织商务总会的任务，强调成立商会的好处。胡维德大使认为，当时日本海外贸易从间接贸易转为直接贸易，之前华商经营的棉花、豆粕等进口贸易已基本开始由日本人直接接手经营。在出口方面，华商主要经营棉织品、杂货、海产品等，但由于各帮之间相互竞争，盈利极少。商务总会将加强各帮之间的沟通和凝聚力，挽回惨淡的局面，因此，应在各地区成立联

---

① 陈德仁编：《日本神户华侨历史年表》，手稿资料，第5页。
② 许淑真：《留日華僑総会の成立に就いて》，山田信夫编：《日本華僑と文化摩擦》，岩南堂书店，1983年，第133—134页。
③ 内田直作：《華僑研究資料第22輯——長崎に於ける華僑団体の沿革と神阪中華会館について》，日本外务省南洋局第二课，1942年，第105页。

合商务社团①。

1909年5月2日，神户中华商务总会（1918年更名为中华总商会）在神阪中华会馆内成立，选出16名会董，并在领事的见证下，对各帮所推举的协理进行投票。开票结果为，广东帮郑祝三（同孚泰郑雪涛之子）得82票，福建王大川得29票，三江马聘三得12票。广东帮同孚泰代表郑祝三当选总理，三江马聘三和福建王大川为协理②。从得票结果可知，当时广东帮在神户华侨社会仍占绝对主导地位。

神户中华总商会成立后，其组成成员虽说有一定变动，但广业公所在数量上仍具有明显优势。1912年，广业公所22家，三江公所12家，福建公所11家；1923年，广业公所37家，三江公所23家，福建公所5家；1928年，广业公所33家，三江公所17家，福建公所5家；1938年，广业公所59家，三江公所23家，福建公所19家；1940年，广业公所37家，三江公所18家，福建公所13家；1942年，广业公所38家，三江公所9家，福建公所13家③。有记录显示，在神户华商会议上，曾出现过多数广东商人直接用广东话商议后再译成福建方言的情况④。

三、商话别所

1898年到1899年间，神户广东巨商麦少彭和宁波商人吴锦堂等人，在神户成立商话别所。该组织为神户华侨进出口贸易商及有关人士共同集会和娱乐的团体。

曾于1900—1910年在神户协助买办叶鹤龄工作及后来经商的叶少林回忆称："有一个叫做'商话别所'的华侨俱乐部值得一述。这个俱乐部是由华侨大资本家吴锦棠（吴锦堂——引用者注）、麦少鹏（麦少彭——引用者注）为首组织起来的，设在神户最优美的后山之麓，房子宽敞华丽，设备完

---

① 内田直作：《日本における華僑社会の発展——中華総商会設立前後事情》，《一橋論叢》，东京商科大学一桥学会，第18卷第4号，1947年，第242—243页。
② 陈来幸：《通过中华总商会网络论日本大正时期的阪神华侨与中日关系》，《华侨华人历史研究》，中国华侨华人历史研究所，2000年第4期，第58—59页。
③ 陈德仁编：《日本神户华侨历史年表》，手稿资料，第14、17—19页。
④ 鸿山俊雄：《神戸の外国人——外国人墓地と華僑風俗》，华侨问题研究所，1984年，第170页。

善，有厅房，有会议室，有台球场，有酒吧间，还有花园……表面看来这只是花天酒地的场所，但其实质却是上层华侨资产阶级的小团体，只不过借着吃喝玩乐的形式，聚拢一起，解决各自需要解决的问题罢了。因而这里很热闹、很活跃，其作用驾乎其他侨团之上。由于吴、麦两人是这个俱乐部的组织者，无形中也就成为神户的侨领了。"①从这段回忆文字可以断定，"商话别所"是神户贸易商和买办为加强相互交流而成立的上层组织，并非同乡组织。不过，从上文有关同孚泰的发展情况中也能得知，当时贸易商及买办的大多数关系都因广东人的人脉关系而形成，并有密切的相互往来。因此，"商话别所"在某种意义上带有广东帮的色彩。商话别所也是接待从国内到神户主要人员的最高接待所。例如，周学熙于1903年到神户时，正金银行在商话别所招待周一行②。1919年，叶恭绰到神户，神户华侨商会也在商话别所招待之。

自1927年起到1938年，商话别所的会长一直由东南公司的陈树彬担任。陈树彬主要负责协调神户广东帮和福建帮，贸易商和买办之间的关系。1938年6月4日，为纪念成立40周年，商话别所组织纪念照相会，照片中有会长陈树彬、郑道享、曾萧臣、任传伯、易彝伯、王重山、陈根兴、招协衡③。除王重山（福建人）外，其余皆为广东贸易商和买办。

第三节　20世纪20年代神户广东华侨社会的多元化和社团组织

除贸易商人和买办外，开埠当时来到日本各通商口岸的广东人还有油漆工、印刷业者、理货员、洋行的佣人及厨师。他们的主要服务对象是在神户的欧美人。因明治初期日本的印刷和涂装业尚不成熟，所以广东华侨在这两项行业广受欢迎④。

---

① 叶少林：《日本神户华侨办庄的发展及其衰落》，中国人民政治协商会议广东省委员会文史资料研究委员会编：《广东文史资料》，第14辑，1964年，第62页。
② 虞和平、夏良才编：《辛亥革命百年纪念文库——周学熙集》，华中师范大学出版社，2011年，第24页。
③ 陈德仁编：《日本神户华侨历史年表》，手稿资料，第19页。
④ 鸿山俊雄：《神户の外国人——外国人墓地と華僑風俗》，华侨问题研究所，1984年，第142—143页。

1873年之前,神户就已经有广东人开的涂装工坊。据本章第一节提到的"籍牌"记载,1873年,顺德人陈良作为雇工到神户海岸通的彩和号从事涂装业。1876年,同是顺德人的陈朝也到同一家商号彩和号加入该行业。1875年前后,神户出现三大印刷所,即金子印刷、五洲社和怡南号。其中,怡南号由广东鹤山任氏家族经营①,其创始人任作恬于1873年到神户,并在海岸通开设怡南号。"籍牌"中可以找到怡南号的部分雇工情况,1873年在怡南号做工的有吴南亭(鹤山人)、梁细(三水人)和叶灿(四会人)。1876年,与任作恬同乡同姓的任作樑和任锦全到了神户。这说明怡南号的业务在不断扩大。船运公司买办在船上装卸货物时,往往任用同乡负责点数,因此和横滨相同,神户也有专门的广东人理货员群体。1881年至1882年间,广东人梁鹤轩从横滨到神户,创办松记公司,专门从事码头运输,雇工人数曾达170名②。梁氏精通英文,可称作神户港口码头事业的开拓者。可以说上述这几个行业基本上由广东人垄断。

进入20世纪20年代,与华侨贸易商实力减弱相反,大量具有一技之长的华侨涌入神户。1914年神户华侨人数2 857人,1919年3 190人,五年间仅增加了333人。自1920年起,人数迅速增加,1921年增加到3 421人,1922年3 608人、1923年4 880人、1924年5 140人,1930年达6 234人③。

表2-3 兵库县内华商从事部分职业人数变化

单位:人

业种	1923年	1927年	1936年	1937年	1938年	1940年	1947年
餐饮业	95	123	139	217	133	269	408
涂装业	76	85	158	158	95	89	24
印刷业	49	68	63	61	59	41	5
检数业	—	—	66	66	66	42	—

资料来源:内田直作、盐胁幸四郎:《留日华侨经济分析》,河出书房,1950年,第16页。

注:1937年为上半年的数据。

---

① 陈德仁编:《神户中华同文学校八十周年纪念刊》,神户中华同文学校,1984年,第508页。
② 陈德仁编:《神户中华同文学校八十周年纪念刊》,神户中华同文学校,1984年,第508页。
③ 日本贸易局:《阪神在留ノ华商卜其ノ贸易事情》,1938年,第145—147页。

据日方统计显示，1923年8月，除从事贸易、销售等以外，神户华侨的职业排名前四位分别是：理发师500人、餐饮业者95人、涂装业者76人、印刷业者49人。其中，餐饮业、涂装业、印刷业都是广东华侨擅长的行业。

1922年，神户广东餐饮业者成立了"华侨华厨联义会"。1923年和1925年，神户华侨海务联合俱乐部理货业者团体以及"华侨涂业同业公会"分别成立。1925年，以从事印刷业为主的鹤山人成立了"旅日鹤邑同乡会"。除广东人外，其他省份的华侨在此时也积极组成各种团体。例如，1922年9月，三江帮成立神阪华侨洋服行会。1925年5月，注册神阪华侨理发业组织，理发从业者达500人。

表2-4 神户广东华侨组织一览表

组织	基本情况	1926—1927年	1929年	1930年	1934年	1936—1937年
广业公所	1876年成立，广东人商业组织，会址为海岸通3丁目33	1926年代表黄过庵，会员68人；1927年理事长陈树彬，会员68人	无记录	代表潘植我、黄菴外等13名，会员53人，在留居民的重要组织，进行广东籍商人贸易方面的研究	代表黄启勋、陈树彬、潘植我，会员38人，定期举行贸易及商业发展方面的会议，经营同文学校	1936年代表黄启勋，会员30人，12月会馆内部装修；1937年2月改选，1937年会长潘植我，副会长刘砺生，理财黄启勋，会员59人
商话别所	1899年成立，会址为中山手2丁目24，神户广东华侨为主的上层人物团体	1926年代表蔡景堂，会员48人；1927年代表陈树彬，会员40人	总理陈树彬，协理李晖亭，干事邓秋舫等5名，会员61人	总理陈树彬，协理张少泉，理财易彝伯，核数郑亮钧，干事3名，会员58人	代表陈树彬、张少泉、卢国居、郑亮钧，会员24人	1936年，代表陈树彬、陈少泉、陈根□，会员70人；1937年代表陈树彬，会员68人
神户华厨联义会	1922年成立，会址为中山手2丁目19-77	代表邓日辉，会员15人	代表鲍赞宗等7名，会员32人	会长杨官胜，总理李元真等7名，会员20人，无对外活动	代表夏聘朝、林景文、郑伯行，会员37人	1936年代表杨官胜、夏聘朝、郑观卿，会员40人；1937年会员37人

续表

组织	基本情况	1926—1927年	1929年	1930年	1934年	1936—1937年
神户华侨涂业组合	1925年成立，会址为北长狭3丁目，广东省宝安县籍涂装业者组织	代表梁籍安，会员200人	无记录	会长梁籍安，理财刘兆卿，理事8名，会员60人	代表文朗初、梁籍安、洪应元，会员55人，无明显活动	1936年代表梁籍安、文朗初、李光荣，会员140人，定期聚会娱乐；1937年会员55人
神户华侨海务联合俱乐部	1923年成立，会址为神户北长狭3丁目，广东籍理货员组织	无记录	无记录	会长苏绍，委员麦朝广、鲍德田等10名，会员40人，无对外活动	代表胡延昌、吴朝光、蔡康吉、吴剑，会员55人，无特别活动	1936年代表林景文、胡延昌、鲍广赞，会员60人；1937年会长林景文，会员55人
旅日鹤邑同乡会	1925年成立，会址为神户下山通2丁目33-1	无记录	无记录	会长易彝伯，理事吕有光等11名，会员53人	代表任传伯、任丰名、任文初，会员42人，麻将等娱乐	1937年会员40余人
中华慈善会/中国慈善会	1899年成立，会址为中山手通2丁目，以粤籍华侨慈善事业为目的，救济受灾、贫困者	1926年代表李应昌，会员160人；1927年代表杨官胜、夏聘喜等9名，会员100人	代表李树安、施泽民，委员杨绍鸿等6名，会员67人	名誉会长李应昌，理事长陈华屏，理财施泽民，委员杨绍鸿等3名，会员115人	代表郑伯龄、陈华屏、施泽民、李树安，捐款支援函馆大火灾、关西水灾	1936年代表李树安、吴振东、郑伯龄，会员63人；1937年会长郑伯龄，正会员42人，赞助会员40人
中华（中国）同善会	1922年成立，会址为海岸通3丁目32，广东人相互救济，慈善事业	代表简照南，会员103人	无记录	会长简照南，副会长李锡昌，理事12名，会员80人	代表简照南、黄百聪、黄一式，会员32人	无记录

资料来源：《在本邦诸团体调查关系杂件2》，日本外交史料馆所藏，编号：k.3.7.0.14；日本实业部工商访问局：《大阪神户华侨贸易调查》，1931年，第66—69页；日本贸易局：《阪神在留ノ华商卜其ノ贸易事情》，1938年，第152—164页；鸿山俊雄：《神户大阪の华侨——在日华侨百年史》，华侨问题研究所，1979年，第142页。

注1：表内各组织因调查部门、调查时期不同，对成立年份以及会址存在不同记载，参见《横浜華僑の戦時中および終戦直後の概況》，横浜市总务局行政部教育课编：《横浜市地域研究費による成果報告書》，横浜市总务局，1997年。

注2：各组织以广东华侨为主，间有少数其他省份华侨的加入。

注3："□"为解读困难的文字。

对于该时期神户出现华侨劳工同业者组织的原因，学者许淑真认为其契机应与国内的五四运动联合考虑①，而伊藤泉美认为除此之外，还应考虑东京无产阶级的觉醒，以及国民政府的政策等因素。

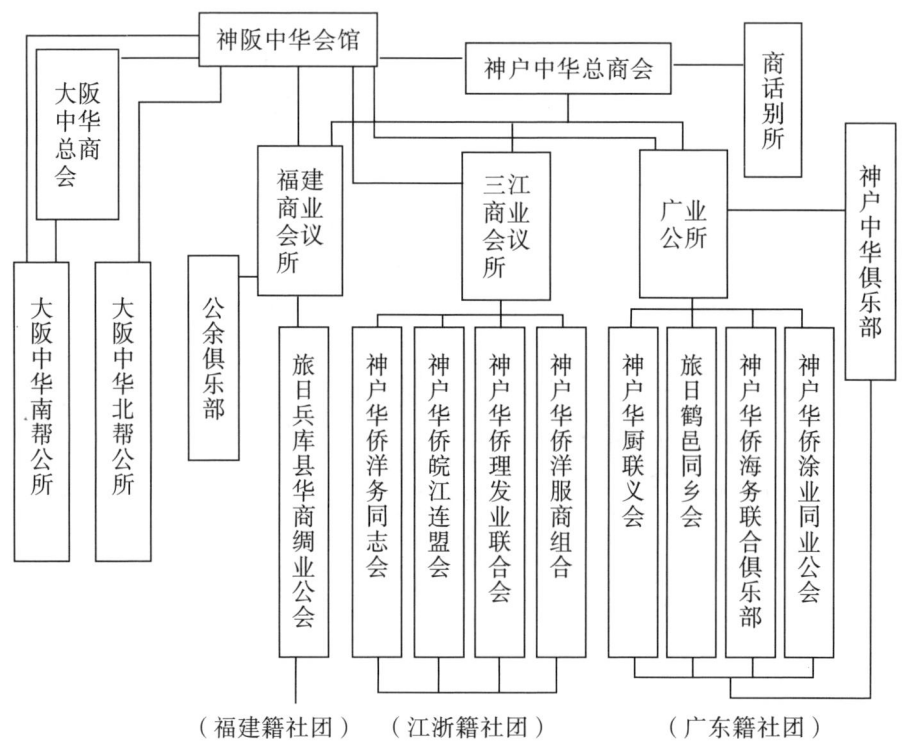

图2-1　抗日战争时期神阪华侨社团结构图

资料来源：参照内田直作《日本華僑社会の研究》（同文馆，1949年，第353页）制作。

---

① 许淑真：《留日華僑総会の成立に就いて》，山田信夫编：《日本華僑と文化摩擦》，岩南堂书店，1983年，第134页。

学者鸿山俊雄曾提出，神户华侨的职业与他们的籍贯有一定关系，例如，南海县人多数经营海产，中山县人多为外国商社职员或银行员，中山、番禺、顺德县人多从事餐饮业，鹤山县人多从事印刷业，宝安县人多从事涂装业，新会县人多经营猪肉零售，梅县、大埔县人则多从事贸易[①]。由于在神户经营印刷、涂装、理货的华侨商号并不多，而华工加入社团的比率相对较高。例如，1936年，神户共有158名华工涂装业者。同年，神户涂业公会的会员人数为140名，参会比例达89%[②]。

除同业组织外，神户粤侨还成立过两个慈善团体。即1899年成立的中华慈善会以及1922年成立的中华同善会。据1926年到1936年的资料显示，慈善会的理事由神户广东买办、广东贸易商和经营餐馆的粤商联合组成。例如，1926年出任会长的李应昌为太古洋行的买办，1927年出任会长的杨官胜在1930年的调查中以神户华厨联义会代表身份出现，1930年到1936年出任会长的陈华屏、李树安则为广业公所会员。中华同善会方面，会长一直由英船务公司买办简照南（同时自营生和泰）担任。两者相比，中华慈善会规模大于中华同善会。

第四节　20世纪30年代至太平洋战争时期的神户广东华侨社团

一、九一八事变到七七事变前的广东华侨组织

20世纪30年代，东亚地区发生极大变化。首先，1929年至1930年，世界经济不景气，导致日本经济下滑，华侨深受其影响。1930年，因经济不振，神户华侨涂装业组合退会者增多，会所搬到梁籍安2楼。同年，日方对商话别所的调查记录中也有该会"最近不景气"的表述。1931年7月，朝鲜发生排华惨案。同年9月，日本制造九一八事变，侵占中国东北，成立伪满洲国。这一

---

① 鸿山俊雄：《神户の外国人——外国人墓地と華僑風俗》，华侨问题研究所，1984年，第162页。
② 二十五周年纪念刊编辑委员会：《兵库县广东同乡会成立二十五周年纪念刊1982—2007》，兵库县广东同乡会，2007年，第147页。

切导致旅日华侨大举回国。一直担任神户中华总商会会长职务的同孚泰郑祝三也在事变后携家眷回国。1930年，神户华侨人口尚有6 234人，到1931年年底锐减至2 809人。后来在人数上虽有所回升，例如1936年增加到5 144人，但七七事变后，至1937年11月人数再度减至2 852人①。

1931年12月，神户海关对神户华商进行的问卷调查显示，留下来的商号共有98家，其中广东商号48家②。1932年，从事南洋贸易的神户华侨商号包括：印度尼西亚方面的东南、得人和、有昌、华东；新加坡方面的三盛、砺兴、裕发、成兴、仁和；马尼拉、厦门、福州方面的建东兴、新瑞兴、隆顺六房、裕兴、致和、东方、建和隆。其中，印度尼西亚方面的4家和新加坡方面的5家皆为广东商人③。

1931年7月，广业公所与神户海产品组合签订协议，内容是神户海产品组合自签订协议日起中断与未加入广业公所的广东贸易商之间的海产销售往来④。1929年至1930年间，世界经济不景气，广东买办在日本的实权也越来越弱。在这样一个时期，从广业公所与神户海产品组合之间签订的上述协议来看，1930年前后，广业公所的退会人员激增。作为应对措施，广业公所主动与神户海产品组合提出签订这项协议。随后九一八事变爆发，神户广东商人为渡过难关，重新回归广业公所。1934年起，加入广业公所的广东商人逐年增多。1934年加入广业公所的有8家，1935年9家，1936年15家，1937年入会者减至5家⑤。

九一八事变后，中国国内及东南亚地区掀起抵制日货的反日浪潮，日本销往荷属东印度、英属马来半岛、美属菲律宾等地的棉布、针织品、毛巾等商品出口量大幅减少。这给日本商人带来沉重的打击，也让将日货出口到东南亚各国的神户华商陷入困境。为提高出口、维持经营，神户广东商人与

---

① 日本贸易局：《阪神在留ノ華商ト其ノ貿易事情》，1938年，第145—147页。
② 神户税关：《神户在留華商及其の取引事情》，1932年，第9—18页。
③ 笼谷直人：《戦間期アジア通商網の歴史的意義——日本加工綿布取引を事例に》，日本孙文研究会、神户华侨华人研究会编：《孫文と華僑——孫文生誕130周年記念国際学術討論会論文集》，汲古书院，1999年，第326—327页。
④ 内田直作：《日本における華僑社会の発展——中華総商会設立前後事情》，《一橋論叢》，东京商科大学一桥学会，第18卷第4号，1947年，第246页。
⑤ 日本贸易局：《阪神在留ノ華商ト其ノ貿易事情》，1938年，第144页。

福建商人联手成立神户华商南洋出口协会，开展了一系列商业活动。其中，神户广东贸易商将货物主要出口到东印度和马来半岛，福建商人则出口到菲律宾。当时日本商人对东南亚市场的了解不如华商。为继续向抵制日货的东南亚地区出口货物，日本商人仍不得不借助神户华商有商业网络这一便利条件。

另外，为加强出口，兵库县于1931年5月成立"中部日本马铃薯洋葱输出组合"，此后日本相继在各地成立各种产品的出口团体。至1937年底，日本共成立了24个出口组织，加入本地日本团体的神户华商也日益增多。当时，神户广东华侨从事进出口贸易者尚有多数，在加入神户华侨贸易团体的同时，他们也和神户其他华商一起加入了日本出口行会，参加了各商品出口团体。例如，中部日本马铃薯洋葱输出组合（1931年5月成立，下同）、神户绢人绢输出组合（1931年12月）、日本绵屑物输出组合（1931年12月）、神户陶瓷器输出组合（1933年6月）、神户棉布棉制品输出组合（1933年10月）、日本莫大小输出组合（1934年6月）、日本菲律宾针织品输出组合神户办事处（福建贸易商）、日本护摸制品输出组合（1934年8月）、日本毛巾输出组合（1934年11月）、神户杂货中南美输出组合（1935年2月）、神户南洋杂货输出组合（1936年1月）、日本硝子制品输出组合日本支部、日本丝染绵输出组合神户支部。

1933年11月，广东帮与福建帮联合成立"神户华商南洋输出协会"（以下简称"输出协会"）。成立期间，输出协会邀请议员中井一夫任该会顾问。1934年6月，派理事及书记专门远赴南洋，与当地日本商人商讨，得到他们的支持，并考察当地。为使日本政府批准成立协会，该会曾5次赴东京进行交涉，极为活跃[1]。1935年11月，输出协会拿到社团法人资格。

输出协会会则第一章第一条规定："本协会由从事向暹罗、兰领东印度、法领印度支那、英领马来半岛、香港以及美领菲律宾等地出口贸易的神户华商及相关人士组织"；第二条："本协会为振兴输出贸易，建立适当设施，与输出组合及其他组织保持联系，并协助其商业活动，加强华商与相

---

[1] 日本内务省警保局：《厅府县别外国人又は外国人关系团体表》，1934年10月，第223页。

关人士之间的交流，增进相互的福利"。输出协会会所定在神户海岸2丁目16番地，会员主要是广东商人。理事长为东南公司陈树彬，常务理事为华东公司许慕唐，理事为得人和潘植我、三盛洋行劳公器、新瑞兴周起搏、砺兴公司刘砺生、裕贞祥黄启勋，除新瑞兴周起搏为福建商人外，其他皆为广东商人。

1937年12月，输出协会会员共有32家。其中，广业公所华商23家，福建公所华商9家。此时，在神户经营进出口贸易的华商共有83家。其中，广业公所59家，福建公所19家，三江公所5家。

表2-5 神户华商南洋输出协会会员名单（1937年12月）

广东				福建	
成兴公司	东明公司	得人和	裕贞祥	新瑞兴	宣兴兴记公司
融和公司	有昌公司	华东公司	砺兴公司	建和隆	致和公司
成和公司	万利公司	长发公司	三盛洋行	建东兴	东方公司
荣泰公司	永和公司	裕发公司	广怡生	福原公司	
大荣贸易	兆丰公司	明利公司	祥利号	东南公司（同时属广业公所）	
利华公司	新昌行	群益公司		天华号（同时属三江公所）	

资料来源：日本贸易局：《阪神在留ノ华商卜其ノ贸易事情》，1938年，第157—158页。

不过，日本政府始终监控着日本华商的商业活动。例如，1936年，兵库县政府向日本外务省提交神户华侨组织动向的材料中，针对广业公所特别注明"将来有必要严格监督"[①]。1937年7月，抗日战争全面爆发，神户华侨回国人数剧增。至1937年底，从原有的5 000余人，减少到2 800余人。三帮的会员人数也随之减少。

二、七七事变至"二战"结束时期的广东华侨组织

日本贸易局调查报告记载，1937年12月，广业公所会员共有59名，在神户从事贸易的粤商全部加入广业公所。与当时其他商业组织相比，广业公所

---

① 《在本邦诸团体调查关系杂件2》，日本外交史料馆所藏，编号：k.3.7.0.14。

会员人数最多。会长潘植我（得人和）、副会长刘砺生（砺兴公司）、理财黄启勋（裕贞祥）。会员在神户开设商号的年数不等，裕贞祥开业已有50年以上，广泰祥有40年以上，得人和有20年以上，经营10年至20年的15家，5年至10年的4家①。从开埠初期来神户经营进出口贸易的仅剩裕贞祥一家。

表2-6　开埠初期到20世纪20年代的广业公所部分会员名单

商号	代表1	代表2	代表3	商号	代表1	代表2	代表3
同孚泰	郑雪涛	郑祝三	潘霖生	怡和号	麦少彭	杜贯之	—
利兴成	黄文珊	黄寿铭	—	联昌盛	陈业初	黄景舒	—
恒兴泰	余达庭	胡浩泉	—	广昌隆	李耀旒	陈衮裳	魏凯辰
广兴昌	廖道明	—	—	祺生号	黄礼初	—	—
华裕盛	赵次求	赵健	—	德和号	温仰林	—	—
祥生号	伍祥炎	—	—	东明公司	潘君勉	—	—
均泰号	潘泽生	—	—	大利号	梁耀汉	—	—
广同生	卢绍庭	卢达材	—	均泰公司	关伯銮	—	—
明兴号	关贯予	—	—	元记行	谢伟康	—	—
源记行	李保增	—	—	和泰号	—	—	—
和祥号	—	—	—	—	—	—	—

资料来源：潘干元提供：《潘植我回忆录》，中国人民政治协商会议汕头市委员会文史与学习委员会编：《汕头文史》，第17辑，2002年，第36—37页，及其他散见资料。

注1：据叶少林回忆，1900—1910年间，在神户经商的广东人还有，广生号（麦德亮，台山人）、生和泰（简照南）、广德号（黄福山，新会人）、益泰行（黄某，新会人）、恒昌盛（李某，新会人）、超记（李某，新会人）、怡生号、复兴行、文发行等。

注2："代表1""代表2""代表3"基本上为同一商号在不同时期的代表。

如表2-7所示，1937年广业公所的59家粤商全部从事贸易行业。此外，神户广东华侨从事其他行业的商号包括：餐饮业的大东楼、第一楼、杏香楼、博爱酒家、福源昌；猪肉零售业的公生（兼营日用品）、黄光记、吴松记、东兴；日用杂货业的万利、万隆、公生详；中药店铺的万安堂、万生堂；经营服装店者则仅有同昇1家；另有外汇兑换处神户钱庄（杨绍鸿）②。

---

① 日本贸易局：《阪神在留ノ华商卜其ノ贸易事情》，1938年，第144页。
② 日本贸易局：《阪神在留ノ华商卜其ノ贸易事情》，1938年，第212页。

表2-7 广业公所会员一览表（1937年12月）

序号	商号	代表1	代表2	代表3	序号	商号	代表1	代表2	代表3
1	裕贞祥	黄煜南 黄润棠	招爱珊	黄述庵 黄启勋	31	万利公司	任传伯	—	—
2	广泰祥	凌广田	凌国威	凌日□	32	融和公司	谢玉堂	叶勋□	—
3	得人和	潘植我	潘根元	—	33	兆丰公司	施泽民		
4	东南公司	陈树彬			34	永和公司	陈华屏	徐华□	
5	广和号	容伯章	—		35	新生隆	潘楚珩		
6	逢生泰	程煜霖	程肇昌		36	和详号	梁登□		
7	广永安	关省之	关海筹	李□时	37	永昌号	—		
8	广怡生	李怡生	—		38	通和公司	—		
9	砺兴公司	刘砺生	刘文泉		39	福永公司	黄福镇	赵永健	
10	成和公司	龙贵戴			40	昌兴行	黄俊佳		
11	长发公司	黎振声			41	大荣贸易	黄□棠		
12	昌盛号	关品全	关东滨		42	利华公司	潘敬璜		
13	怡泰公司	曾祥炜			43	新昌行			
14	华东公司	许慕唐			44	茂成号	李谦益		
15	三盛洋行	劳公器			45	履安号	邓剑平	邓创□	
16	怡丰英记	—			46	成兴公司	陈根兴	陈根金	陈绍□
17	昌记	谢壮义			47	太利号	梁绍□	—	
18	宝信洋行	李祖安	李乐甫		48	和生号	李日初		
19	永记	—			49	利东公司	林华学		
20	源记				50	明利公司	伍云衢	任云□	
21	东安公司	李洛甫	吴振东		51	愿成公司			
22	天成号	任渭照	任渭樵		52	宝隆公司	易彝伯	—	
23	美和洋行	吴仲衡			53	华生号			
24	裕发公司	李树安	冯元贞		54	昌安公司	黄智英		
25	裕记号	—			55	同记号	—		
26	祥利号	程祥炜			56	正和公司	郑伯龄		
27	荣泰公司	邱左荣	—		57	生利公司	潘文瀚		
28	生记号	李霭士	—		58	裕利号	—		

续表

序号	商号	代表1	代表2	代表3	序号	商号	代表1	代表2	代表3
29	群益公司	杨华益	—	—	59	东源公司	—	—	—
30	有昌公司	廖有德	廖增□	—		—	—	—	—

资料来源：日本贸易局：《阪神在留ノ华商卜其ノ贸易事情》，1938年，第208—212页；潘干元提供：《潘植我回忆录》，中国人民政治协商会议汕头市委员会文史与学习委员会编：《汕头文史》，第17辑，2002年，第36—37页。

注1：其中东南公司同属福建公所之一员。

注2："代表1""代表2""代表3"基本上为同一商号在不同时期的代表。

注3："□"为解读困难。

七七事变后，居住在日本的华侨便成为"敌对国"国民，日本当局开始在全国范围内逮捕华侨国民党员。1937年9月15日，日本警察逮捕了神户华侨13人，其中包括杨寿彭、鲍颖思等广东人。因在监狱里遭到酷刑，杨寿彭出狱后即于1938年1月病故，而鲍颖思则被强行遣返回到香港[①]。

时任广业公所会长潘植我回忆："民国二十六年卢沟桥事变发生后，日政府包围吾屋，并监视吾之行动，异常严重。又暗中唤女佣出去备加恐吓，嘱其窃取余之文件，又嘱左邻右舍注意本屋，有生疏人出入须随时报告。有老女佣比较忠实，私下将此事告知。余得悉此情，将生理各事交给根元料理后，于二十八年秋乘荷兰船由小吕宋航线直往爪哇逃难。"[②]

表2-8 神户各帮贸易商统计表

单位：家

	广东	福建	三江	合计
1931年6月	48	18	32	98
1937年6月	59	21	11	91
1937年12月	回国20，停业39	回国0，停业3，营业18	回国3，停业8	—
1938年10月	11	2	1	15（注）

---

① 接着从1937年12月12日到1938年3月15日，在日本全国范围内共逮捕297名中国人，参见出口晴久：《日中戦争期における神戸華僑の実態と動向》，《東洋史論》，第9号，東アジア史研究会，1996年10月，第32页。

② 潘干元提供：《潘植我回忆录》，中国人民政治协商会议汕头市委员会文史与学习委员会编：《汕头文史》，第17辑，2002年，第12页。

资料来源：许淑真：《留日華僑総会の成立に就いて》，山田信夫编：《日本華僑と文化摩擦》，岩南堂书店，1983年，第133页。

注：15家中有一家籍贯不详。

这一时期，日本政府实施合并各地华侨组织的政策，如兵库县外事课介入华侨组织的整合工作。整合的目的主要是在日本各地成立亲日华侨组织，并通过他们迫使华侨支持傀儡政府，即"中华民国临时政府"（王克敏政权）。1938年7月30日，神户华侨成立神户华侨新兴会。新兴会理事共有13名，其中有8人入了日本国籍。同年9月10日，新兴会召开理事会，讨论广业公所、福建公所、三江公所的合并事宜。1939年1月，广业、福建及三江三家公所被迫并入于1918年成立的神户中华总商会[①]，办公地点从神阪中华会馆迁至广业公所。合并后，原则上三方公所应将各自公共财产集中到"神户中华总商会"名下。但由于合并本身就是被迫执行，因此三方对财产合并持消极态度。最终，除广业公所外，三江与福建公所没有办理公所财产的移交手续。1939年，广业公所向总商会移交的资产总额为54 672.67日元[②]。

表2-9 1933年、1940年兵库县华侨省籍表

单位：人

年份	总人数	广东	江苏	浙江	福建	山东	安徽	河北	湖北
1933	3 713	2 061	736	559	296	—	—	—	61
1940	4 880	2 702	966	545	370	170	75	49	3

资料来源：鸿山俊雄：《神户大阪の華僑——在日華僑百年史》，华侨问题研究所，1979年；日本经济安定本部总裁官房调查课：《戦前在日華僑の人口職業別調査》，1947年，第6页。

1939年1月，三个团体依据各自会员人数比例[③]，选出改组后的理事：广业公所潘植我、黄启勋、陈树彬、鲍翼君、许慕唐、任传伯；福建公所詹廷英、王重山；三江公所何芍筵、陈源来。原广业公所会长潘植我担任总商会

[①] 许淑真：《留日華僑総会の成立に就いて》，山田信夫编：《日本華僑と文化摩擦》，岩南堂书店，1983年，第136—137页。

[②] 《神户中华总商会大厦落成始末记》，中国人民政治协商会议汕头市委员会文史与学习委员会编：《汕头文史》，第17辑，2002年，第35—36页。

[③] 广业公所1938年59家、1940年37家、1942年38家，福建公所1938年19家、1940年13家、1942年13家，三江公所1938年23家、1940年18家、1942年9家。

第一任会长。至1944年，总商会共进行三次选举，第二任会长为何苟筵，第三任为詹廷英。会长基本上由三帮代表轮流担任。不过，10名理事中广东帮始终占据一半以上名额。

表2-10　1939—1944年神户中华总商会理事名单

时期	会长	副会长	理事							
第一期 1939年	潘植我 广东	何苟筵 三江	詹廷英 福建	陈树彬 广东	黄启勋 广东	鲍翼君 广东	陈源来 三江	许慕唐 广东	王重山 福建	任传伯 广东
第二期 1942年	何苟筵 三江	黄启勋 广东	詹廷英 福建	任传伯 广东	王重山 福建	吴振东 广东	容伯章 广东	易彝伯 广东	潘根元 广东	周家珍 台湾
第三期 1944年	詹廷英 福建	黄启勋 广东	吴振东 广东	易彝伯 广东	容伯章 广东	周家珍 台湾	招协衡 广东	周峥强 广东	陈华屏 广东	林清波 未详

资料来源：神户中华总商会：《社团法人神户中华总商会省别名单》，1972年3月；《社团法人神户中华总商会第一期至第三期理事氏名及住所》，1939—1944年。

注：1945年3月1日容伯章辞职，同月7日吴玉臣就任。

1938年5月和1941年5月，日本政府先后发布《国家总动员法》和"贸易统制令"，控制企业的生产及销售。1941年12月，太平洋战争爆发，华侨出口协会向东南亚的出口直线下降。1942年8月，协会最终解散。

日本政府又制定了"贸易业整合要纲"，对日本国内各企业及团体进行整合，淘汰小型团体或商家，并对华商实施严管政策。为确保生计，以潘根元为首的神户30余家华侨贸易商，向日本政府申请注册"神户东亚贸易株式会社"。其发起人有潘根元、吴振东、黄启勋、容伯章、何苟筵、詹廷英、任传伯、易彝伯、林清波、周家珍、招协衡、潘楚珩等12人。其中8人为神户广东贸易商。神户东亚贸易株式会社的资本金为20万日元，共发行股份4 000股，每股50日元。其中，潘根元持有1 000股，吴振东持750股[①]。1942年10月9日，该株式会社得到日银总裁批准。不过，神户华商的出口贸易金额较战前明显下降，1934年约7 000万日元、1935年7 500万日元、1939年1 916万日元、1940年1 900万日元，已无法恢复过去繁荣的局面[②]。

1941年到1942年期间，神户广东帮的同业组织有三所，其中神户华侨

---

① 鸿山俊雄：《神戸大阪の華僑——在日華僑百年史》，华侨问题研究所，1979年，第61页。
② 《中华民国国民政府（汪精卫伪政权）驻日大使馆档案》，东洋文库所藏，编号：2-2744-54。

海务俱乐部会员63人，神户华侨涂业同业公会会员80人，神户华侨华厨联义会会员65人①。他们继承父辈之油漆、烹饪等专门技术，依旧坚守在这些行业中。

1945年6月5日，美军空袭神户，多数华侨的房屋被炸毁，广业公所会馆以及所有共同财产均化为灰烬。广东华侨只好在东亚路原神户中华同文学校附近支起简陋帐篷就地居住，于是该地被称为"广东村"②。

---

① 内田直作、盐胁幸四郎：《留日華僑経済分析》，河出書房，1950年，第40页；内田直作：《華僑研究資料第22輯——長崎に於ける華僑団体の沿革と神阪中華会館について》，日本外務省南洋局第二課，1942年，第94—95页。
② 二十五周年纪念刊编辑委员会：《兵库县广东同乡会成立二十五周年纪念刊1982—2007》，兵库县广东同乡会，2007年，第141页。

第三章　朝鲜开埠与旅朝广东华侨社会的形成

第一节　朝鲜开埠与广东人登场

一、朝鲜开埠

1875年，未经朝方同意，日本海船"云扬号"侵入朝鲜西海岸，擅自对江华岛附近海域进行测量。对此，朝方进行炮弹攻击警告，随后双方交战，史称"云扬号事件"（又称"江华岛事件"）。日本以此为借口，提出朝鲜开放通商口岸等要求。1876年2月26日，朝鲜被迫签订《江华条约》（日本称之为《日朝修好条规》），其主要内容包括开放釜山及其他两处港口，日本获得开埠区域内的自由贸易、租界、领事裁判、免除关税等权利。根据该条约，朝鲜先后开放釜山（1877年）、元山（1880年）、仁川（1882年）三个港口城市。这直接危及清政府在朝鲜的政治与经济利益。为巩固在朝鲜的宗主国地位，清政府决定与朝鲜签订通商条约。当时掌握清朝外交大权的北洋大臣李鸿章，开始改变对朝鲜的策略，从"放任"改为"牵制"（1879—1883年）[①]。同时，借助西洋势力牵制日本在朝鲜的扩张。1882年5月至6月期间，朝鲜先后与美国、英国、德国签订了通商条约。

---

① 林明德：《袁世凯与朝鲜》，台北"中央研究院"近代史研究所，1970年，第85页。

1882年10月，清政府与朝鲜在天津签订《中朝商民水陆贸易章程》（以下简称《贸易章程》）。《贸易章程》规定中国商民定居于朝鲜通商口岸仁川、釜山、元山和汉城四地，北洋大臣派商务委员前往朝鲜，驻扎在开放口岸，专为照料本国商民。同时，规定如中国商人欲入朝鲜内地，应须获得朝鲜地方官员之认可，始可在内地通商①。由此，朝鲜开埠初期，《贸易章程》为华商在朝鲜各通商口岸及内地进行商业活动提供了法律保障。该章程具有自由贸易体制与藩属关系相结合的特征，可视作清朝与朝鲜政府双方自由贸易全面升级的开端。表3-1整理了李氏王朝末期，朝鲜与各国签订开放通商口岸时间、地点，及华商移居于此的时间等情况。

表3-1 朝鲜各埠开埠及中国商民移居情况一览表

地点	开埠时间	条约形式	租界	中国人移居年份
釜山	1876年10月14日（对日本） 1882年（对其他条约国）	日朝修好条规	日本专管租界 中国专管租界	1883
元山	1880年5月1日（对日本） 1882年（对其他条约国）	日朝修好条规	日本专管租界 中国专管租界	1883
汉城	1882年10月（对中国） 1883年（对其他条约国）	中朝商民水陆贸易章程 英朝修好通商条约	杂居地	1882
仁川	1883年1月1日（对日本） 1882年5月（对其他条约国）	日朝修好条规 美朝修好通商条约	日本专管租界 中国专管租界 各国租界	1883
龙山	1884年10月	日朝两国之间往来信函	杂居地	1886
义州（注）	1882年10月（对中国） 1904年3月	中朝商民水陆贸易章程 外务大臣宣言	无	1882 1904
会宁	1882年10月（对中国）	中朝商民水陆贸易章程	无	
木浦	1897年10月1日	外部大臣照会	各国租界	1893
镇南浦	1897年10月1日	外部大臣照会	各国租界	1897
群山	1899年5月1日	外部大臣照会	各国租界	1899

---

① 杨昭全、孙玉梅：《朝鲜华侨史》，中国华侨出版公司，1991年，第101—107页。

续表

地点	开埠时间	条约形式	租界	中国人移居年份
马山	1899年5月1日	外部大臣照会	各国租界 日本专管租界	未详
城津	1899年5月1日	外部大臣照会	各国租界	未详
平壤	1899年11月	外部大臣等照会	杂居地	未详
龙岩浦	1904年2月	外部大臣照会	无	未详

资料来源：奥平武彦：《朝鲜の条约港と居留地》，《朝鲜开国交涉始末》，刀江书店，1969年，第16—18页；华侨志编纂委员会：《华侨志——韩国》，1958年，第46页；朝鲜总督府编：《在朝鲜的中国人》，1924年；顾铭学等编：《朝鲜知识手册》，辽宁民族出版社，1985年，第148—151页。

注：1906年，新义州取代了义州。

朝鲜与各国签订条约的时间主要集中在1876年至1884年以及1897年至1904年两个时间段。其中在第二个时段，朝鲜与各国频繁签约的原因，归根结底是1894年甲午战争中清军的惨败。1895年3月，清政府派李鸿章等人前往日本马关（日本称之为"下关"）谈判，签订了《马关条约》。条约第一条规定，清政府承认朝鲜的"自主独立"。换言之，清朝不再是朝鲜的宗主国，而日本可以趁机加强对朝鲜的控制。1897年至1904年间，朝鲜被迫开放木浦、镇南浦、群山、马山、城津、平壤、龙岩浦等多个城市。

二、广东人的登场

19世纪80年代初期，随着朝鲜开埠，部分广东商人开始将活动范围扩大到仁川、釜山等地。而当今占据韩国"老华侨"绝对多数的山东籍人，则是属于后来者居上[①]。本节将阐述近代最早踏入朝鲜的广东商人是通过什么途径抵达朝鲜落叶生根的。

从地理条件考虑，中国人进入朝鲜可分海、陆两条路径。而从常理推断，广东商人应会选择海路抵达朝鲜。根据当时海上交通情况看，通往朝鲜

---

① 滨下武志著，王玉茹等译：《中国、东亚与全球经济：区域和历史的视角》，社会科学文献出版社，2009年，第215页。

通商口岸的航海路线共有四条：上海—芝罘—仁川；山东半岛—仁川；神户—长崎—釜山；海参崴—元山。

目前，学术界关于《贸易章程》签订之后华商赴朝情况的论述主要基于两个版本。其一，1882年7月23日，朝鲜汉城爆发"壬午军乱"。1882年8月前后，清政府先后派马建忠、丁汝昌、吴长庆等从山东芝罘率领水军平定暴动，分别于同年8月10日和20日抵达仁川①。其中，40名左右"军役商人"随清军移入汉城一带②，参与当地的商业活动。1883年，包括麻浦在内，朝鲜境内共有华商99名。其二，1883年4月，英国怡和洋行开设从上海至釜山、仁川、长崎之间的定期航线。8月开始，"南升号"每月往来两次。11月1日，清政府与朝鲜签订《轮船往来上海朝鲜公道合约章程》。上海轮船招商局所属"富有号"开始在上海和仁川之间每月往来一次③，将上海一带华商带入了朝鲜。最近，国内学者贺江枫通过分析中国台湾"中央研究院"所藏《驻韩使馆保存档案》发现，1883年10月，陈树棠抵达仁川时，仁川已有广东商人陈敬、怡安号等十余号人。他们多是原在日本的经商者，听闻清政府与朝鲜签订了《贸易章程》，便私自从日本到釜山。因华官未到，改赴仁川设立行栈④。广东商人暂居旧仁川海关附近，以进口食品杂货等货品、出口海产品为业。同时，英美船只入港仁川之时，广东商人为他们提供食物、生活用水等服务。

据《清季中日韩关系史料》记载，1883年12月，抵达仁川港的华商共有23名。其中广东人9名、江浙商人9名、山东和湖北商人各2名，直隶人1名⑤。

1880年5月，朝鲜向日本开放元山为通商口岸。1883年，朝鲜政府同意

---

① 姜鸣：《龙旗飘扬的舰队——中国近代海军兴衰史》，生活·读书·新知三联书店，2002年，第112—115页。
② 秦裕光：《华侨1——清商》，台北"中央日报"，1979年9月17日。据秦裕光论述，该军商组织于1885年清军撤兵时，随之回国。
③ 郑惠仲：《开港期仁川华商네트워크와华侨정착의 특징》，《中国近现代史研究》，第36辑，中国近现代史学会，2007年，第9页。
④ 《派员赴朝鲜办理商务章程》，《驻韩使馆保存档案》，台北"中央研究院"近代史研究所藏，编号：01-41-010-05，转引自贺江枫：《朝鲜半岛的中国租界——以1884至1894年仁川华商租界为个案研究》，《史林》，上海社会科学院，2012年1月，第32页。
⑤ 台北"中央研究院"近代史研究所编：《清季中日韩关系史料》，1972年，第1796—1803页。

英、德等其他国家可移居包括元山在内的已开埠城市。同年，浙江商人应国治（元昌慎号）由海参崴南下元山开店营业，成为元山华商第一人。1885年，清政府在元山设置清国理事府，办事专员为吴仲贤。同年五六月，广东商人罗耀针（同丰泰号）由仁川到元山开办分店。是年元山共有华商13名，其中广东人占9名[①]。随后山东商人开设的永增利、东兴顺、恒昇公、德兴永、德泰源等在元山陆续开业[②]。

1883年10月，神户广东商人公兴号代表黄曜东，派职员郑翼之、郑渭生兄弟（广东人）到釜山开设德兴号，从事贸易杂货生意[③]。1885年1月，常住釜山的华商有广东商人4名，即德兴号郑渭生、郑瑞芬、郑耀、郑明，另有3名江苏商人经营咸鱼生意，2名江西人从事茶叶种植。德兴号还利用神户公兴号本店的商业网络，直接赴香港订购货物[④]。

如此看来，开埠初期广东人移居朝鲜可分为两股势力，皆为间接迁入。其最早年份应是1883年，日本长崎、神户等地广东商人最早得知《贸易章程》签订的消息，先到釜山，后又北上仁川等地开设店铺[⑤]。而他们主要沿用日本粤商以往的商业网络从香港进货。随着上海—仁川航线开通，江浙一带华商乘船抵达仁川，其中多数为原活跃在上海地区的广东商人[⑥]。

至1889年，仁川地区的旅朝华侨人数居首，汉城次之，釜山与元山地区华侨人数略有增长。日本驻汉城领事在提交给本国外交部的调查报告中写道，中国华商势力主要集中在仁川地区。釜山、元山地区中国华商贸易额虽

---

① 台北"中央研究院"近代史研究所编：《清季中日韩关系史料》，第1337—1340、1792、2060—2066页。
② 中国第二历史档案馆编：《南京国民政府外交部公报》，第8卷第3期，江苏古籍出版社，1990年，第73页。
③ 神户理事官黎庶昌致日本外务卿井上之函，1884年4月26日（农历），日本外交公文史料馆，编号：3-12-2-14。
④ 台北"中央研究院"近代史研究所编：《清季中日韩关系史料》，第1337—1340、1792、2060—2066页。
⑤ 1876年，朝鲜开港后，日本商人将上海绸缎、洋棉布等物品，转口销售到朝鲜，盈利甚多。而长崎等地华商多是从事上海—长崎之间的布匹生意，当地日商属他们的客户，因此在日华商自然对朝鲜商况有所了解。
⑥ 至于在日广东商人为何率先选择到朝鲜发展，其背景需进一步考究。

逐年呈快速增长趋势，但远不如日本商人[1]。早期广东商人主要以仁川和汉城为商业活动据点，由该地区华商将销售网络扩大到朝鲜各地。

表3-2 开埠初期朝鲜各通商口岸之华侨人数统计表

单位：人

年份	汉城 统计①	汉城 统计②	仁川 统计①	仁川 统计③	釜山 统计①	元山 统计①	合计 统计①
1883	26	82	63	—	—	—	162（注1）
1884	352	285	235	136	15	64	666
1885	108	111	48	50	17	91	264
1886	119	120	205	205	87	57	468
1888	—	332	—	1 389	—	—	—
1889	—	513	—	967	—	—	—
1890	—	749	—	550	—	—	—
1891	751	751	563	563	138	37	1 489
1892	957	957	637	637	148	63	1 805
1893	1 254	1 254	711	711	142	75	2 182

资料来源："统计①"为，杨昭全、孙玉梅：《朝鲜华侨史》，中国华侨出版公司，1991年，第130页；"统计②"为，김희신：《清末（1882—1894）汉城华商组织과그位相》，《中国近现代史研究》，第46辑，中国近现代史学会，第70页；"统计③"为，金泳信：《개항기（1883—1910）仁川港의对外交易와华侨의役割》，《인천학연 구》，第2-1号，仁川大学校仁川学研究院，2003年12月，第169页。

注1：162名中，23名为麻浦华商。

注2：英国领事报告记载1883年各通商口岸的华商人数为，汉城99名、麻浦23名、仁川72名，参见李鉉淙：《旧韩末外国人居留地内状况》，《史叢·金成植博士華甲記念論叢》，第12号，高丽大学校历史研究所，1968年，第577—578页。

三、开埠初期广东商人活跃于朝鲜的原因

包括学术界在内，普遍认为旅韩华侨以山东人为主流。其中一个重要理由是，朝鲜殖民地时期，山东人比例一直保持在朝鲜华侨总数之80%以上。

---

[1] 河明生：《韓国華僑商業——1882年より1897年迄のソウルと仁川を中心として》，《神奈川大学大学院経済学研究科研究論集》，神奈川大学大学院経済学研究科，1994年，第22页。

从地缘环境以及历史变迁考虑,可认为山东人在朝鲜占绝对优势。在1882年清政府与朝鲜签订《贸易章程》之前,山东人主要通过两种方式跟朝鲜商人建立贸易往来:一是以栅门贸易为代表的陆上贸易;二是山东商人乘帆船直接东渡朝鲜西海岸从事走私贸易。他们在朝鲜境内无商铺,直接在朝鲜海边把货物批发给当地商贩。但开埠初期,仁川、元山、釜山等地的广东商人势力压倒山东商人及江浙商人,其原因可从中国近代历史上著名洋行买办、广东香山人唐廷枢身上找到答案。

随着广东十三行的没落,广东商人以洋行买办及职员的身份在香港、上海及日本的横滨和神户等地扎根。唐廷枢自1851年起,先后在港英政府和上海海关担任译员,1863年正式接任上海怡和洋行买办,1872年担任轮船招商局总办,是清末洋务运动的代表人物之一。

1882年7月,清军平定"壬午军乱",由李鸿章负责善后事宜。为有效牵制朝鲜境内日本势力,李鸿章委派吴长庆继续留守驻扎汉城,同时采取措施给予朝鲜贷款、帮助朝鲜开拓矿务等。其中时任上海轮船招商局、开平矿务局总办唐廷枢在介入朝鲜事务方面起着至关重要的作用。李鸿章指示唐廷枢从轮船招商局和开平矿务局华商股份中抽出白银50万两贷给朝鲜,取息八厘,分12年偿还。朝方以朝鲜海关、红参、矿务等部门的税收作抵押①。1882年10月1日,清朝与朝方代表赵宁夏等在天津签署借款协议,其中唐廷枢代表清朝签字②。紧接着,清朝二品衔津海关道周馥和朝方赵宁夏等又签订了《贸易章程》。《贸易章程》规定"两国商船,听其驶入彼此通商口岸交易","由朝鲜国王商请北洋大臣,暂派商局轮船,每月定期往返一次",为唐廷枢开拓中朝海上贸易运输业提供了法律依据。1882年12月3日,赵宁夏完成外交任务,准备从天津返回朝鲜,唐廷枢以考察之名与其同行。唐廷枢为初期朝鲜广东商人社会的形成与发展,提供了有力的政治、经济支持。

首先,唐廷枢深受李鸿章信任,参与派往朝鲜已开放口岸管理华侨事务人员的选拔工作。清政府实际派往朝鲜人员名单上,广东籍陈树棠为总办朝

---

① 台北"中央研究院"近代史研究所编:《清季中日韩关系史料》,第968—970页。
② 合同上,唐廷枢的官职为"二品衔福建试用道,轮船、矿务总局总办",参见权赫秀:《近代中韩关系史料选编》,世界知识出版社,2008年,第2—3页。

鲜商务委员，唐廷枢的侄子唐绍仪被选为时任朝鲜海关总税务司兼外交顾问穆麟德（Paul G.von Möllendorff）的协助人员①。1885年10月，李鸿章派袁世凯接替陈树棠担任驻朝商务委员。其间，袁世凯在筹集资金上也依靠唐廷枢。例如，袁应朝鲜政府之请负责编练朝鲜军队，所需兵饷及购买武器经费由唐廷枢从开平矿务局在朝鲜开矿的利润中划出资助②。其次，广东商人赴朝鲜经商方面，唐廷枢通过粤籍买办郑观应③（两者为姻亲关系）结识上海同泰号店主梁纶卿。而在1885年上海广肇公所董事人员名单上，唐廷枢与梁纶卿皆为同届董事④。梁纶卿正是朝鲜粤商谭杰生（同顺泰号）的姐夫，谭氏被公认为自开埠初期至20世纪20年代朝鲜华商第一人。韩国学者姜抮亚分析，开埠初期，梁纶卿决定在朝鲜开设联号，并派其内弟谭杰生一族到仁川、汉城等重要城市负责掌管商铺⑤。有关谭杰生的商业活动另有论述。

第二节　仁川、汉城广东商人之增加与朝鲜广东会馆的成立

一、仁川、汉城广东商人之增加

1883年，在汉城水标町附近约有20户华商开设店铺经营绸缎布匹、英国棉布、石油、药材等生意。1885年，居住在汉城水标町和南大门附近的华侨达到300余人。《清季中日韩关系史料》记载了该时期华侨人口增加的详细情况。1884年4月，仁川共有7家华商店铺。其中，广东商人占3家（致中和、怡

---

① 冈本隆司著，黄荣光译：《属国与自主之间——近代中朝关系与东亚的命运》，生活·读书·新知三联书店，2012年，第159—161页。
② 林明德：《袁世凯与朝鲜》，台北"中央研究院"近代史研究所，1970年，第32页。林明德解释称，此事似未曾谈妥。
③ 郑观应，字正翔，号陶斋，广东香山人，1858年到上海学商，先后在宝顺洋行、太古洋行的轮船公司担任买办。1869年捐员外郎，为李鸿章赏识，帮办洋务，历任上海机器织布局总办等职。甲午中日战争后，转而依靠盛宣怀，提出"主以中学，辅以西学"的原则。他反对洋务派购买西方船炮，主张自建机器制造工业；要求清政府实行护商政策，提出保护关税、裁撤厘金、允许商人自由投资等主张。辛亥革命后，寓居上海，成为商界著名人物，参见陈捷延：《过客吟——捷延咏史诗存·下》，中国文史出版社，2012年，第1982页。
④ 《申报》，1885年8月7日。
⑤ 姜抮亚：《동순태호——동아시아 화교 자본과 근대 조선》，庆北大学校出版社，2011年，第124—127页。

安、广盛隆），其职员共有17名，主要从事与国内的进出口贸易。山东商人的商铺和浙江商人的商铺各有2家。

同一时期，汉城共有19家华商店铺。其中，山东商号13家41名，浙江商号6家18名，无广东商人在汉城开设店铺，山东商人占主导地位①。1885年1月，汉城华侨人数增加到352名，其中山东商号37家、湖北商号6家、浙江商号3家、江西商号1家、河南商号1家，其余188名为无固定商号的小商人。此时汉城粤侨仅有林茂春（潮州人）、俞杰亨（琼州人）、黄才福（琼州人）三人，皆属于无固定商号的小商人②。1885年底，广东人也只有5名，而且之前的林茂春和黄才福不在名单之中。新来4名广东商人是：云郁山、云逢岸（文昌人），刘晚成（新会人），黄才福（海南人）③。1887年，从人数增减来看，汉城粤籍华侨一直处于绝对少数，但仁川广东商人在汉城开设分店的趋势已非常明显。

表3-3　汉城各帮华侨人数变化（1883—1887年）

单位：人

帮别	省份	1883年	1884年	1885年	1886年	1887年
广东	广东	2	—	5	9	12
南帮	江苏	—	—	9	10	22
	浙江	21	11	29	14	20
	湖北	—	—	2	10	8
	其他	—	4	5	5	6
北帮	山东	59	64	56	65	174
	其他	—	—	5	7	25
合计		82	79	111	120	267

资料来源：김희신：《清末（1882—1894）汉城华商组织과그位相》，《中国近现代史研究》，第46辑，中国近现代史学会，2010年6月，第70页。

注："南帮其他"包括江西、湖南、安徽华商。"北帮其他"包括直隶、河南华商。

---

① 台北"中央研究院"近代史研究所编：《清季中日韩关系史料》，第1780—1787页。
② 台北"中央研究院"近代史研究所编：《清季中日韩关系史料》，第1780—1787页。
③ 台北"中央研究院"近代史研究所编：《清季中日韩关系史料》，第2045—2051页。

仁川华商从上海、芝罘等地运入朝鲜的货物，中转汉城销往朝鲜各地。汉城距离仁川仅60公里，是通往朝鲜各地的中心枢纽。据朝鲜总督府资料显示，1789年，朝鲜人口总计7 403 606人，汉城人口达189 153人①。为方便扩大进口和内销，仁川粤商迅速在汉城开设分号，而总店在汉城的华商也同样在仁川开设分号。

开埠初期，因有袁世凯的庇护，居住汉城市内的华商积极开拓朝鲜市场，扩大经营范围。在此过程中，汉城华商往往与朝鲜商贩产生商业纠纷，难免会引发当地百姓对华商的负面情绪。1887年至1889年期间，汉城市内发生多起华商商铺遭遇袭击、放火、掠夺事件。1889年，为防止此类事件持续发生，袁世凯决定将散居在汉城各地的华商聚集在离皇宫较近的汉城南大门和东大门内②，由此形成华商居住区。

1887年，在汉城有影响力的华侨贸易商主要有同顺泰、广大号、锦成东、兆公顺、新泰字号、肇康号等。其中，经济实力最为雄厚的当属广东商人谭杰生经营的同顺泰。当时民间有"朝鲜政界有袁世凯，商界则有同顺泰"的传说③。

二、朝鲜广东会馆的成立

"德兴号事件"④的发生，不仅促使清政府在朝鲜各埠开设商务公署及设

---

① 朝鲜总督府编：《朝鲜の人口现象》，1927年，第49—88页。其余地区的统计为，京畿道642 069人（开城49 623人，光州50 508人、杨州60 425人，水原57 660人，仁川14 566人），忠清道868 219人（忠南87 331人，洪州52 761人），黄海道567 813人（海州63 472人，黄州54 061人，安岳52 739人），全罗道1 220 804人（全州72 505人，罗州57 781人），平安道1 296 044人（平壤107 592人，义州89 970人，定州50 856人，宁边51 481人，成川58 956人，江界60 419人），庆尚道1 590 972人（大邱61 477人，庆州71 956人，尚州70 497人，晋州69 495人，星州54 365人，安东50 603人，密阳50 901人），咸镜道696 275人（咸兴71 182人，吉州65 202人，永兴57 560人）。
② 韩沽劢著，平木实译：《韩国通史》，学生社，1987年，第461—462页。
③ 朝鲜总督府编：《在朝鲜的中国人》，1924年，第47页。
④ 1883年10月，釜山发生了华商与日本商人之间的争执事件。其经过大概是，1883年10月间，神户广东商人黄曜东（公兴号代表）等集股派职员郑渭生、郑翼之兄弟前往朝鲜釜山开设德兴号，租借英国人房屋贩卖货物。由于所租英国人房屋在日本租界内，日本领事便要求德兴号搬出日本租界另择地点。因郑氏兄弟拒不迁出，日本领事就鼓动当地日本人妨碍德兴号正常营业。买卖开张的第三天，德兴号被迫关门，参见町田实一：《日清贸易参考表（神户ノ部）》，1889；神户理事官黎庶昌致日本外务卿井上之函，1884年4月26日（农历），日本外交公文史料馆，编号：3-12-2-14。

立专管租界,还让当地华商意识到建立社团的重要性。1884年2月14日,陈树棠任命李乃荣为驻仁川商务官。6月,又相继任命刘家骢为驻元山理事官,陈为焜为驻釜山理事官,分别负责以上三个地区一切华商事务。1884年8月,李鸿章委任谭庚尧为中国商务帮办①。为改变清政府商务委员公署事务人少事多的工作局面,陈树棠同时指示华商共建中华会馆,协助商务委员处理各地区的华侨事务。

《仁川口华商地界章程》规定租界平地由朝鲜政府筹备。清政府派商务官和商董各一人督工,陈树棠便请华侨推选商董②。1884年4月6日,当地华商公选汉城山东华商公成福号熊廷汉及浙江华商肇康号诸观光为会馆商董,其二人在接受工程监督工作同时也成了汉城和仁川地区华侨代表③。

1884年4月26日,商董在商务公署左侧购买汉城南部会圣坊骆洞李范祖兄弟的房屋,建立中华会馆。购买会馆地皮的费用由陈树棠从公费银中借出5 300两支付。5月初,会馆正式办公,负责管理汉城及仁川两地华侨。5月23日,原本对公选会董持消极态度的仁川广东帮禀请李乃荣选易宝荆为董事,因熊、诸二人董事对广东帮无多大帮助。广东帮的这一请求被陈树棠否决。然而一方面因仁川离汉城约有60公里,身在汉城的熊、诸二人不能驻工平地。另一方面他们在汉城中华会馆的工作态度也比较松散,如"一切公所事务屡催集议,诸多事情未能定妥"④。7月1日,陈树棠将熊、诸二人免职,建议重新公推商董。

1884年6月,仁川粤商林瑞珊等提出从广东帮冯子林(怡和行职员)和翰麟生中推选一名商董。7月20日,冯子林任职仁川董事,在仁川督工,处理平

---

① 高丽大学亚细亚问题研究所编:《旧韩国外交文书》第1卷,《日案1》,第111、127、149页,转引自张礼恒:《在传统与现代性之间:1626—1894年间的中朝关系》,社会科学文献出版社,2012年,第192—193页。
② 贺江枫:《朝鲜半岛的中国租界——以1884至1894年仁川华商租界为个案研究》,《史林》,2012年1月,第32页。
③ 起初,商董需要到租界监工,华商忙于经商,多数华商不愿意当商董,最终定为熊、诸二人,参见김희신:《清末(1882—1894)汉城华商组织과그位相》,《中国近现代史研究》,第46辑,中国近现代史学会,2010年6月,第64页。
④ 贺江枫:《朝鲜半岛的中国租界——以1884至1894年仁川华商租界为个案研究》,《史林》,2012年1月,第33页。

地兼董各商事务。实际上,仁川和汉城华商商董自此已分为两个区域管理①。1885年,以江浙华商为主的南帮在汉城及仁川各设一名董事。

1885年,仁川共有华侨50名,其中广东人29名(表3-4),粤侨出生地包括香山、番禺、新宁、开平等地。他们在仁川主要从事中朝进出口贸易和承包朝鲜西洋人房屋、教堂、医院等建设工程。例如,谭杰生、周祺兰等是从上海广东帮到朝鲜的分支,而郑翼之、郑渭生是神户广东帮派往朝鲜的职员。司徒氏家族和邝氏家族到20世纪20年代一直在仁川、汉城一带承包西洋人各项建筑工程。此外,作为洋行职员到仁川的广东人在当地社会享有较高地位,上述冯子林便是仁川怡和洋行职员。不难看出,开埠初期仁川华商社会几乎是广东人的天下。

表3-4　1885年仁川广东商人名单一览表

姓名	出生地	姓名	出生地	姓名	出生地
谭杰生	高要	黄绍英	新宁	关鸿琚	番禺
周祺兰	开平	江好	新宁	韩世昌	番禺
周材常	开平	李才	新宁	何贞雄	番禺
陈仪三	香山	陈文锡	新宁	周玉芝	番禺
郑渭生	香山	林瑞珊	新宁	梁旺	新会
郑翼之	香山	邝泮	新宁	王命	新会
郑云章	香山	邝如茂	新宁	张建礼	香山
冯聘西	香山	邝添	新宁	张三维	香山
冯瑞鲤	开平	邝兆堂	开平	钟琛	东莞
冯子林	南海	司徒维	开平		

资料来源:台北"中央研究院"近代史研究所编:《清季中日韩关系史料》,1972年,第2051—2054页。

如前文所述,1884年汉城共有华侨352名,其中,山东人234名,湖北人48名,浙江人、江苏人、江西人、安徽人等各有10—15名不等,广东人仅有3

---

① 对此,韩国学者김희신认为,当时的仁川广东帮组织并未得到袁世凯的正式批准,参见김희신:《청말(1882—1894)한성화상조직과그위상》,《中国近现代史研究》,第46辑,中国近现代史学会,2010年6月,第58—67页。

名无固定商铺的商贩。汉城华侨主要由北帮和南帮商人组成,与仁川广东帮社会形成巨大反差①。

1885年10月,浙江商家新泰号、肇江号等向清政府驻汉城公署申请设立浙帮商馆,其申请理由为近期浙江商人剧增及与山东人之间语言不通等。对此,袁世凯批准浙江商人的申请,并建议福建、广东、江苏、浙江等各地商人联合成立南帮。1885年12月7日至9日,汉城北帮与南帮正式分帮②。汉城中华会馆也分为北帮和南帮,双方各公举一名董事共同处理汉城内华商事务。该时期汉城广东商人属于南帮。

表3-5 1884年汉城、仁川各帮华侨人数统计表

单位:人

地区	广东帮	北帮		南帮					合计
	广东	山东	直隶	浙江	江苏	湖北	江南	其他	
汉城	3	234	1	15	10	48	14	27	352
仁川	74	93	2	37	15	8	0	6	235
合计	77	327	3	52	25	56	14	35	587

资料来源:台北"中央研究院"近代史研究所编:《清季中日韩关系史料》,第1780—1803页。

注:"其他"包括安徽、福建、湖南、江西、河南。

1885年起,仁川广东商人逐渐将商业圈扩大到汉城一带,多数广东商人陆续在汉城设立分店,广东商人在汉城的势力也随之增大。1887年11月13日,汉城广东帮商人公禀称,迄今有关广东帮事务由临时董事谭以端③主持处理,且广东人与南帮其他华商语言无法沟通,因此希望广东帮从南帮独立出来。1888年10月17日,龙山商务委员洪子彬向袁世凯汇报此事,认为有必要增加一名广东帮董事,并提名广东帮临时董事谭杰生。10月18日,谭杰生就

---

① 表3-3和表3-5的资料同样来自《清季中日韩关系史料》,但是1884年和1885年仁川华侨人数统计上存在较大的出入,笔者认为其主要原因应为前者将仁川短期居留华侨人数也纳入统计范畴之内,而后者主要统计了常住人员。
② 李正熙:《韩国华侨社会组织研究》,庄国土、清水纯、潘宏立等编著:《近30年来东亚华人社团的新变化》,厦门大学出版社,2010年,第315页。
③ "谭以端"很有可能是"谭以时"(字杰生)的误写。

任汉城广东帮董事①。从此,汉城和仁川形成北帮、南帮、广东帮三足鼎立之势②。

第三节　开埠初期朝鲜广东商人的活动

一、东亚地区开埠与朝鲜广东商人贸易网络的形成

19世纪中叶至末期,随着西洋势力渗入东亚,中国、日本、朝鲜等国被迫开放通商口岸。其中,上海和香港迅速成为"洋货"流通的国际贸易港口。中日韩三国之间的贸易形态在以往农产品、海产品、绸缎、麻布、手工艺品等本土货物交易基础上,增加了西方布匹、杂货、食品等物产的转口贸易。往返西洋和东亚各国之间的贸易航线主要有三条:英国曼切斯特—上海;上海—仁川或长崎;神户—长崎—釜山—仁川。

早期朝鲜与日本之间的海运主要设有长崎—釜山航线。1876年《江华条约》规定釜山开埠,同年三菱公司就开辟了长崎—对马—釜山之间的定期航线。除当地帆船往来两地外,也有大型轮船航行于朝鲜航线上③:长崎—五岛—对马—釜山,隔月一班。1880年,三菱公司增开神户—马关—长崎—五岛—对马—釜山—元山航线,隔月一班。1881年,又开设前往仁川的定期航线,派专船航行,每年两班,于1884年调整为每月一班。1890年大阪商船开辟了大阪—釜山之间的定期航线。

中国本土货物及洋货云集上海,而长崎进口货物主要来自上海和香港等地。长崎华商不但掌握着长崎海产品、木材、杂货等出口生意,还独占棉制品、砂糖、棉花等进口贸易市场。作为中转港口,长崎将部分货物转运到朝鲜。对此,长崎的英国领事报告称:"1879年长崎港的进口贸易相比前一年

---

① 김희신:《清末(1882—1894)汉城华商组织과그位相》,《中国近现代史研究》,第46辑,中国近现代史学会,2010年6月,第67页。
② 各帮的作用为,在管理所属华商的同时,根据清商务公署的指示,承担征收税款,新入境者的登记,代理帮会会员向商务公署申请在朝鲜内地通商的通行证等业务。此外,各帮组织直接参与华商和当地朝鲜商人之间的纠纷案,往往代替清商务公署进行协调。
③ 中日韩三国共同历史编纂委员会:《超越国境的东亚近现代史(上卷):国际秩序的变迁》,社会科学文献出版社,2013年,第48页。

有大幅增加。……究其原因在于棉制品的进口量增加。从进口的品名来看，本色市布（Shirtings Grey Plain）和维多利亚细棉布（Victoria Lawns）占了增加部分的绝对多数。此两类英国产布匹进口量的增加，是来自朝鲜对该商品贸易需求增大的缘故。"①

1879年，与从朝鲜进口额相比，长崎对朝鲜的出口总额为31万元，贸易顺差达11万元。其中，棉制品出口额占总出口额的94%，而本色市布又占了大约一半。1882年10月，中朝两国签订《贸易章程》之后，棉制品直接由上海运往仁川，长崎向朝鲜的出口额减少一半。

1883年4月，通过穆麟德的斡旋，怡和洋行开辟了以上海为出发点通往仁川、釜山、长崎之间的航线。同年8月起，"南升号"定期往返于上海—仁川之间，每月两班，持续到1884年10月。在这期间，依照清政府与朝鲜于1883年11月1日签订的《轮船往来上海朝鲜公道合约章程》，至1884年1月期间，上海轮船招商局"富有号"共航行三次。1885年2月，日本三菱公司与德国世昌洋行合资开设上海—仁川航线，每月两班。由于经营赤字，运行半年后退出。1885年10月1日，日本邮船株式会社仁川支店开始营业，于1886年3月起运行长崎—仁川—芝罘—天津等地的航线。1887年，由于日本邮船公司运费昂贵，旅朝山东商人双盛泰、裕增祥等要求袁世凯为华商开设本国航线。1888年3月，中国轮船招商局开通上海—芝罘—仁川之间的定期航线，约20天一班，运行至甲午战争爆发。同一时期，往返山东和朝鲜西海岸的帆船贸易一直存在，在大型定期轮船停运时，华商借用帆船进出货物。②

仁川开埠后，以同顺泰为代表的华商从上海直接进口布匹、杂货到仁川，大大降低了运输成本和中间商差价，因此与由长崎转运朝鲜的货物相比，在价格上具有绝对优势。以仁川本色市布为例，华商与日商的销售价每100匹相差5—6元。1887年上半年，华商、日本商人、朝鲜商人在元山进出口商品总额所占比例分别是9%、79%、12%，1888年上半年为20%、67%、

---

① 古田和子著，王小嘉译：《上海网络与近代东亚——十九世纪后半期东亚的贸易与交流》，中国社会科学出版社，2009年，第84页。
② 郑惠仲：《개항기仁川华商네트워크와华侨정착의 특징》，《中国近现代史研究》，第36辑，中国近现代史学会，2007年，第9—11页。

13%。可以看出，华商贸易额在上升。在英国产生金巾（grey shirtings，原色细棉布）、本色市布、维多利亚细棉布等货物上，华商占有明显优势[①]。19世纪90年代，旅朝华商控制着在朝鲜的中国绸缎及洋棉布销售市场。

二、开埠初期广东商人在朝鲜半岛及其周边地区的活动范围

1886年3月，天津—仁川航线开通，随后12家北帮巨商在仁川开设了瑞盛泰、双盛泰、永来盛等商号，但实力远不如仁川广东商人，其中广东同顺泰资金多达二三百万元。

面向东亚地区，以朝鲜半岛为舞台，广东商人的商业网络包括香港、广州、上海、烟台、仁川、汉城、釜山、元山、海参崴、长崎、神户、横滨。他们从上海、香港、欧洲、美洲、神户等地进口药材、绸缎、夏布（潮州人有十几家做这门生意），以及其他洋货[②]。

关于开埠初期朝鲜广东商人的活动范围，《清季中日韩关系史料》记载了1884年至1886年华商来往釜山、元山的情况，其中，广东商人的活动非常活跃。当时华商在东亚地区的贸易航线主要有两条：香港—上海—仁川—釜山—长崎；海参崴—珲春—元山—釜山—上海。上海是中国本土货物及洋货云集的贸易港口，而海参崴则采购海产品及东北物产，因此，釜山和元山是华商往来各商埠的必经之地。

表3-6为1884年路经元山、釜山两地广东商人的流动情况。通过分析可知，开埠初期广东人主要从上海、珲春、长崎三个方向迁入朝鲜。其中，上海—釜山、元山35人次，珲春—釜山、元山23人次，长崎—元山9人次。根据数据显示，半数以上广东商人从上海到朝鲜，但通过朝鲜抵达珲春、海参崴的人数也不少见。此外，从长崎迁入朝鲜的广东商人多数到仁川、元山等地开设店铺。1886年元山的统计数据中，过往华侨人数共有45名，其中，广东

---

① 古田和子著，王小嘉译：《上海网络与近代东亚——十九世纪后半期东亚的贸易与交流》，中国社会科学出版社，2009年，第100—101页。
② 卢冠群：《韩国华侨经济》，台北海外出版社，1956年，第17页。

人就有29名①。

表3-6　1884年广东人流动情况

单位：人次

釜山（5月—12月）						元山				
釜山	仁川	17	釜山	上海	31	元山	汉城	2	元山	珲春	10
釜山	元山	1	釜山	珲春	13	元山	上海	4	元山	长崎	9

资料来源：台北"中央研究院"近代史研究所编：《清季中日韩关系史料》，第1775—1780、1792—1796页。

第四节　朝鲜华商第一人——谭杰生

一、谭杰生其人

谭杰生，原名以时，字杰生，1853年11月28日（农历）出生于广东高要县金利村。谭杰生在高要县私塾学习后，前往上海②姐夫梁纶卿③经营的同泰号工作。韩国学者姜抮亚认为，谭杰生1882年到仁川，本打算在仁川开店，后直接到汉城，在今日的观水洞开设店铺④。而日本学者石川亮太的观点为，1885年，谭杰生首次到仁川，与朝鲜开城商人孙景文商店进行交易。1886年，孙景文介绍其到孙允弼等经营的汉城商铺内开设营销点。谭杰生以不付租金为条件，将其进口朝鲜所有物品的销售代理权给孙氏家族⑤。初期，同顺泰在汉城水标桥附近从事中朝之间的布匹、杂货、红参等贸易。以上海同泰号为

---

① 台北"中央研究院"近代史研究所编：《清季中日韩关系史料》，第2233—2236页。29名广东人的姓名如下：陈梅溪、任焜坡、张从兹、冯星垣、陈普光、李益之、苏华、聂省三、徐伟东、冯瑞廷、冯器之、郑禄、王四卿、秦有、张友三、邓济廷、谭秀川、邝春生、张协祥、关海樵、韦益三、林满、陈冠廷、杨吉祥、谭恕堂、张怡茂、何玉屏、程少常、陈亮。

② 1843年上海开港以来，多数广东人作为西洋商人的买办来到上海开展商业活动，在上海落地扎根。1853年居留在上海的广东人达8万人，参见姜抮亚：《역사인물——화교거상 탄제성（谭杰生）》，《복현사림》，第29卷，庆北史学会，第154页。

③ 梁纶卿，广东高要人，多年任上海广肇公所之理事。

④ 姜抮亚：《동순태호——동아시아 화교 자본과 근대 조선》，庆北大学校出版社，2011年，第63页；姜抮亚：《역사인물——화교거상 탄제성（谭杰生）》，《복현사림》，第29卷，庆北史学会，第154—155页。

⑤ 姜抮亚：《동순태호——동아시아 화교 자본과 근대 조선》，庆北大学校出版社，2011年，第64页。

后盾，同顺泰商铺的经营规模相当之大，后靠卖黄豆芽赚了大钱①。1889年，孙允弼等因商店经营破产外逃，谭杰生接收店铺②。之后，同顺泰购买黄金町2丁目9番地987坪土地，建起2层红砖楼，并一直以其作为总店（本号）③。

1893年，仁川日本领事记录了有关谭杰生的情况，称"谭杰生为拥有二十万两流动资金的财东，但善于储蓄和节俭。据说其冬季和夏季购买衣服加起来仅花二三十元，每月伙食费也不超过三四元。由此我们不得不感佩其勤奋、节俭之精神"④。

二、同顺泰之商业网络

同顺泰在汉城开设总店，仁川商铺是其分店，而其商品采购主要依靠上海同泰号。谭杰生家族的商业规模从开始就相当大，其出资者应为上海姐夫梁纶卿。开创初期，汉城本号由谭杰生经营，而仁川分号由其亲兄负责。因初期总店与分店之间采取独立结算制，仁川分号的权力大于汉城本号。随着商业中心从仁川转到汉城，谭杰生经营的总店开始起主导作用⑤。

朝鲜开埠初期，谭杰生等华商之所以能在朝鲜市场迅速扩展，源于其从上海直接运入的英国产棉布一直位列朝鲜进口商品排行榜榜首。前文提到，开埠之前，朝鲜进口英国棉布主要由日本长崎、神户等地日本商人供应。日本商人是从当地华商购入英国棉布，而日本华商又从香港和上海采购。华商东渡朝鲜开设商铺从事进出口贸易，使得经由日本的英国棉布转口贸易变为上海—仁川之间的直接贸易，其价格竞争力也占据绝对优势。自轮船招商局开通上海—仁川海运路线后，朝鲜华商的价格优势更加凸显。此趋势一直持

---

① 石川亮太：《開港後朝鮮における華商の貿易活動——1894年の清国米中継貿易を通じて》，森时严编：《中国近代化の動態構造》，京都大学人文科学研究所，2004年，第171页。
② 姜抮亚：《동순태호——동아시아 화교 자본과 근대 조선》，庆北大学校出版社，2011年，第64页。
③ 姜抮亚：《동순태호——동아시아 화교 자본과 근대 조선》，庆北大学校出版社，2011年，第66页。
④ 在仁川日本领事馆领事报告：《明治26年中仁川港商况年报》，日本外务省编：《通商彙纂》，第21卷，第180页。
⑤ 姜抮亚：《역사인물——화교거상 탄제성（谭杰生）》，《복현사림》，第29卷，庆北史学会，第155页。

续到甲午战争爆发。

同顺泰从上海进口英国棉布、中国绸缎、杂货等销往朝鲜各地,而将朝鲜红参、黄金、牛皮等销往上海,达到进出口额双向增加。其贸易网络以上海同泰号为主要供应商,扩大到日本、中国香港等地。1894年,甲午战争爆发,同顺泰的进口额也降到5万2 000两。1895年,又猛增到14万8 000两。1894年,中国向朝鲜的出口总额为89万2 868两,而1895年为63万8 063两[①]。两相比较,不难看出同顺泰在当时整个朝鲜进出口贸易中所占的地位。

根据首尔大学中央图书馆和奎章阁所藏同顺泰商号资料,日本学者石川亮太及韩国学者姜抮亚分别从家族经营史、商业网络、与当地朝鲜商人合作关系等方面进行多层次、多角度分析。以下通过梳理这两位学者的研究,重新整理同顺泰在朝鲜国内及国外的商业网络。

在朝鲜境内,同顺泰在汉城开设总店,并将分店设在仁川、全州、群山。同顺泰不仅跟元山、镇南浦等地华商有着较为频繁的商业往来,还与上海、香港、长崎等地商号建立起伙伴关系。

同顺泰属于典型的家族企业,在设立各地商业网络的过程中,本号和分号及联号的人事管理基本采取以亲属关系者为主、同乡关系者为辅的双重结构。例如表3-7中,与谭杰生有亲属关系的有,谭氏家族谭晴湖、谭以庄、谭秀枝、谭群枝、谭廷锐、谭廷庚、谭廷彰、谭廷瑚、谭象乔,李氏家族李泉享、李益卿、李瑞云、李静波、李伟初。此外,何丽堂为广东高要出身,与谭杰生系同乡关系,何氏家族有何梃生、何介眉、何丽堂、何仲候。

表3-7 同顺泰在朝鲜国内的商业网络

单位:件

地区	商号	信件数	职员
汉城	汉城本号	收信人	李泉享、邵兰圃、谭象乔
仁川	仁川分号	620	何丽堂、谭廷庚、谭廷彰、谭晴湖、李泉享、李益卿、何介眉、李瑞云、谭廷锐
全州	全州分号	43	何梃生、刘时高、罗明阶、□群枝、□常锴

---

① 姜抮亚:《역사인물——화교거상 탄제성(谭杰生)》,《복현사림》,第29卷,庆北史学会,第156—157页。

续表

地区	商号	信件数	职员
群山	群山分号	42	李静波
仁川	怡生号	9	陈如三（香山）
仁川	义生盛	2	周梦龙（开平）、周子齐
仁川	同意楼	1	不详
元山	同丰泰	10	罗耀箴（广东）、罗煜甫
镇南浦	不详	不详	古达庭、李伟初、谭秀枝
不详	巨昌泰	1	黄泰芬
其他发信人物			谭以庄、周义、何仲候、周祺兰、梁枨昭、钱瑞甫、梁□堂、谭廷瑚、□德谦、米郭泉、□永祥、陈祺思

资料来源：《进口各货舱口单》（奎27581-1~8）、《甲午年各准来货置本单》（奎27582-1~2）、《乙未来货置本》（奎27583）、《同泰来信》（奎27584-1~19），转引自石川亮太：《ソウル大学校蔵〈同泰来信〉の性格と成立過程——近代朝鮮華僑研究の手がかりとして》，《東洋史論集》，第32号，第126—193页；石川亮太：《朝鮮開港後における華商の対上海貿易——同順泰資料を通じて》，《東洋史研究》，第63卷第4号，京都大学东洋社会研究会，第24—25页。

注1：信件统计年份为1889年、1894年、1903年、1905年四年份。

注2："□"为解读困难文字。

通过《同泰来信》和《同顺泰往复文书》中往来信件，大致可以分析出本号与各分号及联号间的相互关系。1889年、1894年、1903年和1905年这四年间，向汉城本号寄出信件最多者是仁川分号，620件；其次是全州分号，43件；第三为群山分号，42件。根据统计，仁川分号占本号收到信件数约八成。不难看出本号与仁川分号之间的特殊关系[①]。除分号之外，同顺泰与仁川怡生号（9件）、义生盛（2件），元山同丰泰（10件）保持着较为密切的联系。这些商号皆是广东人商号。由此可以推断，此时朝鲜广东商人的商业网络及社交范围基本只限于广东人。

---

① 本号与分号之间的经营保持相互独立，分号可直接与上海的商号进行交易，参见石川亮太：《朝鮮開港後における華商の対上海貿易——同順泰資料を通じて》，《東洋史研究》，第63卷第4号，京都大学东洋社会研究会，第26页。

如表3-8所示，同顺泰的国际商业网络由三个部分组成。第一部分是同顺泰与上海同泰号之间的贸易。从往来信件和货单数量看，同泰号是同顺泰的主要贸易供应商。有关同顺泰和同泰号之间的特殊关系在上文已有论及，不复赘述。第二部分是同顺泰与香港安和泰之间的贸易。安和泰在香港南北行街开设店铺，主要从神户、横滨进口海产品。第三部分是同顺泰与日本长崎万昌和、神户祥隆号、横滨福和号之间的贸易。这三家商号皆为当地广东商人社会上流阶层。如万昌和店主潘达初在长崎"重建广东会所碑记"可寻其名，祥隆号店主陈达生则是神户广业公所董事，而福和号店主谭玉阶也在1899年横滨"主要华商"名册中出现。

表3-8 同顺泰与朝鲜境外各华商店铺往来信件、货单统计表

单位：件

地区	商号①				商号②		商号③	
	商号	代表	信件	货单	商号	货单	商号	货单
上海	同泰号	梁纶卿、罗柱臣	112	170	老悦坐兴记	1	华彰号	1
镇江	发记	—	—	64	陈恒顺	1	—	—
芝罘	万庆源	—	—	2	履泰谦	4	—	—
广州	永安泰	□煜田	—	6	瑞草堂	2	—	—
香港	安和泰	罗子明、罗逊卿	33	44	茂和祥	2	万祥堂	2
神户	祥隆号	陈达生（顺德）	78	17	—	—	—	—
横滨	福和号	谭玉阶（广东）	40	2	—	—	—	—
长崎	万昌和	潘达初（南海）	8	4	—	—	—	—

资料来源：《同泰来信》（奎27584-1~19），《同顺泰往复文书》，首尔大学中央图书馆藏，共35册，转引自，姜抮亚：《동순태호——동아시아 화교 자본과 근대 조선》，庆北大学校出版社，2011年，第115页。

注1：各单统计年份为，1888年、1891年、1894—1900年、1903年十年份。

注2："□"为解读困难文字。

三、同顺泰的贸易形式

朝鲜末期，华商在朝鲜的贸易主要是从中国进口绸缎、夏布、杂货、洋

棉布、洋杂货、中药材、粮食等商品，由朝鲜出口金银、人参、海产品、牛皮、粮食等商品。而华商在朝鲜境内的销售额主要受到朝鲜农民收入及韩钱汇率影响。

1890年，朝鲜谷物丰收，而日本米价高涨，对朝鲜谷物的需求大增。这极大增强了朝鲜的购买力，对各商品的进口额随之增加。其中，仁川口岸进口货物主要是中国上海的英国棉布。1891年，这一良好趋势依然持续。1892年，朝鲜韩钱（铜钱）行情下跌，进口商品价格上升。而日本谷物收割情况良好，日本米价下跌。这不仅使得朝鲜对日本的谷物出口额减少①，也使得华商贸易额随之缩减。

在此情况下，同顺泰进口销售情况却一直保持良好状态，主要得益于其健全的东亚商业网络。同顺泰有效利用自身三层贸易体系，将不同商品销售到不同地区，极大降低来自朝鲜米价和汇率变动所带来的风险。如1891年，同顺泰主要将金银等运往上海同泰号，将人参运往香港安和泰及茂和祥，出口到烟台履泰谦、万庆源的货物以高粱为主，运往日本神户祥隆号的则是大豆。②

1892年，仁川清国租界内共有华侨521名，其中华商人数100名，华工人数达371名。韩国学者郑惠仲分析，该时期在仁川的代表性华商主要有四家，即同顺泰、怡泰号、义生号、德兴号③，皆为广东商人。

1894年7月，甲午战争爆发，上海—仁川交通航线中断。同顺泰将国内货物经日本长崎（万昌和）和神户转运至朝鲜，确保了商业活动的正常运营。同顺泰《甲午年各准来货置本单》记载，1894年，同顺泰进口总额为5.2万两。其中，由同泰号进口的绸缎、洋棉布、夏布、西洋食品（罐头等）、杂货等货物，占同顺泰进口总额九成以上。与香港安和泰及广州永安泰之间的贸易主要是出口人参和进口中药。次年，战争结束，同顺泰恢复原有贸易规

---

① 古田和子著，王小嘉译：《上海网络与近代东亚——十九世纪后半期东亚的贸易与交流》，中国社会科学出版社，2009年，第121—127页。
② 石川亮太：《朝鮮開港後における華商の対上海貿易——同順泰資料を通じて》，《東洋史研究》，第63卷第4号，京都大学东洋社会研究会，第27—28、42页。
③ 郑惠仲：《开港期仁川华商네트워크와华侨정착의 특징》，《中国近现代史研究》，第36辑，中国近现代史学会，2007年，第18页。

模。与1894年相比，1895年的进口总额接近3倍达14万8 000两，其主要贸易供应商依然是上海同泰号。甲午战争后，同顺泰的进出口贸易更是集中在上海地区，与日本广东商人基本断绝往来。①

广东商人与汉城北帮巨商裕丰德、德顺福、广和顺、瑞泰号、瑞盛泰等一直存在竞争关系，但很多小本经营或无资金的北帮华商往往越过帮派界限，因为对他们来说利益至上。多数山东小商贩到同顺泰以赊账形式购得货物，再运往朝鲜各地销售。例如，日本驻汉城领事报告称，"1896年3月，由芝罘来了143名中国人，抵达仁川港时他们身无一文，到同顺泰赊账批发商品，相继运往朝鲜各地。"②

四、同顺泰投入的其他产业

除进出口贸易之外，同顺泰在朝鲜主要还向运输业、房地产业及金融业等行业投资，具体情况如下文所述。

1887年，朝鲜政府向德国商号世昌洋行购入船只，但一直无法偿还其本息，只能向清政府借款③。为巩固宗主国地位，袁世凯代表清政府向受财政赤字困扰的朝鲜政府提供了贷款。1892年，为避开日本政府方面的干扰，袁世凯以"同顺泰"之名先后两次向朝鲜政府提供各10万两白银的贷款④。

在向清廷提交的《密咨韩贷华款十万两偿还德债情形》中，李鸿章解释了以同顺泰贸易商行之名向朝鲜政府提供贷款的情况，并对同顺泰的实力做出说明，"在韩商家，惟广东帮董事同顺泰号资本殷实。在韩之元山、仁川、日本之长崎及上海、广东、香港等埠，均有联号。其号主谭以时（杰生），颇公正谨慎，洵堪责令承办此事。"

---

① 石川亮太：《朝鮮開港後における華商の対上海貿易——同順泰資料を通じて》，《東洋史研究》，第63卷第4号，京都大学东洋社会研究会，第34—38页。
② 《1895年3月京城商况》，日本外务省编：《通商彙纂》，第41卷，1896年4月。
③ 姜抮亚：《역사인물——화교거상 탄제성（谭杰生）》，《복현사림》，第29卷，庆北史学会，第157页。
④ 同顺泰在元山的联号同丰泰号，也有过向当地政府贷款的记载。1892年，元山修筑港湾堤坝，共需工料洋银7 375元，由于是年元山经济低迷，进出口货物减少，海关税项不多，资金短缺。元山政府到清廷驻元山领事商讨，领事向同丰泰号代借洋银2 000元，参见台北"中央研究院"近代史研究所编：《清季中日韩关系史料》，第3029页。

1892年9月和11月，同顺泰先后向朝鲜政府贷出十万两白银。《续订货款合同》规定，"朝转运衙门约同同顺泰招集华韩股分，购造浅水小火轮数只，作为运署接运船只，遇事护助，所有运署大火轮载来货物等件，由小火轮起驳，自仁川运来京江，至应须条规续后商定"①。由此，同顺泰集股成立通惠公司。

为成立通惠公司，谭杰生在上海的广东商人中招募资本，发行300股，1股100元，共筹集3万元。其中，购买汽船"汉阳号"，2万元；购买4辆运输马车，1万元。因种种原因，运输公司的经营亏损，不如预期顺利。1894年1月，谭杰生将"汉阳号"转卖给朝鲜政府转运司。不过学者姜抮亚认为，在经营船只期间，同顺泰利用"汉阳号"进行红参走私，在整体上获得利益应为更多②。

1893年起，朝鲜政府与清政府共同出资，先后开通仁川—汉城、汉城—义州间的内陆马车运输。1899年9月，京仁铁路开通前，马车是朝鲜唯一的运输工具。同顺泰参与其中，并从中获得巨大利益。

20世纪20年代，谭杰生从美国购买每台价高万元的高级轿车，成立米卡多（音译）出租车公司。2年后，又增购10辆轿车。在汉城，当时约有10家出租车公司相互竞争。在整个汉城出租车市场中，同顺泰市场份额占70%。

1882年，华商进驻朝鲜。当时因恐慌军乱，汉城原有25万居民，其中半数以上离开城市，房价由此暴跌到原价位的1/4。因有袁世凯的庇护，华商可以购买汉城房产③，并以低价买入。其中，所购土地同顺泰位居榜首。

随着商品市场的扩大，朝鲜货币短缺。同顺泰期票曾自由流通在朝鲜市场，面值有50两、500两、1 000两，其信用度达到兑换纸币的标准。1902年，日本第一银行券开始在釜山流通，遭到朝鲜社会的谴责，此时同顺泰的汇票也遭遇同样的非难。1904年8月，同顺泰停止汇票发行④。

---

① 杨昭全、孙玉梅：《朝鲜华侨史》，中国华侨出版公司，1991年，第143—145页。
② 姜抮亚：《동순태호——동아시아 화교 자본과 근대 조선》，庆北大学校出版社，2011年，第77—78页。
③ 京城府编：《京城府史》，第二卷，1934年，第552页。
④ 信夫淳平：《韓半島》，东京堂，1901年，第97—98页。

第四章　东亚地区国际关系变化与朝鲜广东华侨社会

第一节　甲午、日俄战争与朝鲜广东华侨贸易业之萎缩

一、甲午战争爆发之际的汉城广东商人情况

1894年6月29日至7月14日，因朝鲜半岛局势紧张，袁世凯多次请求李鸿章调回，并提出由唐绍仪代理商务。7月18日，李鸿章传达谕旨调回袁世凯，并同意将袁世凯经手的各项事务交由唐绍仪处理。7月19日，袁世凯致电朝方，告知其已定回国，相关业务由龙山商务委员唐绍仪接管。7月23日，日军攻击中国公馆。唐绍仪到英国总领事馆避难，当天随其逃难的中国官员及商民达到数百人之多。7月25日，朝鲜督办交涉通商事务代表赵秉稷两次知照唐绍仪，因日本胁迫而不得不宣告以往各章程作废。7月28日，在英国总领事馆协助下，唐绍仪离开汉城，经由仁川返回天津。撤回之前，唐绍仪指示朝鲜各地华商"将货物分存各处并向美商保险外，另托英国署总领事官嘉妥玛将华商货物房产代为保护关照"，尽可能保护华侨在朝鲜的财产安全。①

甲午战争爆发，清政府驻朝商务公署撤回，多数华商回国。从出入境

---

① 权赫秀：《唐绍仪在近代朝鲜十六年活动考述》，《韩国研究论丛》，第21辑，复旦大学韩国研究中心，2009年，第298—300页。

人数看，1893至1895年间，每年经由仁川港出国的华商分别为：1 509人，2 215人，729人；而入境人数分别为1 610人，1 004人，1 859人[1]。通过比较可知，1893年，入境人数超过出境人数101人，但次年出境人数达到同年入境人数的两倍以上，到了1895年入境人数反超1 130人。从以上出入境人数比较变化大体可以了解到，仁川、汉城华侨在甲午战争爆发后大批回国，但到了第二年，中日之间签订《马关条约》，局势趋向稳定，原已回国的华侨又重返朝鲜。

《驻韩日本公使馆记录》记载了日本驻韩公使大鸟圭介等对汉城、仁川华侨动向的调查资料。1894年6月20日，仁川领事能势辰五郎致函汉城公使大鸟圭介说："清国商人看到日军进入仁川，非常震惊。……豪商同顺泰等将其家属乘坐镇东号临时避难到芝罘。"[2]

而大鸟圭介向日本外务大臣鲁奥发出的报告中写道："袁世凯以得到来自天津的紧急电报为由，19日凌晨4时离开汉城，同日下午乘坐扬威号回国。……汉城主要华商同顺泰、怡泰号、安昌号（皆为广东商人——引用者注）等得知袁世凯归国，立即收拾货物。"[3]袁世凯回国对当地华商，尤其是广东商人的打击非常之大。

1894年7月24日，仁川能势辰五郎继续向汉城大鸟圭介汇报仁川华侨情况："怡泰、同顺泰、义成（义生盛？——引用者注）、怡生、双盛、瑞盛等巨商，一直留守仁川，昨日起突有变动，各自闭馆整理货物，估计约乘坐后日左右来港之镇东号撤回芝罘和天津。"[4]接着广东商人德兴号等也回国。仁川日本领事在报告中提到的华商商号中，前三、四名皆为广东商人。甲午

---

[1] 小川雄三编：《仁川繁昌记》，龙溪书舍，2009年，第68—71页。
[2] 仁川二等领事能势辰五郎致京城特命全权公使大鸟圭介报告，京第37号，1894年6月20日，《全羅民擾報告宮闕内騷擾의件二（32）探報書》，大韩民国教育部国史编纂委员会编：《驻韩日本公使馆记录》，第1册，1986年。
[3] 日本驻韩公使大鸟圭介致日本外务大臣鲁奥之报告，机密第141号本82《清使归国에따른英总领事의公館및人民保护의件》，大韩民国教育部国史编纂委员会编：《驻韩日本公使馆记录》，第1册，1986年。
[4] 仁川二等领事能势辰五郎致京城特命全权公使大鸟圭介报告，临庶第51号，1894年7月24日，《清国人动静等仁川港情况报告》，大韩民国教育部国史编纂委员会编：《驻韩日本公使馆记录》，第3册，1988年。

战争爆发，是造成粤籍各大商号携眷回国及其在朝鲜市场转入收缩的关键因素。

1895年4月，清日签订《马关条约》。仁川、汉城地区恢复平稳，战争时期回国的华商陆续返回朝鲜重新开张营业①。但仁川广东商人怡生号、义生盛，在接下来的中国驻韩领事报告及日方史料中没有出现过。例如，1899年仁川华商统计资料中，对上述两家商号无任何记载。可推测这两家商号在甲午战争结束后，没有再返回仁川。即使重新开业，在仁川的广东商人也遇到了各方阻挠，以安昌号事件最能说明问题。该事件发生在1898年10月，其大致内容为，韩兵丁巡捕等驻扎于该商店之街口，不准商人进出，以致不能贸易②。

二、重建华商组织

甲午战争结束，华商在朝鲜的地位急剧下降。在唐绍仪的指导下，华商力争通过加强华商组织，凝心聚力来渡过难关。他们首先重建了以"帮"为核心的同乡组织。1897年，汉城广东商人成立了广东同乡会，在汉城太平通2丁目50番地设立广东会馆③。会长自成立以来一直由巨商谭杰生担任。

1900年1月15日，汉城总领事馆向清政府报告，欲调整领取籍牌的华侨缴费标准。以往领取籍牌的华侨均缴付半元，新的缴费制度将其"分列一二三等次，一等缴费一元，二等半元，三等二角五分"。1900年年底，汉城地区各帮根据新的缴费标准执行籍牌制度。据汉城总领事馆统计，这期间，汉城华侨各帮领取籍牌者共有923名。各帮领取籍牌的人数情况为：北帮华侨领取籍牌人数最多，701张，其中一等47张，二等106张，三等548张；南帮共领取88张，其中一等13张，二等43张，三等32张；广东帮领取73张，其中一等21张，二等20张，三等32张；京帮领取61张，其中一等11张，二等28张，三

---

① 河明生：《韓国華僑商業——1882年より1897年迄のソウルと仁川を中心として》，《研究論集》，第23号，神奈川大学大学院经济学研究科，1994年11月，第27页。
② 《外部에서华商安昌号등관련영국공사의조회에대해경부사에내린훈령》（1898年11月12日），大韩民国教育部国史编纂委员会：《警务厅来去文Ⅰ（1—3）》。
③ 《华侨团体地址调查表》，《驻韩使馆保存档案》，台北"中央研究院"近代史研究所藏，编号：03-47-179-04。

等22张①。虽广东帮在领取籍牌的人数比率上仅占8%，但领取一等籍牌者达21张（22.8%）。由此可知，1900年前后，汉城广东商人势力尚处于稳定的局面。

1899年汉城粤侨总数共计100名，其中从事工作者85名，家眷15名。在汉城，除黄燧生在德国公馆工作外，其余84名粤籍华侨全部经商。店铺共计16家，经营范围绝大多数是布匹、杂货、中药等。从商号名称推断，万安楼和汉海阁应为餐饮业，而邝氏家族经营的广永利应为土木工程。84名华商中，可查其籍贯者有60名。其中，香山22名，新宁12名，高要8名，三水7名，新会5名，番禺和南海各2名，开平和鹤山各1名。从各店铺职员籍贯情况来看，除怡泰号、东昌号、同安号由广东不同地区华商共同组成之外，大部分商号选择同乡作为主要成员构成，位列前三的同顺泰、德兴号、安昌号尤为明显（见表4-1）。如第三章所述，同顺泰是由上海广东商人梁纶卿家族企业帮助而成立的。德兴号由日本神户等地广东商人集资，派员到朝鲜开辟市场。他们从香港直接购入货物，转销朝鲜各地。自朝鲜开埠以来，这些华商一直活跃在朝鲜，到1900年，仍在汉城一带掌握着相对牢固的商业销售渠道。

表4-1　1899年汉城粤籍华侨统计表

商号	姓名	年龄	籍贯	姓名	年龄	籍贯	姓名	年龄	籍贯	姓名	年龄	籍贯
同顺泰	谭杰生	47	高要	何挺生	53	高要	谭秀枝	46	香山	谭挺昌	36	高要
	谭其玉	25	高要	谭其荣	23	高要	黄泰芬	23	高要	李静波	29	高要
	麦群拔	25	鹤山	古穗兴	26	香山						
德兴号	郑翼之	41	香山	郑久昌	28	香山	郑以成	27	香山	郑林品	17	香山
	郑国材	21	香山	郑观程	15	香山						
安昌号	袁敬之	50	香山	郑霭臣	36	香山	袁玉彬	60	香山	刘嗣伯	55	香山
	郑集群	36	香山	郑德和	25	香山	郑康慧	25	香山	陈华卓	18	香山
	钱阿秀	28		郑东群	36	香山						
广泰亨	郑杰南	56	香山	李学恒	33		李金洋	25		郑元奎	22	
怡泰号	黄肇扬	42	香山	周常贺	39	开平	陆伯球	20	番禺			

---

① 《具报发给牌籍人数及所收存牌费实数》，《驻韩使馆保存档案》，台北"中央研究院"近代史研究所藏，编号：01-41-71-01。

续表

商号	姓名	年龄	籍贯	姓名	年龄	籍贯	姓名	年龄	籍贯	姓名	年龄	籍贯
华□号	陆昭鳌	39	三水	陆植安	19	三水	钱怀积	29	三水	钱昌义	33	三水
	陈四九	16	三水	陈泽	15	三水						
丽兴号	林泽成	29	新宁	莫雨视	25		廖为杰	58		林群华	33	
	林积添	33		邝有饶	33		谭成就	32		谭灼霖	20	
隆昌号	林德栋	72	新宁	林炳元	41		林茂荣	7		林茂煦	15	
	陈元	16										
东昌号	邵兰圃	35	番禺	梁枨昭	23	香山	梁文照	19	香山			
同安号	唐肇隆	44	香山	潘宽桂	22	南海						
广永利	邝簪敬	41	新宁	邝修松	38	新宁	邝浓敬	40	新宁	邝敬尚	38	新宁
	邝长理	25	新宁	邝长隆	21	新宁	黄栋樑	23	新宁	黄公兴	19	新宁
	邝柏润	15	新宁	余名骥	21	新宁						
益利号	张钜	30	新会	马渭	32	新会	张仟	23	新会	张炎	17	新会
万安楼	陈汉	56		陈远	22		张泽	24	新会			
汉海阁	何锦垣	36	南海	利兆麟	60	高要	何澍培	4	南海	女2口		
	女佣	36		婢1口	12							
德公馆	黄燧生	53	新会	母亲	68		男童2			女婢2		
住眷	霍昌根	18		霍黄氏	50		霍氏女	11				
住眷	古斡庭	35	香山	家眷1	21		男孩2					
洪昇号	陈洪昇	35	三水	家眷1	20		陈其登	19		李文和	19	
	欧阳森	16										
福利号	陈思祥	35										

资料来源：《驻韩使馆保存档案》，台北"中央研究院"近代史研究所藏，编号：01-41-056-04。

注："□"为解读困难文字。

1901年，由侨商张时英（北帮代表）、黄月亭（南帮代表）、谭杰生（广东帮代表）三帮携手创设了中华商务总会，该会会董按各帮势力大小分配名额。起初，22席会董中，北帮占10名，广东帮8名，南帮4名[①]。从三帮人

---

① 华侨志编纂委员会编：《华侨志——韩国》，1958年，第117页。

数比例看,广东帮会董数直逼北帮,亦证明广东商人势力未大幅度减退。后来,中华商务总会改为中华总商会,由北帮、广东帮、南帮联合组成,初期有5名常务委员,北帮2名,广东帮2名,南帮1名①。商会每月第二个星期天定期例会,讨论一切事务,有必要时亦召集临时会议。

三、广东商人进出口贸易额下降

自朝鲜开埠以来,华商进口货物主要以布匹为大宗,杂货次之②。广东商人所经营的商品也以布匹、杂货为大宗。20世纪初,他们的贸易结构发生变化。根源在于,华商失去清政府庇护,而日本取而代之控制整个朝鲜市场。在华侨社会内部,以山东人为主的北帮势力愈来愈强大。广东商人在朝鲜各地营销点不断减少,无法在同一系列商品上与北帮竞争③。

朝鲜粤商的主要优势是有一个强大的国际商业网络,在商业信息方面较为灵通。该网络是他们通过上海、香港等地与欧美以及东南亚而建立起来的,由此,广东商人开始扩大欧美杂货的经营份额。1904年,仁川领事许引之编制《春夏两季商业清册》报告指出:"华商共有三帮,每帮各公举一人以为商董经理其事,山东各商曰北帮,人数最多,商业亦最巨,运销各货以绸缎布匹为大宗,广东各商曰广帮,人较北帮差少,开设洋货店号计共四家,其货物如铜铁磁布各种器用及烟酒罐头食物之类,皆由东西洋运来韩,因非中国土货且不经由中国海关,故不具载其余,江西浙江江苏等省之商号统曰南帮大致亦以绸缎布匹为业,间有一二运贩药材者,每年由中国运货来仁或寄居客栈或暂租房屋随运销,故开设店铺者甚少。"④ 1908年前后,南帮

---

① 李正熙:《韩国华侨社会组织研究》,庄国土、清水纯、潘宏立等编著:《近30年来东亚华人社团的新变化》,厦门大学出版社,2010年,第326页。
② 代理仁川正领事马永发:《朝鲜仁川商务情形》(1909年),《商务官报》,第4册,台北故宫博物院,1982年,第668页。
③ "1908年,元山今年秋冬两季进口货值,176 630元,去岁同季进口货值300 026元。绸缎比较增2 564元,洋棉布比较减68 161元,杂货比较减10 306元。出口货值比较去岁同季减1 811元。绉纱历年由广东商人同丰泰办来售诸日商,秋冬两季同丰泰停止来货,故无绉纱进口",元山广东商人同丰泰的经营基本处于停滞状态。1909年,驻元山副领事黎子祥:《朝鲜元山商务情形》,《商务官报》,第4册,台北故宫博物院,1982年,第482页。
④ 《各口商务情形——各口造送光绪三十年春夏商务清册》,《驻韩使馆保存档案》,台北"中央研究院"近代史研究所藏,编号:02-35-05-12。

开始在汉城开设西衣店，专做洋服①。自此，旅朝华商社会逐渐形成广东帮之洋货，北帮之布匹、杂货，南帮之布匹、西衣店三帮鼎立的格局。

汉城华商之物品绝大多数由仁川转运，仅1904年春、夏两季，仁川口岸进口以绸缎、布匹为主的货物300余万元。出口货物的主要情况是高丽纸张约48 000斤，24 000元；牛皮70多万斤，31 600元；狐皮及各种皮张，约14 000张，2万元；海参及各项海产品，约26 000斤，12 000元；红参约25 000斤；红参尾鬃约15 000斤。

1904年，汉城共有华侨289户，男1 145名，女82名。其中，北帮商号102家，不设肆者80家；京帮商号18家，不设肆者6家；广东帮商号15家，不设肆者6家；南帮商号7家，不设肆者25家；龙山外岛等处游历通商者30家②。广东商人商号数未见增减，基本维持在15家左右。

1904年，日俄战争爆发。1905年，日俄之间签订停战协议，俄国承认日本在朝鲜的主导地位。日本加大对朝鲜经济的控制力度，首先控制朝鲜的农业用地、矿产、水产等资源；其次通过在朝鲜设立拓殖银行保证资金上的支援。受日本政府的庇护，日本财阀三井、住友等陆续向朝鲜市场进军，在各地开设矿场，并将矿石、大米等资源不断运回日本。同时，日本将绢布、棉布等出口到朝鲜，对华商布匹生意造成重大影响。

1906年，清政府驻韩领事在《韩国仁川于秋冬两季商务情形清册》中报告："时局日新，此后商业竞争逆料必日益激烈。何者应事扩充，何者应加改良，何者可以维持，何者可能抵制，此尤所当注意者也。盖自日韩协约成后，日人到仁营商者辄增万数，既立商会研究商业利弊，复立学堂培植商界人才，渔业森林之公司已开办经年矣。"③

1899年，32公里长的仁川至鹭梁津段铁路开通。次年，汉城至仁川的京仁铁路开通。日俄战争时期，日本以军用铁路名义，在已动工的京釜铁路基

---

① 驻仁川领事唐恩桐：《朝鲜仁川商务情形》（1908年），《商务官报》，第3册，台北故宫博物院，1982年，第28页。
② 《各口商务情形——各口造送光绪三十年春夏商务清册》，《驻韩使馆保存档案》，台北"中央研究院"近代史研究所藏，编号：02-35-05-12。
③ 《各口商务情形——各口商务情形（一）》，《驻韩使馆保存档案》，台北"中央研究院"近代史研究所藏，编号：02-35-56-01。

础上，增建京义铁路和京元铁路。1905年，京釜线开通。1906年，京义线建成，贯穿朝鲜半岛南北。这些铁路的开通，为日本物产从釜山到朝鲜各地建立起了方便快捷的运输网络。而仁川作为进出口大港的地位随之迅速下降。例如，1908年，仁川进口货价与1907年同期的117万2 562元相比，减少了67万1 722元。出口额更是从1907年的34万元减至16万元[①]。

朝鲜红参一直是华商出口货物之首，以往每年转销中国估值约为130万元，换成朝鲜岁入为700余万元中一宗巨款[②]。1908年7月，朝鲜度支部公布《红参专卖法》，实行指明招标制。日商三井洋行向朝鲜政府承揽专卖，华商无从窥伺[③]。三井洋行全数包揽运往中国各处分销，独擅其利[④]。该《红参专卖法》的施行，导致华商贸易额急剧下降和进出口额严重失衡。

综上所述，广东商人主要贸易产品——丝织品进口及红参出口，规模大幅萎缩。但广东商人积极开拓新兴市场，开创彩票行业，推广欧美新产品，有力保证了他们在朝鲜市场的利润份额。

第二节　汉城广东商人商业模式的转型

一、彩票行业

19世纪五六十年代，西班牙在殖民地菲律宾开始发行彩票，称吕宋票，又称白鹤票。其销售市场主要面向中国，19世纪末期，吕宋票一直占据中国彩票业之首，销量达130余万元。其中，在上海代销金额达50万元。1898年，美国战胜西班牙控制了菲律宾，吕宋票随之消失在中国市场。而在中国国内，虽

---

① 驻仁川领事唐恩桐：《朝鲜仁川商务情形》（1909年），《商务官报》，第4册，台北故宫博物院，1982年，第460页。
② 《各口商务情形——各口造送光绪三十年春夏商务清册》，《驻韩使馆保存档案》，台北"中央研究院"近代史研究所藏，编号：02-35-05-12。
③ 代理仁川正领事马永发：《朝鲜仁川商务情形》（1909年），《商务官报》，第4册，台北故宫博物院，1982年，第668页。
④ 日本殖民地时期，朝鲜总督府专卖局开城办事处专管朝鲜人参，每年产出总额在3万—4万斤，其销售渠道由三井物产垄断。三井物产首先将人参运往仁川的专门仓库内保管，再根据市场需求，通过各地三井物产支店或办事处批发给日本国内药店，参见朝鲜总督府编：《在朝鲜的中国人》，1924年，第87—89页。

发行过以"义赈"为名目的彩票,清朝还是一贯主张禁止具有赌博性质的彩票业务。彩票业务真正大范围的兴起,始于1899年的"江南义赈彩票"。

1898年夏季,徐淮一带遭遇巨大洪水灾害。为筹集捐款,两江总督刘坤一呈请清廷允许当地商人设筹赈彩票,得到清政府允许。1899年,广东商人合股成立了彩票公司——广济公司。1899年4月23日,第一次开彩顺利结束。第一次彩票发行量为1万张,1张售价5元,当年销售额达到60万元。1901年8月前后,彩票销售量猛增至3万张,年营业额也增加到180万元①。之后,很多国内外资本先后加入中国彩票行业。例如,1901年6月,普济公司在上海发行顺直义赈彩票12 000张②。接着,"湖北签捐彩票"、广东省"筹防彩票"、安徽省"铁路彩票"纷纷发行,四川省设立四川彩票公司。以上均为官办彩票,售价均为5元1张。③

据朝鲜《皇城新闻》④广告栏显示,1899年11月16日,该报首次刊登了汉城广东商人安昌号的彩票广告⑤:"敝号现售由上海新到之江南广济发财彩票。全张十则售银货六元,每则散卖银货六十五钱。此买票阴历十月二十四日于上海开彩,诸君子到敝号来购买后,中彩者持原票来领取彩银。得彩银分等,一等一张银二万元,二等一张银七千元,三等一张银四千元,四等一张银一千元,五等十张每银二百元,六等二十张每银一百元,七等百二十五张每银五十元,八等五百七十二张每银二十五元,傍一等上下各银五百元,傍二等上下各银三百元,傍三等上下各银二百元。汉城大贞洞安昌号谨白"。

---

① 闵杰:《白鸽飞来——彩票百年史之一》,《百年潮》,中国中共党史学会,2000年第3期,第73—74页。
② 闵杰:《论清末彩票》,《近代史研究》,中国社会科学院近代研究所,2000年第4期,第24页。
③ 刘力:《道德价值转型中的清末彩票》,《福建论坛(人文社会科学版)》,福建社会科学院,2007年第1期,第76页。
④ 1898年9月5日,《皇城新闻》在汉城光华门发行,社长南宫檍、总务员罗寿渊。19世纪末期,在朝鲜发行的《独立新闻》等使用纯汉字制作,《皇城新闻》首次使用汉韩混合用字,受到汉城当地读者的青睐,参见《皇城新闻》(1903年2月5日)"社告"。
⑤ 《皇城新闻》发行量为3000余张。《皇城新闻》的定价和广告费方面,《皇城新闻》(1902年6月28日)"本社告白"写道:"本新闻纸价每一张叶六分,一朔叶一两五钱,六朔先给叶八两,一年先给叶十五两이오,外方에서购览시이,以上定价外에邮税를每朔叶二钱七分만添入홈,广告费本新闻行发四号活字로每行에叶三钱을取,行의多少와期의长短에加减이有니,射柱面议시。"

接着，同顺泰（1900年4月13日）、德兴号（1902年5月9日）、广泰亨（1902年6月12日）、义生盛（1903年）也先后在《皇城新闻》刊登彩票广告，上述皆为广东商人。

安昌号率先在汉城开拓彩票市场，它将目标消费群锁定在侨居汉城的华侨及通晓汉字的朝鲜人和日本人，广告词采用全中文撰写。"巨商"同顺泰紧随其后，于1900年4月加入彩票市场。1900年4月12日《皇城新闻》首次刊载同顺泰的广告，内容为"本行于阴历三月廿三日开奖的江南彩票已到，欢迎各位贵客从速来购，祝君夺魁。铜岘同顺泰告示"①。意外的是，这是一则夹杂韩文发布的广告。无独有偶，"杏花春"亦在同一天（1900年4月12日）的《皇城新闻》中，一字不漏地复制前者："本行于阴历三月廿三日开奖的江南彩票已到，欢迎各位贵客从速来购，祝君夺魁，大贞洞大安门前杏花春告白"。事实上，他们采用了联合营销方式②。同年6月26日开始，两家商号开始联名发布广告。文中，以同顺泰在前、杏花春在后的排序署名刊登，由此推测杏花春应为同顺泰的营销点。

左列两店六月份江南彩票已到，欢迎各位贵客从速来购，祝君夺魁③

铜岘同顺泰 贞洞大安门前杏花春告白

杏花春主营食品类④，同时亦自制、销售各式糕饼。从1905年后的广告中得知，它家售有烟草、鞋类等"洋广杂货"，酒类主要有"青梅酒、山桔酒、茅根酒、白糯米酒、黑糯米酒、双蒸酒"，并出售"广东各种上等美酒"。广东产的酒类丰富，故其极有可能为粤系的商号⑤。

广东商人在1899年至1901年间推出的票种，不管哪家商号均主打"江南

---

① 原文：本号에 阴三月三日 开彩할 江南彩票가 新到왓시니, 魁彩夺코져시 贵客은 请早来购시, 铜岘同顺泰告白。
② 同顺泰和杏花春的相互关系，有待进一步的考证。
③ 原文：左列两店에 六月份 江南彩票가 已到왓스니, 贵客이 魁彩를 夺코져시거던, 请早來購시。
④ 《皇城新闻》，1900年4月12日。
⑤ 《皇城新闻》，1901年2月11日。

彩票"，1902年之后，同顺泰推出"大德胶州彩票"，1902年5月推出"北洋大票"，1902年10月推出"湖北彩票"。直至1909年2月禁售之前，曾相继推出"大连彩票""安徽彩票""湖北彩票""江南彩票""安东彩票"等。

表4-2是《皇城新闻》中朝鲜华商（主要为广东商人）广告刊登时间及频率。先按年份来看，刊登彩票广告的商铺有：1899年1家、1900—1901年各3家、1902年5家、1903年6家、1906年1家、1907年3家、1908年1家、1909年2家。高峰出现在1903年3月份。再看刊登频率，截至1903年3月，所有店铺均呈增长趋势，尤其是1899年自广东商人打开朝鲜彩票市场，一直到1903年间均呈现急速扩张之态势。最后，统计刊登次数，同顺泰5年565次、安昌号5年365次、德兴号4年282次、广泰亨3年163次、义生盛1年23次。"冠军"同顺泰与杏花春携手，以联合营销模式成功抢占市场，具有压倒性的优势。

表4-2 《皇城新闻》登载广东商人各家彩票广告次数统计表

店名/广告数	1899年	1900年	1901年	1902年	1903年	1906年	1907年	1908年	1909年	彩票广告合计(%)
安昌号 414次	11—12月 14次	1—7月 53次	3—12月 101次	1—12月 160次	1—3月 37次	—				365次(88.2)
同顺泰 745次	—	4—12月 84次	1—12月 134次	1—12月 275次	1—3月 51次		9—10月 21次*			565次(75.8)
德兴号 282次	—	—	—	5—12月 112次	1—3月 41次		10—12月 54次*	2—7月 75次*		282次(100)
广泰亨 178次	—	—	—	6—12月 94次	1—3月 59次	—	—	2月 10次		163次(91.6)
义生盛 44次	—	—	—	—	3月 23次	—				23次(52.3)
杏花春 526次	—	4—12月 84次	1—12月 103次	1—12月 203次	1—3月 34次		5—6月 27次*			451次(85.7)

续表

店名/广告数	1899年	1900年	1901年	1902年	1903年	1906年	1907年	1908年	1909年	彩票广告合计(%)
鸿源号 54次	—	—	—	—	—	—	6—7月 27次*	—	—	27次（50）
仁德泰 15次	—	—	—	—	—	11月 15次*	—	—	—	15次（100）

资料来源：《皇城新闻》，1899年11月—1909年7月，各号；《大韩每日申报》，1907年5月—6月，各号。

注1：1900年6月26日至1902年12月27日期间，同顺泰及杏花春共计联名发布广告361次。

注2：广告次数带"*"表示刊登的广告中含有彩票及其他内容。

注3：鸿源号的广告次数为54次，其中1907年11月至12月期间于《大韩每日申报》刊登27次。

注4："广告总次数"是从"韩国历史情报综合系统 http://www.koreanhistory.or.kr/"中搜索并整理。因此，少数内容的搜索结果可能与原资料存在不一致。

在朝鲜，堪称"商业巨鳄"的同顺泰算得上华侨商人中的佼佼者，受丰厚利润的驱使加入彩票市场，它联合杏花春，进一步拓展朝鲜人的彩票市场。1900年6月起两家联名投放广告，有效降低成本的同时销售量扶摇直上。此后不久，同顺泰在1901年11月所售彩票中还真有人中了一等奖①。

同顺泰广告

启者木号于二十三晚接来屯传售出九月份江南票第二万二千三百八十一号中一等彩得银四万元故特登报使各周闻可知本号历来售出之票居多中式今竟然得中大彩惟愿买票者其图致富尚望于将来与本号有生光之致十月份彩票约日间可到如欲争夺彩魁者请早来购为望

然而，自1903年3月之后，所有广东商人在《皇城新闻》中的彩票广告却在同一时间销声匿迹。笔者认为其主要原因为社会上的反对舆论。自开埠以来，朝鲜华侨商人给朝鲜人留下了不良印象。当时的华商凭借清政府这一后

---

① 《皇城新闻》，1901年11月6日。

盾，急速扩展朝鲜市场，其间难免与朝鲜人发生摩擦，而通过拥有领事裁判权的清政府从中斡旋，多次使华商获得有利判决。

起初，朝鲜人在本国内开展博彩业务，被看作赌博行为予以禁止。例如，1900年3月，一家名为"明信会"的彩票销售公司在仁川开办，朝鲜政府不仅逮捕公司创办人，并责令其解散。此时，反观华商的彩票却卖得日益红火，激发了朝鲜人的不满情绪。1903年3月，坊间流传同顺泰发行伪造钱票并在市场流通一事，虽然同顺泰应对及时，但已令当地的朝鲜人对其发行钱票之举甚为反感。此次事件，使得以同顺泰为中心的一众广东商人偃旗息鼓，不再公开投放广告。虽然广告被禁，但从表4-2的数据可以看出，1906年后广东商人的彩票业务并没有间断。

值得关注的是，1906至1907年间，鸿源号、仁德泰刊登过彩票广告。从两家刊登广告的年份及次数来看，仁德泰在1906年11月共15次，鸿源号1907年6月至7月共27次，时限仅为一个月。而内容上并非以销售彩票为主旨。以下是全文。

仁德泰广告

启者小店输来各种货品颇多价廉物美诸君爱购请移玉到来观览今将各货品胪列于后清国果子糖果各种色酒各种毯褥<u>南洋湖北彩票</u>（下划线由引用者添加）西洋杂品果子各种色酒松票石油吕宋叶烟各国纸卷烟日韩货交换其他各种甚多不能尽录小广桥仁德泰告白[①]

鸿源号广告

本号扩张新到广洋杂货罐头香茶烟草美酒果子饼食货美价廉亦有<u>湖北江南彩票</u>（下划线由引用者添加）发售特此布闻贵客请来购览是厚望汉城大贞洞鸿源号告白[②]

先看仁德泰的部分，"南洋湖北彩票"六个字夹在清国杂货和西洋杂货

---

① 《皇城新闻》，1906年11月8日。
② 《皇城新闻》，1907年6月5日。

之间。再看所列出的杂货广告商品名称,皆属于销售已久的普通商品。商家似乎没有考虑广告效果。翌年的鸿源号,更是将"湖北江南彩票"裹挟在主营商品洋广杂货后予以介绍。

这二家均经营销售广东商人主营的"洋广杂货"。笔者认为他们极有可能是收到同顺泰等广东帮彩票销售商的委托,在试探当地社会对彩票广告的反应。在鸿源号刊登广告后的两个月(1907年5月到1907年9月)之间,同顺泰、德兴号、广泰亨、杏花春便相继再次发布彩票广告。这从侧面反映了1903年3月至1906年11月间不见广东商人彩票广告的主要原因来自当地社会舆论的压力。

学者姜抮亚的研究表明,从1907年1月至12月的各种商品发货单中发现,与彩票相关的共有26件[①],皆是上海同泰号发货至同顺泰的彩票发货单。1907年,同顺泰的彩票进口额为29 414两,占总额约30%,仅次于纺织类的42%。

如表4-3所示,到了1907年同顺泰在朝鲜销售的彩票主要有湖北彩票和江南彩票,其中湖北彩票销售额占总额的71.2%。1900年至1903年期间,曾在朝鲜销量最多的江南彩票仅占23.5%。

表4-3　1907年同顺泰经营之彩票种类及数量金额

种类	数量(张)	平均单价(元/张)	金额(元)	金额(两)
湖北票	1330	6.1	8049.6	5968.95
江南票	485	5.5	2673.6	1973.40
南洋票	40	5.6	224	164.20
川汉票	40	8.8	352	256.96
安徽小票	30	0.9	27	20.17
支出(邮费、手续费)				106.75
合计	25卷			8490.43

资料来源:《同顺泰宝号记》,首尔大学古文献资料室,转引自姜抮亚:《동순태호——동아시아 화교 자본과 근대 조선》,庆北大学校出版社,2011年,第245页。

[①] 姜抮亚:《동순태호——동아시아 화교 자본과 근대 조선》,庆北大学校出版社,2011年,第243页。

注1："元"是上海98规银两。

注2：小数点后两位为四舍五入。

关于彩票的收益情况，姜抟亚如此分析：首先，湖北彩票和江南彩票的官方价格均为1张6元，川汉彩票单价为1张10元。但是，上海同泰号卖给同顺泰的同种彩票单价在不同时期有不同的价格。以最受欢迎的湖北彩票为例，最高采购价为6.325元、最低为5.85元，江南彩票则最高5.575元、最低5.48元。江南彩票在1899年发行之初，广济公司曾以官方价的9.5折批发给经销商。而同泰号作为中间商，则通过转卖给同顺泰再赚取彩票价1%的转手费。但是，回头看同顺泰的采购价会发现，湖北彩票以高于官方价、江南彩票则低于官方价被买入。也就是说，市场价与官方价之间的差别，由市场需求度来决定。由此可见，湖北彩票的单价一直以10%的幅度在上下浮动①。1902年，江南彩票在中国国内的售价为1张5元，在朝鲜的售价为1张6元；大德胶州彩票在中国的售价为1张3元，到了朝鲜变为1张3.5元。而中国国内的彩票公司一般以9.5折批发至商号。整体而言，在彩票市场同顺泰等赚取10%以上的利润。可见，贩卖彩票收入可观，对于当时身处逆境的旅朝广东商人而言，无疑是一个赖以生存的保障。

二、广东商人的多元化经营

善于利用报纸广告进行促销的广东商人，继续以同样的手法推售新产品。

表4-4所整理的是1901年至1909年间，在《皇城新闻》广告栏除彩票以外，汉城的广东商人投放报纸广告的商品种类及次数。广告栏前后出现同顺泰、德兴号、安昌号、广泰亨、义生盛、怡泰栈六家广东商号，均为当时汉城华商圈内极具代表性的商号。其中，前五者皆销售洋广杂货类，怡泰栈专售西洋医药保健品。接下来，进一步分析各商铺的在售商品状况。

---

① 姜抟亚：《동순태호——동아시아 화교 자본과 근대 조선》，庆北大学校出版社，2011年，第251—251页。

表4-4 广东商号之报纸广告明细

年份	1901	1902	1903	1904	1905	1906	1907	1908	1909
商号/种类/次数	安昌号自行车28次	同顺泰自行车77次	怡泰号西药28次	同顺泰房屋出租23次	怡泰栈（注1）西药558次				安昌号面包销售5次
商号/种类/次数	—	—	义生盛洋杂货21次	—	—	—	同顺泰洋杂货21次	德兴号洋杂货129次（注2）	
商号/种类/次数	—	—	同顺泰啤酒15次	—	—	—	—	广泰亨洋杂货15次	—

资料来源：《皇城新闻》，1899年11月—1909年7月，各号。

注1：怡泰号和怡泰栈应指同一家商铺。

注2：1908年至1909年期间，德兴号在《皇城新闻》的129次广告是将洋杂货和彩票广告一起刊登的。

同顺泰，1907年9月18日至1907年10月12日期间，发布在《皇城新闻》中的广告内容是："本号今有新到精美各款绫罗绸缎及洋广杂货匹头洋大镜各种吕宋烟各种纸卷烟各种加料泡制药丸等物货真价实童叟无欺格外克己以招广来诸君赐顾请早来购为荷"，主要的经营种类为纺织品、洋广杂货及药品。

"洋广杂货"的具体商品根据其他广东商人的广告可知，义生盛（汉城小龙洞）在1903年期间，零售兼批发的主要有各种绣屏风、椅子、漆茶床、西洋点心、洋酒、各类食品、洋烟草、洋面粉、俄国法国花布花毯、洋钉琉璃、各色漆油①。义生盛的总店设在长崎，义生盛代表周鹤林是出生在日本的粤侨，以日语为母语，且英语相当了得。周鹤林起初将店铺设在朝鲜仁川，不久后进军汉城，销量大增，连釜山②和木浦也办起了分店。传闻他在仁川一

---

① 《皇城新闻》，1903年5月18日—6月10日。

② 1912年发行的《釜山要览》记载，中国人居留地内共有店铺30户，以金巾、木棉、麻布、绸缎等布匹业者及洋杂货为宗。出口海产、高丽纸。这一时期具有代表性的商铺有山东商号盛泰义、公来号、永发东、恒顺和、瑞泰号，广东商号义生泰、德聚和、瑞泰号、怡泰昌。义生盛在仁川也有店铺经营，参见釜山商业会议所编《釜山要览》，釜山商业会议所，1912年，转引自한동수、박철만：《부산 청국租界地의 필지구조와 특성에 관한 연구》，《中国学报》，第64辑，韩国中国学会，2011年，第271页。

带还拥有私人农场,是个权倾一时的人物①。

德兴号(汉城南大门通小广桥角)于1908年开始在《皇城新闻》同一栏内刊登彩票和杂货类广告,杂货类列有"西洋杂货烟草椅子各式地毯匹头点心批发零售"②。同期,广泰亨以不变的行文:"今回新到欧美杂货上品吕宋烟纸卷烟各式烟嘴洋酒果子餐用器具藤椅子洋毡子大镜其他各种价廉放卖",出售的多为从西洋进口的类似商品。

相对别家的恪守原道,同顺泰利用自身的经济实力不断开拓新领域。如1902年3月13日至1902年6月13日期间《皇城新闻》共77次刊登其自行车销售广告③,1903年5月2日至19日共15次刊文推售日本麒麟啤酒:"今回输来麒麟麦酒其味美价廉诸君爱购者请至本号面议是望"。另一方面,1904年(3月11日至4月2日共23次)刊载有关房屋租赁的广告:"启者兹有中署庆幸坊汉原宫内第六统六户五房一座契瓦家四十八间诸君欲租或购者请到本号面议"。足见其对进军租赁行业信心满满。

进入20世纪,同顺泰与朝鲜政府依然保持紧密联系。例如,《大韩每日申报》(1906年2月13日)记载"因本次宫内府财政整理之故,为巩固会计基础之用……成立用达公司……自本日起开展所需业务"。用达公司于1906年2月10日获宫内府批准成立,对宫内府提供一切所需物品。报纸还记载了该公司的三位主要负责人,依次为社长赵东元、经营部部长佐藤牧太郎,排在第三的财政部长则由谭杰生(同顺泰)担任④。

用达公司最初在汉城石井洞开展业务,经营状况颇为理想。据了解,因其店铺面积狭窄,开业四个月后即迁往大汉门附近的商铺。同时,公司亦更名为"宫内府用达东洋株式会社",注册资金为10万元,不仅将经营种类扩大至"大韩国宫内府用达、销售及委托销售诸物品,并有承包业务及矿业",客源也寻求多元化,"上至官府下至普通华客,皆可按需承办,殷盼

---

① 郑惠仲:《开港期仁川华商네트워크와华侨정착의 특징》,《中国近现代史研究》,第36辑,中国近现代史学会,2007年,第18—19页。
② 《皇城新闻》,1908年10月1日—1909年7月8日。
③ 原文:启者敝店今新到脚踏自行快车发售价廉物巧诸君欲购请移驾至小店面议是盼此布铜岘同顺泰谨告。
④ 《大韩每日申报》,1906年2月13日。

莅临洽谈"①。

此外，不论在彩票还是自行车销售方面，均比业界"老大"的同顺泰更具市场触觉的商号，当属安昌号，其率先开启了报纸广告的营销模式。安昌号不但销售商品，而且售后一条龙服务，力求给客户提供更优质的服务。该商号于1901年10月2日至11月4日期间登载的自行车广告："启者敝店今新到脚踏自行快车发售价廉物巧另有装配车用各器具出卖并雇用精工修造匠人以便代客修理坏车取价亦廉以广招来诸君欲购快车及欲修理坏车请移驾至小店面议是盼此布"，刊文写明除出售自行车外，兼售一系列组装、维修工具，甚至还设立了维修部门。另外，安昌号还与天顺福及日本人相川彦市、大野繁太郎、贞岛寒冰堂合作经营西式面包坊。1909年5月29日至6月3日期间，《皇城新闻》广告栏登载一则紧急通告："本次受面包原料国美国之面粉价格大幅上涨之影响，自6月1日起，面包价格由八钱一斤升至九钱一斤。原料一旦下降我店亦即恢复原价，承蒙各位顾客厚爱，欢迎惠顾。"安昌号及其合伙人，对于原料暂时性涨价导致的面包价格上涨，通过报纸新闻广而告之，其手法公开透明，从而赢得了消费者的信赖，称得上是一种有效的行销方式。

而汉城唯一一家没有加入"彩票之争"的粤籍巨商便是怡泰栈。怡泰栈（代表梁绮堂）于1884年前后在仁川开业，1885年将店内一部分改造成旅馆，将店名改为怡泰栈（英文名：Steward Hotel）。从此，怡泰栈的经营范围分为销售西洋商品和旅馆业，在经营旅馆方面甚受途经仁川外国人的欢迎。随着商业中心的转移，怡泰栈在汉城开设分店，称怡泰号，后来1903年11月起正式启用"怡泰栈"之名②。以下是1903年8月至9月期间，怡泰号在《皇城新闻》的广告内容：

代售上海屈臣氏大药房上品药料
金鸡纳丸卫齿牙膏金鸡纳粉卫齿牙粉咳嗽药饼兰花揸身粉咳嗽药水剃须梘补血药水红白玫瑰揸面蜜油白浊药水刀伤药爷肚通药水白浊药丸

---

① 《大韩每日申报》，1906年6月27日。
② 据报纸记载，怡泰号与怡泰栈虽以不同的名字进行商业活动，但店名、所售商品十分相似，店址也同为汉城的贞洞，由此推断两者应为同一家店铺。

铁打药水大疮膏药去油药水肥儿牛乳粉洗头药水消花盐生发药水泻盐生发油泻油擦牙药水藤交椅擦牙香枧最宜夏天用毒臭虫粉阿摩尔亚洗身水臭粉药枧臭水

贞洞怡泰号

广告所述商品按种类区分，有药品、化妆品、日用品、保健食品、婴幼儿奶粉等。货品之齐全可媲美时下的药妆店。然而在当时看来，有实力大量进口西洋货品并进行销售的，除了要有雄厚的资金支撑以外，还必须具有成熟的海外采购供应渠道。广告表明，怡泰栈是上海屈臣氏大药房的代理商，多数商品应通过上海进口。同时，怡泰栈也直接与海外进行商品交易。1922年因与美国一家公司产生合约纠纷，怡泰栈曾向汉城中国使馆提出援助申请。申请书上写着"敝店与美国纽约 Muller Maclean公司交易约有二十载"，因此可断定，自1900年后的20年间，怡泰栈一直与海外保持着贸易往来[1]。

1905年4月起，怡泰栈的报纸广告即进入"全盛期"，广告次数以年份划分为1905年4月至11月共163次，1906年3月至12月共157次，1907年1月至1908年7月共238次。

1905年4月14日《皇城新闻》广告中出现怡泰栈发出"泰西各种药品发售"[2]的字眼，表明其主打销售西洋药品。按广告中的商品排序，主打商品的英国金鸡纳丸（1903年8月—1908年7月）价格为"新货一元一瓶"[3]。1906年增加了美国佛罗斯的贡邦补益药水、蛔虫丸散甘永丸，1907年2月和6月引进

---

[1] 原文如下："民国八年九月二十五日该公司派敝店为在朝鲜售卖橡皮糖Chewing Gum之副代理店，惟敝店并未与之订立正式合同旋于八年十二月起即由敝店陆续向该公司订购橡皮糖初时该糖在朝鲜之销路甚旺嗣因市场情形忽生变动即于九年八月三日电致该公司取消从前所订之橡皮糖，该公司是年八月六日来信略言曾接到敝店之电。""该公司忽于九年十一月十六日又寄出一批橡皮糖其号数为三三六五二号合计橡皮糖及其他杂物之货价共为美金一千三百四十元六角六分"，"敝店在该公司尚有存款美金一千元"，"敝店收受屡经磋商该公司坚执不允毫不退让迫得函请驻朝鲜京城美国总领事设法调停"，"万一前项机关仲裁不得其平则敝店拟另行办理或向法庭控诉惟解释案中情节及聘请律师等事须有人在纽约代行办理一切费用全由敝店负担敝店现无相当亲友在纽约可办此事颇属为难"。（《怡泰栈与美国公司合同纠纷案》，《驻韩使馆保存档案》，台北"中央研究院"近代史研究所藏，编号：03-47-108-03）。

[2] 《皇城新闻》，1905年4月14日。

[3] 《皇城新闻》，1906年3月21日。

新品种正鸭绒枕棉被、鹿皮和滋补品敏鱼肝油。医药类及保健食品类的商品越来越多。不仅如此,怡泰栈还热衷引进各式西洋新潮玩意儿,1907年更是卖起了外国铁床。

综合怡泰栈的所售商品,大体具有两大特征。一为广大消费者常用的西洋商品。如以驱杀体内寄生虫为主要功效的金鸡纳丸、蛔虫散等,都是考虑到当时恶劣的卫生环境,人们所需的常用药品。二是均为保质期长的商品。销售方面,怡泰栈在汉城市内有美洞永泰昌(1905年)①、松都代卖所、钵谷万物廛李硕士贞锡(1906年)②等代售处。

三、广东商人的商业活动受阻

1907年,买卖彩票为"亡国""亡民"之论调开始在中国国内蔓延。广东省及江苏省于1909年禁售彩票,直至1910年全国禁止。同一时间,朝鲜境内采取强行取缔之措施,使得汉城广东商人在1909年上半年的彩票销售额锐减至1/3。1909年6月25日,受此影响的同顺泰、怡泰号、安昌号、广升号、德兴号等于骆洞华商总会共商对策。以下史料为会议内容③:

> 警秘第一八九〇号之一《(26)清国商人之言行》(1909年6月29日)
>
> 发信者:警视总监 若琳赍藏;收信者:外务部长 锅岛桂次郎 殿
>
> 本月二十五日,侨居汉城之清国商号怡泰号、安昌号、广升号、同顺泰、德兴号等三十余名代表人士,聚集于南部骆洞华商总会召开协商会议,会议记录如下:
>
> 清国人发言
>
> 自设立统监府以来,日本耍弄各种所谓"政策"之手段为自国谋取利益,不仅严重阻碍清韩两国关系,及两国间的贸易往来,并破坏与韩

---

① 《皇城新闻》,1905年4月14日—1905年11月14日。
② 《皇城新闻》,1906年3月21日—1906年7月4日。
③ 《警秘第一八九〇号之一(26)清国商人之言行》,1909年6月29日,韩国国史编纂委员会:《统監府文書》,2000年。

国人们的友好情谊。今后，在清国人无法保护自身权益的情况下，接下来的七八月只能选择全面撤出该地。

与会人员听闻后，无不起恻隐之心，关于引起此次恐慌的原因，略举两三例作说明。

作为唯一财源的彩票，清国国民（朝鲜华商——引用者注）多从中获利丰厚。其中，在韩国发售的彩票十有八九为日本人购买。早前理事府颁布彩票贩卖者取缔法，韩国政府亦效仿实施，致使购票人数骤减至三分之一。如此以往，必逐减至无。

日本入侵朝鲜后，中国产的纺织品、杂货用品的市场逐渐萎缩，广东商人的地位随之被人数激增的山东人所取代，处境更为严峻。他们通过不断开发新产品以确保利润，当中自然少不了彩票市场。然而，直至1909年广东商人所售彩票被明文禁止后，才真正引起广东商人的恐慌。

另一方面，由于日本掌控的韩国政府从中阻挠，自1908年起，同顺泰等众商号引以为傲的朝鲜人参的"流通主导权"（专营权）被指定给了三井物产①。这无疑是对被禁售彩票的广东商人们的又一沉重打击。

第三节　朝鲜广东商人之没落

一、朝鲜总督府的朝鲜华侨政策

在朝鲜沦为日本殖民地的1910年到"二战"期间，日本重新推行对朝鲜华侨政策，朝鲜总督府（1910年9月30日之前为韩国统监府）颁布统府令第52号《外国人劳动从事者取缔法》（1910年8月29日），开始对居住在朝鲜的华侨实施管理。接着，1914年4月废除清国租界，又于1920年及1924年前后两次提高关税。此后，1927年12月及1931年7月在朝鲜境内分别发生两起排华事

---

① 据1908年8月27日《皇城新闻》关于人参项目中标情况的报道："本月二十五日에度支部司税局에서開城第一銀行支店倉庫內所在人蔘一萬一千八百四十五斤의賣下入札을行호其入札을指名者三井物產會社、同順泰、世昌洋行、裕豐德四名이니、價格은五十六萬一千元으로同順泰에落札되얏다더라"，同顺泰势力庞大，力压三井物产夺得朝鲜人参的流通权。

件。尤其是1931年7月的暴动令朝鲜华侨损失惨重，同年9月爆发了九一八事变，最终迫使大量华侨踏上归国之途。朝鲜总督府为进一步打压华侨，1934年9月，对进入朝鲜境内的中国人实施每人携带100日元生活费的制度。1937年7月，抗日战争全面爆发，被视为敌国国民的朝鲜华侨屡遭迫害，多数华商携眷回国。

下文根据中国台湾"中央研究院"近代史研究所藏《驻韩使馆保存档案》以及日本信用调查机构保留的调查报告书，论述汉城广东商人的华商组织及商业活动变化。

表4-5　1910年代汉城各帮派的人数变化

单位：人

年	广东					北帮					南帮				
	学	商	工	他	计	学	商	工	他	计	学	商	工	他	计
1913	6	121	47	9	183	14	1116	505	151	1786	9	171	13	0	193
1917	12	84	12	0	108	67	874	221	236	1398	28	108	35	15	186

资料来源：《驻韩使馆保存档案》，台北"中央研究院"近代史研究所藏，编号：1913年，03-47-05-04；1917年，03-47-46-07。

20世纪10年代的汉城粤侨总数，从1913年的183人骤减至1917年的108人，仅商人数便减少了3成。纵观整体，当时不仅广东商人的人数有所减少，以山东人为代表的北帮，苏州、浙江出身的南帮也同样在萎缩，其中粤籍华侨在汉城华侨的比例从1913年的8.5%，缩减到1917年的6.4%。以上数字印证朝鲜华侨社会中的广东势力明显开始减弱。

二、日本信用调查机构的数据比较

《商工资产信用录》（下文简称《信用录》），由日本大阪银行家创办的"商业兴信所"编撰而成，是研究朝鲜广东商人经济实力变迁的重要史料。19世纪80年代中期，大阪金融界开始推行商业汇票，普及工作之一便是调查各商家的经营状况及资产信用度，因此，"商业兴信所"于1892年4月1日在大阪西区开设办事处，着手开展调查业务[①]。

---

① 安部直躬：《三十年之回顾》，商业兴信所，1922年，第6—7页。

商业兴信所是受加盟商工业者的委托，对各地的法人、个人信用度以及经营状况进行调查，调查结果需向委托人汇报的一家公司。为方便实地调查，它在各地设立了调查据点。1911年8月，兴信所获得朝鲜总督府警务总监部的许可，在汉城及釜山两地设立办事处，翌年1月开始业务。随后，每年逐次增设调查点。10年后的1921年，汉城、釜山、平壤设有办事处，大邱、群山、元山、木浦设有办事点。这些据点覆盖汉城、仁川、釜山、平壤、元山、新义州、清津、咸兴、镇南浦等地共计84个区域[①]。《信用录》中涉及的调查案达数万件，是商业兴信所对调查结果经过整理、编辑后的一手资料[②]。资料收录了商号名称、店主姓名、商号地点、商号营业范围、净资产、信用度等信息。其中净资产从最低Z到最高G分为19个等级，信用度从低到高分为7个等级：F、E、D、C、B、A、Aa[③]。

笔者从《信用录》中，整理出了在20世纪10年代至30年代间，汉城、仁川地区广东商人的资产信用情况（表4-6）。

1910年，日本吞并朝鲜时，需顾及朝鲜境内欧美国家的权益，承诺朝鲜关税10年（1910—1920年）不变。这保证了主要从事西洋杂货贸易的广东商人在商品进口税方面与欧美商人享有同等待遇。但综观广东商人整体的经济实力，以往专售西洋杂货、纺织品、食品的大商号，自1920年前后起逐渐步入衰退。最先受到影响的有中型商号义生盛、安昌号、德兴号。利用彩票积攒人气的安昌号、德兴号仅在1914—1915年的调查中出现过一次，广泰亨则状况不详。推断其原因应为他们在第一次世界大战爆发后，退出了朝鲜市场。据1919年的调查，义生盛净资产为"△"，表示经营状况不稳定。进入20年代，其净资产从1915年的15万—20万日元剧减为1万—2万日元。

---

① "商业兴信所调查区域"，商业兴信所编：《商工资产信用录》，第22回，1921年。
② "商业兴信所审问规则"及"借阅者注意事项"，商业兴信所编：《商工资产信用录》，第一期第一卷，1909年。
③ 《信用录》净资产分类表　　　　　　　　　　　　　　　　　　　　单位：万日元

符号	金额	符号	金额	符号	金额	符号	金额
Z、Y、X、W	0.1—0.5	V	0.5—1	U	1—2	T	2—3.5
S	3.5—5	R	5—7.5	Q	7.5—10	P	10—15
O	15—20	N	20—25	M、L、K、J、H	25—100	G	100以上

表4-6 汉城、仁川广东商人之信用调查结果一览表（1911—1929年）

商号	姓名	地址	经营商品	1911—1912		1914—1915		1919—1920		1921—1922		1924—1925		1928—1929	
				净资产	信用	净资产	信用	净资产	信用	净资产	信用	净资产	信用	净资产	信用
同顺泰	谭杰生	汉城	杂货布匹	ぬ	厚	G	B	G	A	G	Aa	△	—	△	A
怡泰栈	黄华瑛	仁川	杂货旅馆	ぬ	普	Q	C	P	B	O	B	P	B	P	B
义生盛	周鹤林	仁川	食品杂货	—	普	O	C	△	—	U	C	U	C	U	C
安昌号	袁敬之	汉城	食品杂货	—	—	S	C	—	—	—	—	—	—	—	—
德兴号	郑以贤	汉城	杂货	—	—	U	C	—	—	—	—	—	—	—	—
荣兴号	司徒绍	汉城	建筑	—	—	U	C	—	—	—	—	T	C	T	C
兆昌	郑以初	汉城	木材	—	—	—	—	—	—	S	C	△	—	—	—
广荣泰	谭盛沛	汉城	中药	—	—	—	—	—	—	U	C	U	C	△	D
公安号	冯家棋	汉城	杂货面包	—	—	—	—	—	—	V	C	V	C	V	C
—	谭秋明	汉城	中华料理	—	—	—	—	—	—	S	C	—	—	—	—
金谷园	周世显	汉城	中华料理	—	—	—	—	—	—	—	—	T	C	T	C

资料来源：日本商业兴信所编：《商工资产信用录》，各年版。

注：1911—1912年间，净资产以20个等级（ね—い），信用度以5个等级进行评价（最高、高、普通、低、无）。

另一方面，同顺泰和怡泰栈不仅不受大环境影响，反而呈现增长之势。这两个商家之所以能逆势上扬，缘于20世纪10年代，同顺泰热衷于出租车公司、房地产行业等不同领域的投资项目，扩大经营范围；而怡泰栈不改初衷，继续为朝鲜人们输送欧美的新奇玩意，收益颇佳。

20世纪20年代起，广东商人的经营项目发生了新的变化，主要从业形态由商业转向餐饮、建筑行业，净资产规模在2万—3万日元的建筑、材料行业和中餐行业增多。对于这些变化，得从汉城华商总会广东商人为代表的职业详情说起。

三、广东商人于汉城华商总会的地位变化

关于朝鲜中华商会的成立时间，据中国台湾华侨志编纂委员会《华侨志——韩国》记载，"华侨商会"于1899年成立[①]，而朝鲜总督府调查资料则显示"中华总务商会"于1901年成立[②]。尽管成立时间有出入，但这两份资料均指出这两个组织由北帮、南帮、广东帮共同成立，"中华会馆"与"商会"有过共存的局面。之后，"商会"逐渐接管"中华会馆"事务[③]。

1903年7月，受西方商业会议所主导的商业发展模式的刺激，于是清政府设立商部，统一管理国内外各民间商业团体。同年11月，商部公布《商会简明章程》，全文26条，明确规定无论国内各省市，还是东南亚、日本、欧美等华侨居住地区的海外华商都必须设立商务总会。

1905年汉城创设华商会馆。韩国学者李正熙认为，该组织正是华侨商务总会。成立初期，商务总会利用中华会馆楼房办公，仍沿用中华会馆时期三帮联合组织制度，主要负责人有总理、协理各1名，任期3年。根据各帮实

---

① 华侨志编纂委员会编：《华侨志——韩国》，1958年，第117页。
② 朝鲜总督府编：《在朝鲜的中国人》，1924年，第51页。
③ 韩国学者李正熙认为，韩国中华商会的成立至少在1903年12月以后，参见李正熙：《韩国华侨社会组织研究》，庄国土、清水纯、潘宏立等编著：《近30年来东亚华人社团的新变化》，厦门大学出版社，2010年，第325—326页。

力分配商务委员名额，常务委员共5名。其中，北帮2名，广东帮2名，南帮1名①。

1913年，中华民国制定商会法。仁川华商商会依据该法由广东帮、南帮、北帮三帮共同成立"仁川中华商务总会"，第一届会长广东帮怡泰栈梁绮堂、副会长永来盛②。1917年4月，汉城华商总会改组为中华总商会，会长北帮张时英（传利号），时年66岁的谭杰生担任副会长③，会址定于本町一丁目105番地。可以证实该时期的广东商人势力主要由汉城的谭杰生（同顺泰）和仁川梁绮堂（怡泰栈）共同支撑。

从1919年到1929年汉城中华总商会会董手册明细来看，该时期，北帮主营绸缎和中国产杂货类，南帮主营服装店，而广东帮则充分利用商业网络和英语优势，除进口、买卖洋广杂货外，还进军与当地欧美人有关的建筑业及饮食业④。

1923年8月，在中国驻朝鲜总领事监督下，汉城中华总商会举行换届选举。根据开票结果，谭杰生选票最多，担任该届会长（任期2年），山东帮（北帮）王竹亭担任副会长。会董总人数32名，其中山东帮占16名，广东帮9名，南帮7名⑤。然而在此次选举上，因出售彩票而增加收益的安昌号未能当选会董。

1923年，朝鲜总督府对朝鲜华侨社会进行了详细的调查，利用该调查结果编纂的《在朝鲜的中国人》，提到了1923年汉城华商的纳税情况。其中，与房产相关的税金，广东商人谭杰生力压当地日本人和朝鲜人排名第一。是年汉城缴纳"市街地税纳税者"共有156人，其中谭杰生的纳税额为2 461日

---

① 李正熙：《韩国华侨社会组织研究》，庄国土、清水纯、潘宏立等编著：《近30年来东亚华人社团的新变化》，厦门大学出版社，2010年，第325—326页。
② 김영신：《日帝时期在韩华侨（1910—1931）：仁川地区华侨를 중심으로》，《인천학연구》，第4号，仁川大学校仁川学研究院，2005年2月，第234页。
③ 《调查华侨组立机关》，《驻韩使馆保存档案》，台北"中央研究院"近代史研究所藏，编号：03-47-58-09。
④ 《驻韩使馆保存档案》，台北"中央研究院"近代史研究所藏，编号：03-47-70-01、03-47-178-03。
⑤ 《京城总商会改选正副会长及董事等履历》，《驻韩使馆保存档案》，台北"中央研究院"近代史研究所藏，编号：03-47-120-04。

元，占该项纳税总额的40.5%。相比之下，日本人最高额者仅1 157.11日元，朝鲜人最高额者仅1 083.49日元①，二者相加之和也少于谭杰生。

同年12月4日，仁川中华总商会也召集会员举行换届选举大会。先由会员投票选举会董，再由会董投票互选会长。根据投票结果，山东商人传维贡（永来盛，绸缎）当选会长，安徽商人王成鸿（世昌洋行华经理）当选副会长。大会共选出37名会董，又由会董推选吴殿樑（广东香山人，75岁，担臣洋行华经理）、王宝贞、赵炳躔为特别会董。其中，山东帮24名（绸缎10，杂货9，行栈业5），广东帮7名，南帮6名（洋服庄4，洋行经理2）②。由此可见，仁川广东商人势力呈下滑的趋势。

1923年11月19日，仁川领事在给朝鲜总领事馆的信函中提到"据广东帮会馆呈称本帮董事梁绮堂业已辞职回国，现由本帮同人公推吴殿樑为董事"。梁绮堂于朝鲜开埠初期便来到仁川，开设怡泰栈，从事商业近40年。梁绮堂的回国，无疑大大削弱了仁川广东帮的凝聚力和影响力。

在汉城、仁川以外地区，与同顺泰保持合作关系的元山同丰泰在1913年以后也离开了该地③。第一次世界大战结束后，除汉城、仁川以外，其他地区的广东商人基本消失④。1919年，元山中华商会选出的19名会董全部为以山东人为主的北帮人士。

表4-7　1923年仁川广东籍会董名单

姓名	职务	年龄	出生地	商号	营业范围
吴殿樑	特别会董	75岁	广东香山	担臣洋行	华经理
周从龙	会董	58岁	广东开平	义生盛	洋广杂货
邓炳泰	会董	42岁	广东香山	怡泰栈	洋广杂货
谭廷銮	会董	35岁	广东高要	同顺泰	洋广杂货

① 朝鲜总督府编：《在朝鲜的中国人》，1924年，第52—53页。
② 《仁川中华总商会第三次选举职员表》，《驻韩使馆保存档案》，台北"中央研究院"近代史研究所藏，编号：03-47-120-04。
③ 《调查华侨户口》，《驻韩使馆保存档案》，台北"中央研究院"近代史研究所藏，编号：03-47-05-04。
④ 《商会选举暨整顿商业意见书》，《驻韩使馆保存档案》，台北"中央研究院"近代史研究所藏，编号：03-47-70-02。

续表

姓名	职务	年龄	出生地	商号	营业范围
关厚□	会董	46岁	广东香山	合记号	杂货
邓其芬	会董	51岁	广东香山	安兴号	杂货
黄云川	会董	30岁	广东香山	云记号	通关运送

资料来源：《仁川中华总商会第三次选举职员表》，《驻韩使馆保存档案》，台北"中央研究院"近代史研究所藏，编号：03-47-120-04。

注："□"为解读困难。

20世纪20年代中期，随着同顺泰的没落，汉城广东帮处于绝对弱势。比如1921年，南帮会董人数从8名减至6名，这时多出的2个名额由广东帮和北帮均分①。但到了1929年，会董总数从32名增加到36名。新增的4个名额则由北帮和南帮均分，与广东帮毫无关系。至此，可以说广东帮实力已明显落后于南帮②。

除经营洋广杂货外，广东帮会董中从事建筑业以及饮食业等人数也有所增加。建筑业以广东台山的邝家和开平的司徒家为代表。据《1885年仁川华商名单》记载，共50名仁川华商中有29名广东人。其中，记录在册的广东人包括开平的司徒维，新宁的邝柏泮、邝如茂、邝添、邝兆堂。表4-8中邝修松虽出身台山，但可推测与新宁邝家可能有一定的关系，故有必要进行深入的探讨。

表4-8 汉城中华总商会广东帮会董名单（1919—1929年）

商号	姓名	出生年	籍贯	1919		1921	1923	1929
				职务	营业范围			
同顺泰	谭杰生	1853	高要	副会长	洋广杂货	副会长	会长	候补委员/谭伯琏
安昌号	袁敬之	1850	高要	会董	杂货业	会董	退出	—

① 《商会改选会员》，《驻韩使馆保存档案》，台北"中央研究院"近代史研究所藏，编号：03-47-70-01。
② 《京城总商会改选正副会长及董事等履历》，《驻韩使馆保存档案》，台北"中央研究院"近代史研究所藏，编号：03-47-120-04。

续表

商号	姓名	出生年	籍贯	1919 职务	1919 营业范围	1921	1923	1929
怡泰号	梁仕先	1887	香山	会董	杂货业	会董：梁逸之	会董：怡泰栈	会董：梁惠之
荣泰号	谭盛沛	1872	台山	会董	杂货业	会董	会董/药材	会董/杂货
兆昌	郑以业	1893	香山	会董	材木业	—	—	退出
荣发成	邝修松	1864	台山	会董	建筑业	会董	会董	退出
荣兴号	司徒绍	1880	开平	会董	建筑业	会董：司徒俊桑	会董	会董：司徒绍
无	周照高	1887	开平	—	—	会董/建筑业	会董	会董/殖产运送店
新世界	谭碧绪	1875	高要	会董	料理杂货	会董：米可基/料理	会董：谭逢焕/四海楼	翻译/郑维芬
公安号	冯炜庭	1885	开平	翻译	杂货业	翻译	会董/面包	会董/杂货
金谷园	周世显	1880	开平	—	—	—	—	会董/料理
雅味园	程桐光	1891	台山	—	—	—	—	会董/料理
群兴实业	林贤访	1890	台山	—	—	—	—	会董

资料来源：《驻韩使馆保存档案》，台北"中央研究院"近代史研究所藏，编号：03-47-70-01、03-47-96-04、03-47-120-04。

1923年，汉城使馆对当地华侨商业情况进行了全面调查，其中与广东商人有关的商业情况大致如下：第一是杂货业，汉城华商售卖欧美各国杂货者只有1家，其售卖之物品包括罐头等西洋食品以及日用杂货，他们将货物直接从国外进口或从上海运入仁川，销售给当地的欧美人、朝鲜人等；第二是建筑业，共有5家，其经营范围以欧美人及朝鲜人的工程为多，当地欧美人所经营之教会、学校、医院及朝鲜人之大房屋多为华商建筑，其所用之泥水木匠及石工等全为中国人，所用之木材铁器等则购自日本商店，近因日人之竞争及物价之腾贵而华商之建筑事业亦颇受其影响；第三是面包店，经营此业者共有两家，所制之面包多供给于当地之西洋人及售卖于日本人、朝鲜人。所开设之洋餐馆及杂货店其销路尚属畅旺。①

该资料是按行业分类对汉城华商社会进行的总体性调查，因此资料中不会记载具体商铺名称。但可以推测的是："汉城市内华商售卖欧美各国杂货者只有1家"，应指同顺泰或怡泰栈（怡泰号），其输入货物的渠道依然是海外直接订购和上海转入两种方式，主要客户为欧美人和朝鲜人。承包"当地欧美人所经营之教会、学校、医院"应指荣发成邝氏家族和荣兴号司徒氏家族。而安昌号和公安号经营的面包店，则向欧美人、日本人及朝鲜人销售。

如此看来，朝鲜被日本吞并之后，在中朝布匹贸易上广东商人处于绝对劣势。除同顺泰继续开展房地产、出租车、宫内专销等事业外，其余广东商人仍主要通过与欧美圈交易维持自身的经济活动，后来逐渐被日本商人取代。

四、同顺泰的衰退与广东商人

1924年，日本实施提高奢侈品进口关税政策。从上海进口的绸缎类织品以及从西洋进口的药品、保健食品、化妆品、日用品等被列为奢侈品，直接冲击了朝鲜华商的进出口贸易，尤其对经营西洋高端产品的广东商人而言，带来了毁灭性的打击。更加雪上加霜的是，朝鲜新闻媒体也肆意制造舆论破坏朝鲜华商的商业形象。1920年起，各大媒体开始毫不留情地刊登与谭杰生有关的负面消息。1921年2月15日，朝鲜《每日申报》刊载了有关同顺泰与借租人在租金上调方面发生纠纷的文章，声称"拥有3百户地产的同顺泰在与租房人毫无商量的情况下反复上调租金"，批判同顺泰的商业道德。1924年8月间，《东亚日报》先后报道了当地银行向同顺泰发出取消彼此商业往来的通知，以及谭杰生的两个儿子以涉嫌走私红参被捕的新闻②。此外，1928年，朝鲜媒体还报道了谭杰生的长子谭廷琨因吸食鸦片被刑事拘留的消息。乃至

---

① 《朝鲜京城华商各种营业之概况》，《驻韩使馆保存档案》，台北"中央研究院"近代史研究所藏，编号：03-47-126-02。
② 《东亚日报》，1924年8月12日。

1931年1月，又刊登了其另一个儿子谭廷琳涉嫌欺诈被带入警局等消息。这些媒体报道，给同顺泰在朝鲜的社会影响力带来了致命伤害。而1929年，谭杰生病故于汉城①。

1929年，汉城中华总商会举办了换届大会，共选出36名会董，北帮、广东帮、南帮会董名额比例为2∶1∶1。其"职员履历表"排名前三皆是山东人，第四名为南帮张鸿海，第五名才是广东帮司徒绍。同顺泰为候补监察委员，在36名会董中仅列第34位。同年，"仁川华商会会员名籍簿"共有职员99名，其中山东人91名，南帮8名，粤籍华侨为零②。

《南京国民政府外交部公报》朝鲜华侨人数统计数据显示，1929年至1930年间，仁川地区广东人仅有3户（商业2户，工业1户）③。同年，元山副领事提交的元山华侨人数统计数据显示广东华侨为零④。1930年，釜山领事馆的统计数据，同样显示广东华侨人数为零⑤。而朝鲜总督府方面的华侨人口统计资料显示，截至1931年6月，朝鲜共有华侨15 520户68 761名，其中山东人占总数的80%。广东人仅剩32户196名⑥，且基本都生活在汉城地区。

《信用录》数据显示，与山东商人持续扩大营业规模相比⑦，广东商人势力日益衰退。1920年之前，同顺泰的资产价值一直维持在100万日元以上，但到了1935年前后则跌至10万—15万日元。同一时期，汉城、仁川地区另一粤籍巨商怡泰栈的经营情况也明显萎缩，1931年至1937年间，其资产价值明显下滑：1931年10万—15万日元，1935年3.5万—5万日元，1937年则仅为0.5万—1万日元。其余粤商店铺也基本维持在1万—3万日元。

---

① 姜抮亚：《동순태호——동아시아 화교 자본과 근대 조선》，庆北大学校出版社，2011年，第64页。
② 《商会职员改选》，《驻韩使馆保存档案》，台北"中央研究院"近代史研究所藏，编号：03-47-178-03。
③ 插图"驻朝鲜仁川领馆管辖区华侨职业统计表"，中国第二历史档案馆编：《南京国民政府外交部公报》，第3卷第4期，江苏古籍出版社，1990年。
④ 插图"元山副领事辖境华侨户口人数表"，中国第二历史档案馆编：《南京国民政府外交部公报》，第3卷第7期，江苏古籍出版社，1990年。
⑤ 插图"釜山领事馆辖境朝鲜庆尚南道华侨户口统计表"，中国第二历史档案馆编：《南京国民政府外交部公报》，第3卷第10期，江苏古籍出版社，1990年。
⑥ 朝鲜总督府警务局：《外事关统计》，警务局，1931年10月，第9—10页。
⑦ 1937年4月至6月调查中，汉城山东商人裕丰德（代表：周敬思）、东顺德等的资产价值已超过25万日元。

1934年，驻汉城总领事馆侨民登记数据显示，京畿道华侨人数总计2 190人，其中广东人仅剩19人[①]。1937年7月，抗日战争全面爆发。同年9月，同顺泰号谭家举家迁出朝鲜。谭氏家族成员回到广东或经由上海前往香港定居[②]。

表4-9 汉城、仁川地区广东商人信用调查结果一览表（1931—1937年）

商号	姓名	地址	职业	1931—1932		1935—1936		1936—1937	
				净资产	信用	净资产	信用	净资产	信用
同顺泰	谭杰生	汉城	杂货布匹	△	—	P	B	P	B
怡泰栈	黄华瑛	仁川	杂货旅馆	P	B	S	C	V	C
公安号	冯家棋	汉城	制作面包食品杂货	V	C	V	C	V	C
荣兴号	司徒绍	汉城	建筑	U	C	U	C	U	C
金谷园	周世显	汉城	料理	T	C	T	C	T	C
广荣泰	谭盛沛	汉城	中药	V	C	—	—	—	—
义生盛	周鹤林	仁川	食料杂货	V	C	—	—	—	—

资料来源：日本商业兴信所编：《商工资产信用录》，各年版。

1940年7月，仁川华侨团体调查表中只列举了华商商会、山东同乡会、中华农会、南帮人会、旅馆业同业公会等的调查情况。"附注"说明，"原有广东帮会馆现因人数不足已不成团体"[③]。1942年，时任汉城广东会馆董事长冯炜庭，是一个经营中小规模面包店的商人。其应为表4-9公安号冯家棋的接班人。仁川的广东会馆可谓有名无实，基本处于停滞状态。

[①] 中国第二历史档案馆编：《南京国民政府外交部公报》，第8卷第7期，江苏古籍出版社，1990年，第142页。

[②] 姜抮亚：《战时期동아시아广东商人자본의 환류1931—1949》，《中国近现代史研究》，第58辑，中国近现代史学会，2013年，第198—199页。

[③] 中国第二历史档案馆编：《南京国民政府外交部公报》，第12期，江苏古籍出版社，1990年，第20—21页。

第二篇
"二战"后东亚广东华侨社团的变迁（1945—2010）

第五章 战后横滨广东同乡会的分裂与和解

第一节 战后初期日本华侨社会的变化与横滨华侨社团

一、台湾省籍"新华侨"的加入

1945年8月15日,日本天皇裕仁以广播《停战诏书》的形式,向全世界宣布了日本无条件投降。国际形势风云突变,冷战局面逐步确立,美、苏两国在东亚地区争相扩大势力范围;解放战争在中国境内全面爆发,最终中华人民共和国宣告成立,国民党退守台湾;而处在以美国为首的联合国军总司令部(GHQ)管制之下的日本,开始了战后社会秩序的重建。抗日战争期间,曾被视为"敌对国"国民的日本华侨,一夜之间成为战胜国国民,地位的转换使他们开始重新审视自身身份。与此同时,日本华侨社会内外环境都发生了极大的变化。尤其是日本战败后台湾回归祖国,居住在日本的台湾人恢复了中国国籍,成为旅日"新华侨"。

1946年1月12日,南京国民政府行政院第1297号训令公布台湾人自1945年10月25日起恢复中国国籍。1946年6月22日,发布了《在外台侨国籍处理办法》。恢复中国国籍的海外台湾居留民的法律地位及其待遇与大陆华侨完全同等。这一法令,通过中华民国驻日代表通知联合国军总部,转告日本政府。依据行政院训令,驻日代表团公布"中华民国驻日代表团侨务处办理旅日侨民登记办法",开始了中国大陆和台湾旅日华侨的登记工作,于1946年

12月31日前登记者，皆承认其中国国籍，并发给"侨民登记证"。各地华侨总会根据此名单分发特配的"粮食加配证"。

1947年2月25日，联合国军总部颁布有关中国人登记的备忘录，承认中华民国驻日代表团发出的侨民登记证明的合法性。1947年5月20日，日本发布207号《外国人登录令施行规则》，接受了联合国军总部的上述内容。1951年9月8日，日本在旧金山签订"旧金山和平条约"，放弃对台湾、澎湖列岛及其附属岛屿的一切权力。1952年4月19日，日本发布的《关于和平条约生效后朝鲜人、台湾人相关的国籍、户籍事务处理》规定：台湾自条约生效之日（4月28日）起，脱离日本国土。居住在日本的台湾人，在国际法上也恢复了中国国籍[①]。

表5-1 战后在日大陆华侨和台湾省籍华侨人口增减表

单位：人

年份	华侨总数（A）	大陆华侨（B）	B/A（%）	台湾省籍华侨（C）	C/A（%）
1946	30 847	14 941	48.44	15 906	51.56
1948	35 379	20 421	57.72	14 958	42.28
1959	44 599	23 606	52.93	20 993	47.07
1964	48 003	24 320	50.66	23 683	49.34
1969	51 448	25 153	48.89	26 295	51.11
1974	46 944	22 864	48.70	24 080	51.30

资料来源：安井三吉：《帝国日本と華僑》，青木书店，2005年，第261页。

据统计，1920年居住在日本的台湾人仅1 703人，1930年增加到4 611人，主要居住在东京一带，其中包括留学日本的台湾人。进入30年代，旅日台湾人的人口剧增，至1946年达到15 906人，占华侨总数的52%。台湾省籍华侨的加入，使战后日本华侨社会在人员结构上发生巨大变化。台湾华侨主要集中在东京、大阪和神户地区。以1947年10月的数据为例，东京共有华侨6 219人，其中台湾人3 684人；大阪华侨4 531人，其中台湾人有2 914人[②]。

在东京，中国台湾华侨和大陆华侨之间有明显的职业区分。与大陆华侨

---

① 许淑真：《新華僑の生成と日本華僑社会の変容》，《摂大学術》，第5号，摂南大学国際言語文化学部，1987年，第32—34页。
② 内田直作、盐胁幸四郎：《留日华侨经济分析》，河出书房，1950年，第77、100、109页。

相比，台湾华侨在公司职员、牙医、工人、贸易商、零售业者方面具有明显优势，而大陆籍华侨在厨师、餐饮业和理发业方面超过台湾华侨。在神户，大陆籍华侨以贸易、餐饮、西装业为主，依然维持"二战"前的状态，但有少数台湾华侨开始从事走私贸易、摊贩、集市、衣装店、面包糖果加工、海产贸易业、报社经营等。台湾华侨还将资金投入到三宫山手住宅区房地产，成立独立的金融合作社，在战后华侨经济振兴中起到了主力军的作用。①

二、东京华侨总会

1945年秋，中国驻日代表团抵达日本，在处理日本战败后的诸多事务的同时，也管理在日华侨。"二战"之前，日本华侨社会就形成了广东、三江（浙江、江苏、江西籍人士）、福建、北帮等以同乡为名的商会、公所、会馆。"二战"后，中华民国当局制定了侨民团体的备案规定，完善会章等相关条例。为统一日本国内的华侨各团体，驻日代表团采取在日本全国各县市设置华侨总会的政策。至1945年底，在札幌、函馆、青森、秋田、岩手、山形、福岛、宫城、新潟、群马、栃木、茨城、埼玉、千叶、东京、横滨、长野、山梨、静冈、富山、福井、三重、岐阜、爱知、京都、大阪、奈良、和歌山、神户、冈山、岛根、广岛、山口、爱知、德岛、高知、福冈、佐贺、长崎、熊本、大分、鹿儿岛等42个地区，成立华侨总会或华侨联合会。此时，日据时期属于日本国籍的台湾人迅速恢复中国国籍。1945年9月16日和10月28日，东京地区的台湾省籍华侨先后成立了台湾同乡会及台湾学生联盟②，日本华侨社会的关系由此变得更加多元化。

1946年1月25日，各地区华侨组织代表在东京雅叙园举办全日本华侨总会筹备大会。同年4月18日，在中国外交部官员的参与之下，包括台湾华侨在内的各地华侨代表，在热海举行留日华侨代表大会。会上，"中华民国留日华侨总会"正式成立，总部设在东京，同时在42个地区设华侨联合会③。同年5月，中华民国留日同学总会在东京成立，12月，台湾学生联盟正式并入中国

---

① 内田直作、盐胁幸四郎：《留日華僑経済分析》，河出书房，1950年，第120—138、165页。
② 陈焜旺编：《日本华侨·留学生运动史》，日本侨报社，2006年，第26、168—169页。
③ 卢冠群：《日本华侨经济》，台北海外出版社，1956年，第31页。

留日同学总会①。

1947年，台湾发生"2·28事件"，加重了日本华侨对国民党政权的不信任，激发了台湾省籍华侨的"反对"情绪。当时因接受社会主义思潮或对国民党不满，部分华侨和留学生对国民党在台湾的"高压政策"感到格外愤怒，成了华侨抗议国民政府的先驱②。1955年，台北驻日代表处的一份报告写道："自国民政府被中共逐出大陆，逃至台湾，大陆出身之华侨及台湾出身之一部分知识阶级分子与学生，便开始向左转。助长此倾向者为二二八事件。"1948年10月，以台湾省籍华侨为主的"留日华侨民族促进会"（简称"民促会"）在东京成立，开展反对国民政府活动。1949年4月，东京华侨联合会46名执监委员中民促会代表占19名，另有5名也支持民促会③。1951年3月，为驱除反国民党势力，台湾当局将留日华侨总会改组为"中华民国留日华侨联合总会"。接着，对各地华侨学校实施"反共教育"，将支持新中国的华侨子弟驱逐出校门。

1953年11月1日至5日，25名日本华侨代表参加新中国侨务扩大会议。会上，何香凝强调通过协商选出华侨代表。11月10日，廖承志与日本华侨代表座谈。回到日本后，代表们筹备成立协商组织。1954年1月16日，"留日华侨协商会议"正式成立，总部定在东京。各地区陆续设立地方"协商会议"，并推选华侨代表④。日本各地华侨社会逐渐形成支持祖国大陆的华侨组织，与"亲台派"华侨之间形成对立，由此在日华侨社会也开始走向了分裂之路。

三、"二战"结束初期的横滨华侨社会

第二次世界大战结束时，横滨华侨约有4 000人。与东京、大阪、神户不同，当时横滨台湾省籍华侨仅有300余人，广东华侨依然占80%。粤侨多居住在山下町（即横滨中华街），主要经营中华料理，以广东式餐饮为主。1948

---

① 陈焜旺编：《日本华侨·留学生运动史》，日本侨报社，2006年，第54—60页。
② 许琼丰：《在日台湾人与战后日本神户华侨社会的变迁》，《台湾史研究》，第18卷第2期，台北"中央研究院"台湾史研究所，2011年，第153页。
③ 许琼丰：《在日台湾人与战后日本神户华侨社会的变迁》，《台湾史研究》，第18卷第2期，台北"中央研究院"台湾史研究所，2011年，第154—156页。
④ 陈焜旺编：《日本华侨·留学生运动史》，日本侨报社，2006年，第298—303页。

年9月调查显示，横滨市内共有华侨商铺470家，其中餐饮业320家、杂货业104家、制造业16家、贸易业9家[①]。

"二战"刚刚结束，日本国内粮食十分短缺，东京等大城市尤其严重。当时日本政府取缔日本人经营餐饮业，但作为战胜国国民的华侨并没有受到制约。因此，东京、横滨、神户等地华侨经营餐饮业者激增。横滨华侨通过特配以及从横滨美军基地购买粮食经营餐馆。东京湾附近一直以来是沙丁鱼的渔场，华侨们油炸沙丁鱼，放在白米饭上面，提供给日本人。很多东京市民赶到横滨中华街来吃炸鱼盖饭。

1947年7月5日，日本政府发布"7·5"政令，将取缔对象扩大到日本华侨。接着日本对服装、调味料、鲜鱼、燃料、蔬菜、酒类营业者实行注册制度，华侨商业活动开始受到影响。1949年3月，日本政府颁布《有关外国人取得财产的法令》，阻碍华侨在战后的商业活动。同时，日方加强对华侨的取缔力度，并对继续经营餐饮业的华侨进行逮捕。横滨广东华侨黄礼祥（1912年生，广东顺德人）回忆，当时自己开了奇珍楼，当地日本警察也知道。不过当时大家都缺食物，加之黄氏认识很多周围警察，他们也只是睁一只眼闭一只眼[②]。

据内田直作调查，至1949年，在横滨华商企业中持有百万以上资金的商号就有27家。其中，餐饮业14家，杂货业11家，其他2家。

表5-2 资金百万以上横滨华侨业者名单

餐饮业				杂货业			
店名	代表	籍贯	地址	店名	代表	籍贯	地址
旭亭	谭旭文	广东	横滨中区山下町	华洋公司	庄文君	—	横滨中区山下町
安乐园	罗孝明	广东	横滨中区山下町	均元	谢剑雄	广东	横滨中区山下町

[①] 杂货商和贸易商多由同一个家族和商家经营，也有少部分餐饮业者兼营杂货店。自太平洋战争爆发后，华侨贸易失去了发展空间。1947年8月，日本开始了民间贸易，但是由于中国解放战争以及东南亚的革命运动等因素，华侨无法打开中国大陆及东南亚市场，经营惨淡，参见内田直作、盐胁幸四郎：《留日華僑经济分析》，河出书房，1950年，第192—198页。

[②] 中华会馆、横滨开港资料馆编：《横浜華僑の記憶——横浜華僑口述歴史記録集》，中华会馆，2010年，第31、131页。

续表

餐饮业				杂货业			
店名	代表	籍贯	地址	店名	代表	籍贯	地址
一流轩	杨荣康	广东	横滨中区花咲町	新新公司百货	周梅璋	—	横滨中区山下町
永乐轩	黄淑研	—	横滨中区宫川町	顺记号	谢中平	广东	横滨中区山下町
香江	杜松生	广东	横滨中区花咲町	生隆	蔡浩源	—	横滨中区山下町
华乐园	刘永昌	广东	横滨中区山下町	泰华	莫惠良	广东	横滨中区野毛町
均元楼	谢骏豪	广东	横滨中区山下町	大新公司	葛鹤亭	三江	横滨中区山下町
金福园	顾志田	—	横滨中区山下町	中华百货有限公司	魏宗銮	福建	横滨中区山下町
					张福根	广东	
新世界	罗浩明	广东	横滨中区山下町	友信行	程毓林	广东	横滨中区山下町
大中轩	钟炳祥	—	横滨中区山下町	老淮新	江坤全	—	横滨中区山下町
新雅园	魏宗銮	福建	横滨中区山下町	盛昌公司	郑道潘	—	横滨鹤见区
平和楼	叶固忠	—	横滨中区山下町	其他行业			
万来轩	吕泽明	—	横滨中区山下町	新兴大戏院	张方德	—	横滨中区山下町
万采	梁驱	—	横滨南区通町	雅公宾/旅馆	邵厚福	三江	横滨矶子区

资料来源：内田直作、盐胁幸四郎：《留日華僑经济分析》，河出书房，1950年，第195—198页。

就横滨华侨的餐饮业而言，其规模大小不一：有多家资金周转能力强大的高级餐厅，其中资金在百万以上的餐饮业者有14家，30万—100万者有70余家；其余300多家皆为中小规模的餐饮业者以及咖啡店、糖果店、食品加工业者等，中小餐厅多数是原来在横滨从事厨师职业的人员独立开业的，这些中小规模的商家往往都是家族式经营。

四、横滨华侨社团

1945年10月,以霍成为中心,横滨华侨组织了"横滨华侨临时总会",掌管战后横滨地区华侨事务,维持了半年左右。驻日代表团对华侨社会制定了各帮团结合作、消除差别的指导方针。1946年3月,在此政策影响下横滨华侨于山下町140番地中华会馆内,成立"横滨华侨联合会",首任会长鲍博公。华侨联合会接手了前中华会馆的华侨出入国、出生、死亡、身份变更登记等业务,以及与日本政府和中国政府的联系等各项侨务工作。同时接管了中华会馆的土地、财产以及关帝庙、中华义庄的管理工作。1946年8月,华侨捐款建立横滨华侨联合会事务所、仓库、车库等。1951年,在东京召开"日本全国华侨联合总会"大会。之后,横滨华侨联合会改名为"横滨华侨总会"①。

在各组织领导干部的选举方面,台湾当局强调"人物及出身省籍等,必须进行最合理的民主选举"②。表5-3列举了日本战败到1954年间的横滨华侨总会理监事名单。首先,1945年10月恢复的"横滨临时华侨总会"组织架构如下:顾问为程毓林、温炳臣、苏梦辉,会长为霍成,常务理事为吴华国,理监事为李钜海、李奕宽、梁次如、鲍金钜、吴剑、梁瑶东、黄礼祺、简达明、崔翰威、梁金寿、吴杰英。单从名单来看,并没有按照籍贯建立组织架构。但1946年3月成立的"中华民国留日横滨华侨联合会",在选出理监事等干部时,却制定了籍贯比率,由此得知,较之以往广东华侨在总会的比率在减少这一事实。

表5-3 横滨华侨总会理监事名单(1946年3月—1954年3月)

第一届 1946.3— 1947.3	会长	鲍博公	理监事	广东:鲍博公、李电英、温章才、罗浩明、苏厚光、谢骏豪、吴合光、温钜和、梁兆华、黄卿和、缪文通、吴剑、萧东生、罗孝明、曾子乙
	副会长	张方广		福建:魏宗銮、郑从潘、萧年懋

---

① 王维:《华侨的社会空间与文化符号——日本中华街研究》,中山大学出版社,2014年,第169页。
② 《僑胞に経常税の義務、臨時税に関係がない、瞿教務副所長が談話発表》,《中華日報》,1947年3月22日。

续表

	总务	李电英		三江：张方镜、胡本武、邵厚福、段春源、方元茂
				台湾：林有志、赖文腾、王火旺、郑正诚、罗阳、苏梦辉
第二届 1947.3—1948.3	会长	张方广	理监事	广东：李电英、温章才、罗浩明、苏厚光、谢骏豪、吴合光、温钜和、梁兆华、黄卿和、缪文通、吴剑、萧东生、罗孝明、曾子乙、梁次如、何肖胭、何乃泽
	副会长	李唯和		福建：魏宗銮、郑从潘、萧年懋
	副会长	苏梦辉		三江：张方镜、胡本武、邵厚福、段春源、方元茂、范荣泰、葛鹤亭
	总务	温章才		台湾：林有志、赖文腾、郑正诚、罗阳、高万得、刘该德
第三、四届 1948.3—1950.3	会长	苏梦辉	理监事	广东：李电英、温章才、罗浩明、苏厚光、谢骏豪、吴合光、温钜和、梁兆华、黄卿和、缪文通、吴剑、萧东生、罗孝明、曾子乙、梁次如、何肖胭、何乃泽
	副会长	段春源		福建：魏宗銮、郑从潘、萧年懋
				三江：张方镜、胡本武、邵厚福、段春源、方元茂、范荣泰、葛鹤亭
	副会长	容振权		台湾：林有志、赖文腾、郑正诚、罗阳、高万得、刘该德
第五届 1950.3—1950.6	会长	苏梦辉	理监事	罗孝明、萧东生、容振权、鲍博公、温钜和、崔翰威、何扬成、吴剑、简达明、曾子乙、吴合光、林吉生、缪文通、李耀北、李电英、苏厚光、吴华国、黄卿和、霍成、曾启城、陈洞庭、鲍金钜。
	副会长	陈洞庭		
	副会长	邵厚福		
第六届 1950.6—1951.3	会长：陈洞庭，副会长：邵厚福、庞柱琛，理监事：胡本武、吴华国、薛来宏、郑正成、徐炳达、苏梦辉、吴桓秋、曾子乙、吴杰英、鲍达谋、崔翰威、邵农祥、张德、郭日初、郑友通、简达明、高万得、林有志			
第七届 1951.3—1952.3	顾问：程毓林、温炳臣、苏梦辉，会长：陈洞庭，副会长：邵厚福、庞柱琛，理事：吴桓秋、张方镜、张德、吴华国、简达明、郑正成、梁兆华、罗浩明、郑友通、魏宗銮、谢骏豪、李电英，监事：鲍博公、曾子乙、崔翰威、林有志、周梅璋、谢剑雄			
第八届 1952.3—1953.3	会长：胡本武，副会长：邵厚福、庞柱琛，理事：梁次如、魏宗銮、谢骏豪、罗浩明、吴桓秋、郑友通、郑正成、简达明，监事：李电英、曾子乙、周梅璋、谢剑雄、李裕生			

续表

第九届 1953.3— 1954.3	会长：薛来宏，副会长：李电英、李唯和，理事：胡本武、郑正成、吴高明、吴桓秋、梁兆华、张德、罗阳、吴华国、王忠义、余东照、吴合光，监事：罗浩明、庞柱琛、陈方麟、谢尚成、郑从潘、吴杰英、梁次如

资料来源：王良编：《横滨华侨志》，中华会馆，1995年，第588—596页。

第一届横滨华侨总会的各省理监事比率为，广东15：台湾6：三江5：福建3。虽然"二战"后恢复中国国籍的台湾人得6席、三江华侨得5席，但是广东理监事人数仍超过总数的一半，而且会长鲍博公和总务李电英皆为广东人。1947年换届后的第二届，三江的张方广升为会长，台湾省籍苏梦辉成为副会长。比率变更为，广东17：三江7：台湾6：福建3。虽然广东帮理事在总数上过半，但是三江帮和台湾帮在总会内的发言权明显扩大。1950年6月，联合会改组为横滨华侨总会，广东籍陈洞庭担任第六届和第七届会长，副会长是广东籍庞柱琛和三江帮的邵厚福。自1952年3月的第八届起到1971年，在横滨华侨社会人数过半的广东华侨一直任副会长以下职务。1953年3月开始，福建华商薛来宏开始任职会长直到1971年。

1971年7月，横滨华侨总会举办第十三届选举大会。通过公平选举，广东华侨吴笑安当选会长。截至1995年，吴笑安一直担任会长一职。

第二节 横滨的两个广东华侨组织

一、横滨华侨社会分裂

1951年，在东京华侨总会去除支持新中国的势力之时，横滨华侨联合会将名称改为"留日横滨华侨总会"。接着，台湾当局开始对各地华侨学校施加压力，实施"反共教育"。日本华侨社会发生思想路线的分歧，开始分裂。1952年5月，横滨中华学校发生调换校长事件，支持新中国的华侨子弟被拒于校门之外。为不让子弟们中断学业，在广东华侨"香港菜馆"店主李天图等人的提议下，支持新中国的横滨华侨于山手町新建"横滨山手中华学校[①]"，由乌勒吉任校长。1953年9月1日，新校舍落成，并获得神奈川县厅之认可，李天图就任理事长[②]。同时，横滨华侨成立"横滨山手中华学校管理委员会"。1953年5月，支持新中国的华侨妇女成立"横滨华侨妇女会"。同年7月，"亲台派"华侨妇女又成立"横滨自由华侨妇女会"，这些都加深了横滨华侨社会的内部分裂。

1954年3月，横滨华侨总会举行第十届理监事改选。因意见分歧，加入"横滨山手中华学校管理委员会"的理事余东照、何肖胭等宣布退会。由此，横滨华侨总会实际上也分成两派。"横滨山手中华学校管理委员会"起到支持大陆的横滨华侨社团的作用。

横滨华侨组织分裂之后，各项活动开始带上政治色彩。"横滨山手中华学校管理委员会"与东京华侨总会[③]保持紧密联系，接待中国来日代表团、驻日贸易联络员，举办中国船员的欢迎会、庆祝国庆节等活动。

1960年7月，在东京华侨总会的指导下，以"横滨山手中华学校管理委员会"成员为主体，横滨华侨组织"横滨华侨联谊会"，李天图（广东新会）、马伟鸿（广东顺德，同顺利和凤城酒家店主）、吕行雄（广东人，万来轩店主）相继任会长。1966年12月，神奈川县批准横滨山手中华学校为"学校法人横滨山手中华学园"，并成立学园理事会，李天图任第一任理事长。

1971年，中国恢复在联合国的合法席位。1972年，中日恢复邦交，中国政府开始着手接管日本华侨。这对横滨华侨来说尤其重要。自1952年开始，日本在政府层面与台湾当局往来，同时也和中国大陆通过贸易手段保持联系。1972年，日本政府在支持台湾是中国的一部分的前提下，和中国建立了外交关系。支持祖国大陆的华侨开始恢复其应有的地位。

1975年11月，"横滨华侨联谊会"联合旅日要明鹤同乡会、横滨华侨

---

① 原"横滨中华学校"于1968年10月改为"横滨中华学院"。
② 罗晃潮：《20世纪70年代前日本横滨华侨社会的广东人》，东莞市政协编：《东莞学人文丛：罗晃潮集》，花城出版社，2012年，第318页。
③ 东京华侨总会成立于1947年5月，1951年内部分裂为两派，支持祖国大陆的华侨将各地"联合会"改称"华侨总会"，参见崔晨：《日本華僑華人の商業活動とその社団組織》，日本大学经济学部研究所论文数据库，http://www.eco.nihon-u.ac.jp/center/，第9页。

妇女会、横滨中华青年会、横滨山手中华学校、横滨山手中华学校家长会、横滨山手中华学校校友会、京滨华厨公所、横滨福建同乡会、神奈川县华侨伊势佐木自治会，共同成立"横滨华侨总会正常化侨民委员会"，马伟鸿任会长，副会长由乌勒吉等九个华侨组织代表担任。1976年5月，支持祖国大陆的约500名横滨华侨举行"横滨华侨总会侨民大会"，参加大会的华侨组织各选出代表，成立以马伟鸿为会长的理监事会。名誉会长李天图，副会长叶在华、谢义清、谭锦基、郑丽姬、乌勒吉、马广秀、杨存义、潘久娣、温耀权，常务理事潘根子、张景霖、吴桂显、潘创治、魏德夫、吕行雄、黄伟初、曾德深、刘燕雪、杨顺花、马国锦、郑青荣、梁庆安、李佛明，理事周潮宗等26名，监事陈显杨、李钜海等5名，秘书长乌勒吉。由此，横滨华侨社会出现支持祖国大陆的又一个"横滨华侨总会"[①]。之后围绕华侨的财产和土地（总会会馆、华侨学校、关帝庙等），两个华侨总会之间的诉讼持续了30多年。"红白"两派华侨的对立，影响着整个横滨华侨社会的发展。不过，对横滨华侨，他们的故乡是在中国，大多数华侨不愿意卷入政治立场的博弈。在日本取得永住权的华侨更重视在当地的生活。在这种环境下，广东要明鹤同乡会和横滨中华街起到了连接两派的纽带作用。

二、广东要明鹤同乡会

（一）同乡会历史回顾

1917年，旅居横滨的广东高明、高要县华侨在横滨山下町150番地成立"要明同乡会"。1920年，同乡会华侨捐款在山下町151番地建立"要明公所"。1923年9月，发生关东大地震，很多会员遇难，生存下来的华侨也只能回国或避难到关西地区。同乡会活动处于停滞状态。1925年，为纪念地震中去世的华侨，同乡会在中华义庄建立"震灾受难者纪念碑"。此时，同乡会代表为温能佳，会员数为93名。1926年起，同乡会逐渐恢复活动，会员增加到188人。1928年，同乡会选出以温炳臣为会长的新董事会，理财罗孝明，会计刘汝江，调查梁吕严、谭赴元、收严子、瞿乘衡、莫冠英，外联谭生财、

[①] 日刊劳动通信社编：《外事関係団体要覧》，日刊劳动通信社，1978年，第181—183页。

瞿季础，总务黄王廷、区柏孙，书记谢汉明、谭最昌。

1931年九一八事变后，多数华侨回国，日本警察开始取缔各地同乡会组织，要明同乡会规模由此缩减。该时期会长为杨桂芬。1937年七七事变以后回国人数激增，同乡会面临解散的危机，董事会成员也发生变动：主席罗培宋，文牍杨桂芳，理财谭落庆，会计黄润苏，外联陈丽安，核数陈仕荣，纠察李广元，干事谭森川等4名，常务委员罗培宋等4名，会员数80名。1939年，广东鹤山籍华侨也加入该同乡会，因此，将同乡会改名为"要明鹤同乡会"①。

（二）恢复同乡会

"二战"结束后，为了维护华侨的权益，多数要明鹤华侨渴望恢复同乡会。1950年，温章才、谢骏豪、庞柱琛、谭树钊、梁观光、陆苏珍、刘七、杜松生、莫惠良等成立"发起人会"。经过一年的努力，成立了"筹备委员会"，温章才任委员长、刘明长任副委员长。筹备委员会在招收会员的同时，呼吁华侨捐款，并起草了同乡会会章草案。1951年，筹备委员会购买了华侨张福根的山下町220番地住宅为日后同乡会的办公地点，为同乡会的恢复奠定了基础。筹备委员会干部名单有李广开、梁瑶东、谢骏豪、庞柱琛、谭树钊、梁观光、陆苏珍、刘七、谢甜、谭伯焘、程胜山、谢尚成、谢能、王联养、杜松生、莫惠良、刘家祥、严应科、谢义清、谭锦基。1952年2月，举行"旅日要明鹤同乡会"成立大会。大会通过会章，选出第一届职守会（即理事会）人员：温章才为会长，庞柱琛和刘明长为副会长。来自高明、高要、鹤山三个地区的广东华侨以加强"同乡之间的联系、信息交流、互相援助、内外和睦"为宗旨加入同乡会。成立当年的会员达130余人。1952年，四邑公所和要明公所、三邑公所合并入"旅日要明鹤同乡会"②。

由于中山、高明、高要、鹤山华侨多居住在横滨中华街内，因此"旅日要明鹤同乡会"会址也设在横滨中华街长安道。

---

① 《在本邦诸团体调查关系杂件1、2》，日本外交史料馆所藏，编号：k.3.7.0.14。
② 王良编：《横滨华侨志》，中华会馆，1995年，第622—623页。

(三) 同乡会职守

1949年4月，同乡会曾向神奈川县政府申请《战灾地假设建筑许可申请书》。当时同乡会会址以张福根和温章才的名义购买[①]。1952年12月，要明鹤同乡会统计的购买会馆用地捐款者名单前30名为：谭树钊、谢义清、李广开、程广辉、庞柱琛、谢尚成、易东生、谢中平、刘明长、温朝著、莫惠良、杜松生、谭锦基、温章才、吕东源、谢骏豪、杨桂芳、杨耀东、谢朝、谢泽文、谢三珠、刘家祥、吕有安、谢伟康、谢赐恩、刘七、陆苏珍、谭伯焘、梁观光、杨荣康，实际共有108人捐款，总金额1 063 600日元[②]。

第一届到第三届职守会由筹委会委员分别担任。1955年2月第四届公选职守，会长为庞柱琛，副会长谢尚成，总务程胜山、陆惠金，财务李广开，核数谭伯焘、谢义清，福利谢甜，文书谢能。1956年2月第五届职守会，人员变动较大：会长李广开，副会长温章才，总务谭伯焘、严应科，财务谢义清，核数莫惠良，福利杜松生、王联养，文书谢能、温钜和。1963年，李广开转为名誉会长，会长由谭树钊担任。1964年第13届职守会，又特设顾问和检查功能，并在每个部门增加专门干事，顾问为易东生、庞柱琛、陈仕怀三人。温章才和李广开为副会长。

表5-4 广东要明鹤同乡会职守会名单

职守会届	年月	会长、副会长、名誉会长
第1、2届	1952.2	会长温章才，副会长庞柱琛、刘明长
第3届	1954.2	会长温章才，副会长刘明长、谢尚成
第4届	1955.2	会长庞柱琛，副会长谢尚成
第5—11届	1956.2	会长李广开，副会长温章才
第12届	1963.2	会长谭树钊，副会长温章才，名誉会长李广开
第13届	1964.2	会长谭树钊，副会长温章才、李广开
第14届	1965.2	会长李广开，副会长谭锦基、陈仕怀，名誉会长谭树钊
第15、16届	1967.2	会长谢骏豪，副会长温章才、谭锦基、谭树钊，名誉会长李广开

[①] 武吉彩华：《「広東要明鶴同郷会」について》，《神奈川大学大学院言語と文化論集》，第13号，神奈川大学，2007年，第130—131页。

[②] 广东要明鹤同乡会编：《广东要明鹤同乡会纪念成立五十周年会刊1952—2002》，2002年，第9页。

续表

职守会届	年月	会长、副会长、名誉会长
第17届	1971.2	会长吴笑安，副会长谭锦基、谢能
第18届	1973.2	负责人谢义清、谢能、谭觉秋
第19届	1975.4	会长谢义清，副会长谢能、莫惠良
第20届	1977.4	会长谢义清，副会长谢能、谢甜
第21、22届	1979.3	会长谢义清，副会长谢甜、温昌华
第23、24届	1983.3	会长谭锦基，副会长温昌华、谭觉秋
第25、26届	1987.3	会长谭锦基，副会长谭觉秋、夏东开
第27—29届	1991.3	会长谭觉秋，副会长夏东开、黄伟初
第30届	1997.2	会长夏东开，副会长黄伟初、陆佐光，名誉会长谭觉秋
第31、32届	1999.2	会长夏东开，副会长黄伟初、陆佐光

资料来源：广东要明鹤同乡会编：《广东要明鹤同乡会纪念成立五十周年会刊1952—2002》，2002年，第2—8页。

1963年到1966年间，同乡会在进行会内组织改革的同时，开展了一系列活动。首先，1963年12月，同乡会呼吁全体会员捐款，建造同乡会会馆三层大楼。为增加同乡会的活动经费，决定部分室内场地外租，由"旅日要明鹤同乡会不动产株式会社"管理所有同乡会所属物产，这为同乡会的经费来源奠定了基础。例如，1965年的"旅日要明鹤同乡会不动产部赁贷登记簿"记载，有8家公司租用会馆。1966年2月，馆内又增设了图书室[①]。

1972年中日两国恢复邦交之后，同乡会职守会内支持祖国大陆的华侨开始活跃起来。以下是对1971年第十七届职守会和1973年第十八届职守会人员名单进行的对比。1971年（第十七届）的名单为：顾问庞柱琛、谭树钊、李广开、谢骏豪、温章才，会长吴笑安，副会长谭锦基、谢能，秘书谢剑雄、谢强坤，总务谢明甫、严日初，福利谢甜、任才恩，财务温昌华、杜国辉，会计谭觉秋、谭知然，核数莫惠良、梁长汉，外联谢义清、黄伟初，监察杜松生、易祖荣，青年庞国忠、谭庆秋，妇女吴叶肖麟、莫罗银玉；1973年（第十八届）的名单为：顾问庞柱琛、谭树钊、李广开、谢骏豪、温章才、

---

① 武吉彩华：《「広東要明鶴同郷会」について》，《神奈川大学大学院言語と文化論集》，第13号，神奈川大学，2007年，第124—125、131页。

吴笑安，负责人谢义清、谢能、谭觉秋，总务谢甜、谢明甫，福利谭知然、严日初，秘书黄伟初、杜国辉，财务谭锦基、易祖荣，会计梁庆安、程肇强，核数莫惠良、梁长汉，外联吕行雄、谭庆秋，监察谢剑雄、任才恩，青年夏东成、梁永安，妇女夏菊兰、谭叶添[①]。1973年的第十八届职守会，首先将原会长吴笑安转为顾问，取而代之的为谢义清（前外联）、谢能（前副会长）、谭觉秋（前会计）三人，前副会长谭锦基任财务。而1973年负责外联的吕行雄，属于从1952年横滨华侨社会分裂后一直支持新中国的领导人物。不过，职守会人员的变动较多的也仅此一届而已。从1975年（第19届）至1999年（第32届）换届情况来看，谢义清、谭锦基、谭觉秋、夏东开分别连任3—4届代表，职守会内部显现出基本稳定的局面。

（四）同乡会活动

中日邦交正常化之后，同乡会活动开始活跃起来并迅速发展壮大。1973年5月，职守会开展会员户籍调查工作，梳理了横滨地区要明鹤华侨的基本情况，决定将新会员的入会基本金定为2 000日元，并在会馆内设置意见箱。同月，又策划了伊豆联谊旅行活动。7月，举办第一次青年会员联欢会，制作会员名牌。8月，为加强同乡会内活动，决定创建《要明鹤同乡会简讯》，后改称《要明鹤通信》。1974年5月，在会馆组织电影上映会。同年10月，组织秋季友好旅行。1976年5月，组织第一次"敬老庆祝会"。在1973年至1976年间组织的这些活动中，多个项目成为同乡会至今每年定期举行的例行活动。

1978年3月，同乡会首次组织了"回乡参观旅行"，由谢义清任团长、温章才和谢甜为副团长、黄伟初和温昌华为秘书，成员共有34名。1980年2月，组织了第二次回乡参观旅行，成员有李广开、李瑞芳、温昌华、严宗祐、谭树仁、夏菊兰、刘雪颜、严玉颜。1993年11月，组织第一次青年回国参观团，有团长谭觉秋，秘书谢明坤，成员谢剑雄、谢文蔚、吴兰桂、谢成发、莫佐强、陆定全、陆定强、谭敬伸、郑保恩。至2002年，同乡会共组织了7

---

① 广东要明鹤同乡会编：《广东要明鹤同乡会纪念成立五十周年会刊1952—2002》，2002年，第10—15页。

次回国参观团，其中包括2次青年会员的回乡活动，参加人数达150人次[①]。1982年8月到1985年8月期间，广东要明鹤同乡会、东京广东同乡会和京滨华厨会所共同举办3次"中国电影会"，颇受华侨欢迎，增强了华侨对祖国的认同感。

要明鹤同乡会为侨乡也做出诸多贡献。1981年，为建高明"明城""三洲"两所中学，同乡会呼吁会员捐款，共有45名会员响应，捐款金额共计374.5万日元。1983年11月，呼吁会员参加家乡"高明大桥"建设资金捐款活动，共有75名会员捐出305.5万日元。1984年，《高明乡讯》创刊得到来自要明鹤同乡会的资助。1991年12月，第三次回乡参观团参加"高明大桥"落成仪式。横滨华侨总会顾问谢义清、旅日广东同乡会会长吴桂显、旅日广东要明鹤同乡会会长谭觉秋等参加了典礼仪式。

多数会员也以个人名义向家乡捐款。例如，"二战"后同乡会重建工作的发起人之一，任第12、13届（1963—1964年）同乡会会长的谭树钊（高明明城镇人），自1984年起为振兴老家明城镇多次捐出善款。1984年，他与华侨同乡谢甜捐日元300万元，建设明城镇西门村礼堂。1985年，再捐80万日元修建西门村牌坊、街道和下水道，捐人民币16万元建设明城镇医院留医大楼及荣新酒楼。1986年，共捐人民币20万元修缮明城镇文昌塔、建设高明县人民医院住院楼[②]。此外，温昌华捐建鹤山县人民医院温昌华楼，谢义清、谢福清兄弟捐建高明第一中学礼堂和忠和楼，谭锦基捐建高明一中图书馆，谢舜良捐建东坑小学和高明三中教学楼等。除捐资支持家乡的教育、医疗等公益事业外，他们还在家乡进行投资。例如，谭树钊在明城开办荣新制衣厂、荣新酒楼，莫惠良在新市开办泰华楼酒楼，温昌华在高明镇开办联昌酒楼，温标和在新圩开办景泰楼酒楼[③]。

1985年起，侨乡高明及佛山市政府也开始拜访旅日要明鹤同乡会。1985年5月，以卢瑞华市长为团长的佛山市访日代表团访问同乡会。1986年2月，

---

① 广东要明鹤同乡会编：《广东要明鹤同乡会纪念成立五十周年会刊1952—2002》，2002年，第6—8页。
② 佛山市高明区地方志编纂委员会编：《高明市志1981—2002》，广东人民出版社，2010年，第935页。
③ 高明县地方志编纂委员会编：《高明县志》，广东人民出版社，1995年，第722页。

应要明鹤同乡会邀请，高明县赴日考察团访问同乡会，考察团人员有冼垣（高明县人大常委会主任）、赵其俊（副县长）、谭景云（副县长）、谢奕（高明县侨联主席）。1987年，佛山市代表团访日，欧阳洪副市长、张凤岐市政协副主席等访问同乡会。1995年5月，高明市访日考察团访问同乡会，考察团成员有高明市侨务主任叶振明，高明市侨联副主席郑辉嫦等。

1992年，横滨有要明鹤籍华侨约2 000人，要明鹤同乡会会员达350余人。其中高明约300人、鹤山50人、高要6人[①]。1992年3月，为迎接广东要明鹤同乡会成立40周年，同乡会举行了一系列活动。首先是修缮会馆，会堂移到3楼，增设会议室，将1楼和2楼用来出租。其次是编纂纪要，5月起，着手编撰40年同乡会纪要，进行会员籍贯调查，制作会员名簿。此外，同年10月，同乡会举办40周年庆祝大会，邀请家乡庆祝代表团、中国驻日大使馆代表、横滨各侨会以及日本友人。高明县庆祝代表团成员有高明县人大常委会主任罗纯才，高明县海外联谊会会长罗有钢，高明县侨务处副主任陈干明，高明县海外联谊会名誉会长麦全活，高明县海外联谊会理事吴乃和。在40周年纪念会上同乡会向横滨两所华侨学校赠送纪念品，向全体会员赠送高明、鹤山、高要三县地图[②]。

1996年10月，同乡会召开临时会员大会，审议通过章程修改草案。前广东要明鹤同乡会会章制定于1967年2月21日，修改后的会章主要在会员资格上有大的调整。修改内容主要包括同乡会名称改为"广东要明鹤同乡会"，出嫁到神奈川县外的妇女会员保留其会籍等项。此外，职守会议决定入会费为2 000日元，每年另外征收2 000日元的年会费，65岁以上会员免收会费[③]。参加本次大会人员共有106名。其中，老年华侨44名。2000年前后，会员增加到360人。在横滨华侨组织中，要明鹤同乡会是规模最大的组织。

2001年12月，同乡会举行会馆二号楼落成仪式。2002年会员有354名，其主要成员是华侨第三代。与1973年到1976年情况基本类似，同乡会的活动有

[①] 中国人民政治协商会议广东省佛山市委员会文教体卫工作委员会编：《佛山文史资料第12辑——华侨、港澳同胞人物、社团资料专辑》，1993年，第125页。
[②] 广东要明鹤同乡会编：《广东要明鹤同乡会纪念成立五十周年会刊1952—2002》，2002年，第6页。
[③] 参见附录《广东要明鹤同乡会会章》。

新春联欢茶话会、清明节扫墓、震灾纪念日扫墓（9月1日）、旅行、敬老庆祝会及每月一次职守会例会等相关活动①。

（五）2005年前后的同乡会

2006年，同乡会共有会员375人，其中男性186名、女性189名。任要明鹤同乡会理事多年的杜国辉（横滨中华学院校长，籍贯广东高明县，1943年生于横滨）称："中日之间恢复邦交的时候……考虑到接下来将一直定居日本，就选择了日本国籍。我一直会住在横滨，台湾没有亲戚，也没有经济基础，和国内的亲戚几乎没有联系。我的孩子在日本出生，对中国几乎没有感情，他们已经是日本人了。华侨成为华人，华人成为日本人。"同乡会另一名理事谢明坤（籍贯广东高明，1951年生于日本，第二代华人）称："加入同乡会最开心，因为不用考虑政治问题，不管是支持中华人民共和国或'国民党'，只要是广东籍华侨，大家都可以和睦相处。在中华街，同乡会可是不受政治影响开展各项活动的组织。"②虽华侨中已出现了融入当地社会的趋势，但要明鹤同乡会依然可将政治立场不同的横滨广东华侨凝聚在一起。

2002年3月，参加过第二次青年回国参观团的横滨华侨武吉彩华，后来升学至神奈川大学，其于2006年提交的硕士论文就是有关横滨要明鹤同乡会的内容。武吉彩华分析指出，目前，同乡会的主要会员人数基本保持为80名。鹤山籍华侨居住在横滨市外，与会员之间的交流较少。通过比较《四十周年会刊》和《五十周年会刊》上登载会员经营商铺的广告部分，论文分析得出：《四十周年会刊》共登载43家店铺，其中经营餐饮业的29家，将店铺开设在山下町中华街的有14家，山下町以外的有15家。《五十周年会刊》上的广告店铺共有44家，其中餐饮业者30家，店铺在山下町中华街的14家，其余地区的17家。其店铺数量无明显增减，说明广东华侨的餐饮业基本处于稳定状态。除餐饮业外，从事其他行业的有房地产、杂货店、鞋店、歌厅、中华物产、中国糖果店、药店、贸易业、制面厂，十年后又增加了停车场管理、

---

① 广东要明鹤同乡会编：《广东要明鹤同乡会纪念成立五十周年会刊1952—2002》，2002年，第7—8页。
② 关户明子、于之玲：《横滨中华街における华侨・华人の生活样式の变容》，《群马大学教育学部纪要人文・社会科学编》，第50卷，群马大学教育学部，2001年，第174—177页。

茶店、建筑公司、音乐教室等。①

2006年，同乡会的主要活动包括，2月举行两年一次的职守会选举会员大会，并组织新年联欢会；4月清明节到中华义庄扫墓；7月在会馆举行纳凉会，该活动于2000年前后开始举行，使会员在会馆共聚一堂，增进相互感情，青年会员也积极参加该活动；9月为纪念震灾举行祭拜活动；10月隔年举行友好旅行和敬老庆祝会；1月设新年聚餐会。理监事会方面则隔月举行一次理监事会，招待内外嘉宾，策划祖国访问团等。

三、"亲台派"留日广东同乡会

（一）留日广东同乡会变迁

"二战"前，在横滨和东京地区各有广东同乡会组织，但他们之间没有建立起联合团体。1952年，横滨华侨学校事件发酵。1952年3月15日，庞柱琛、刘纪文、温炳臣等居住在横滨和东京的80余名广东人士在横滨山下町144番地华商贸易工会内召开首次联合会议，成立留日广东会馆筹备委员会。选出筹备委员26人，庞柱琛（高明人，开设万珍楼和万昌贸易有限公司）就任第一届主任委员，鲍伯公、陈洞庭、曾子乙等三人为副主任委员。筹备委员会内设总务、组织、文书三个部门，起草会馆章程，招收会员。3月29日—3月30日，同乡会举行全体会员大会，大会公选庞柱琛为会长，刘纪文为名誉会长。选定山下町153番地为广东会馆临时馆址，并决定另行筹建新馆。经过两年的努力，京滨广东华侨在横滨山下町164番地购置土地。1954年1月23日，新馆落成。

1954年3月，广东同乡会进行改选。由于广东籍会员人数多，而且分散在各地，理监事联席会议决定将投票时间定为3月26日到3月28日。28日下午举行会员大会，同时开票。最终庞柱琛连任会长，谢尚成和陈敦镇为副会长，梁次如为常务理事，杨桂芬为监察主任，李电英为副主任，刘纪文为名誉会长。1954年4月4日，举行交接典礼。广东同乡会的主要工作是联系横滨和东

---

① 武吉彩华：《「広東要明鶴同郷会」について》，《神奈川大学大学院言語と文化論集》，第13号，神奈川大学，2007年，第121—143页。

京的各广东同乡会，加强交流，接待从中国来的嘉宾，与日本当地政府沟通等。

庞柱琛担任会长到1982年8月逝世。同年9月起，由吴笑安临时接任会长，苏厚光和谢剑雄为副会长。10月下旬，为提拔新人，吴氏辞去会长职务，理监事会人员重选，庞柱琛之长子庞国忠被选为会长，梁兆华和黄东焙为副会长。

为力求改进广东同乡会的组织结构，庞国忠集合广东华侨第二代，以社团的力量发展横滨中华街。广东同乡会将原有的旧会馆出售，另择中区118番地，改建五层的新会馆。1994年10月竣工。一楼是可以办红白事的大厅，二楼是休息厅，三楼是会议室，四楼是外租办公室，五楼则是横滨中华街发展会协同组合的办公室。除五楼外，会馆设施随时可以出租。会馆租金和会费是广东同乡会的主要收入来源①。

广东同乡会曾发行过会刊《粤报》，用来联络同乡会和会员。刊物每年春夏秋冬共发出四期，由专务理事兼组织部长雷兆元、理事谢武坤两人负责主编。

1999年，同乡会有会员135名，理事13名。与要明鹤同乡会不同的是，广东同乡会的理事主要由横滨中华街经营者成立的"中华街发展会协同组合"的人员构成。广东同乡会定期组织例会，不仅讨论同乡会事务，也经常讨论研究中华街的全面发展及华侨社会的发展。因为要明鹤同乡会和广东同乡会都是广东人的社团，因此，部分广东华侨同时加入这两个组织。年度活动与要明鹤同乡会活动类似②。

（二）留日广东同乡会的更新换代

1952年至2000年期间，加入日本国籍的华人共有76 731人。其中1972年之前，日本对华侨入日本国籍持消极态度。到1971年共计4 948人拿到日本国籍，年平均入籍人数为247人。70年代初期，中日两国恢复邦交之际，日本放

---

① 王良编：《横滨华侨志》，中华会馆，1995年，第648—650页。
② 王维：《华侨的社会空间与文化符号——日本中华街研究》，中山大学出版社，2014年，第167—168页。

宽华侨的入籍条件。1972年后，入籍人数大增，1972年为1 303人，1973年为7 338人，1974年为3 026人①。

1985年，日本政府修改国籍法。1985年前，日本国籍法的首要原则为"父系血统主义"，因此，与日本女性结婚的华侨家庭，其子女为中国国籍。1985年，日本将此规则改为"父母两系主义"，因此与日本人结婚后生下的子女可自动获得日本国籍。80年代，正值日本华侨第三代取代老华侨成为华侨社会的中坚力量时期，在结婚方面，选择日本人的华侨明显增加。例如，1965年，在日本共有423对华侨进行婚姻登记，其中配偶为日本人的共有279对，已达66%。之后和日本人结婚的比率逐年增高，70年代后半期已达85%，80年代每年平均超过90%②。此外，中国政府于1980年实施的《中华人民共和国国籍法》第3条规定"中华人民共和国不承认中国公民具有双重国籍"，第5条规定"父母双方或一方为中国公民，本人出生在外国，具有中国国籍；但父母双方或一方为中国公民并定居在外国，本人出生时即具有外国国籍的，不具有中国国籍"③。

广东会馆理监事会成员过半都是加入日本国籍的华人。例如，1995年的理监事会干部共有15人，其中取得日本国籍者就有10人。

1995年留日广东同乡会理监事名单④

会长：庞国忠（林兼正）

副会长：梁兆华、吴孝文

专务理事：电兆元（上田英俊）

常务理事：郑干荣（长田英志）、谢武坤（高冈武）、莫佐强（井山圣强）

理事：谢贞秀（和田健）、张顺权（长岛顺权）、周庆锦、郑干忠（长田忠宪）

---

① 浅川晃广：《在日外国人と帰化制度》，新干社，2003年，第15页。
② 过放：《在日中国人社会の变容——神户华侨を中心として》，《社会学雑誌》，第11号，神户大学社会学研究会，1994年，第192—194页。
③ 国务院法制办公室编：《新编中华人民共和国常用法律法规全书》，中国法制出版社，2015年，第97页。
④ 王良编：《横滨华侨志》，中华会馆，1995年，第651页。

监事长：鲍国明

监事：谭庆秋（中泽庆秋）、何秉信（饭田将也）

事务局长：戴雅彰

从1995年到时隔20多年后的今日，横滨的老华侨社会已进入第三代主管中华街的时代，他们多数已加入日本国籍，更多的将自己的归属置于"横滨中华街"这块土地。

第三节 "横滨中华街"与横滨两派华侨的和解

一、"二战"后的横滨中华街

横滨中华街位于横滨市中区山下町。1861年2月，神奈川县将原来沼泽地填补并开辟新区，称之为横滨新田。日本政府将此地划分为外国人居留地。1863年1月，横滨广东人租借新田135番地，后在此地建了同济医院（480坪）。1864年2月，顺和栈租得居留地186番地521坪。19世纪70年代，随着华侨增加，中国人开始集聚形成中华街。

第二次世界大战结束后，日本国内粮食紧缺。但旅日华侨在粮食方面得到特殊待遇。此外，因离美军基地较近，横滨华侨能够获得更多的生活用品。不少华侨在中华街的废墟上摆摊销售来自美军基地的商品，并用所得资金合伙经营餐饮业。当时，有20多家餐饮店开业。"二战"前，横滨华侨从事餐饮业的只有二成是自己开店，仅10多家，其余八成是作为厨师替人工作的。1947年7月，日本政府开始管制华侨餐饮业。接着，又对经营服装、味精、鲜鱼、蔬菜、酒类等商店采取登记制度，经营餐饮业的华侨也受到当地警察的搜查等，无法维持正常经营。部分华侨转行经营咖啡店等。1950年朝鲜战争爆发，中华街以美军为主要客源的酒吧、酒家等兴起，中华餐饮业则减少到61家，主要服务对象是驻扎在横滨的美军，一般市民很少光顾。

1953年，横滨市长和横滨商工会会长等人到美国视察，通过参观旧金山唐人街发现"中华街"是个刺激地方经济的亮点。回到横滨后，开始组织恢复中华街和元町商店街。于是，1953年11月，中华街和元町振兴会成立。12名成员中有4名华侨。同时成立中华街牌楼建设委员会①。1955年，以中华街华商为主，成立了横滨华银信用银行，为振兴中华街提供资金支持。同年，建成中华街牌楼，正门雕刻着"中华街"三个大字。这时，称"南京街"的人逐渐减少，周边的人开始称之为"中华街"。1956年，横滨中华街以牌楼建设委员会为基础成立横滨中华街发展会，当时会员有60人。后来因组织机构不够完善自行解散②。

1954年，横滨共有华侨4 431人。其中，广东2 240人，台湾896人，浙江339人，福建313人，江苏483人，山东61人，东北13人，其他省份86人。广东华侨占总数的51%。到1962年，居住在横滨中华街附近的广东华侨依然占53%③。

20世纪60年代，日本进入经济高速增长时期，日本社会迎来大众消费的新时期。一些物美价廉的中国饭菜受到日本市民的青睐，开餐馆的广东华侨随之增多。1961年，日本实施环境卫生法，规定经营餐饮业者必须参加讲座并取得结业证书，才可以取得地方政府的营业执照。1962年，华侨在中华街经营较有规模的餐饮店77家，酒吧和大众酒场32家，茶馆9家，杂货店10余家。因横滨多数华侨在语言、年龄、教育水平等方面的局限，他们接受培训具有相当的难度。为渡过难关，段春源、庞柱琛、陈福坡等策划发起"横滨中华料理同业公会"，后以组织名义与政府部门交涉，结果是华侨餐饮业者均取得从业资格。

1962年9月，"横滨中华料理同业公会"正式成立，横滨地区的餐饮业者都有参加，庞柱琛为理事长，段春源和周富棋为副理事长，陈福坡为常务理事兼秘书长，李海天、吴笑安、谢骏豪、张湖顺为常务理事④。

70年代，横滨各华侨饭店有了较大的变化。首先，中坚力量从"二战"前的第一、第二代华侨转到第二、第三代华侨。因1952年横滨华侨学校分裂

---

① 菅原一孝：《横浜中華街探検》，讲谈社，1996年，第158—159页。
② 王维：《华侨的社会空间与文化符号——日本中华街研究》，中山大学出版社，2014年，第192页。
③ 山下清海：《チャイナタウン——世界に広がる華人ネットワーク》，丸善ブックス，2000年，第68页。
④ 王良编：《横滨华侨志》，中华会馆，1995年，第480—481页。

事件，多数有经济条件的华侨将儿女送到国际学校就读，因在高中毕业前掌握了除中日双语外的英语能力，他们毕业后到美国大学就读者增多。这些华侨子女学成后回到横滨，引进西方的餐馆经营方式，一扫以往陈旧做法。其次，同一时期，日本掀起美食潮，横滨中华料理店经常爆满，每家餐厅的收入大幅增加。后来料理店进行装修，店内环境焕然一新。①

70年代末，朝日新闻社记者菅原幸助花了一年的时间到日本的横滨、神户、长崎、东京的中华街进行访谈调查，并编著《日本的华侨》一书②。1988年，菅原决定再次采访横滨中华街时称："相隔十年后，再进行华侨访问调查，虽在开始之前就预料到日本华侨社会的变化，但通过访谈调查重新认识了日本华侨社会的巨大变化。……这次在中华街几乎见不到缠足的妇女。十年前在横滨中华街和山手町采访时，两天必见一个缠足的华侨奶奶。"也能说明现今的横滨华侨社会已不再是以寻求"落叶归根"的第一、第二代华侨所主导。

二、两个派系的合作

1958年，横滨市举行开埠百年庆典。横滨商工会邀请横滨中华街发展会派龙狮队。中华街发展会理事长将联系龙狮队的任务交给发展会李福泉（1926年生，广东南海人）。横滨华侨社会分裂之后，龙狮队也分为祖国大陆和中国台湾两支队伍。因此，李福泉分别与两支队伍的代表接洽，他们都愿意参加横滨市的庆典。为避免政治上的干扰，他们以中华街A和中华街B的名义参加庆典。之后，两支队伍一直用"中华街"的名义共同参加横滨市内多个庆祝活动③。由此，两派青年之间开始了交流。

1972年的中日邦交，给横滨华侨社会带来了两大变化：第一是支持大陆的华侨成为主导，积极参加各项活动；第二是日本社会对中国大陆开始产生兴趣。70年代，日本社会正值大众消费时代，横滨交通方便，中华街周边观

---

① 菅原幸助：《十年振り、横浜華僑と語り合って》，《書斎の窓》，有斐阁，第372号，1988年3月，第21页。
② 菅原幸助：《日本の華僑》，朝日新闻社，1979年。
③ 中华会馆、横滨开港资料馆编：《横浜華僑の記憶——横浜華僑口述歷史記錄集》，中华会馆，2010年，第52页。

光设施也日渐完善，来访中华街的游客有所增加。中国物产也出口到日本，横滨华侨增加了从中国进口的工艺品、土特产、点心等货品。中华街内商铺总数增加到170—180家。

1971年2月，依据日本的中小企业协同组合法，横滨华侨以原横滨中华街发展会成员为主力，与部分日本商人联合，成立社团法人"横滨中华街发展会协同组合"，最初会员约有120人①。会员中，有支持祖国大陆的华侨，也有受旧意识影响的侨胞，但是他们共同的目标就是发展"横滨中华街"。他们携手完成了中华街牌楼建设、主干道街灯更换等一系列的工作。"横滨中华街"为两派提供了合作空间。

80年代中期，日本另掀起民族美食文化观光热潮。日本人对中华街的热情更加高涨，横滨中华街迎来各地的观光客。原先经营杂货店的华侨纷纷转向经营餐厅。中华街的繁荣促使横滨两派华侨之间加强合作，共同发展横滨中华街。1986年1月1日，横滨中华街关帝庙失火被烧毁。为重建共同信奉的关帝庙，全体华侨携手成立"横滨关帝庙建设委员会"。1990年7月31日，新关帝庙落成，成了两个政治立场不同组织的连接纽带。过去两派具有浓厚政治色彩的国庆节，也转为振兴"横滨中华街"的文化活动。90年代，日本经济走向低迷，中华街也受到考验。中华街华侨经营者们必须共同商讨"中华街"日后的发展。

1993年1月，横滨华侨以横滨中华街发展会为主体，联合中华街活跃的24团体成立"横滨中华街街区建设协议会"（以下简称"建设协议会"）。参加建设协议会的横滨华侨各组织名称分别为：横滨中华街发展会协同组合、横滨关帝庙管理委员会、横滨华侨商公会、横滨华侨经济协会、信用组合横滨华银、横滨华侨总会、横滨中华青年会、横滨华侨青年会、横滨中华学院校友会、横滨中华学校青年会、横滨自由华侨妇女协会、横滨华侨妇女会、京滨华厨会所、神奈川县中日调理师会、中华街停车场共同组合、留日广东会馆、广东要明鹤同乡会、横滨台湾同乡会、横滨福建同乡会、京滨三江公

---

① 1997年，该协同组合会员达到290名，其中日本人占10%，加入日本国籍的华侨有30%。理事有33名，其中50岁以上仅有6人，大部分是20—40岁的年轻一代，参见王维：《华侨的社会空间与文化符号——日本中华街研究》，中山大学出版社，2014年，第192页。

所、南门丝绸之路协议会、中华街市场街会、中华街关帝庙街会、中华街西门街振兴会①。其中，支持祖国大陆和受旧意识影响的各组织同时加入到该协议会。例如，横滨华侨青年会和横滨中华青年会，横滨中华学校青年会和横滨中华学院校友会，横滨华侨妇女会和横滨自由华侨妇女协会。建设协议会每月举行两次例会，讨论横滨中华街的发展。例如，在中华街内建洗手间、免费休息厅、路标等。

建设协议会的成员主要是华侨第二代。他们认为，中华街的存在有重要意义，不仅仅是观光地，也是传播中华文化的载体。1995年，全年到横滨中华街的游客达1 800万人，超过东京迪士尼的1 500万人。建设协议会认为，如此庞大的游客到横滨中华街不仅仅是为了"吃"，更是为了在中华街能够感受到"异国情调"。华侨社会进入第二、第三代，而他们作为中国人的认同开始淡化。因此，中华街需要有"真正的中国"，同时让年轻华侨寻找到自己的归属②。为保护和加强"中华文化"元素，横滨中华街着手修建牌楼和地藏王庙。1995年4月5日，地藏王庙修复落成。同年5月23日，中华街牌坊完成，共建设7个牌楼，费用高达6亿3 000万日元。牌楼门的颜色反映了中国传统文化的风水思想。西门是白色，东门是青色，南门是红色，中门是黄色，北门是黑色，这些都彰显了中华文化的要素。

建设协议会会长兼横滨中华街发展会协同组合理事长庞国忠（万珍楼代表）接受记者采访时称："对我们来说，横滨中华街就像一个村，大家齐心协力奋斗到了今天。建一个牌楼，也是大家捐出善款建成的，可以说中华街内的一切事务都在中华街内部讨论解决。通过组织同乡会，在内部互相帮助。牌楼是横滨中华街的象征，也是生活在中华街华侨的精神支柱，因此决定重新建设牌楼。过去建的牌楼只是一个作为中华街的标志，所以结合中华街的气氛，牌楼的颜色也选了红色。但是在中国几乎没有红色的门，红色只是日本人想象中的中国。不过，过去中华街内大家说中文，按照中国的习惯

---

① 关户明子、于之玲：《横浜中華街における華僑・華人の生活様式の変容》，《群馬大学教育学部紀要人文・社会科学編》，第50卷，群馬大学教育学部，2001年，第160页。
② 山岡俊介：《横浜中華街にみる「落地生根」日本で生まれた華僑たちの街づくり》，《財界展望》，財界展望新社，第479号，1995年5月，第164—171页。

生活，所以来到中华街的游客都能感觉到'中国'。但是今日，华侨也是更新换代，和日本当地的同化现象非常明显。如果中华街和日本的街道变成一样的话，就没有它的存在价值。……随着华侨融入当地社会并不断被同化，华侨所有的软文化也逐日淡化。为了生存，中华街必须要加强有中国特色的硬文化。用硬文化促进软文化的继承，以此来增强华侨的自我认同感。作为具有硬文化代表性的牌楼是横滨中华街华侨的精神支柱。"①当时，庞国忠兼任横滨留日广东同乡会会长。1995年10月，重建同乡会会馆，会馆全面引进广东建筑风格。

横滨华侨总会会长兼建设协议会顾问吕行雄（万来轩店主）接受记者采访时也强调："为今后继续发展，（横滨中华街）不仅在饮食方面，同时要培养文化元素。无论如何要建成中国文化设施。……实现文化设施是我最大的梦。"吕行雄是支持祖国大陆的横滨华侨总会会长，而庞国忠是亲台的留日广东同乡会会长。不过，他们同时是横滨中华街的一员，横滨中华街是他们生活的地方。为更好建设自己的家园，横滨华侨克服政治立场的不同，共同投入中华街振兴事业。

1971年起出任"亲台派"横滨华侨总会会长的吴笑安回忆称："我1910年生于广东高明县，1929年应父亲之意来到横滨，到现在（1996年——引用者注）没有离开过横滨中华街，也不想去任何其他地方。一直住在顺海阁附近，定居于此，没有想过移民到其他国家。……我有3个儿子，1个女儿，他们都取得日本国籍。……'二战'结束后，我开始经营顺海阁。目前，中华料理店和工厂加起来约有职员200人。其中，厨师主要是从广东和台湾聘请来的，从老家招来的亲戚有30人左右。到日本后，安排他们到日本语学校学习日语。我平时都用广东话，并不擅长用日语和普通话。横滨中华街是我的第二个故乡。横滨中华街有华侨总会、同乡会、青年会等不同组织，一般有集会我都会参加。以前因为和'大陆派'有公共财产方面的法律诉讼问题，并没有过多的往来，现在问题也解决了，开始和大陆的组织也有联系。虽然我

---

① 《特集横浜中華街——中華街発展のキーマン林兼正、横浜中華街百三十年の計は本物を使った街づくりだ！！》，《財界人》，財界人出版，第68号，1994年5月，第52—55页。

没有去过'大陆派'的总会,他们的宴会等还是参加。前一阵大陆华侨总会副会长的儿子结婚,我以关帝庙委员的身份出席。"①

随着更新换代,生活在横滨中华街内的老华侨,包括广东华侨在内,也加快了融入日本社会的步伐。但为保护自己的家园,他们不分政治立场,携手重建牌楼和关帝庙等中华文化的象征,每年在中华街举行的春节庆祝活动也已成为当地的重要庆祝活动之一。有了这些共同的目标,相信横滨广东华侨社会今后也会继续发展,并一代接一代地传承中华文化。

---

① 关户明子、于之玲:《横浜中華街における華僑・華人の生活様式の変容》,《群馬大学教育学部紀要人文・社会科学編》,第50卷,群马大学教育学部,2001年,第164—165页。早在1992年高明县人大常委会主任罗纯才等赴日期间,登门拜访横滨的旅日乡亲,包括"亲台派"的吴笑安。接着1995年5月市政府组团赴日本,同样拜访过吴氏。1999年,年近九旬的吴笑安先生踏上回乡之途。在侨务人员的陪同下,吴一行回到阔别70年的故乡巷口村,在祖居"顺养楼"和亲朋好友相聚。吴先生叮嘱拍录像的孙子,一定要拍下家乡新貌和家乡的风土人情。吴先生向纪念中学、明城东洲中学各捐100万日元。参见佛山市高明区地方志编纂委员会编:《高明市志1981—2002》,广东人民出版社,2010年,第720页。

第六章　战后神户广东华侨组织的曲折与发展

第一节　神户中华总商会

在神户，从开埠初期就有广东、福建、三江（浙江、江苏、江西籍人士）三帮势力。1870年福建组织"八闽会所"于神户复兴号成立，广东帮于1876年成立了广业公所①，三江帮于1888年在神户已有组织活动，1891年之前在神户和大阪建立了公所②。广东、三江、福建各帮都有相当实力的巨商。例如，广东同孚泰的郑氏家族和怡和号的麦少彭，福建复兴号的王氏家族，三江怡生号的吴锦堂。1904年日俄战争爆发，日本政府为筹备战争资金，向社会发行了军债。多数在日华商申请购买了军债。从1904年2月和5月两次发行的军债购买情况来看，麦少彭和吴锦堂每次各购买10万日元，复兴号第一次申购24 000日元，第二次为32 000日元，位居神户华商购买军债者名单前三名③。

1909年5月2日，神户中华商务总会正式成立，由神户三帮均等出席组

---

① 内田直作：《日本華僑社会の研究》，同文馆，1949年，第157—165页。
② 中华会馆编：《落地生根——神戸華僑と神阪中華会館の百年》，研文出版，2000年，第72—73页。
③ 田中镇彦编：《神戸港》，神户港编纂事务所，1905年，第381—397页。

成。总会设总理1人、协理2人。广东同孚泰郑雪涛之子郑祝三（瑞图）任首任总理，福建复兴号王大川（德经）、三江复和裕马聘三（席珍）任协理，办事处设在中华会馆内。此后，有关神户华侨商业方面的一切事务由中华商务总会负责。商务总会随中国国内商会法的修改，于1918年更名为中华总商会，1929年改为华商商会[1]。不过，至1938年，该组织的商业活动一直处于停滞状态。

1939年广业公所、福建公所和三江公所在亲日派王克敏伪政权以及日方的干涉下，将三帮组织并入神户中华总商会，在原广业公所的会馆开展业务。1945年6月5日，美军大举空袭神户，神户中华总商会的会所及所有公产均化为灰烬，神户华侨流离失所，受损情况非常惨重。

1945年8月15日，大战虽告结束，但社会混乱不堪，会务无人照管。1946年2月25日，詹廷英等9名理事退出了总商会，1947年3月7日吴玉臣也表明卸任。1947年7月，中国驻日代表团阪神侨务处以第562号批文指示再建神户中华总商会，并成立筹备委员会。

1948年，总商会经阪神侨务处的批示，与战后新兴的"神户华侨贸易振兴会"合并，并于当年5月21日召开新旧会员大会，选出理事18名，监事4名。会长吴玉臣（河北籍）、副会长王昭德（台湾籍）、吴振东（广东籍）、理事易彝伯（广东籍）、马百斋（江苏籍）、陈义方（台湾籍）、招协衡（广东籍）、林清波（福建籍）、陈新喜（台湾籍）、黄万居（台湾籍）、王记（台湾籍）、林水永（台湾籍）、詹廷英（福建籍）、周盈赓（浙江籍）、周家珍（福建籍）、邱世懋、陈德仁（广东籍）、梁耀汉（广东籍），监事陈源来、谢连春（台湾籍）、廖道明（广东籍）、关品全[2]。除了广东商人之外，增加了不少台湾商人。

台湾人是日俄战争前后来到神户的，当时他们和神户华侨之间的交流较少，仅因语言及习俗相似与福建帮保持来往。在神户的台湾人从事海产、布

---

[1] 中华会馆编：《落地生根——神户華僑と神阪中華会館の百年》，研文出版，2000年，第127—128页。

[2] 《神户中华总商会大厦落成始末记》，中国人民政治协商会议汕头市委员会文史与学习委员会编：《汕头文史》，第17辑，2002年，第33—34页。

匹杂货的出口及台湾巴拿马草帽的进口，也有珍珠商人。"二战"结束后台湾商人开始砂糖等食物的走私贸易，原经营巴拿马草帽生意的"高砂商行"李义招，进军物流行业，在神户华侨社会内具有一定影响力。而"大信实业"的黄万居，在"二战"初期不断收购糖果行业，获得巨额财产。王昭德在从事贸易业的同时兼任神户华侨信用金库①理事长。

"二战"结束后，继承贸易业的广东商人仅有"砺兴公司"，后来从香港来到神户的商人中有部分人员留在了神户。如本店在香港的广安泰行湛兆材、"well company"的鲍永康、中美商行的郭煜涛、协成泰的赵健②。

总商会虽恢复，但其会务无法与往年相比，会员人数逐年减少，至1970年，仅剩17名。当时在神户的贸易商有广东帮28家、福建3家、其余18家。

1971年下半年，经理事会协调，原会员复归会籍，福建、三江两帮的华商人士也相继加入成为会员。1972年，会员人数增至83家③。

第二节 神户广东同乡会的重建计划

一、神户中华总商会的公产问题

1948年5月，神户中华总商会恢复之时，《章程》规定该会为华侨商业的中枢机关，以"结集华侨商工界之舆论，以图改善华侨经济及国际贸易之振兴"为宗旨，其任务则为与中外官厅及商工机关进行联络，以及发给华侨商工业证明、仲裁等。然而成立初期的总商会的大量工作则是处理由前广业公所捐赠该会作会址的租借地问题。如前所述，该会于1939年12月改组为社团法人时，规定广业、福建、三江将其公产捐赠给总商会。但当时恰遇三江公

---

① 其前身为，1947年由神户台湾省籍商人王昭德、陈义方等成立的华侨福利合作社。1952年改称"华侨信用金库"，1978年改称"神荣信用金库"，90年代，受日本泡沫经济的破灭和阪神大地震的影响，该社陷入债务危机，2002年1月18日向日本金融厅申请破产（可儿弘明、斯波义信、游仲勋编：《華僑・華人事典》，弘文堂，2002年，第363页）。
② 鸿山俊雄：《神戸の外国人——外国人墓地と華僑風俗》，华侨问题研究所，1984年，第179—180页。
③ 《神户中华总商会大厦落成始末记》，中国人民政治协商会议汕头市委员会文史与学习委员会编：《汕头文史》，第17辑，2002年，第33—34页。

所和福建公所公章持有者不在神户，无法把财产转为总商会所有，只有广业公所把全部财产及租借地捐赠给总商会。之后该两团体始终没有将财产合并于总商会。战后兵库县厅总务、文化课督促过总商会与该两公所交涉，完善此一登记手续。虽经多次与三江、福建同乡会代表接洽，他们都表示此事为当时战争形势所迫，不得已才承认解散的，而现在环境不同，故不能将公产捐赠。

另一方面，总商会办公场所在战时遭受空袭烧毁，"二战"结束后，又因财力不足未能重建会馆，当局认为有碍观瞻，欲终止与总商会的租借契约，且地租年年攀高，加重总商会的财政负担。于是1954年3月，总商会先后召开了4次理事会讨论，最后决定由会员出资建筑，并制定了《神户中华总商会租借地建筑公投章程》，于4月17日开投，结果由东京华侨国际企业公司（代表江世荣）以每坪400元投得。但因该公司实力有限，未能依期将"权利金"全部交清。至1955年7月，仍然未交，只能取消其投注权利。于7月26日再行投标，但当天没有人前来参加。过了两个星期，即8月9日，经由王昭德斡旋，以该会副会长吴振东名义，与黄万居、王记签约，订了《备忘录》，决定由黄、王二人投资建筑。但是后来黄、王两氏又数次要求延后动工时间，到十年后的1966年才投资建造。至此，问题似已告一段落，但实际上由于《备忘录》的内容与《公投章程》多有不符，而且没有公开投标，手续不全。虽由于当时形势和环境之故，但在公产处理上却有违该会《章程》和与财务局所签订之契约，问题一直拖延到商会复兴以后的1976年才得以圆满解决[①]。

二、20世纪60年代中期之广业公所复兴案

"二战"结束后，神户各帮华侨开始恢复同乡会，例如，神户福建同乡会于1954年恢复了福建公所，而三江帮也一直保持帮内的相互联系[②]。

60年代中期，在广东商人元老的支持下，以神户华侨贸易振兴会成员为主力，神户粤商陈德仁等组织成立"广业公所复兴筹备委员会"（以下简称

---

① 东莞市政协编：《东莞学人文丛：罗晃潮集》，花城出版社，2012年，第206—208页。
② 可儿弘明、斯波义信、游仲勋编：《華僑・華人事典》，弘文堂，2002年，第269页。

"筹备委员会"），办公地点设在东亚路联合大厦三楼。通过多次讨论，陈德仁等起草了广业公所章程和筹备计划。同时，他们还通过整理原广业公所相关资料，从日本贸易局调查文件中发现了1937年12月原广业公所会员名单（表2-7），并以会员名及其商号名为线索，查找原会员的子女。至此，广业公所复兴计划正式启动[①]。1966年6月27日，陈德仁、陈根□、陈学忠联名通告称：目前广业公所有名无实。我辈决定复兴"广业公所"。具有个人商号的广东华侨均可以入会，会员招募活动持续到7月14日[②]。

重建"广业公所"过程中，最大的难关首先是选定会所用地及解决自1939年以来的三帮组织公共财产整合问题。1939年，由广业公所、福建公所及三江商业会合并成立的神户中华总商会，一直使用原广业公所之会所。福建公所和三江商业会当时虽属于清算法人，但到了"二战"结束后亦没办理公共财产移交手续。同样棘手的是如何安排神户中华总商会之共同财产分配与管理工作，以及如何厘清三帮公所与总商会之间的关系问题[③]。

基于以上情况，陈德仁等决定先恢复"广业公所"，再向三江、福建两公所商讨恢复中华总商会相关事宜。就解决公共财产和总商会定位等问题，筹备委员会最终制定了五项原则："第一，广东帮、福建帮、三江帮照法例已合帮为总商会，在日本宜尊重日本法例，应共同协力谋此总商会之发展为最圆满。第二，倘此三帮希望从新独立之时，如不强求合并前之名义时实可另定名称而应现在环境之须要另定章程为佳。第三，三江、福建及广业之公产已统一为总商会，此三帮对海岸通三丁目总商会之公产各有同率之权利及义务，外三江公所、福建公所之公产亦有同率之权利。第四，故此之帮会员各自独立时，而总商会□□四分之三同意之下，须将三江福建各□评价之公产作现在之评价□须将总评价之三分之一代价交到广业公所，广业公所则用此款额内可在总商会馆内按其。第五，如广业公所希望在总商会内设公所时也可应总商会共同建筑□□案。"[④]筹备委员会认为总商会的共同财产包括广

---

① 《神户中华总商会理事会会议记录》，1965年12月7日。
② 广业公所复兴筹备委员会：《通告》，1966年6月27日。
③ 《旧广业公所会议记录》，1980年11月30日，手稿资料。
④ 广业公所复兴筹备委员会：5项原则，手稿资料。"□"为解读困难。

业公所、福建公所及三江商业会各自所有的共同财产。

在扩充会员队伍的同时，筹备委员会主动联系负责"法人代表"部门的日本兵库县总务部文书课，希望由日本行政机关出面督促三江及福建两公所履行约定，早日办理移交公产到总商会的手续。因史料不足，目前无法掌握当时兵库县方面的回应及其是否介入神户华侨公共财产争执等情况。

1965年12月7日，在神户中华总商会理事会上，筹备委员会提出了三方会所之公共财产问题。出席该理事会的有吴振东、陈德仁、陈义方、王记、黄万居、招协衡、马百斋、林清波、詹永年等九人。理事会议决定推选吴振东副会长暂任广业公所会长之职，但对公共财产分配方面没有做出明确决定①。会议结束后，筹备委员会分别与三江商业会和福建公所进行了商讨。

福建公所方面表示，"当时（1939年——引用者注）三团体合并为一之案，乃由县厅外事课之所迫，故不得已当时办了解散手续之第一步，……第二次世界大战结束后，福建公所则即自图复兴，会所亦已建筑了。故现在无意将公产移交。……希望总商会了解现在福建公所环境给与合作，而清理此问题"，婉拒了筹备委员会的要求。作为同情之善意，福建公所表示尽量为广业公所重建向所内会员筹集捐款，所筹得之款由总商会转交给筹备委员会。三江商业会就此给出了两点解释：一者当时之合并乃受日本外事课之命被迫解散的；二者商业会的建筑物租与他人，且在缴纳固定资产税等，所以无法将会所公共财产移交给总商会。最后，三江商业会向筹备委员会承诺将在三江商业会理事会上讨论对此问题的处理方案。后来也不了了之②，由此广业公所重建计划逐渐失去推动力。

总商会的会务方面，因各种原因，商会活动无多大进展，理事会也未能按时改选。1962年7月31日，曾选出吴振东、吴玉臣等6人组成理事会，但会务仍无起色。到1966年，虽曾成立过总商会复兴筹备委员会，举行多次会议，但始终未能推进会务，会员人数也减至20余人。1967年，总商会举行了第五届改选，陈德仁、潘生熙等8名广东华侨加入总商会理事，共11名理事中

---

① 《神户中华总商会理事会会议记录》，1965年12月7日。
② 《旧广业公所会议记录》，1980年11月30日，手稿资料。

广东华侨占9个名额。1970年会员仅剩17名。

　　1971年6月19日,总商会理事会进行第六届改选,结果为9名理事皆为广东华侨,总商会似乎成了神户广东华侨的组织。被推选为会长的陈德仁上任后开始积极开展会务工作,该会的复兴活动方针主要为:"邀请有力殷实华商为基本会员,每个基本会员介绍会员两名","进行共存共荣运动及图会员和会员亲族间之亲睦","与各有关团体作联络","发行本会月报"等等。1971年12月,该会机关报《神户中华总商会报》正式出版。1972年3月,总商会改选时,会员数由原来的20余人增至90多人。改选结果为,陈德仁继任会长,并选出林同春、徐灿生、黄进胜、卢德财为副会长,组成了21人的理事会和4人的监事会。理事会下设4个部,即总务部、外务部、财务部、文化部,并分别选出各部的委员长和委员,由此迎来了神户中华总商会的新时代。

　　进入70年代,总商会在人员及财力方面都有了显著发展。1976年圆满解决了与华侨王记之间的该会公租地纠纷问题。即以总商会还给王先生过去所代支的2 500万日元本金为条件,王记将地上权利和地上的一切建筑物照现状移交总商会①。为从银行贷款2 500万日元,陈德仁等5名总商会最高负责人以私人名义向银行提交了担保书。

三、中日邦交与广东同乡会成立案再起

　　1972年中日两国恢复邦交,双方政府机关高层往来开始频繁,这激发了神户华侨加强同乡会组织的意识。1971年5月,福建华侨首先成立兵库县福建同乡会。1972年6月,兵库县江苏省同乡会正式成立。1973年1月,台湾同胞成立兵库县台湾同乡会②。随着大环境的变化,"广业公所"复兴计划再次摆在神户华侨社会面前。1975年,神户广东华侨代表起草了共八章三十三条的《神户广东同乡会章程草案》③。

---

① 东莞市政协编:《东莞学人文丛:罗晃潮集》,花城出版社,2012年,第208、209页。
② 中华会馆编:《落地生根——神户華僑と神阪中華会館の百年》,研文出版,2000年,第433页。
③ 《神户广东同乡会章程草案》,1975年6月。该《草案》内容与1982年兵库县广东同乡会章程基本一致,应为1982年起草章程时的基准。

神户广东华侨先后多次与福建公所及三江商业会进行交涉，讨论有关1939年三帮强制合并后遗留下来的总会与各公所之间的关系以及公共财产分配问题，并要求两公所将其公产移交到总商会。福建、三江两公所均表示，会员可依自愿原则加入总商会，但无法实行财产移交。

福建公所致函神户中华总商会会长陈德仁表示①："本会……缘因战时中，在不正常之社会环境下，遂与三江公所及广业公所同时并入贵会，而敝会所则在名义上成为清算法人，故当时本会所之一切活动，在无可奈何之下停顿一时，然战争结束后……各侨团组织逐渐恢复原状，本公所同人亦深感先辈创会之原旨，认为有恢复原有组织之必要，经多次讨论，决定复兴公所，是于1958年12月恢复了组织。……惟尚感遗憾者，本公所在迫不得已之环境下，名义在法律上仍属清算法人之地位，如要向日本政府有关机关申请独立，须中华总商会与本会所双方之同意则可容易受理……贵会自复兴正常活动，热心公益，近又建筑商会大厦，诚可钦佩，本公所亦欲借此机会……务望贵会念及侨胞亲睦……鼎力相助，是所感祷。"福建公所等没能彻底厘清与总商会之间的问题，也因此导致无法恢复独立法人资格。

1980年11月14日及30日，原广业公所会员后裔及部分神户中华总商会广东商人先后召开了两次会议，探讨了1939年三方公所合并所致历史遗留问题②。在11月30日的会议上，陈德仁召集神户广东商人，在神户中华总商会会议室举行了"旧广业公所"会议。参加人员有陈德仁、陈因、潘生熙、容国基、凌国威、陈根霖、曾祥炜、李家让、招协衡、陈庆秩、凌舜堂共11名。同一时期，侨领陈德仁计划筹备建设神户华侨历史博物馆的相关工作，将其设于新建神户中华总商会会馆内。在向兵库县提交博物馆申请材料时，总商会和三方公所之间公共财产问题再次遭到质疑。会上，陈德仁对此解释道："因历史遗留之公共财产问题未得到彻底解决，兵库县政府决定不予受理'本会设立神户华侨历史博物馆'的提议申请。'社团法人神户中华总商会'的基本财产主要为原社团法人广业公所移交之物，故对三江、福建两团

---

① 福建公所理事长致神户中华总商会会长陈德仁之函，发信日期未详。
② 神户中华总商会会长陈德仁：《兵库县指令文第1—27号に対する回答》，1981年9月。

体之问题，应先得原广业公所后裔之理解。根据以上理由，今日召集各位原广业公所有关同人及其后裔之诸君者，请各位提意见商决此事。"经过两个多小时的热烈讨论，参会人员达成以下共识①。

①广业公所不复兴。1939年，广业公所之先辈已履行三团体之协议，将其公产移交到神户中华总商会。总商会也已成为"社团法人"，不同籍贯的各业华商大部分加入其中。这正可谓华商之大团结，更有益于同乡会之间的团结。

②三江及福建两公所，如不能履行原协议，亦可尽量发动会员进行募捐活动，将募捐款项交给总商会，金额多寡无须限定。

③为纪念"社团法人广业公所"之贡献，须设立"石碑"于总商会南侧小庭园之空地上，石碑之正面刻入"广业公所旧址，不忘先人遗德"等字样，而其背面刻记三方组织的捐款明细，以垂千古。

1981年2月16日，神户中华总商会会长陈德仁、三江商业会代表卢德财及福建公所代表郑葆仁联名向兵库县总务部寄出三方之决定案，其内容如下②：

兵库县总务部文书课长阁下：

---

① 《旧广业公所会议记录》，1980年11月30日，手稿资料。
② 【原文】
兵庫県総務部文書課長殿
今般私達下記三団体は協議の結果、下記の通り決議いたしましたので何卒ご承認くださいますようお願いいたします。
1，清算法人である福建公所及び三江商業会は未清算の公産をそれぞれ会所属同郷会員で公益事業を行うために別に組織する団体に寄附し、社団法人中華総商会はこの行為を承認する。
2，清算法人である福建公所及び三江商業会は別に組織する団体（福建公所は仮称を社団法人福建閩南公所とし、三江商業会は仮称を社団法人三江会館とする）は事実上名称は変わり組織上の細則に多少の変更はあるが社団法人中華総商会の趣旨に協力し、公益事業を積極的に行う。
以上の通り相違ありません。
昭和56年2月16日
社団法人中華総商会会長陳德仁
清算法人三江商業会代表者盧德財
清算法人福建公所代表者鄭葆仁

经协商，三方公所之间达成以下几点共识，望阁下给予批示。

①作为清算法人的福建公所及三江商业会，将其剩余公财捐赠至为公益事业由福建、三江两公所所属会员另行成立的社团，而社团法人中华总商会承认其捐赠行为。

②尽管清算法人福建公所及三江商业会重组的社团（福建公所的暂定名称为社团法人福建闽南公所，三江商业会暂定为社团法人三江会馆），已更换新的名称，其组织构成上的细则也有部分修改，但该两组织协助社团法人中华总商会的活动，以及积极开展公益事业。

针对以上内容三方无任何异议。

昭和56年（1981年）2月16日
社团法人中华总商会会长陈德仁
清算法人三江商业会代表卢德财
清算法人福建公所代表郑葆仁

1981年2月18日，为迎接2月21日举行的神户中华总商会会员大会，总商会召开了紧急理事会议①。会上，陈德仁作了汇报，提到旧产处理过程及神户华侨历史博物馆建设计划等有关内容：

第一，1980年2月23日，会员大会议决在本会章程中第4条（事业）项内增加一项，即设立神户华侨历史博物馆；第二，原广业公所后裔议决案，已通知三江、福建两团体代表人及兵库县文书课长，两团体则对此解决方法均表示满意，而县政府则在考虑如何解决该两团体之重组问题；第三，兵库县教育委员会已答应先受理"本会设立神户华侨历史博物馆"之件；第四，神户华侨历史博物馆现状报告及3月20日举行"孙中山先生与神户"展之件。

至此，神户中华总商会和各公所之间遗留四十余年的公共财产问题得到圆满解决。广东华侨以放弃财产移交请求权为条件，顺利通过了在神户中华总商会二楼设立神户华侨历史博物馆的计划，建设博物馆方面则另起章节进行论述。

---

① 《神户中华总商会紧急会议会议录》，1981年2月18日。

第三节　兵库县广东同乡会之成立

一、广东省、兵库县友好关系缔结与兵库县广东同乡会成立

20世纪80年代，在改革开放的旗帜下，中国国内各行业加强了与海外联系，各省市也纷纷与国外缔结友好协议。神户福建籍侨领林同春在回忆录中写道："某日，兵库县知事邀请了相关政府人员及数名神户华侨领袖到自己家，征询了应向中国哪个省份缔结友好协定较好之意见。此时华侨建议广东省位于中国东南部的沿海地区，是送出大批华侨的侨乡，同时与兵库县也有较深的历史关系。"[①]

1981年12月，以兵库县知事坂井时忠为团长的36人代表团访问了广东，其中包括18名神户华侨。除神户华侨总会会长李万之外，陈德仁、陈学忠、陈因、文启财、赵家义、潘来日、潘式舜7名广东华侨同行。陈因回忆称："我七名广东省籍华侨，认为广东省与兵库县的友好协定即将成立[②]，而兵库县内尚无广东帮的组织，应迅速组织广东同乡会，以表达广东人之热情团结。遂于广东珠岛宾馆花园内进行了两次讨论，决定返回神户后立即发起广东华侨组织同乡会。"[③]

回到神户，陈德仁、陈因等联系神户地区粤侨积极分子参与筹备活动，共召集了12名广东华侨为发起人，于1982年1月21日成立筹备委员会。筹委会名单有文启财、任善宏、吕如和、李寿邦、李智伟、林国齐、吴绍初、凌国威、荣国基、梁金兰、凌舜堂、陈因、陈学忠、张国荣、麦浩江、陈根霖、陈盛齐、陈达贤、陈德仁、陈庆秋、陈锦筹、赵家义、潘来日、刘润尧、鲍日明、卢国威、简国泰共27人[④]。委员们共同筹划方案，起草同乡会章

[①] 林同春：《橋渡る人——華僑波乱万丈私史》，エピック，1997年，第263—264页。
[②] 1983年3月23日，广东省省长刘田夫与日本兵库县知事坂井时忠签订了友好协定。
[③] 凌舜堂：《二十五年来的步伐》，二十五周年纪念刊编辑委员会编：《兵库县广东同乡会成立二十五周年纪念刊1982—2007》，兵库县广东同乡会，2007年，第47—48页。
[④] 纪念刊编辑委员会编：《兵库县广东同乡会十周年纪念刊》，兵库县广东同乡会，1992年，第29页。

程①。赵家义参与过广东省同乡会成立前后的筹备工作,后来回忆称,当时的筹备委员会深刻意识到成立广东同乡会的重要性。华侨社会的最基层组织就是同乡会,在同乡会的基础上才有华侨总会、中华会馆、中华同文学校、华侨幼稚园。因此,为了让华侨社会拥有同乡会的基础,我们理应奉献自己一份力量②。

1982年6月13日,神户广东华侨聚于神户金阁酒家,召开了兵库县广东同乡会第一届会员大会。当时,以神户地区广东华侨为主的会员数共达到126户454名。

大会通过了同乡会章程,选出21名理事和7名监事。兵库县广东同乡会正式成立,定址于神户市中央区元町通2丁目9-1元町广场大厦907号。6月19日,召开第一次理事、监事会,选出了名誉会长、顾问、正会长、副会长及监事长。由此广东同乡会组织结构基本成形③。

表6-1 第一届理监事名单

姓名	职位	分管工作	姓名	职位	分管工作
陈学忠	名誉会长		陈德仁	顾问	
陈因	会长		吴忠楠	常务理事	财务文书
文启财	副会长	外务	吴绍礽	常务理事	文书
梁金兰	副会长	福利	陈锦筹	常务理事	文化体育
陈庆秋	副会长	总务	霍兆翔	常务理事	福利
赵家义	副会长	企划	卢国威	常务理事	企划
潘来日	副会长	财务	简国泰	常务理事	外务
陈学忠	理事		陈根霖	监事长	
陈德仁	理事		容国基	监事	
文玉清	理事	福利	凌舜堂	监事	
任善宏	理事	福利	张俊荣	监事	

---

① 二十五周年纪念刊编辑委员会编:《兵库县广东同乡会成立二十五周年纪念刊1982—2007》,兵库县广东同乡会,2007年,第47—48页。
② 卢国威:《趙家義さんの思い出》,二十五周年纪念刊编辑委员会编:《兵库县广东同乡会成立二十五周年纪念刊1982—2007》,兵库县广东同乡会,2007年,第151页。
③ 纪念刊编辑委员会编:《兵库县广东同乡会十周年纪念刊》,兵库县广东同乡会,1992年,第31页。

续表

姓名	职位	分管工作	姓名	职位	分管工作
林国齐	理事	文化体育	麦浩江	监事	
曾莲英	理事	总务	陈盛齐	监事	
赵妙娟	理事	总务	刘润尧	监事	
廖宪正	理事	文化体育			
鲍日明	理事	总务			

资料来源：纪念刊编辑委员会编：《兵库县广东同乡会十周年纪念刊》，兵库县广东同乡会，1992年，第30页。

从选出的第一届理监事名单来看，神户广东华侨的领导层由1960年代的陈德仁、吴振东，转接到陈因等下一代。与1971年第六届神户中华总商会理事名单相比，也基本上找不到以前的老面孔。历任同乡会会长分别为陈因（1982—1986）、潘来日（1986—1990）、赵家义（1990—1992）、霍兆翔（1992—1996）、文启财（1996—2000）、简国泰（2000—2004）、鲍悦初（2004—2007）[①]。1992年会员人数约达到800人。

二、同乡会设立办公地点过程

1985年，日本签署"广场协议"后日元飙升，使得日本的出口产业受到严重影响。日本政府实行降低银行利率的金融宽松政策，不仅导致通货膨胀、物价攀升，还影响到房价的大幅上涨，日本各地纷纷开始城市开发。神户当地企业家认为东亚路中山手通一带位于神户中心地段，极具开发潜力。大阪创英股份有限公司和日本近铁不动产等从川西仓库公司购买该地皮后与当地住权者商议，于1988年3月成立了"中山手再开发协议会"[②]。

1987年，神户广东华侨梁云玉逝世。梁云玉在神户无继承人，唯居住香港的外甥女叶某有继承资格。经广东同乡会会员介绍，叶某与兵库县广东同乡会取得联系，并委托该会办理财产继承等相关手续。事情办妥后，叶女士

---

① "现任会长·永久名誉会长"，二十五周年纪念刊编辑委员会编：《兵库县广东同乡会成立二十五周年纪念刊1982—2007》，兵库县广东同乡会，2007年，图片。
② 文启财：《"中山手再开发"与同乡会》，二十五周年纪念刊编辑委员会编：《兵库县广东同乡会成立二十五周年纪念刊1982—2007》，兵库县广东同乡会，2007年，第54—55页。

为表谢意将中山区下山手通3丁目12番的房屋一间（13.5坪租地权）和285万日元捐给同乡会。由此，同乡会成了"中山手再开发协议会"成员。随后，经大阪创英公司介绍，同乡会得知开发地区内有37.62坪土地居住权在出让。同乡会自成立以来一直租用位于神户市元町的办公室，没有独立的办公场所。同乡会认为如果能获取该居住权，开发结束后可将居住权再次出让，还清债务同时也能设立同乡会会址。因此，经理事会决定于1988年5月24日，以8 000万日元购入上述土地居住权。神户华侨信用金库受理全额贷款，每年利息达300万日元①。

进入90年代，日本泡沫经济崩溃。日本开发商不得不退出中山手开发计划，而同乡会也承受着偿还借款及利息的压力。

8 000万日元的巨额债务及其每月银行利息，已严重影响到同乡会各项活动的顺利开展。当时该会的经济来源主要是会员会费及租金收入，而仅靠此两项资源无异于杯水车薪。1996年，为改变如此艰难困局，新任会长文启财采取一系列措施，其中包括两次会员捐款。卸任前，文启财再次提议以会员捐款方式渡过难关。在潘来日、谭惠彭、简国泰、鲍日明、杨锦华、陈因、文启财7名理事各捐出300万日元的带动下，高成泉、冼惠昭各捐出100万日元，黄兆铭、陈庆秋、黄兆基、同兴楼、群爱股份公司、unicon agancy公司各捐出50万日元，卢国威、卢国胜、吴忠楠、梁金兰、四兴楼各出30万日元，麦兆良、邓惠银、文启忠、任善惠、关泽民、民生（商号）各出20万日元，多数会员也捐款5万至10万日元不等。募捐总金额超过3 000万日元。这才缓解了同乡会一直以来的债务压力。同乡会随后继续发动会员参加捐款，就这样依靠自己的力量将债务基本偿清②。

1995年1月17日，日本关西地区发生阪神大地震。神户中山手通地区房屋受损严重，周边地区市民积极参与该地区的重建计划。2002年9月，市民向政府提出《城市重建计划批准申请书》。2003年1月17日，与住友商事等企业正

---

① 文启财：《"中山手再开发"与同乡会》，二十五周年纪念刊编辑委员会编：《兵库县广东同乡会成立二十五周年纪念刊1982—2007》，兵库县广东同乡会，2007年，第54—55页。
② 文启财：《团结就是力量》，二十五周年纪念刊编辑委员会编：《兵库县广东同乡会成立二十五周年纪念刊1982—2007》，兵库县广东同乡会，2007年，第51—53页。

式签署《事业推进协定书》。2004年2月，神户市批准了《中山手地区第一种市街地再开发事业计划》。重建计划用地面积共6 587 m²，建筑面积4 104 m²，住宅户数达355户。项目落成后，同乡会按契约得到153.58 m²的居住权，其中包括两个一楼店铺（30 m²、42.66 m²）和两间套房（30.6 m²、50.32 m²）[①]。2005年9月18日，同乡会完成权利交接手续。除还清外债，该会还分得部分空间作为办公地点和房屋出租。

2005年5月30日，同乡会正式与神户中华俱乐部[②]合并。后者由神户广东籍老华侨创立，但随着会员的日益老龄化和人数减少，其正常活动难以维持。同乡会继承了俱乐部在三石大厦的房产，后将部分房产出租而增加收入。目前，广东同乡会办公地点设在神户中央区下山手通3-15-19[③]。

第四节　兵库县广东同乡会之运作与活动

同乡会章程第十条规定"理事会在会员大会闭会期间执行本会一切会

[①] 文启财：《"中山手再开发"与同乡会》，二十五周年纪念刊编辑委员会编：《兵库县广东同乡会成立二十五周年纪念刊1982—2007》，兵库县广东同乡会，2007年，第55—57页。

[②] "二战"前，神户广东华侨自发成立了各种业余爱好团体。第一是位于同文学校西南侧的"商业研究会"，会长杨寿彭，会员大多数为工薪阶层，彼此不分上下。"研究会"附设食堂部，开展以打麻将等为中心的娱乐活动。第二是1928年组织的音乐部（baby Jazz），拥有二十多名会员，以演奏爵士为主，闻名于阪、神。音乐部由于乐器昂贵，只能购买钢琴，其他乐器皆由队员个人负担。音乐部每年借用东游园地附近的KR&AC会所举行音乐会。张仁俊精通各种乐器，是音乐部杰出的演奏者。其他队员有吴宝干（钢琴、鼓）、梁乐音（钢琴、小号、小提琴）、许成浩（钢琴）、鲍东生（小号、横笛）、罗金宝（小提琴）、郑日光（小提琴）、黄栋利（小提琴）、高成宽（小提琴）、许提安（小提琴）、李鸿光（小提琴）、郭启东（吉他）、郑国麟（吉他）、郑国恩（吉他）、郑国驹（吉他）、吴观勤（鼓、声乐）、鲍幼良（萨克斯管）、郑飞雄（手提琴）、郑观宝（声乐）、鲍秀莲（声乐）、周佳丽（声乐）。第三是"二战"期间神户广东人组织的女生合唱部，每星期练习两次，练习地点由甘亦雅、曾丽芳提供。由卢康祥指挥，钢琴伴奏由鲍东生担任，郑梅仙担任顾问。部员有文琼仙、鲍妙兰、周美丽、邱金莲、关桂枝、曾丽颜、陈惠颜、陈瑞莲、黎宝娟、关月爱、鲍秀莲、周佳丽等20多名。第四有登山部，鼓励会员每天早晨登山。第五，"中华体育会"设有篮球部，鲍观籍领队，许成浩为教练，在关西很有名气。还有棒球部（后来跟慈善会棒球部合并），每年和横滨中华队比赛。1939年，随着各组织的合并，以上广东华侨兴趣组织合并成立了"中华俱乐部"，慈善会吴振东被选为第一任会长。2005年，中华俱乐部并入广东同乡会，由广东同乡会继承，参见鲍永康：《回忆》，二十五周年纪念刊编辑委员会编：《兵库县广东同乡会成立二十五周年纪念刊1982—2007》，兵库县广东同乡会，2007年，第116—117页。

[③] 凌舜堂：《二十五年来的步伐》，二十五周年纪念刊编辑委员会编：《兵库县广东同乡会成立二十五周年纪念刊1982—2007》，兵库县广东同乡会，2007年，第48页。

务",第十一条规定"监事会监察本会一切会务,理事会如有违背章程损害本会利益时,监事会可招集临时会员大会改组理事会"。理事会和监事会是同乡会一切事宜的策划及监督部门。同乡会主要决定通常由定期统一召开的理事会和监事会决议。同乡会理事之间主要通过电话联系,而给会员的集体通知则使用邮寄或电子邮件。同乡会的各项活动首先在理、监事会上讨论,通过决议后,以邮寄明信片的方式将结果通知各会员。理、监事会的首要任务是筹备一年一度的会员大会,举办时间通常是每年春季。

同乡会的活动分为对外活动和对内活动。对外活动主要是与祖国、当地社会、海外广东侨胞之间的交流。组织访问团参加广州国庆庆典等活动,同时接待来自广东省侨务办公室等政府机关的考察团;参加由兵库县知事等当地日本政府、财界主持的各项交流会;委派代表参加2005年12月在香港举办的第三届世界广东同乡联谊大会。同乡会内部活动主要有:每年举办一次新年会,举行数次高尔夫球赛,中秋节向老华侨派送月饼,组织会员在日本国内或祖国旅游,自1991年5月起开办广东话学习班等活动[①]。近年来,同乡会在神户东亚路节日时举办广东节,向当地市民介绍广东饮食文化,增进日本人对广东文化的了解[②]。以下将对同乡会与祖国的联系以及广东话教学活动进行探讨。

一、与祖国政府机关的交流

同乡会负责接待广东省政府机关访日考察团的各项工作,该工作以往由神户华侨总会直接安排给同乡会[③]。由表6-2可以得知,改革开放以来,同乡会通过接待广东省侨办访日考察团以及走访祖国各地等方面的努力,为促进广东省与日本的友好关系作出积极贡献。

---

① 有关广东话学习班的开展情况将在后续论述。
② 凌舜堂:《二十五年来的步伐》,二十五周年纪念刊编辑委员会编:《兵库县广东同乡会成立二十五周年纪念刊1982—2007》,兵库县广东同乡会,2007年,第49—50页。
③ 神户华侨Z氏之访谈,访谈时间:2013年8月,访谈地点:神户。

表6-2　同乡会与广东省各部门的交流

年月	接待工作	年月	祖国访问
198303	广东省友好代表团	—	—
198309	广东省侨办访日代表团	198310	中山石岐中山纪念堂落成典礼（中山）
198311	中国侨办代表团	—	—
198410	广东省教育视察团	198410	国庆35周年纪念典礼（国务院侨办）
198411	广东省孙、陈教授来访	—	—
198506	广东省副省长访问团	—	—
198511	广东省考察团	—	—
198610	广东省贸易投资访问团	198707	中国第六次广州运动会（广东省侨办）
198709	广东省展会团	—	—
198710	广东省劳动人事视察团	—	—
198712	广东省福利交通考察团	198802	鹤山县任礼培纪念馆落成式（鹤山县）
198806	广东省人大代表团欢迎会	—	—
198809	广东省财政代表团	—	—
198810	广东省郊区农业视察团	—	—
198811	广东省经济侨务代表团	—	—
198812	广东省行政视察团	—	—
198903	广东省经济交流委员会	—	—
198909	广东省建筑代表团	198910	国庆40周年纪念典礼（广东省侨办）
198911	广东省情报告团	—	—
198911	广东省新闻报道视察团	—	—
199002	广东省侨办贸岁杂技团	—	—
199002	广东省市长视察团	199010	农肥学术研究交流会（广东省侨办）
199009	海南行政视察团	199108	侨刊乡讯学术交流会（广东省侨办）
199011	广东省环境保护农业视察团	199211	省内、东路及承德旅游（广东省侨办）
199204	广东省侨办访问团	199306	天津友好之翼（神户华侨总会）
199410	江门、新会侨办访问团	199410	国庆45周年纪念典礼（广东省侨办）
199610	广东省侨办视察团	199604	清明祭王陵（陕西省外事侨务办）
199909	深圳市侨办访问团	199711	回省参加交流会（广东省侨办）
200011	广州市侨办访问团	199910	国庆50周年纪念典礼（广东省侨办）

续表

年月	接待工作	年月	祖国访问
200103	深圳市电视台乡亲采访团	200001	庆千年大典（佛山市外事办）
200208	深圳市人民政府代表团	200212	第2次世粤联大会（广州市侨办）
200209	广东省侨办访问团	—	—
200304	江门杜阮镇领导访问团	—	—
200312	广东省海外交流协会访问团	—	—
200608	佛山市南海外事侨务访问团	—	—

资料来源：二十五周年纪念刊编辑委员会编：《兵库县广东同乡会成立二十五周年纪念刊1982—2007》，兵库县广东同乡会，2007年，第67—74页。

二、祖国各地的走访参观

祖国观光旅游活动始于同乡会成立后的第二年，成为同乡会每年例行活动之一，具体时间通常安排在会员大会结束之后。1983年6月1日，同乡会44人首批祖国参观团从神户出发，经香港抵达广州，开始为期14天的国内访问。以陈因为团长，赵家义、梁金兰、霍兆翔、施兆贤等为干事的参观团，受到广东省侨办热情接待。

从1985年的第三次访问团报名通知可知，当时的报名费用是每人30万日元，这笔费用绝非小数目。但访问团能直接感受中国国内的发展，加深了对祖国的了解和感情。

表6-3 同乡会祖国参观团活动

年月	代表	人数	行程
198306	陈因、赵家义	44	香港、广州（访问省侨办）、桂林
198405	陈因	21	云南（昆明、石林）、广西（南宁、伊岭岩、友谊关）
198505	陈因、梁金兰	25	北京（故宫、长城、十三陵）、济南大明湖、泰安、南京
198609	陈庆秋、梁金兰	62	香港
199106	陈因、梁金兰	23	青岛、烟台、大连、沈阳
199305	霍兆翔、赵德全	29	海南岛，通过香港中旅社和广州中旅社办理国内行程安排

续表

年月	代表	人数	行程
199405	霍兆翔	20	香港、广州（各自归乡，约定时间在广州集合，参加会员认为如此组织归乡探亲，时间宽裕意义甚大）
199505	霍兆翔	—	重游海南，全程顺利
199601	霍兆翔	37	广州（观光结束后10名离队，各自回乡探亲）、桂林
199709	霍兆翔	43	广州（粤北、韶关、南雄、梅岭、珠玑巷、丹霞山、锦江）
199806	霍兆翔	36	成都（都江堰、二王庙）、重庆（长江三峡）、武汉、广州，得到各地侨办接待
199911	霍兆翔	19	广州、武汉、恩施市（龙鳞宫）、利川市（腾龙洞）
200001	—	9	海南南部尖峰岭
200009	霍兆翔、鲍悦初	16	广州、乌鲁木齐（南山牧场）、吐鲁番、敦煌、酒泉、张掖、嘉峪关、武威、中卫、沙坡头、腾格里、宁夏、银川、广州
200106	霍兆翔、杨秀明	22	昆明石林、丽江（玉龙雪山、古城）
200110	简国泰、霍兆翔	30	海南豪华旅行
200210	简国泰	29	台湾（台北、台中、台南）
200406	简国泰、霍兆翔	20	青岛、潍坊、济南、泰安、曲阜、蓬莱、烟台
200411	霍兆翔	9	广州、佛山、肇庆、番禺、顺德等地，寻找当地美食
200506	霍兆翔	16	大连、沈阳、鞍山、长春、哈尔滨、大庆、旅顺
200606	霍兆翔、杨锦华	23	广州、桂林、龙胜、资源、柳州、南宁

资料来源：二十五周年纪念刊编辑委员会编：《兵库县广东同乡会成立二十五周年纪念刊1982—2007》，兵库县广东同乡会，2007年，第78—84页。

1983年6月到2006年6月，共组织祖国参观团21次。从访问团的日期、人数、访问地点等信息可以看到同乡会成员有如下特点。首先，参加人数减少。笔者将21次参加人数分1983年—1991年、1993年—1999年、2000年—2006年三个阶段，分别算出在各阶段参加访问团的年均人数：第一阶段为35名，第二阶段为30名，2000年以后则减至19名。其次，21次访问行程中将广州纳入行程的共有9次，主要集中在1994年至2000年。这一期间，参加访问的人数大部分超过30名，这说明以广东为祖籍的同乡会会员到广州访问意愿浓烈。但因他们与侨乡之间没有太强的紧密关系之故，导致了2000年以后返乡的热情直线下滑，最为典型的是2004年11月，霍兆翔等组织了访问广州、佛山、肇庆、番禺、顺德等地的广东省内访问团，参加人数仅9名。可与此相反，同乡会在1986年组织过中国香港、新加坡、泰国访问团，参加人数竟达62名，是21次活动中人数最多的一次活动。

三、广东话学习班

进入80年代，中国高举改革开放旗帜。日本社会掀起一股"广交会"热潮，兵库县与广东省缔结了友好省县的协议。为使当地居民更好地了解广东，在兵库县政府的鼓励下，同乡会着手开办广东话学习班。

1982年8月，陈明杰拟定培训班的基本教育方案，其目的有二：提高广东华侨及其子弟对广东话的认识和水平；向当地社会普及广东话知识。其经营方式由广东同乡会协商决定，而财务方面同乡会则不予资助，原则上由陈明杰等独立经营；课程内容主要是讲授广东话之基础部分；授课地点借用广东同乡会办公室，正因如此，授课时间也基本上安排在傍晚；教师主要在广东同乡会会员和来日留学生中选出；招收对象超过小学高年级以上者均可；学费暂定为同乡会会员及其子弟每月五千日元，华侨及其子弟每月七千日元，其他人员每月三万日元，每三个月一个学期。

课程分班有两个标准：其一是对中文及广东话的了解程度；其二是根据年龄的分班方式。前者分为不懂中文者为初级班、略懂中文而不懂广东话者为中级班、与广东话有接触者为高级班三个层次，而后者则分为儿童班（小学至初中）、高年班（高中及以上）、日本人班[①]。

表6-4 课程安排（暂定案）

	初学者（从头学起）	有一定的基础者（同文学校小学或中学毕业）
儿童班	小学高年班~初中三年级 I	小学高年班~初中三年级 I″
高年班	高中生~大学生以上 II	高中生~大学生以上 II″
日本人班	特别指导 III	特别指导 III″

资料来源：兵库县广东同乡会：《兵库県広東同郷会主催「広東語教室」開催要項》。

---

① 兵库县广东同乡会：《兵库県広東同郷会主催「広東語教室」開催要項》。

教师队伍方面，主要以有教学经验的兵库县广东同乡会干部为主，共有教师5名，包括教师顾问陈德仁。陈德仁不仅有大阪外国语大学任教广东话教师经历，还是广东同乡会顾问。陈根霖也在大阪外国语大学教授过广东话，黄其沃是原神户中华同文学校教务主任，凌舜堂是神户市外国语大学广东话教程的兼职教师，霍兆翔则是原香港梅芳中学教师。

从1982年10月19日到12月10日，针对日本人的第一期课程分15次讲解，每次授课时间为晚6点到9点。授课内容包括广东话发音、声调练习、入门会话、中级学习等，重点加强学习者的广东话交际能力。该课程授课地点定在位于神户市中央区下山手通的兵库县县民会馆以及广东同乡会办公室两地。招收学员人数在25至40名之间[1]。后由于种种原因，一段时间内同乡会被迫取消了学习班。

时隔几年，广东话学习班再次招生。1991年5月，"广东语讲习会"成立，一直持续到2007年。由霍兆翔和凌舜堂担任教师。培训班分初级、中级、高级三个班，参加人数最多时达43名[2]。目前，学习广东话的学生人数逐渐减少。霍兆翔和凌舜堂二位先生则以志愿者的形式继续授课。[3]

第五节　兵库县广东同乡会的心声

2007年，兵库县广东同乡会迎来了成立25周年纪念日。不管是活跃在战后六七十年代的老一辈华侨，还是作为新鲜血液的新一代神户华侨领袖，均在其发行的25周年纪念刊物上发表文章。以下通过其中五位华侨的心声可以了解目前广东同乡会的情况及产生的问题。

第一位，文启南：1973年，也就是中日邦交正常化的第二年，我们夫妇跟随回国旅行团参观了各地。在当地解散后，和哥哥（启东）回乡探亲，还

---

[1] 兵库县广东同乡会：《兵庫県広東同郷会主催「広東語教室」開催要項》。
[2] 霍兆翔：《广东语讲习会》，二十五周年纪念刊编辑委员会编：《兵库县广东同乡会成立二十五周年纪念刊1982—2007》，兵库县广东同乡会，2007年，第77页。
[3] 鲍凤仙：《私と広東同郷会の出会い》，二十五周年纪念刊编辑委员会编：《兵库县广东同乡会成立二十五周年纪念刊1982—2007》，兵库县广东同乡会，2007年，第113页。

特意请了住在香港见过乡亲的姐姐同去。可我们在老乡里既没有一个见过的亲人，也听不大懂宝安话①。

第二位，黄进兴：现在广东人（指旅日粤籍华侨——引用者注）日语非常流利，我自己的广东话则只能应对两三句，所以非常遗憾。华侨自古以来具有能够习得多种语言的细胞……希望有一天广东同乡会可以用广东话相互交谈。目前对本会来说，最为棘手的就是"扩大年轻一代的人数增加"。作为一种发展思路，我认为以"边玩边学广东话"为主题，组织策划年轻人自己的登山会及交流会，邀请两三名只讲广东话的留学生加入，从而使我们的年轻人习惯于一个使用广东话的环境②。

第三位，杨锦华：呼吁年轻一代参加包车一日游，整体上比较积极。如果通知他们参加同乡会的定期活动，他们的态度消极。2007年，同乡会会员平均年龄已达70岁。因此，同乡会必须进行大范围的改革。回想同乡会当初创立的重要目的之一，就是与祖国广东省建立交流的窗口。这25年，理事会代表同乡会接待来自广东各部门的代表团，交换信息并建立了友好关系，也做出了一定贡献。但另一方面，部分会员要求同乡会应把首要目标放在会员的和睦与福利上，目前举办新年会、茶话会、敬老月饼赠送等活动已满足不了会员们的要求。……考虑同乡会的今后发展时应注意现在各会员经济来源基本稳定的因素，应将同乡会的管理大胆移交给年青一代，让他们自己策划组织活动③。

第四位，鲍悦初：接下来讲一下有关我们最为担心的华侨青年教育问题。近些年，第一代华侨人数已不多，第二代华侨的老龄化问题日益严重。第一、第二代华侨对同乡及民族意识方面保持明确的自我认同，也有爱乡和爱国精神。但到了第三、第四代华侨，多数已主动选择入日本国籍，或依据日本的国籍法自动取得日本国籍，即便持有中国国籍的也已融入了当地社

---

① 文启南：《回乡记——宝安的过去和现在》，二十五周年纪念刊编辑委员会编：《兵库县广东同乡会成立二十五周年纪念刊1982—2007》，兵库县广东同乡会，2007年，第160页。
② 黄进兴：《广东话》，二十五周年纪念刊编辑委员会编：《兵库县广东同乡会成立二十五周年纪念刊1982—2007》，兵库县广东同乡会，2007年，第128—129页。
③ 杨锦华：《バトンタッチ》，二十五周年纪念刊编辑委员会编：《兵库县广东同乡会成立二十五周年纪念刊1982—2007》，兵库县广东同乡会，2007年，第154页。

会。因此，我们面临着民族意识日益淡化的趋势①。

  第五位，蓝璞：现实中，老华侨和新华侨各有不同志向。加之，华侨在日本就业、结婚等生活过程中面临的客观必要性，他们或作为中国人的自我认同意识淡化，最终取得日本国籍的华侨人数增多。这些都使华侨社会变得多样化和复杂化。我们已经到了认真考虑在日华人社会将何去何从的归属问题的时期。我认为只有通过追索我们的方向，才能确定同乡会接下来的职责是什么。②

---

① 鲍悦初：《祝词》，二十五周年纪念刊编辑委员会编：《兵库县广东同乡会成立二十五周年纪念刊1982—2007》，兵库县广东同乡会，2007年，第31页。
② 蓝璞：《神戸華僑社会の一世紀プラス》，二十五周年纪念刊编辑委员会编：《兵库县广东同乡会成立二十五周年纪念刊1982—2007》，兵库县广东同乡会，2007年，第144页。

第七章　东京广东同乡会的发展与现状

第一节　东京广东同乡会沿革

　　日本开埠初期，广东等地旅日华侨主要居住在横滨、神户、长崎等开埠城市。进入20世纪，部分广东华侨开始移居东京一带。"二战"前，他们在东京成立"东京广东华侨会所"。1937年7月，抗日战争全面爆发，至"二战"结束为止，会所业务陷入停滞状态。1945年底，在曾润开、李森耀等侨领积极推动下，东京广东华侨开始筹备复兴广东会所，由吴汉新出任代表[①]。1949年，东京广东华侨恢复会所职能，将其改称为"东京留日广东同乡会"。1949年10月，中华人民共和国成立，国民党战败后退据台湾。另一方面，战败国日本接受以美国为首的GHQ管制。1950年6月，朝鲜战争的爆发，使美国开始改变对东亚地区的战略部署，扶持日本重新回归国际舞台。1952年4月，在美国的劝诱下，日本和台湾当局签订所谓《日华和平条约》，建立了"友好"关系[②]。因此，在1972年以前，日本华侨一直受台湾当局管制。

　　受周边环境影响，东京留日广东同乡会虽已恢复职能，但其运行情况不容乐观。1949年至1953年间，因会长、副会长逐年换届，会员们也为生活所迫各自寻找生机，会务工作并不活跃。直到1954年，黄仲华任第六届会长之

---

① 东莞市政协编：《东莞学人文丛：罗晃潮集》，花城出版社，2012年，第253页。
② 巴殿君：《冷战后日本对台湾政策研究》，九州出版社，2010年，第32页。

后会务工作才开始步入正轨。

1957年,第七届会长郭少东倡议同乡会会员筹集资金建设会馆。1961年,同乡会在东京港区爱宕町购置会所,才有了属于自己的会馆。为筹备成立社团法人工作,同乡会理事会多次组织专门会议。1963年,正式向日本外务省提交成立社团法人的申请及登记材料。为顺利获得日方批准,理事邓显光等各方奔走。1965年10月,获得日本政府批准①。1965年10月14日,《社团法人广东同乡会章程》第一条规定:本会称社团法人广东同乡会,将会址设于东京都中央区日本桥浜町1丁目5番地13,根据需要可设支部;第五条规定:正式会员为居住在日本的广东省籍者。与以往不同,升格后的东京同乡会将该会的活动范围从东京扩大至全日本。这与当时台湾当局建议将华侨组织总部设在东京有一定关系。在政治立场方面规定:采取无党派之公正立场,促进中日之间亲善关系,并增进旅日广东省籍同乡之间亲睦及福祉事宜。自此该会揭开东京、横滨两地广东华侨一体化序幕。随后,横滨广东华侨陆续加入东京同乡会活动。理事会下设5个工作组:福利组、文化组、外交组、会计组、总务组,以推进会务工作。

表7-1 东京广东同乡会会长、副会长名单

届	年	会长	副会长	备注
第1届	1945	吴汉新	曾润开、李森耀	—
第2届	1950	林师敬	郭少东、郑寿坤	—
第3届	1951	同上	同上	会所:中央区木挽町616、留日中华料理商业协同组合内
第4届	1952	廖伯飞	郭少东、郭仲篪	会所:中央区银座1-13
第5届	1953	廖伯飞	郭少东、李霖标	—
第6届	1954	黄仲华	郭少东、李霖标	—
第7届	1957	郭少东	郭仲篪、余国华	—
第8届	1959	同上	同上	—
第9届	1961	同上	同上	会址为港区田村町爱宕町3-11(现西新桥3丁目)

---

① 陈焜旺编:《日本华侨·留学生运动史》,日本侨报社,2006年,第478页。

续表

届	年	会长	副会长	备注
第10届	1963	同上	郭仲篪、彭秉澄	—

资料来源：陈焜旺编：《日本华侨·留学生运动史》，日本侨报社，2006年，第477—478页。

1972年，中日两国恢复邦交，中国政府接管日本华侨业务。1975年，同乡会迎来社团法人成立十周年。时任会长周富棋等理事决定同年10月于横滨中华街"同发新馆"举行社团法人成立十周年大会。同乡会在东京、横滨两地开展一系列活动，加深了两地会员的友好关系。例如，陆焕鑫、郭永仁、叶晴漪、谢淦、梁文耀、关华晃等东京粤籍医务人员组织团队，在东京和横滨地区举行了"健康咨询巡回讲座"。1979年，时任会长文亮邀请戴国辉等专家举办"华侨史"系列讲座及"税务座谈会"等文化活动。随着横滨广东华侨不断加入，东京同乡会大型活动大多在横滨中华街举行。1985年9月，同乡会在横滨中华街"同发新馆"与广东要明鹤同乡会联合举行成立20周年庆典和敬老会，参加人数为150名。东京、横滨两地广东华侨深化交流，同乡会人数不断增加。1992年9月，在横滨中华街"菜香新馆"举办的敬老会，参加人数达到190名。1995年9月，为庆祝成立30周年，同乡会在横滨中华街"聘珍楼"举行庆祝活动，参加人数为280人。与20周年的人数相比，增加近一倍。1994年1月，同样在横滨中华街"聘珍楼"举行的新春联欢会及成人庆祝会，多数横滨会员携家带眷参加，出席人数达460名，创历年人数新高[①]。

"聘珍楼"于1884年在横滨开业，已有130多年历史。据1934年7月23日《横滨贸易新报》介绍，"聘珍楼创业已有50年，以东邦最有历史的横滨中华料理名店闻名全国"。1930年，建有中华风格的豪华餐馆，内设大小十余个单间，同时可容纳200—300名顾客[②]。至2010年，在东京、大阪、九州开设6家分店，其中东京有3家，同时在香港开设了7家分店。广东同乡会在"聘珍楼"举行聚餐，也意味着由东京和横滨两地广东华侨组成的广东同乡会发展有了新气象。自横滨粤侨加入东京同乡会后，东京同乡会组织清明节到横滨

---

① 社团法人广东同乡会：《社团法人广东同乡会会刊》，各刊号。
② 《横滨贸易新报》，1934年7月23日。

中华义庄扫墓，也成了每年的惯例活动。

表7-2 社团法人广东同乡会的会长、副会长名单

届	年	会长	副会长	备注
第1届	1965	郭少东	郭仲篪、周富棋	10月成立了社团法人
第2届	1968	同上	同上	1月10日改选
第3届	1969	同上	周富棋	2月10日改选
第4届	1970	韩黎	周富棋、程广辉	2月10日改选，办公场所迁至银座8丁目青柳大厦7楼
第5届	1972	霍藻棉	周富棋、余国华	2月27日改选，名誉会长：郭少东、韩黎
第6届	1975	周富棋	陈润棋、黄泽盈	3月2日改选，名誉会长：郭少东、林师敬、韩黎
第7届	1977	同上	黄泽盈、毛灼文	名誉会长：郭少东
第8届	1979	文亮	吴桂显、冯汝城	名誉会长：郭少东、周富棋，第八届起，规定任期两年
第9届	1981	吴桂显	伍美月、黄泽盈	名誉会长：郭少东、周富棋、文亮
第10届	1983	同上	同上	名誉会长：郭少东
第11届	1985	同上	陆焕鑫、宋嘉熹	名誉会长：郭少东
第12届	1987	同上	同上	名誉会长：郭少东、伍美月
第13届（1989）的会长、副会长、名誉会长姓名同第12届				
第14届	1991	陆焕鑫	宋嘉熹、伍健雄	名誉会长：郭少东、吴桂显
第15届（1993）—第17届（1997），会长、副会长、名誉会长姓名同第14届				
第18届	1999	同上	伍健雄、朱铭江	名誉会长：郭少东、吴桂显，会址迁到日本桥滨町
第19届（2001）—第20届（2003），会长、副会长、名誉会长姓名同第18届				
第21届	2005	同上	朱铭江、潘创治	名誉会长：郭少东、伍健雄
第22届（2007）—第23届（2009），会长、副会长、名誉会长姓名同第21届				
第24届	2011	同上	朱铭江、符顺和	名誉会长：郭少东

资料来源：陈焜旺编：《日本华侨·留学生运动史》，日本侨报社，2006年，第478—485页；社团法人广东同乡会：《社团法人广东同乡会会刊》，各刊号。

同乡会的运营经费主要有三大来源：会费、收租、捐赠。1972年，第五届会长霍藻棉向同乡会捐出500万日元，以作同乡会基金收息。1970年，同乡会会址搬到郭少东等产权名下的银座8丁目青柳大厦7楼。将港区爱宕町（今

西新桥3丁目）旧会所改建为5层新楼。后与藤田工业磋商，新大厦（帝人大厦）内归同乡会所有的330 m²房屋，租给帝人殖产公司管理，大大增加同乡会收入。同乡会每年都将剩余经费转入存款。

20世纪90年代，日本泡沫经济破裂，房地产价格大跌。1998年，同乡会开始寻找合适的物业。经东京北省同乡会介绍，广东同乡会将房产代理业务委托给一家中介公司。随后，该公司推荐了日本桥滨町附近的一栋大楼，总费用8 220万日元，在房地产价格和地理位置等方面颇有吸引力。1999年1月17日，同乡会在有乐町山水楼召开临时会员大会。经讨论，大会通过购买日本桥滨町物业议案，正式决定将其购入为同乡会会馆。同年4月，同乡会会址由银座青柳大厦迁至东京都中央区日本桥滨町1丁目5-13。7月31日，在新会馆举行庆祝会，出席人员有中国大使馆总领事罗田广，东京、横滨两地华侨总会的会长殷秋雄、吕行雄，京滨地区各侨团代表等120人[①]。

新会馆交通极为方便，东京地铁新宿线滨町车站下车步行1分钟，从人形町、东日本桥车站步行也只需7分钟。会馆建筑面积94 m²，共有六层，每层面积约66 m²，总面积346 m²。一楼是综合厅，供会员集会或展示活动。二楼是办公室兼迎宾室，三楼是会议室兼广东话、中国话教室，四楼是广东料理教室，五楼是资料室，阁楼为仓库[②]。自新会馆开张后，广东话教室、广东料理教室、定期饮茶会等也开始活跃起来，极大丰富了同乡会的文化活动[③]。

2012年，因日本对社团的相关法令有所修改，同乡会有必要申请将"社团法人"升格为"一般社团法人"。为顺利达到目标，同乡会成立以正副会长为成员的研究组，在专业人士的指导下进行各方面研究，在理监事会上多次讨论升格议案。以此为契机，同乡会建立独立网站[④]，强化电脑培训班和中国语教室，扩大同乡会的对外影响力。2012年9月，会长陆焕鑫在顾问土田氏的陪同下前往日本外务省中国课，提交相关申请材料。同年10月23日，陆焕鑫与副会长朱铭江、符顺和等赴日本内阁府与公益认定等委员会事务局官员

---

① 陈焜旺编：《日本华侨·留学生运动史》，日本侨报社，2006年，第485—486页。
② 社团法人广东同乡会：《社团法人广东同乡会会刊》，第38号，1999年9月，第3页。
③ 如今，在会馆定期举行的培训班有料理教室、中国话教室、电脑培训班。
④ 网址为 http://www.guangdong-jp.org。

交谈，汇报同乡会成立至今的活动开展情况。2013年4月1日，同乡会顺利从"社团法人"过渡到"一般社团法人"。

第二节　东京广东同乡会组织和会员活动

一、理监事会

1965年10月14日，《社团法人广东同乡会章程》（以下简称《章程》）第三章第四条规定，同乡会会员分正会员、预备会员、荣誉会员。第五条规定，正会员为"居住在日本的具有中国广东省籍人员，并获得日本政府的居住许可的满20岁以上者，通过本会2名会员的介绍，申请加入本会。经理事会审核后，同意入会者方可成为正会员"。预备会员为具备正会员各项资格，但未满20岁者。荣誉会员分为两类：其一是为同乡会捐献50万日元以上，或为同乡会做出特殊贡献的正会员。其二是尊重同乡会的宗旨，并向同乡会捐献15万日元以上，或为同乡会做出特殊贡献的非广东省籍者（不分国籍）。正会员有选举权和被选举权。值得注意的是，《章程》第五条从祖籍划分入会资格，并没将"国籍"因素记入条件之内，且在居住地区划分上写明是"日本"。因此，只要是生活在日本，且祖籍为广东的华侨华人皆能加入同乡会。

第四章第十二条规定，同乡会由11名理事和3名监事构成理监事会，执行同乡会日常业务。第十四条规定，理监事任期2年，但不排除续任。每隔一年，理监事会成立投票委员会。委员会向正会员发出投票函，再由正会员从候选人中画出推荐人后寄回同乡会。2月，在同乡会会馆进行开票。依得票数多者当选原则，选出新一任理监事会。11名理事另行投票选出1名会长，2名副会长。

自1999年（第18届）至2011年（第24届）期间，同乡会依照《章程》举行了7次选举。以下对1999年和2011年的选举情况进行比较。从寄出的票数来看，1999年为368份，2011年为371份，同乡会正会员规模基本无变化。投票率方面，1999年为55.4%，2011年为51.5%，半数以上会员都参与了选举活动。

理事名单方面，1999年的候选人共有28人：陆焕鑫[①]、吴桂显、朱铭江、伍健雄、郭少东、李焕章、李国松、雷浩明、吕科林、李旭光、郭学恒、邓顺桂、罗博英、麦耀发、符易亨、徐国雄、吕行雄、郑国雄、陈介夫、吕镇池、曾德深、梁启成、黄伟初、夏东开、严华新、潘民生、潘创治、梁庆安。第18届理事会名单为：会长陆焕鑫，副会长伍健雄、朱铭江，总务伍健雄、雷浩明，会计郭学恒、吕科林，涉外罗博英、李旭光、李焕章，福利李国松、徐国雄，青年朱铭江，文化朱铭江，监事邓顺桂、麦耀发、郑国雄，郭少东、吴桂显为名誉会长，陈介夫为顾问[②]。第24届理事会名单为：会长陆焕鑫，副会长朱铭江、符顺和，其他理事有张康权、罗博英、潘创治、麦耀发、夏东开、刘军、李旭光、徐永赞，监事为邓顺桂、梁启成、郭学恒，郭少东为名誉会长[③]。从18届和24届理事会名单比较来看，陆焕鑫、朱铭江、郭学恒、罗博英、李旭光、邓顺桂、麦耀发为续任，有7名为新加入者。自24届起，符顺和任副会长。候选人得票数也发生变化，是年46岁的朱铭江得票数超过陆焕鑫。

目前，朱铭江是广东省侨联海外委员。2012年3月，在马来西亚参加第三届世界江门青年大会，荣获"十大杰出青年"。2015年10月，在澳大利亚参加第八届世界广东同乡联谊大会，荣获"2015世界广东华侨华人十大杰出青年"。同时担任东京同乡会以及横滨华侨总会副会长，且与广东省保持良好关系。由此可以看出，同乡会"传帮带"工作进展十分顺利。

二、会员活动

1981年1月，吴桂显就任会长后，为增强会员之间交流和了解会员活动

[①] 陆焕鑫，于1953年从香港来到日本留学，入东京齿科大学。陆氏加入到当时华侨社会是由于特殊的契机。陆会长回忆称，到日本第二年，他得了胃痛，通过日本好友长谷川氏认识到陈介夫先生。当时陈先生在广东同乡会任职，办公室就在西银座的一间两层木屋。陆氏在同乡会调理了三个月，与同乡会结了缘。参见陆焕鑫：《广东同乡会与我——饭之恩》，社团法人广东同乡会编：《社团法人广东同乡会40周年纪念特刊》，第46页。
[②] 社团法人广东同乡会：《社团法人广东同乡会会刊》，第37号，1999年3月，第2页。
[③] 社团法人广东同乡会：《社团法人广东同乡会会刊》，第59号，2011年6月，第3页。

动态，同乡会决定新增文化部，每年发行两期会刊《广东同乡会会刊》（以下简称《会刊》）。截止到2014年1月，共发行64期。期刊内容包括同乡会相关大型会议活动介绍、会员投稿、广东消息、友好往来、红白喜事、照片选登、理事会会议记录（会务动向）、广告等，主要由编辑部、总务部、理事会成员编写。就笔者接触的情况而言，1998年9月至2014年1月共发行会刊27期[①]，"理事会会议记录"全面记载了同乡会近15年的各项活动，主要活动可分为内部活动和对外活动两大类。本章节主要分析同乡会的内部活动，接着，在第三节中着重探讨同乡会与周边华侨组织及广东省的联系。

表7-3　社团法人广东同乡会定期活动（1998年9月—2012年12月）

月份/活动	1998—2000年	2001—2003年	2004—2006年	2007—2009年	2010—2012年
1月/新年联欢暨成人祝贺会，于横滨聘珍楼	99年398人，00年398人	02年339人，03年329人	04年343人，05年326人，06年334人	07年331人，09年388人，09年起在新年会颁发奖学金	10年394人，11年363人，12年367人
2月/选举（二年一次），于东京同乡会会馆	99年寄出368票，收回204票	03年寄出347票，收回175票（无效4票）	05年寄出342票，收回177票（无效2票）	07年寄出331票，收回201票，09年收回252票	11年寄出371票，收回191票
3月/春季旅行	98年热海202人，00年箱根35人	02年千叶62人，03年栃木58人	04年静冈，05年箱根	无记录	12年箱根50人
4月/清明节，横滨中华义庄	00年约20人	02年约20人，03年14人	06年20余人	07年20余人，09年约30人	11年约40人，12年约30人
5—6月/会员大会，于有乐町山水楼，03年起蓬莱阁	99年103人（委任状127份）	02年79人（委任状141份），03年90人	06年85人，07年219人（包括委任状）	08年96人，09年104人（委任状176份），颁发奖学金至08年	11年110人，12年117人（委任状187份）

---

① 该批资料是暨南大学罗晓红教授赴东京广东同乡会时由同乡会赠送给广东省华侨华人文库的，所收资料自1998年9月发行的37号到2013年的62号。其中缺少48号、53号、58号。

续表

月份/活动	1998—2000年	2001—2003年	2004—2006年	2007—2009年	2010—2012年
5—6月/饮茶会、东京半日游	无记录	02年33人，03年40人	07年19人	09年45人	12年45人
9月/敬老联欢会，横滨聘珍楼	98年295人	01年254人，03年320人	04年287人，06年333人	08年345人，09年322人	12年330人
9—10月/高尔夫同好会	98年8人	02年11人	05年8人，06年11人	08年12人，09年8人，09年10人	无记录
10—11月/东京半日游/短途旅行	99年神奈川36人，00年东京14人	02年东京18人，03年东京56人	05年东京14人，06年热海120人，06年东京36人	08年箱根32人，09年热海46人，09年东京28人	10年东京44人，11年东京25人
12月/理监事忘年会，于东京聘珍楼	理事、监事、干事	同左	同左	同左	同左
定期/讲座饮茶会，于同乡会会馆	00年112人	01年45人，02年17人，03年16人	05年12人，06年14人	07年二次共23人，08年六次共118人，09年五次共114人	10年二次共17人，11年七次共96人，12年四次共61人
理事会，每月一次，同乡会会馆	第二周周五	同左	04年起改为第一周周六	同左	同左

资料来源："广东同乡会理事会会议记录"，《广东同乡会会刊》，第37—47、49—52、54—57、59—60号，1998—2012年。

注：人数指出席活动人数。表格中的年份省略了前两位数字，例如"99年"表示1999年，"00年"表示2000年。

可以说同乡会基本上每个月都有定期活动：1月新年联欢暨成人祝贺会、2月选举（隔年）、3月春季旅行、4月清明节扫墓、5—6月会员大会及东京半日游、9月敬老联欢会、9—10月高尔夫同好会、10—11月秋季旅行及东京半日游、12月理监事年度聚会，其间还有饮茶会，理事会每月都定期召开。因会员居住在东京和横滨两地,其活动地点会视活动性质及实际情况而定。例如,同乡会每年有三次大型活动,会员大会在东京的同乡会会馆举行,新年联欢暨成人祝贺会和敬老联欢会在横滨中华街餐厅举行。

三、发展新会员

尽管在日中国移民人数在不断增加,但因老华侨入日本国籍者增加而呈现出总体人数逐年减少的趋势。因此,各地老华侨组织皆面临如何发展新会员的问题。据《会刊》所示,进入21世纪,广东同乡会人数也呈现递减态势。例如,从每届选举同乡会发出的选举票数(正会员人数)看,1999年368票,2003年347票,2005年342票,2007年331票,每次都有所减少。直到后来,人数才有所恢复。2012年的正会员人数增加到378人,超过1999年原有规模。

在会员人数方面,同乡会采取了稳定老会员、增加新会员措施。如前文所示,同乡会每年举行三次大型聚餐:1月新年联欢暨成人庆祝会、6月会员大会聚餐、9月敬老联欢会。其中,1月和9月的聚餐在横滨中华街举行,6月会员大会在东京举行。参加东京大会的会员约有80—100人,参加横滨聚会的则达300—350人。为巩固老会员与同乡会之间的感情,同乡会采取一系列具体措施。例如,1998年9月15日,有33名会员缺席在横滨中华街聘珍楼举行的敬老联欢会,同乡会特意为他们准备了纪念品。总之,广东同乡会会员老龄化问题非常严重。例如,2001年9月,参加敬老会的人员共有254名,其中超过70岁的华侨就有77名,2012年增至98名。①因此,发展新会员是同乡会的当务之急。

为鼓励广大广东籍青年入会,同乡会将两次大型聚餐会安排在横滨中华街,且会员可携家眷入席。例如,2000年参加新年会的人员共有398人,其中家属就有160人。在日本,每年1月第二个星期一是"成人节"。在新年联欢会上,同乡会同时祝贺喜迎20岁成年的华侨青年,并为会员子弟设立同乡会

---

① 社团法人广东同乡会:《社团法人广东同乡会会刊》,第43号,2002年3月,第8页;第62号,2013年1月,第21页。

奖学金和会长奖学金制度。为取得一定效果，改变以往在东京会员大会上颁发奖学金的惯例，2009年1月开始在新年联欢暨成人庆祝会上颁发。

2003年2月14日，第19届23次理事会决议，自决议当日起，会员之配偶也可申请加入同乡会的正会员。理事会会议录对此有如下记录："本会是由旅日粤籍人士组成的同乡会。本会的入会资格已在《章程》中有明确规定，但鉴于时代与现实环境的变迁，也对其做了些具有弹性的解释。多数会员长居日本，与非粤籍人士通婚的现象已成主流，鉴于这种趋势，经前段理事会的一致认同，我会已经正式开始接受会员之非粤籍配偶者的入会申请，今后凡是本会会员之配偶或具备入会资格的子弟，均可申请入会。"①

2004年，同乡会《会刊》开始采用日语。同年3月出版的第47期《会刊》第一页"编者的话"，首次用日语刊登，旨在"让更多的青年会员以及其家庭阅读《会刊》"。在同一期刊物上，总编朱铭江撰文"浅谈汉字的简化"称：近年来，为适应不晓汉语读者的需要，个别文章也用日文撰写。汉语部分一向以繁体字为主。20世纪50年代，中国开始普及简体字，同时日本也实行"常用汉字"，对部分繁体字进行更改，而中国台湾和香港则仍保留繁体字。对日本华侨来说，便出现了三种汉字。朱铭江接着写道："普及简体字是时代的趋势，今后本会也要适应社会。"2010年1月，第56期《会刊》起，同一篇内容开始采用繁体字、简体字和日语三种文字刊登。刊登的每篇文章上都注明文字类别。至此《会刊》基本上使用两到三种文字发行。

第三节　东京广东同乡会的对外交流

一、同乡会对外交流概况

同乡会开展对外交流的对象主要有以下6类：日本国内外华侨社团、中国驻日代表机构、广东省及省内政府机关、国务院侨办、中国国内媒体及日本政府部门。其中，同乡会与东京、横滨地区华侨社团，香港驻东京各机构以及广东省内各单位的联系比较频繁。

---

① 社团法人广东同乡会：《社团法人广东同乡会会刊》，第46号，2003年9月，第33页。

表7-4 社团法人广东同乡会的对外交流（1998年9月—2012年12月）

华侨同乡会定期活动	新年会：东京华侨总会、横滨中华青年会、浙江同乡会、台湾省民会、福建同乡会、横滨华侨总会、江苏同乡会、广东要明鹤同乡会	节日：东京华侨总会国庆庆祝活动，横滨华侨总会国庆庆祝宴，东京华侨妇女会三八节	横滨山手中华学校：2003年游艺会，2005、2008年成绩展览会，2005、2006年教育恳谈会，2007、2008年运动会，2008、2011年音乐会	会员大会：横滨台湾同乡会，北省同乡联合会	
				恳亲会：横滨华侨总会友好侨团	
华侨同乡会庆典活动	庆典：东京华侨妇女会成立40周年，北省同乡会50周年，浙江同乡会30、40周年，江苏同乡会50周年，东京华侨总会50、60周年，大使馆60周年，横滨华侨总会60周年，横滨华银50周年，横滨华侨商工会50周年，日本华侨经济合作社55周年，横滨华侨妇女会55周年，日本科学技术文化中心30周年，神户中华同文学校百年校庆，日本上海同乡会暨上海经友会成立大会，要明鹤同乡会60周年				
华侨同乡组织	世界广东同乡联谊大会：2000年新加坡举行的第一届大会起，每届皆有参加	世界江门青年大会：2007年第一届大会起，每届皆有参加	参加：香港新会商会90周年旅行；来访：2007年世界华人协会主席，2009年澳门归侨总会，2012年澳门动漫文化产业协会会长	贺电：2003年新西兰广东同乡会成立，2007年泰国广肇会馆成立130周年	
香港驻日机构	1999年香港电视台采访学校（协助），2006年香港驻东京经济贸易代表处午餐会，2006年香港驻日团第三届香港抬轿赛跑，2007年香港驻日经贸代表团春节联欢会，2009年香港贸易发展局新年会，2009年日本香港协会新年会				
领馆活动	总领事送迎会	新春招待会	6月使馆开放日	9月国庆招待会	12月迎新会
广东省各政府机关	参加（访问）：1999年广东省50周年国庆，2000年广东省夏令营，2005年广州侨务50周年，2006年省侨办海外百年侨团交流会，2007年首期海外侨团中青年领袖研习班，2007年首期海外侨团领袖广东行系列活动，2008年华侨华人中青年领袖研修班，2008年百名社团领袖广东行活动，2008年深圳人大常委会，2008年番禺		接待：2000、2002、2008年广州市侨办，2002年佛山市侨务考察团，2002年广东省对外贸易促进会东京招商会，2002年江门副市长，2002年深圳侨务经济考察团，2003年珠海市政府访问团，2003年广东省海外交流协会，2003年深圳海外交流协会，2006年世界南海联谊总会，2006年南海区侨务局人员，2006、2007、2008年深圳市人大常委，2006年珠海市副市长，2006年广东省百年侨团群英会，2007年深圳侨办侨联团，2007年省对		

续表

广东省各政府机关	区政府，2008年广东省海外交流协会理事会，2008年省归国华侨联合会成立50周年庆，2009年省政协邀赴河北和天津考察，2011年广东省侨办"首期海外华社文化菁英中华文化高级研修班"，2011年广州市海外交流协会理事会年会，2011年广东省侨办友好社团负责人研讨会，2012年广东华侨华人社团负责人讲习班，2012年广东省海交会成立20周年会庆，2012年第五届番禺旅外乡亲恳亲大会	外友好协会，2008年番禺区代表团，2009年省侨办，2009年茂名市政府，2011年韶关外事侨务局，2012年广东省侨办巡视员			
中央机关	中央领导接见：1998年江泽民、李瑞环、李鹏，2003年吴邦国，2007年温家宝，2009年汪洋、习近平，2011年温家宝	接待：1999年国务院侨办；参加：2002年全国人大华侨委员会，2011年世界华裔杰出青年华夏行，2012年中国侨联海外委员、海外青年委员年会			
国内媒体	2001年深圳电视台采访，2006年中山电视台采访《海外中山人》日本篇，2008年广东电视台，2012年中山日报社				
与日本机构的联系	参加帝人殖产公司新年会	外务省来函，为"亚细亚妇女基金"捐资	2003年外务省派员到同乡会了解情况	2009、2010年法务省派员了解同乡会情况	2012年神奈川县日本中国友好协会新年会

资料来源："广东同乡会理事会会议记录"，《广东同乡会会刊》，第37—47、49—52、54—57、59—60号，1998—2012年。

二、同乡会与在日华侨组织的联系

自1965年10月升格为"社团法人"起，原由东京地区广东华侨成立的同乡会开始对横滨广东华侨社团敞开大门。由于地利之便，东京广东同乡会和横滨广东社团亲如兄弟。东京与横滨之间乘电车只需25分钟，居住在东京的大多数广东华侨都来自横滨。70年代后期，横滨广东华侨融入东京广东同乡会逐渐实现一体化。因此，社团法人广东同乡会需要同时参加东京华侨总会和横滨华侨总会的相关活动。例如，1998年10月1日中午12点，同乡会会长陆焕鑫参加完横滨华侨总会举办的国庆活动，下午3点又去参加东京华侨总会的国庆活动①。东京华侨总会理事会和横滨华侨总会理事会换届时均向广东同乡会去函，要求同乡会推荐人员担任两地总会理事。例如，2006年，同乡会推荐李旭光和叶瑞吉任东京华侨总会第33届理事，又推荐潘创治、郑国雄、符顺和任横滨华侨总会第15届理事。

同乡会第22届理监事名单如下：名誉会长郭少东、伍健雄，会长陆焕鑫，副会长朱铭江（《会刊》主编、青年夏令营主管）、潘创治，总务潘创治、张康权，会计郭学恒，涉外符顺和、夏东开、罗博英，福利郑国雄（负责本会粤菜烹饪班）、李国松（负责本会高尔夫同好会）、李焕章（负责本会横滨广东话教室），监事李旭光、徐永赞、雷浩明，干事邓顺桂、麦耀发、刘精华、谭伟忠、梁启成、叶瑞吉、何子岚（主持本会东京粤语教室），秘书长王华南。其中，潘创治和郑国雄兼任横滨华侨总会理事，符顺和兼任横滨妈祖庙评议员及横滨华侨总会理事，夏东开任广东要明鹤同乡会名誉会长，罗博英和叶瑞吉兼任东京华侨总会理事。②

同乡会与要明鹤同乡会、横滨中华街以及横滨华侨妇女会等横滨广东社团活动联系紧密。例如，1982年，广东同乡会在东京开设"广东话教室"，受到同乡会会员好评。后来横滨广东华侨也希望同乡会在横滨开班。与要明鹤同乡会商定，1994年10月，要明鹤同乡会免费借租该同乡会会馆一处开设"横滨广东话教室"，共有25名学员参加③。1998年9月15日，同乡会在横滨中华街举行敬老联欢会。结束后，会长陆焕鑫带队到横滨华侨妇女会会馆练习体操。9月敬老会等多数同乡会大型活动都固定在横滨中华街聘珍楼举行，而每年12月的同乡会理监干事职员年度聚会也都固定在东京日比谷聘珍楼聚餐。同乡会副会长朱铭江1988年大学毕业后，便就职于聘珍楼集团。1998年起，任该集团总务科科长。

广东同乡会一直积极参与向祖国或日本华侨捐款的活动。关于是否捐款

---

① 社团法人广东同乡会：《社团法人广东同乡会会刊》，第37号，1999年3月，第11页。
② 社团法人广东同乡会：《社团法人广东同乡会会刊》，第51号，2007年6月，第3页。
③ 2009年任横滨广东话教师十余年的李焕章退休，后任为刘军干事。2010年3月起，"横滨广东话教室"在中华街要明鹤同乡会重新开办，每星期四下午7点—8点半授课，刘俊男（广州出身）授课。学员3名。刘俊男是日本国籍，称井上俊男。前期4—8月，后期10—2月。学费一期37 000日元，广东同乡会和要明鹤同乡会会员及子女20 000日元。

及捐款金额等问题，每次都要提交同乡会理监事会决议通过。从捐款次数和金额我们可以看出同乡会与社会各界之间的密切程度。

同乡会捐出的善款多集中于横滨华侨社会。2000年11月，为重建会馆，横滨华侨妇女会向华侨社会募捐。得知消息后，广东同乡会召开理事会商讨决定向妇女会捐赠100万日元。2005年1月，横滨中华街兴建妈祖庙，费用高达15亿日元。筹备委员会来函邀请同乡会派出一名评议员，同乡会委派监事李国松担任。2005年4月，横滨妈祖庙筹建委员会举行奠基仪式，李国松代表同乡会参加仪式。2006年3月17日，妈祖庙筹建委员会举行落成大典，同乡会决议捐献100万日元。而同乡会最多一次捐款是在2008年。2008年12月，横滨山手中华学校计划在横滨JR石川町附近兴建新校舍，建设费用多达50余亿日元。为此，广东同乡会捐款2 000万日元。同乡会向东京华侨组织捐款则不多见，由此可见，同乡会是以横滨华侨社会为母体的。

众所周知，日本是地震频发的国家，近30年就发生过多次强震。1995年1月，日本关西地区发生阪神大地震，广东同乡会共筹集500万日元捐往神户。这是同乡会向日本震灾区捐款金额最多的一次。在日本，广东籍老华侨人口超过千人的只有两个城市：横滨、神户。1994年，居住在神户的广东华侨有1 761人。自19世纪50年代日本开埠以来，移居到横滨和神户两地的广东华侨彼此保持着互惠互助的友好关系。1923年9月，日本关东地区发生7.9级大地震，横滨华侨社会遭到毁灭性破坏。神户广东华侨积极参与对横滨粤侨的救济活动，同时联系香港和上海的广东社团，为避难华侨顺利回国做出了重大贡献。在神户广东华侨的帮助下，绝大多数华侨顺利回国。由此可以窥见横滨、东京和神户的广东华侨之间有着强烈的互助意识。

改革开放以来，移居日本的中国人，形成以东京为中心的新华侨群体。90年代后期，在日中国新移民社会开始出现规模较大的社团组织。例如，1996年7月，具有高学历的新华侨成立"全日本中国人博士协会"。1999年9月，华侨商业人士成立"日本中华总商会"，初期是由新华侨和老华侨共同参与。首届会长为原横滨华侨总会会长、广东籍老华侨吕行雄。进入21世纪，同乡会开始与中国新移民社团接触。同乡会第19届第7次理监事会会议记录，"2001年9月28日，新老华侨华人在东京新大谷饭店联合举办国庆祝贺会"①。不过，同乡会和新华侨组织之间的交流多是局限于年会、国庆等由中国大使馆组织的联谊活动。

近几年，国务院侨办组织一系列团结海外华侨社团的活动。例如，2011年，侨办组织"日本新老侨领藏区行"活动，共有40人参加。同年，又和中国海外交流协会举办第8届世界华裔杰出青年华夏行，日本东京、大阪、神户、名古屋、长崎5个地区新老华侨代表有7名参加。2012年，广东同乡会参加了新华侨组织"日本上海同乡会暨上海经友会"成立大会。同乡会和新华侨间交流逐渐增加，彼此"距离"正逐渐接近。

三、同乡会与广东省的联系

1977年，国内陆续恢复侨务职能，海外华侨与祖籍地恢复相互联系。时任同乡会会长吴桂显首先组织广东归乡扫墓团，这是"二战"结束后同乡会第一次回广东。同时同乡会还接待了多批广东省访日考察团。1983年3月和1984年3月，两任广东省省长刘田夫、梁灵光相继访问日本。广东同乡会两次都举行了省长欢迎宴会。1984年10月，应广东省侨务办公室邀请，以会长吴桂显为团长的9名代表首次参加广东省国庆节庆祝活动，进一步加强同乡会和广东省政府有关部门的交流。1985年暑假，广东省举办面向世界华侨子弟的夏令营，同乡会会长吴桂显、副会长宋嘉熹、顾问邓显光等带领24名广东籍青少年参加。此后，同乡会每年都收到来自广东省侨办的夏令营邀请。为让更多会员子弟回广东参加夏令营活动，同乡会每年向参加学员发放补助金。截止到1995年，每年都有15—30名会员子弟参加夏令营活动。在广东省各地政府协助下，夏令营学员在乡下寻找祖家，探望"陌生"的亲人。而通过参加夏令营活动，华侨青年了解广东文化和习惯，学习语言，体察故乡的实际情况。2000年，同乡会会员子弟还被邀请参加北京的夏令营活动——"2000

---

① 社团法人广东同乡会：《社团法人广东同乡会会刊》，第43号，2002年3月，第8页。

年中国寻根之旅"。此间，同乡会和广东省之间的往来一直没有中断过①。

20世纪90年代中后期，广东省各市级单位开始访问日本，同乡会也开始与之交流联系。例如，1997年5月的中山市教育视察团，1998年6月的新会市人民政府一行及7月的广州市海外交流协会，都相继访问日本。访日期间，同乡会为他们提供领队、翻译等服务，以促进进一步交流。1999年9月27日至10月6日期间，广东省举办中华人民共和国成立50周年庆典，省侨办邀请东京同乡会参加庆典，同乡会派出了陆焕鑫、伍健雄、朱铭江、郑国雄、谭伟忠5人参会。应邀参加的还有兵库县广东同乡会霍兆翔、潘来日、文启财、陈庆秋4名代表。通过参加广东省侨办的各项活动，横滨广东华侨和神户广东华侨的"广东"意识得以加深。

进入21世纪，随着中国经济快速增长，广东省侨办的活动在组织规模及形式、次数等方面都得到了不同程度的加强。其中，对海外广东社团骨干成员的培训力度也在不断加大，进一步加强了华侨和广东以及海外广东华侨之间的联系。2006年起，广东省侨办增加了世界广东侨团代表交流及培训活动。同乡会参加的活动分别有：2006年"海外百年侨团交流会"，2007年首期"海外侨团中青年领袖研习班"，2007年首期"海外侨团领袖广东行系列活动"，2008年"华侨华人中青年领袖研修班"，2008年"百名社团领袖广东行"活动，2009年广东省政协主办河北和天津考察团，2011年"首期海外华社文化菁英中华文化高级研修班"，2011年"友好社团负责人研讨会"，2012年"广东华侨华人社团负责人讲习班"。

参加完上述活动回到日本后，同乡会副会长朱铭江在《会刊》写道："在讲习班期间，我结交了世界各地从事不同行业，但是年龄相近的广泛朋友。讲习班结束后，同学与同学之间和侨办通过网络等继续保持联系，部分学员则互访，增进彼此之间的情谊。旅居斐济的同学，当地侨领施杰先生，

---

① 1988年，应同乡会的邀请，广东省侨务办公室代表团（司徒戎生团长）来日访问。1990年9月，在广东省侨务办公室的邀请下，同乡代表团8名代表访问广州、北京、西安、南京、厦门等地。1991年9月，同乡会接待了广东省访日教育视察团。同年10月应广东省侨办邀请，同乡会7位干部参观了广州、北京、西安、成都、昆明等地。1992年6月，广东省委书记谢非，11月广东省省长朱森林、全国政协副主席叶选平相继访日，同乡会与其他侨团合作，或独自接待这些来自祖国的领导人。

专到横滨找我","自从去年秋天,本人有幸多次赴粤访问,参加了多项在广东省内开展的活动……我对广东感到越来越亲切。……即使是我们会员当中的大部分都不在广东出生,但我们总不能忘记自己的根源,要记住自己的爸爸妈妈、爷爷奶奶、公公婆婆,或是更远的太爷太姥是从哪里来的"。①

同乡会积极响应广东省及中国国内的捐款活动。例如,1991年中国国内发生大洪水灾害,同乡会向会员募集到400多万日元的救济金。1995年起,广东省兴建华侨博物馆。1999年,广东同乡会向博物馆筹建委员会捐赠100万日元。2006年7月,中国华南地区遭台风袭击,灾情严峻。广东省侨办以及广东省海外交流协会向海外侨团致电通报灾害情况,并希望华侨参与捐款活动。其中,省侨办指定东京同乡会为日本地区统一代收善款单位,接受来自日本各地华侨的捐款。为让更多的华侨了解灾情和开展募捐活动,同乡会还在东京《华侨报》、横滨《横滨华侨通讯》等报刊上刊登启事。截至同年9月,共向灾区寄去101万日元的善款。2008年,汶川发生大地震,东京同乡会共募集161万日元,由广东省侨办转寄四川灾区。在这些捐款活动中,同乡会理事始终以身作则,走在大家前面。2012年,为响应江门市侨联植树造林计划倡议,庆祝中日恢复邦交40周年,神奈川交响管弦乐团受国内邀请到广东各地进行演奏。同乡会前后共捐出了130余万日元的善款。

四、同乡会与香港的特殊关系

1949年10月1日,中华人民共和国成立。直到1972年,中国才和日本恢复邦交。断绝邦交的时期,日本广东华侨都是在香港与原广东的亲戚朋友相聚,香港便替代了他们心目中的"广东"。同乡会理事伍健雄回忆称:"二战"后,经常到香港探望亲属。1954年,在香港期间与多年不见的中山朋友相聚②。东京广东华侨经营的广东餐馆,实则为旅日广东华侨和香港政界、财界人士之间搭建了沟通桥梁。

经营餐馆,是横滨广东华侨社会的一大特色。早在1918年,他们就成立

---

① 社团法人广东同乡会:《社团法人广东同乡会会刊》,第55号,2009年6月,第2页。
② 伍健雄:《家庭教育的重要性》,社团法人广东同乡会编:《社团法人广东同乡会40周年纪念特刊》,第48—49页。

了"京滨华厨公所"。1935年1月,广东新会、高要、高明县餐饮业经营者团体又成立了"山下町中华料理业组合"。"二战"后,多数横滨华侨转移到东京开设广东餐馆。广东菜以炒、爆、烩、煎、烤为主,都是煮熟的饭菜,而日本菜多是刺身、沙拉等生菜。对吃惯广东菜的香港人来说,到日本便会去广东餐馆就餐。伍健雄继续称:"(我——引用者注)受柳汝祥氏的引荐在(东京——引用者注)中国饭店做过服务员。在霍家饭店(中国饭店——引用者注)兼职期间接触到许多知名人士,如香港名人邓肇坚男爵、金银交易所理事长胡汉辉、康元制铁厂董事长庞鼎元、富丽华酒店董事长傅荫超。后来有事情他们都帮了我。"例如,东京广东籍牙科医生谢淦计划在香港开业,曾向伍健雄咨询能否介绍时任香港"议会"医务委员长邓肇坚先生。伍健雄随谢淦赴香港,首先拜访胡汉辉和邓肇坚,同时通过他们联系到香港医务局长。后来局长特为谢氏安排资格考试。胡汉辉时任香港金银交易所理事长兼香港证券交易所理事长。胡汉辉女儿留学日本期间,因伍健雄的女儿与其年龄相仿,便住在伍健雄家,还曾就留学生活问题向中国饭店老板霍先生咨询。胡汉辉本人和同乡会理事雷浩明(东京大昌行副社长)也有深交①。

香港有"二战"前横滨中华公立学校②的校友会,年会相聚人数达200人。

1971年,香港在东京成立香港贸易发展局东京办事处,旨在振兴香港和东亚地区的经济贸易。1988年,又相继成立香港驻东京经济贸易代表部和日本香港协会。经济贸易代表部是在日本代表香港的窗口。日本香港协会隶属于"环球香港商业协会联盟",其会员主要是活跃于香港和日本的各界人士。

近年来,同乡会和香港驻日各组织的交流明显日益增多。据同乡会《会刊》显示,2006年,同乡会不仅参加香港驻东京经济贸易代表部的午餐会,

---

① 社团法人广东同乡会:《社团法人广东同乡会会刊》,第52号,2007年10月,第3—4页。
② "中华公立学校"于1924年成立,1945年校舍被空袭烧成灰烬。1923年关东大地震前横滨有康有为系的大同学校、浙江系的中华学校和革命派的华侨学校三所华侨小学。本牧和田山有志成学校(中学,校长温德林)。因地震该四所华侨学校皆倒塌。恢复期由大同学校教师吴肇扬继续教育华侨儿童。1924年9月中华公立学校建好,中华会馆管理,参见中华会馆、横浜开港资料馆编:《横浜華僑の記憶——横浜華僑口述歷史記錄集》,中华会馆,2010年,第59页。

还参加该代表部举办的第三届香港抬轿赛跑比赛。2007年，参加香港驻日经贸代表部的春节联欢会。2009年1月，香港贸易发展局日本首席代表古田茂美在赤坂设午餐招待会，陆焕鑫、朱铭江、张康权应邀出席了招待会，共商今后合作计划。2009年3月，日本香港协会于东京八重洲香港东京汇丰银行东京分行大厦举行春节联欢大会，陆焕鑫、朱铭江、张康权、徐永赞、麦耀发应邀参加①。2009年8月，由香港特区政府赞助的"亚洲青年管弦乐团"②在东京举办音乐会。应香港驻日经济贸易代表部邀请，广东同乡会25人出席了演唱会。③

2010年1月，同乡会在横滨聘珍楼举行新春联欢会暨成人祝贺典礼。香港驻东京经济贸易代表部人员参加该联欢会，并赠送纪念品给每个新成年的华侨④。2010年3月，即将离任的代表部"广报室长"廖振强和继任者陈咏欣一同到同乡会致意。由此可以推断，香港驻东京代表部的广报室专门负责与同乡会的联系工作。2011年1月，同乡会举行新春联欢会，香港特区政府驻东京经济贸易代表部及贸易发展局代表都有参加。显而易见，对旅日广东华侨来说，香港承担了故乡广东的部分角色。

---

① 社团法人广东同乡会：《社团法人广东同乡会会刊》，第55号，2009年6月，第10页。
② 管弦乐团是在香港商界人士的支持下，于1987年在香港成立，成员有中国、日本、韩国、印度尼西亚、马来西亚、菲律宾、新加坡、泰国、越南等国家和地区的青年音乐家。每年夏天举行6个星期的巡回演出。
③ 社团法人广东同乡会：《社团法人广东同乡会会刊》，第56号，2010年1月，第6页。
④ 社团法人广东同乡会：《社团法人广东同乡会会刊》，第57号，2010年6月，第20页。

第八章　战后韩国华侨组织的变迁与首尔粤籍华侨

第一节　战后韩国的华侨政策与华侨人数变化

一、战后韩国的华侨政策

1945年8月，随着日本投降，苏美军队以北纬38度线为界，分别进驻朝鲜半岛北部和南部。同年12月，苏美英三国外长聚集在莫斯科举行会议，在朝鲜半岛问题上，决定成立"朝鲜民主主义临时政府"，临时政府与苏、美、英、中四国对朝鲜半岛共同实行为期五年的信托统治。不过，随着苏美两国对立愈演愈烈，1947年9月17日，美国将朝鲜问题移交到联合国解决。根据联合国的建议，1948年8月15日，朝鲜半岛南部成立了"大韩民国"，接着，半岛北部于9月9日成立了"朝鲜民主主义人民共和国"，朝鲜半岛自此正式分裂。

1945年9月至1949年6月期间，驻韩美军直接参与了韩国的内外事务。在此期间，美军对韩国华侨提供"联合国国民"待遇，华侨经济一度出现了飞跃式的发展。不过，1948年成立的韩国政府对蓬勃发展的华侨进出口贸易充满危机感，于是在调查仁川、汉城华商贸易情况的同时，开始对其采取压制措施。仅1948年和1949年两年间，韩国政府就相继出台了《国籍法》（1948

年12月)、《外国人出入境及登记法律》(1949年11月)和"仓库封锁令"(1949年12月底至1950年初)等一系列限制华侨的政策。这种趋势一直持续到20世纪90年代前期。表8-1整理了战后韩国政府实施的各项政策中与旅韩华侨有关的内容及其影响。

1992年8月,中韩建交,两国之间的交流开始步入新的阶段,旅韩中国新移民人数急剧增加。1997年,亚洲金融危机席卷东亚各国,为振兴国内经济,韩国政府降低了外资进入本国的门槛,同时提高了外国居民的社会保障水平。至此,韩国华侨的社会地位得以提升。进入21世纪,韩国经济规模不断扩大,2005年,韩国人均GDP达到20 000美元,从事农业、渔业、工业等劳动密集型产业的劳动力开始出现短缺现象。为此,韩国政府开始推动接纳"在外同胞"[①]的政策,同时为韩国的外国人家庭提供社会经济层面的支持,积极引进外国人劳动力。

表8-1　韩国政府对华侨的政策(1945—2017年)

时期	内容	对韩国华侨的影响	法律法规名称
1945—1948	实施信托统治	华侨享"联合国国民"待遇	(美军政厅管制时期)
1948	确定父系血统主义	华侨不被纳入国民范畴	国籍法
1949	管制外国人出入境	禁止华侨出国和移民	外国人出入境及登记法律
	打击走私及不合规的商业活动	汉城、仁川华商受到打击	仓库封锁令
1961	禁止外国人拥有土地所有权	华侨失去土地所有权	外国人土地法
1968	外国人土地所有范围限于住宅200坪、商业用地50坪	华侨恢复部分土地所有权	修订《外国人土地法》

[①] 韩国政府规定,韩国的"在外同胞"须具备以下条件之一:其一,长期居住海外或在外国取得永住权的韩国国民;其二,不论国籍,具有韩民族血统,居住并生活在外国者(韩国外交部 http://www.mofa.go.kr,2021年3月22日)。1999年,韩国政府颁布了《在外同胞法实施令》,不过,此时韩国政府以朝鲜族是在大韩民国成立之前移居海外,未曾拥有过大韩民国国籍为由,未将其纳入"同胞"范畴。2004年,韩国政府修订《在外同胞法》,将中国朝鲜族纳入韩国"在外同胞"范围内。参见高承龙、朴今海主编:《朝鲜族研究论丛》,第9辑,辽宁民族出版社,2018年,第146页。

续表

时期	内容	对韩国华侨的影响	法律法规名称
1970—1975	税制改革	华侨餐饮业受到打击	—
1991	增加海外研修生的接收人数	中国新移民有法律支持	外国人产业技术研修制度
1992	中韩建交		
1998	开放外国人对韩投资市场	中国人对韩投资得到保障,并放宽房地产限制	—
1998	放宽对外国人的房地产限制		—
1999	方便旅居海外的韩国同胞出入境,以及在韩国国内长期居住	朝鲜族未被纳入为韩国的"在外同胞"	在外同胞法实施令
1999	修改外国人教育制度	华侨学校得到法律保障	有关各种学校的规则
2002	长居韩国的外国人获得永住权	华侨获得永住权	出入国管理法规
2003	积极引进国外劳动力	中国新移民人数增加	外国人劳动力雇佣等法律
2004	施行外国人雇佣许可制	中国新移民持续增加	—
2004	将中国朝鲜族纳为韩国同胞	朝鲜族的社会地位上升	修订《在外同胞法》
2005	有3年以上永住权且年满19岁的外国人可参加地方选举	华侨可直接参加韩国地方选举	修订《公职选举法》
2007	在外同胞通过短期访问转就职	大批朝鲜族赴韩求职	—
2007	提高外国人待遇	保障中国新移民的待遇	在韩外国人待遇基本法
2008	建设与外国人共存的多元化社会	保障中国新移民的权利	外国人政策基本计划
2011	部分承认双重国籍	降低中国移民归化的门槛	修订《国籍法》
2017	加强对多元化家庭的支援	中国人的社会地位上升	(文在寅政权公约)

资料来源:崔佑吉、郑信哲:《韩国的外国人政策及社会整合问题》,《世界民族》,2018年第4期,中国社会科学院民族学与人类学研究所,第3—9页;王恩美:《東アジア現代史のなかの韓国華僑——冷戦体制と「祖国」意識》,三元社,2008年,第176—250页;李丹、尹宁:《釜山老华侨的民族与国家认同研究》,《东亚研究》,第58集,2010年2月,第234页;김원숙:《우리나라 외국인정책의 역사적 전개에 관한 소고》,법무부 출입국관 리서기관,2012년 12월;임채완、박동훈:《한국 화교의 역할

과 발전방향》,《한국동북아논총》,第41辑,2006年,第19—20页;박현옥、박정동:《한국화교(인천화교)의 경제활동 및 사회적 지위에 관한 연구》,인천발전연구원,2003年,第75—77页。

二、韩国华侨人数的变化

据汉城华侨自治总会统计,截至1948年11月,旅韩华侨共有3 296户,其中汉城华侨人数为1 111户(6 603人),仁川为701户(4 016人)、永登浦141户(698人)、大邱140户(633人)、群山98户(535人)、釜山95户(493人)。1950年6月,朝鲜战争爆发,为躲避战乱,汉城和仁川等地华侨大批南下迁往釜山、大邱一带。停战后仍有部分华侨居住在釜山等地。1954年,据台北驻韩代表处调查统计,旅韩华侨共有22 090人,其中华侨人数最多的地区为釜山5 032人,其次为汉城4 368人、仁川3 098人,三个城市的华侨总数占华侨总人数的56.58%。进入近代以来,韩国华侨社会中以山东籍华侨居多。在上述1954年的统计中,山东籍为20 251人,占比91.22%,其他包括河北籍837人、安东籍283人、辽宁籍202人、浙江籍125人、江苏籍113人、广东籍56人、福建籍17人[①]。随后韩国华侨人数持续增加,至1976年达到32 436人。

朝鲜战争结束后,大多数韩国华侨转为经营小本餐饮业,至60年代华侨餐馆达4 300余家。进入70年代,韩国人开始经营新型餐馆,华侨餐馆难以与其竞争。同一时期,韩国政府修改了征税制度,导致韩国华侨承受的营业税金加重,加之,华侨餐饮业者面临招工困难的局面,于是,仅1972年至1980年间,华侨餐饮行业从2 454家骤减到1 721家,该期间倒闭的餐饮店包括一直是韩国政界高级社交场所的雅叙园、泰和馆、大丽都等高级中华料理店[②]。另一方面,美国修改移民法条例,放宽了移民美国的条件,韩国华侨移民到美国的人数也逐年增多。截至1990年,华侨人数减少到22 842人。1995年,汉城华侨协会统计在韩"老华侨"[③]总人数为24 241人,其中汉城7 771人、仁川

---

① 华侨志编纂委员会编:《华侨志——韩国》,1958年,第51—56页。
② 朴银琼:《한국화교사회의 역사》,《震檀学报》,第52卷,1981年,第122—123页。
③ "老华侨"指1992年中韩建交之前居住在韩国的华侨及其后裔。不包括改革开放初期以亲属访问等名义赴韩定居的中国朝鲜族。

3 368人、釜山2 542人、永登浦1 778人、大邱1 390人,这五个城市的华侨人数占华侨总数的69.5%[①]。

1992年8月中韩建交之后,中国新移民开始涌入韩国,其中包括大量的中国朝鲜族。1999年,韩国政府公布了"有关在外同胞的出入国与法律地位的法律实施令"(简称:在外同胞法实施令),规范了有关海外韩国同胞的法律法规,2004年修订的《在外同胞法》,将中国朝鲜族认定为海外韩国同胞,进入韩国的中国朝鲜族人数再度剧增。据韩国法务部统计,1991年至2019年期间,旅韩中国新移民的人数变化为:1991年192人(其中朝鲜族125人,占比65.1%,下同)、1995年19 192人(7 367人,38.4%)、2000年58 984人(32 443人,55.0%)、2005年216 992人(146 338人,67.4%)、2010年505 415人(366 154人,72.4%)、2015年568 025人(380 091人,66.9%)、2019年1 101 782人(701 098人,63.6%)[②]。由此可见,包括朝鲜族在内的中国新移民已成为旅韩华侨社会的主要成员。

韩国老华侨社会中,第一代华侨人数不多,第二代和第三代占多数。例如,华侨协会2002年的统计显示,旅韩老华侨共有21 782人,其中第一代华侨为2 017人,仅占9.2%[③]。第三代华侨通过在当地就职以及与韩国人结婚等方式融入韩国社会的趋势越来越明显,这导致华侨人数不断下降。2019年,居住在韩国的老华侨大约有17 000人,其中山东籍占90%以上,河北和东北各省籍占7%,广东籍华侨寥寥无几。

第二节 在韩华侨组织的变迁

一、韩国华侨协会

"二战"结束后,在华侨问题上,美国将在韩华侨界定为"联合国国

---

① 柳耀广:《韩国华侨简况》,《当代韩国》,社会科学文献出版社,1996年第2期,第44页。
② 韩国法务部:《出入国管理统计年报》,1995、2000、2005、2010、2015、2019年。
③ 박현옥、박정동:《한국화교(인천화교)의 경제활동 및 사회적 지위에 관한 연구》,인천발전연구원,2003年,第23—24页。

民"，积极保护华侨生命财产，并采取了优待政策①。1947年，中国在汉城设立了总领事馆，同时，美军政厅关闭了日本统治时期汪伪政权在朝鲜南部的领事馆。内外环境的巨变，直接影响到韩国华侨社会组织。当时中国驻外使馆因经费有限，人手紧缺，为有效管理各地的华侨，总领事馆对旅韩华侨采取地方自治的保甲制度，一保分十甲，一甲为十户，凡有户籍的华侨皆纳入这一组织系统内管理。另外，在韩国各地设了48个自治区，每区设一个区公所。接着，在汉城成立了"南韩华侨自治总会"，由该会统辖管理各地自治区，行使华侨登记、户籍发放、出生申报等行政职能。而过去的中华商会仅保留促进商业活动的功能②。

1950年6月，朝鲜战争爆发，汉城、仁川等地的大多数华侨避难到釜山，此时为严管华侨组织，自治总会和中华商会合并为"旅韩华侨团体联合办事处"。战争结束后不久，这两个组织重新合并为"韩国华侨自治联合总会"③。1960年8月，受台湾当局的指示，台北驻韩代表处对华侨社团进行改组，经与华侨代表协商决定将全国华侨组织名称由"自治区"改为"华侨协会"。至1960年12月，48个地区华侨组织的名称统一改为"华侨协会"。1961年5月，正值改组计划稳步推进之时，朴正熙发动军事政变，限制韩国国内民间组织的正常活动，从而导致本次改组中途流产。1964年8月，在台北驻韩代表处的主导下另成立了统筹全国华侨组织的"韩国华侨团体联合办事处"，但由于经费不足，而且得不到华侨群众的支持，该组织很快于1969年解散。

1969年1月，台北驻韩代表处公布了《旅韩各地华侨协会组织通则》，通令各地华侨协会一律遵照办理。据此，"汉城华侨协会"率先成立，紧接着韩国各地相继成立了地方华侨协会，取消了在汉城设立总会、由总会管辖地方协会的做法，各地华侨协会受驻韩代表处直接管理。至1979年，各地华侨

---

① 이정희：《해방초기 인천화교의 경제활동에 관한 연구》，《인천학연구》，第9卷，仁川大学校仁川学研究院，2008年，第101页。
② 华侨志编纂委员会编：《华侨志——韩国》，1958年，第118页。
③ 华侨志编纂委员会编：《华侨志——韩国》，1958年，第119页。

协会发展到51处，华侨协会制度一直沿用至今[①]。不过，20世纪70年代起，韩国华侨陆续移居美国和中国台湾。截至1990年，韩国华侨移居美国者达1万人，定居台湾者有7 000人，旅韩老华侨人数逐年下降[②]。1996年，各地登记在册的华侨协会数量减至36处。

1992年8月，中韩邦交正常化，韩国政府与台湾当局断绝了"友好"关系，韩国老华侨社团发生巨大变化。2002年2月，汉城华侨牟钟亮得到中国驻韩大使馆的支持，成立了汉城中国侨民协会。随后，该组织在韩国各地成立分会。"侨民协会"不仅以2万名老华侨为服务对象，而且将更多的中国新移民也囊括其中，壮大了组织队伍。另一方面，汉城华侨协会鉴于侨民与中国之间往来日益频繁，深感与中国大使馆建立联系的必要。于是，2003年，该会在"台北代表处"进行续期登记，同时正式在中国大使馆注册，开启了韩国华侨社团双重登记的先例。2004年8月起，该会开始协助中国大使馆为广大侨民办理赴华签证，逐步参与中国大使馆主办的相关活动[③]。2005年，"汉城华侨协会"更名为"首尔华侨协会"，地址为首尔市中区明洞二街105号[④]。

二、韩国华侨协会的组织结构和作用

"华侨协会"是韩国老华侨社会最具有代表性的华侨团体。其组织结构包括侨民代表大会、理事会、监事会和常务理事会。侨民代表大会每年召开一次，代表大会选出理事会和监事会，任期两年，理事会全体理事推选常务理事，组成常务理事会，常务理事会推选出会长一名、副会长若干名。常务理事会每月需要开一次例会，理事会和监事会每半年开一次[⑤]。

华侨协会的主要职能为管理华侨行政事务，协调华侨内外纠纷，与当地

---

① 王恩美：《東アジア現代史のなかの韓国華僑——冷戦体制と「祖国」意識》，三元社，2008年，第260—264页；吕伟雄主编：《海外华人社会新透视》，岭南美术出版社，2005年，第64页。
② 卢海云、王垠主编，国务院侨办侨务干部学校编著：《华侨华人概述》，九州出版社，2005年，第91页。
③ 李正熙：《韩国华侨社会组织研究》，庄国土、清水纯、潘宏立等著：《近30年来东亚华人社团的新变化》，厦门大学出版社，2010年，第329页。
④ 广东华侨华人研究会：《华侨华人社团机构名录》，2007年，第95页。
⑤ 陆益龙：《嵌入性适应模式——韩国华侨文化与生活方式的变迁》，中国社会科学出版社，2006年，第193页。

政府交涉维护华侨正当权益，以及协调联络各华侨社团等，具有一定的行政职权。具体业务包括：办理户口、结婚和离婚登记、身份证明、未婚证明、警察记录证明、遗产继承证明等，同时代办中国旅游签证。因此，对老华侨来说，华侨协会就是他们的行政机关[①]。

华侨协会对当地华侨的作用方面，时任仁川华侨青年会会长杨景贤（양경현，1969年生）称："做好华侨协会的工作，华侨才能有更好的社会保障。华侨和韩国政府之间进行沟通的时候，如果华侨没有代表就没有人为华侨发出声音。……华侨有什么诉求，就去找协会会长……华侨协会是得到韩国政府批准的组织，因此协会会长可直接到国会找议员传达华侨们的诉求。"[②] 由此可见，对韩国老华侨来说，华侨协会就是保护自身权益的组织，也是与当地社会进行对话的渠道，更是提高华侨社会地位的保障。

三、韩国华侨同乡会

与其他国家的华侨组织一样，韩国华侨社会也是以地缘、血缘、业缘、经济利益、宗教信仰、兴趣爱好、慈善服务、政治目的等为纽带形成了各种民间组织机构。从首尔华侨协会机关报《韩华通讯》[③]于2009年元旦公布的社团名单来看，首尔华侨组织共有35家。其中，以同乡为核心的组织有北帮会馆、南帮会馆和广东会馆。

表8-2　2009年首尔地区华侨社团一览表

序	名称	序	名称	序	名称
1	汉城华侨协会	13	汉城华侨青年会	25	韩华城北亲友会
2	汉城中学理事会	14	韩华妇女会	26	旅韩华人旅游业协会
3	汉城小学理事会	15	山东寿光同乡联谊会	27	韩国华侨医师会
4	北帮会馆	16	韩华参战通知承启会	28	汉华汉医师会

---

① 吕伟雄主编：《海外华人社会新透视》，岭南美术出版社，2005年，第66页。
② 韩国国史编纂委员会：《구술자료선집5——한국화교의 생활과 정체성》，2007年，第214页。
③ 由"汉城华侨协会"发行的月刊，创刊于2002年6月1日，发行人为汉城华侨协会会长杨德磐，编辑杜书溥。截至2019年4月1日共发行了202期，主要刊登首尔华侨以及地方城市华侨的信息。《韩中日报》停刊之后，该报成为韩国华侨发行的唯一刊物（이정희：《한반도 화교사전》，인터북스，2019年，第539—540页）。

续表

序	名称	序	名称	序	名称
5	南帮会馆	17	退休教职员联谊会	29	汉华会贤包装联谊会
6	旅韩汉医师学会	18	韩国中华青商特友会	30	韩国韩华联谊会
7	韩国龙岗亲义总会	19	韩华出示联谊会	31	汉华保产委员会
8	韩华餐饮业联谊会	20	议政府分会	32	旅韩华侨导游联谊会
9	图书馆大厦管委会	21	山东文荣同乡联谊会	33	广东会馆
10	居善堂文化会	22	韩华同心联谊会	34	在京釜中校友会
11	韩华达摩佛教会	23	韩华高尔夫球联谊会	35	韩华华语推广中心
12	侨民服务委员会	24	韩华联谊会		—

资料来源：《韩华通讯》，2009年1月1日，总第79期。

据1931年6月朝鲜总督府分类统计，北帮包括山东、河北、辽宁、吉林、黑龙江、热河省人，南帮包括浙江、江苏、湖北、湖南、河南、安徽、福建省人，广东帮则为广东省人[①]。不过至20世纪80年代前期，90%以上韩国华侨的祖籍为山东，因此山东人在韩国华侨社会始终占据主导地位。

汉城华侨北帮、南帮和广东同乡会皆创立于1885年前后。日本殖民地时期，各帮在汉城水标洞（北帮）、乙支路三街（南帮）以及小公洞（广东帮）都拥有各自的会馆，不过这些会馆在朝鲜战争期间均遭到不同程度的毁坏。20世纪60年代，汉城各地开展城市化建设，其中包括明洞二街105号华侨协会管辖土地。因为该地皮的所有权属于台北驻韩代表处，因此1968年4月，台北驻韩代表处和汉城华侨协会共同成立了"汉城公产处理促进委员会"。经各华侨社团代表商议，委员会决定一并处理北帮、南帮、广东帮各自持有的会馆地皮，以及汉城华侨协会的钟路三街土地。集中该4家社团的土地出让金，在明洞二街管辖地建立"中正图书馆大厦"。当时，三帮的出让金分别为北帮会馆1 000万韩元、南帮会馆1 100万韩元、广东会馆700万韩元、汉城华侨协会1 740万韩元。1975年7月，5层楼的中正图书馆大厦建成。三帮社团和华侨协会皆搬入该大厦。为管理这一共同财产，又成立了"中正图书馆大厦管理委员会"，会长由汉城华侨协会理事长兼任，三帮代表各担任副理

---

① 朝鲜总督府警务局：《外事关系统计》，1931年10月，第9—10页。

事长①。

目前在韩国老华侨同乡会组织中较活跃的有山东寿光同乡联谊会和山东文荣同乡联谊会。寿光同乡会创立于1972年,会员多为原于永登浦等地种植蔬菜的华农,后随着城市化建设,大多转行经营中华料理。1984年时会员数约达300名。该社团在龙尾里购置了约900 m^2共同墓地,于每年农历七月十五日组织同乡共同扫墓。同时,定期募集善款帮助困难会员。该会曾创办《韩中文化月刊》,以及成立了韩中文化信用合作社。文荣同乡会创立于1989年1月,年满20岁以上的文登、荣城人皆可入会。会长和监事长由选举产生,下设财务、内务、外务、妇女、乡谊、娱乐、总务等副会长职务。为增进同乡感情,同乡会定期举行各种聚会②。

同乡会对韩国华侨的作用方面,曾于1969年至1971年期间担任汉城华侨协会副会长的鞠柏岭称:"韩国华侨社会有各种同乡会或同学会。在汉城最大的同乡组织有寿光同乡会……他们加入这些社团主要是为了寻求各方面的帮助。例如,华侨家庭有红白喜事的时候,都是同乡会会长召集会员们增加人手。因此,华侨自然以同乡会为依托。"不过,鞠氏同时指出,年轻一代对华侨组织的依赖远低于老年华侨。他们对加入华侨社团保持消极态度,最多也只是参加同学会③。

第三节 战后汉城广东同乡会和粤籍华侨

一、1945年前后的汉城广东帮地位

自1882年中朝两国签订《中朝商民水陆贸易章程》以来,旅朝广东华侨主要在汉城和仁川一带从事商业活动。他们从中国的上海、香港和日本、美

---

① 진유광저,이용재역:《중국관행총서04——중국인 디아스포라:한국화교 이야기》,한국학술정보출판사,2012년,第283—287页;이정희외:《한반도 화교사전》,인터북스,2019년,第137页。
② 李正熙:《韩国华侨社会组织研究》,庄国土、清水纯、潘宏立等著:《近30年来东亚华人社团的新变化》,厦门大学出版社,2010年,第322页。
③ 韩国国史编纂委员会:《구술자료선집5——한국화교의 생활과 정체성》,2007년,第100—102页。

国等地输入绸缎、棉布、药材及洋广杂货,销往朝鲜各地。当时广东帮成立了广东同乡会,在京城(今首尔)太平町2丁目50番地拥有会馆,称"广东会馆"或"广帮会馆"。会长由巨商谭杰生(同顺泰经理)担任。日本殖民时期,朝鲜总督府对华侨的商业活动实行排挤政策,旅朝粤商只能另谋出路。1929年,谭杰生逝世,加之之后九一八事变和七七事变的爆发,广东华侨的商业空间不断收缩,同顺泰于1937年9月撤回国内。留下的广东华侨主要在汉城以经营中华餐饮为业,其中郑家贤的餐饮店较为活跃。

1938年4月,日本公布《国家总动员法》,并在朝鲜立即实施。朝鲜总督府开始管制朝鲜国内个人的政治和社会活动。1941年12月,日本偷袭珍珠港,发动了太平洋战争,1942年起公布了《劳务调整令》(1942年1月)、《企业整合令》(1942年5月)和《贸易限制令》(1943年7月)等法令。受其影响,供给华侨贸易商、铸造商、杂货商以及中华餐饮店的物资受到严格控制。同时,朝鲜方面限制青壮年从事此类行业,并将这些商铺归类于"不要不急"行业。此外,总督府还以地区为单位将同业商号进行合并管理①。这一系列变化,导致从事棉布杂货生意的华商基本消失,仅存餐饮业者勉强维持生计。

据汪伪政权驻日使馆档案记载,1944年汉城地区共有两百多家棉布零售商,其中华侨商铺仅有8家,但是同年11月,当局仍决定将这8家合并为4家②。与此同时,对餐饮业者也开始进行合并整顿,给旅朝华商造成致命打击。不过,在这一过程中,一向属于少数派的广东帮郑家贤开始担任华侨社团的重要职务。例如,1941年12月9日,京城西小门町700余名华侨被迫成立了三个"爱国班",郑家贤就担任第一班班长③。1944年,郑家贤的公职为"京城中华料理组合"的行会长④。由此可见,20世纪40年代前期,日本实施的一系列管制政策大大减弱了山东华商的实力,结果使得广东帮郑家贤在中

---

① 安井三吉:《帝国日本と華僑》,青木书店,2005年,第254—256页。
② 准留商铺为三合兴(店主于文泉)、福生德(李图忱)、新兴永(于振瀛)、德兴泰(隋芳芳),废业商店为公聚兴(吴明轩)、建昌号(孔琇堂)、慎昌永(王天铭)、义生昌(周伯昌),伪汪政府侨务档案(1944年7月—12月),东洋文库2-2744-32。
③ 《中国人街에爱国班》,《매일신보》,1941年12月11日。
④ 《陆海军에各千元씩中华料组에서献纳》,《매일신보》,1944年8月5日。

华商会的地位反而借机上升。

  "二战"结束不久,郑家贤的风头日益强劲。例如,1945年12月4日和5日,韩国《民众日报》《东亚日报》和《中央新闻》同时刊登了韩国临时政府主席金九接见汉城华侨代表的消息。报道称"12月3日,京城华侨代表郑家贤、宁展元、王东明、丁元干等四人到竹添町访问金九主席,表示敬意"①。值得注意的是,三家媒体都将郑家贤的名字排在第一位。与郑家贤同行的宁展元为汉城高级中华料理蓬莱阁的店主,1948年前后任北帮会馆代表。另一名丁元干也是山东蓬莱人,"二战"前在汉城经营中华料理店,曾任京城中华商会常务理事,以及京城中华料理组合会长等职务②。

  1945年9月进驻朝鲜半岛南部的美军将当地华侨纳为"联合国国民",因此,首尔华侨经济迎来全面发展,经营餐馆的华侨剧增。另一方面,万聚东等山东华商重新开始中韩贸易,并迅速掌握了商业主导权。随着山东华商迅速恢复商业地位,郑家贤的公职也被山东帮取代。据韩国《工业新闻》(1946年10月19日)报道,"汉城中华料理组合"行会长为山东华侨李恒连③。《东亚日报》(1946年12月1日)记载,1946年11月30日,李承晚接见韩国华侨代表丁元干④。短短一年时间,郑家贤从汉城华侨代表降级为广东会馆会长⑤。该时期正逢韩国与中国之间的贸易剧增,郑家贤也审时度势,迅速投入到中韩贸易领域。

二、广东同乡会会长郑家贤的贸易活动与移民

  "二战"结束初期,韩国工业产品供不应求,同时出现了严重的通货膨胀。为解决物资短缺问题,1946年10月,美军政厅出台了"任何关税不得超过该进口物品价格的一成"的政策,大幅降低了进口关税。同时,当时美军极力采取各种方式切断韩国与日本之间的贸易往来,因此,中国与韩国间的

---

① 《在城华侨代表金主席에敬意》,《중앙신문》,第35号1面,1945年12月5日。
② 이정희외:《한반도 화교사전》,인터북스,2019年,第404页。
③ 《游兴税60万元,中华料理依然繁盛》,《工业新闻》,第252号,1946年10月19日。1948年,李恒连任汉城中华商会理事长。
④ 《李承晚博士号激励在鲜华侨代表》,《东亚日报》,1946年12月1日。
⑤ 1942年汉城广东会馆会长为冯炜庭。冯炜庭与郑家贤之间换届的过程有待进一步考证。

贸易额急剧上升。1946年至1948年期间的中韩贸易情况汇总如下。其一，韩国出口方面，1946年对中国大陆出口额为3 886万韩元，占出口总额的81.41%；1947年对中国大陆为25 522万韩元，占22.97%，对香港为46 541万韩元，占41.89%；1948年对中国大陆为17 950万韩元，占2.49%，对香港为550 137万韩元，占76.45%。其二，韩国从海外进口方面，1946年从中国大陆进口额为15 921万韩元，占进口总额的94.54%；1947年从中国大陆进口额为67 228万韩元，占32.20%，从香港进口额为14 806万韩元，占7.09%；1948年从中国大陆进口额为121 497万韩元，占13.72%，从香港进口额为139 652万韩元，占15.77%。值得一提的是，1946年的中韩贸易在仁川港与山东石岛港间进行，韩国主要从山东进口落花生。不过到了1947年，仁川与香港间的贸易比重急剧攀升①。当时韩国主要从香港进口胶胎和棉纱等，其中胶胎由日本供应，经由香港进入韩国。

1948年10月，香港《华侨工商导报》登载一篇文章称："本港对南韩输出以棉纱、胶胎最大宗……输入则以农产品、肥田料为主。日本胶胎在香港的销路，曾有过一度极为吃香的时期，其主要销路为南朝鲜（指韩国——引用者注，下同）。每水船运去一两千余条。从日本运港之数量亦多。……但是自去月底南朝鲜商务部已直接向日本订购一万条，配售价格每套为二十七万朝鲜币（韩币——引用者注，下同），……每套只合一百三十五港元，而这儿已经卖到每套一百七十元……已经买了货准备运去南韩的商家，现在都要回吐出来。……目前运去南韩的货物较大量的是棉纱，因为棉纱运到韩国，图利最多。南韩市场上的棉纱卖四十五万朝鲜币一条，而香港卖一千三百元港币一条，折合朝鲜币为二十六万元，加上四万元运费，总数为三十万元一条，每条还有十五万元好赚。"②

1947年8月，在韩国获得对外贸易权的商号共有543家，其中包括13家华侨商号③。1948年，该13家华商的进口额合计韩币187 629万元，占韩国同年

---

① 王恩美：《東アジア現代史のなかの韓国華僑——冷战体制と「祖国」意識》，三元社，2008年，第118—119页。
② 《南北韩贸易透视》，《华侨工商导报》，香港华侨工商导报社，1948年10月1日，第9期，第10页。
③ 崔承现：《韩国华侨史研究》，香港社会科学出版社，2003年，第125—127页。

进口总额的21%，出口额合计韩币116 361万元，占韩国出口总额的16%。其中郑家贤经营的天德洋行，1948年全年进出口贸易额合计韩币7 550万元，排名第八。另一方面，该时期仁川出现了一批从香港派驻来的"新华侨"，成为韩国华侨的新生力量，虽人数不多，但资本却较为雄厚①。

1949年，韩国银行调查部提交的一份"在韩华侨的经济实力"报告中称："在庞大的对华贸易中，华侨资本约占七成，韩商资本仅占三成②"，此表述与上述华商贸易金额相比，有明显的夸大其词之嫌，但可以解读出以下两方面信息。其一，在中韩贸易额暴增的环境下，韩国华侨迅速恢复了经济实力；其二，韩国社会十分关注华侨的经济动向。实际上，韩国政府于1949年开始就实施了多项对华侨贸易不利的政策，其中包括"进口配额制度"（1949年2月—1955年8月）和"关税法"（1949年11月）。接着，1949年底至1950年初，韩国政府以打击走私犯罪为由，在仁川和汉城调查了30余家华侨商号，并查封了数家贸易公司的仓库。同时，新成立的韩国政府加强了与日本之间的贸易往来，此后，朝鲜战争爆发，一系列的不利因素导致旅韩华侨经济断崖式萎缩，香港派驻仁川的贸易商人全部被召回③。

朝鲜战争结束后，韩国华侨主要经营中餐厅，从事贸易行业的华侨为数不多。以1954年为例，在韩国政府机关登记在册的汉城华侨贸易商共有19家，不过其中17家均属于中韩合办公司，仅有两家是全华商企业，其中包括郑家贤的天德洋行④。此时郑家贤依旧担任广东会馆的会长一职。1965年至1966年期间，谭杰生九子谭廷泽向韩国政府发起明洞土地返还诉讼的时候，郑家贤向谭提供了帮助⑤。不过，位于汉城小公洞的广东会馆在朝鲜战争期间被摧毁。60年代，根据汉城华侨"汉城公产处理促进委员会"的决定，广东帮会馆原址地皮被出让，之后搬入新建的明洞二街"中正图书馆大厦"内。

---

① 卢冠群：《韩国华侨经济》，台北海外出版社，1956年，第72—74页。其中多数香港派驻仁川的商人属于在香港的山东人，他们住宿在仁川万聚东等山东商人提供的客栈进行香港与仁川之间的贸易。详见李正熙：《朝鮮華僑と近代東アジア》，京都大学学术出版会，2012年，第494—499页。
② 韩国银行调查部：《在韩华侨의经济的势力》，《经济年鉴》，第二部，1949年，第58页。
③ 李正熙：《朝鮮華僑と近代東アジア》，京都大学学术出版会，2012年，第502—504页。
④ 华侨志编纂委员会编：《华侨志——韩国》，第84—85页。
⑤ 姜抮亚：《东亚华侨资本和近代朝鲜——广帮巨商同顺泰号研究》，广东人民出版社，2018年。第30—31页。

1970年前后，日本学者冈本隆三曾调查过韩国华侨的经济情况，并指出："韩国华侨经营贸易业陷入低迷。……目前尚存续者之中，最大商家就是郑家贤的天德洋行"①。不过，70年代前期，郑家贤移居美国，将家业和广东会馆交给了其子郑贵文管理。再隔数年，郑贵文也随其父移民美国②。

　　1984年，谭建平对汉城37家华侨社团进行田野调查，发现"中正图书馆大厦"内设有广东会馆的收发室，但平时基本无人进出，没有任何活动，唯在国庆节或者为华侨学校学生发放奖学金的时候才有交流活动③。2016年9月，据首尔华侨协会会长谭绍荣介绍，以前住在首尔的广东老华侨基本上都已移居美国，现在有关广东会馆的一切事务由首尔华侨协会负责④。至此，旅韩广东帮成为历史。

---

① 杨建成编译：《华侨商业集团之实力与策略剖析》，台北中华学术院南洋研究所，1985年，第186页。
② 이정희외：《한반도 화교사전》，인터북스，2019年，第30页。
③ 谭建平：《재한화교의사단조직에관한연구——서울지역을중심으로》，首尔大学硕士论文，1985年，第17—18页。
④ 2016年9月5日，于韩国首尔华侨协会进行访谈。

第三篇
"二战"后旅日广东华侨组织的专题研究

第九章　神户中华青年会之成立及其作用

第一节　神户中华青年会成立经过

1937年七七事变后,中国抗日战争全面爆发,旅日华侨遭到的日方各种管制与压迫越来越严重。日方强迫华侨将从前以地缘关系结成的团体,重新按其所在地区进行合并。在日本关西地区的首要侨埠神户,当地华侨于1938年7月30日,在兵库县外事科的多次催逼之下,被迫成立了"神户华侨新兴会"(下文简称"新兴会")[1]。同年9月10日,新兴会理事会讨论将广业(广东)、福建、三江(浙江、江苏、江西籍人士)三家公所整合为神户中华总商会的问题,至1939年1月20日,广业公所、福建公所、三江公所终被解散[2]。此后,新兴会成为神户华侨的中枢组织。

进入20世纪40年代,特别是太平洋战争爆发后,由于日军作战范围扩大,致使其国内劳动力陷于严重不足。在此背景下,旅日华侨被日本当局视为劳动力的来源之一,也成为日本各地军工厂强制征用的对象。以神户为例,1944年11月,新兴会就曾接到兵库县外事科的指示,召集当地华侨到神户市外的某航空工业生产部门工作。其后,在1945年5月11日及6月5日,神户

---

[1] 企划院编:《華僑の研究》,松山房,1939年,第355—356页。
[2] 中华会馆编:《落地生根——神户华侨と神阪中华会馆の百年》,研文出版,2000年,第202—203、231页。

遭受美军大规模空袭，铁道线路破坏严重。为了抢修，神有电铁（现神户电铁）联系新兴会，告知其有意招募华侨青年①。

彼时美军继续进行轰炸，神户的大多数华侨流离失所，且无固定职业，分散在附近亲戚或朋友处避难。对这些华侨来说，当务之急是解决粮食问题。因而来自神有电铁的征用要求，获得了当地华侨青年的正面回应。在神有电铁和华侨之间进行联络的是粤籍华侨吴振东②，因此，此番召集到的约50名华侨当中，绝大多数为粤籍华侨，自称"神户华侨开垦队"（以下简称"开垦队"）。陈德仁在开垦队中担任涉外部长，为了给队员争取到更多有利条件，多次与神有电铁斡旋，使其最终接受华侨的部分要求，一是每人日薪定为6日元，二是将公司在神户铃兰台附近拥有的约400坪农田无偿租给华侨青年耕种，三是将公司的一间木屋借给华侨作为宿舍使用③。陈德仁在回忆中提到，双方曾在合同中商定，开垦队须于1945年8月15日进驻神户铃兰台开展作业。8月15日上午，陈德仁、鲍咏卓等先遣队员在途经铃兰台车站附近时，恰好听到电台播放昭和天皇的"玉音放送"，从而获知日本已无条件投降。因此，队员们一路折回神户④。

正是偶然间传来的日本战败消息，让这一群正巧集合起来的华侨青年，决定立即行动起来，准备迎接战后的新局面，并希望借机改善自身处境。他们在随即出现的"神户中华青年会"（以下简称"青年会"）中，成为最初的骨干力量。关于该组织的成立经过，作为发起人之一的郑孝舜在1952年回忆道："记得在最初创办的时候，本来是陈宇翔兄发起的，那时我住青谷町留日学生的东亚学寮，在一个雨丝蒙蒙的早晨，他来找我说：现在中国抗战已经胜利了，我们中国青年，如果没有一个组织，恐怕很难推进青年文化运动。所以他主张创办中华青年会，我也赞成。……去找陈德仁兄商量，他那

---

① 许淑真：《留日華僑総会の成立について（1945—1952）——阪神華僑を中心として》，山下信夫编：《日本華僑と文化摩擦》，岩南堂书店，1983年，第142页。
② 陈德仁：《回忆20年》，神户中华青年会编：《青年》，神户中华青年会，1965年9月。
③ 许淑真：《留日華僑総会の成立について（1945—1952）——阪神華僑を中心として》，山下信夫编：《日本華僑と文化摩擦》，岩南堂书店，1983年，第142页。
④ 陈德仁编：《学校法人神户中华同文学校八十周年纪念刊》，神户中华同文学校理事会，1984年，第526—527页。

时刚有一班增产队（指上述"开垦队"——引用者注）的朋友，大家都觉得应该成立青年会。于是在陈德仁兄家里开了两三次筹备会，后来因为交通不便，我们迁到鲍咏卓兄家里筹备。在筹备会上，大家公推陈德仁兄任总干事。"[①]1945年8月27日，青年会起草了章程[②]。青年会创立时期的成员情况如表9-1所示。

该会发起人有陈德仁、陈宇翔、郑孝舜、鲍咏卓、关显彰、沈容、梁卓成、郑家熹共8名华侨。其中半数为开垦队成员，而陈宇翔、郑孝舜、沈容、郑家熹则未曾参加过开垦队。实际上，陈宇翔为国民党神户支部成员，同时担任（大阪）国际新闻社编辑。此外，当时在神户留学的郑孝舜也在国际新闻社工作。沈容，江苏人，为寻父于1942年8月来到大阪，1944年4月考入大阪外国语大学兼任中文教师，同时在大阪每日新闻社从事翻译工作，在报社结识郑孝舜。"二战"结束后两人转到大阪台湾人康井创办的中国国际新闻社，沈容负责中文主编，郑孝舜为副主编[③]。由此可见，成立初期的青年会成员，虽然以原开垦队中的粤籍华侨为主，但其干事会人选，则由陈德仁等原开垦队成员，与陈宇翔等国民党党员及进步华侨青年联合组成。

表9-1　神户中华青年会第一届干事会名单

发起人	陈德仁、陈宇翔、郑孝舜、鲍咏卓、关显彰、沈容、梁卓成、郑家熹
总干事	陈德仁
副总干事	陈宇翔（总务）、凌国亨（文书）
干事	周峥强（娱乐）、郑孝舜（出版）、凌国威、郑家熹（计划）、鲍咏卓（计划）、梁展骆（图书）、陈达贤、甘亦雅、梁卓成（教育）、鲍家驹（计划）、杨永和（计划）、杨永信、沈容、杨华盛（计划）、简锦泰（会计）、关显彰（体育）、关显宗（计划）、果荃英、蔡惠伦

资料来源：神户中华青年会编：《神户中华青年会三周年纪念专刊》，神户中华青年会，1948年9月，第28页；郑孝舜：《一年来的会务报告》，神户中华青年会，1951年；陈德仁编：《学校法人神户中华同文学校八十周年纪念刊》，学校法人神户中华同文学校理事会，1984年，第526页。

---

① 神户中华青年会编：《中华青年》，神户中华青年会，1952年9月。
② 神户中华青年会编：《青年——二拾周年纪念专刊》，1965年，第43—45页。
③ 中华会馆、横滨开港资料馆编：《横浜華僑の記憶——横浜華僑口述歴史記録集》，中华会馆，2010年，第94—95页。

第二节　神户中华青年会的组织结构与活动宗旨

青年会草创时，会员不过50余名，但随后人数迅速增加，至1948年，已扩大到500名之多，成为神户华侨社会成员最为庞大的社团之一①。

在青年会创立初期，加入者绝大多数为粤籍华侨。青年会第十四届总干事陈德胜回忆称："神户中华青年会成立初期……本人也成为会员。当时本会仿佛是广东省籍华侨的组织，绝大多数是广东籍青年，因此会议上广东气氛浓厚。"②以1955年的青年会会员统计数据为例，当年会员人数共有115人，其中广东籍90人占78%，其余有台湾籍9人、山东籍5人、福建籍4人、浙江籍3人、江苏籍2人、天津籍1人、上海籍1人③。

1948年，第三届总干事（连任）陈德仁对20名青年会干事进行了详细介绍。值得注意的是，介绍内容包括了当时青年会各干事在神户华侨社会所兼任的其他公职。

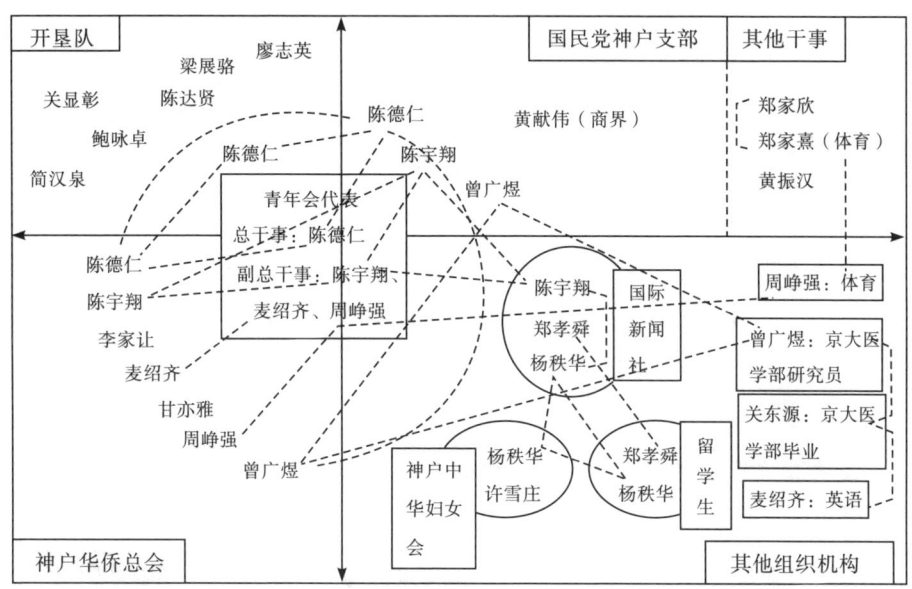

图9-1　1948年神户中华青年会第三届干事之华侨社会公职兼任情况

---

① 神户中华青年会编：《神户中华青年会三周年纪念专刊》，神户中华青年会，1948年9月，第9—11页。
② 神户中华青年会编：《神户中华青年会十周年纪念刊》，神户中华青年会，1955年11月。
③ 神户中华青年会编：《神户中华青年会十周年纪念刊》，神户中华青年会，1955年11月。

资料来源：神户中华青年会编：《神户中华青年会三周年纪念专刊》，神户中华青年会，1948年9月，第12—14页；神户华侨华人研究会编：《神戸と華僑——この150年の歩み》，神戸新聞総合出版センター，2004年，第107页。

如图9-1所示，青年会干事构成可分为开垦队成员、国民党党员、国际新闻社成员、神户华侨妇女会成员、知识分子、留学生、体育爱好者等多方面。其中，所占比重最大的是原开垦队成员和国民党及其相关组织成员。原开垦队成员虽占干事总数的30%，但其在当地华侨社会的影响力并不明显，来自国民党神户支部的陈宇翔兼任国际新闻社编辑，与神户中华妇女会的杨秩华为夫妻关系，故具有一定的号召力。神户中华青年会在其成立的第1年起，获曾广煜、麦绍齐等知识分子和周峥强、郑家熹等热衷参与政治活动的人士加入，为青年会的发展注入新鲜血液。然而，包括陈宇翔在内的各界人士因兼任公职较多，青年会的实际工作仍由原开垦队成员负责展开。

1948年9月，青年会发行的《神户中华青年会三周年纪念专刊》中，于首页记载着青年会的宗旨、背景、目标，简述内容如下①：

> 第一，"二战"结束，中国的国际地位迅速上升，而作为战败国的日本被纳入GHQ的"联合管制"，这使抗日战争以来一直被视为敌对国家国民而受压迫的旅日华侨，一日之间有了战胜国国民的地位；第二，部分华侨沉醉于"胜者"的心理，在身上佩挂着祖国徽章，却整日沉溺于玩乐，消磨时间；第三，对他们来说真正需要的，是先具有一等国民素养，需要有一个社会地位和身份的转变，需要养成国民的规范，了解中国文化及道德修养，和各种知识面的扩大；第四，青年会的宗旨在促进华侨"德体智群"的向上，亦为华侨谋福利实行改良华侨的陋习，提高华侨在日本的地位。

青年会下设总务、文化、体育三个部门。总务部作为处理该会所有大小事宜的主要部门，由总干事负责开展相关工作。文化部门最初的工作主要

---

① 神户中华青年会编：《神户中华青年会三周年纪念专刊》，神户中华青年会，1948年9月，第1页。

有收回舞子移情阁,以及设立附属幼稚园、图书室等任务。体育部门由乒乓球、篮球、棒球、登山、游泳等队伍组成。以下将论述青年会积极推进神户华侨总会筹建,收回移情阁,对外开展体育活动,设立幼稚园的具体情况。

第三节 神户中华青年会初期活动

一、恢复神户华侨总会

"二战"结束前夕,美国在日本各地进行大范围的空袭,烧毁了神户市区的80%,神户华侨的房屋基本没有一处是完整的,死者人数达180余人。战前神户华侨所建的神阪中华会馆、华侨学校等设施,也在6月5日的空袭中彻底烧毁。失去食宿的华侨只能就地搭起帐篷维持生计。中华会馆亦只是名义上存在而已,无法继续完成作为神户华侨代表机构的功能。这种环境下成立的神户中华青年会,在得到华侨长辈的支持之下成为华侨代表组织,为华侨开展了一系列的活动。

神户中华青年会投入的第一项工作就是成立代表神户华侨社会的联合组织。青年会主动联系神户华侨各组织,8月20日前后,在中山手通黄献伟住宅成立了神户华侨临时办事处。另一方面,神户台湾省籍华侨也迅速成立了独立组织。首先,陈义方、李金仓、施木樵等人发起成立了台湾青年队。随后在台湾青年队的呼吁之下,神户台湾华侨经过数次筹备会议,成立了台湾省民会,在生田区中山手通4丁目设办公室。陈义方任理事长。

神户华侨临时办事处主动联系"二战"前已有的神户各同乡同业组织,呼吁大家成立华侨总会。1945年10月,神户华侨集聚在神户海员会馆举行了神户华侨大会,宣布了神户华侨总会正式成立,并选出了21名理事,首任会长为神户中华同文学校校长李万之。1946年11月,神户华侨总会和台湾省民会进行合并,组织名称继续用"神户华侨总会"。公推李万之为首届会长[①]。

神户华侨总会作为代表神户华侨社会的最高组织,对外与兵库县政府保

---

① 中华会馆编:《落地生根——神戸華僑と神阪中華会館の百年》,研文出版,2000年,第228—237页。

持直接联系，进行当地华侨的户籍调查、登记，以及食物、生活物品的配给工作。这对稳定华侨社会起到了至关重要的作用。

二、收回移情阁

移情阁位于日本神户市须磨区舞子海滨，是由明石海峡大桥、舞子公园等组成的风景区内具有悠久历史和文化内涵的建筑物。移情阁原为神户华侨巨商吴锦堂①于大正初期建成的私人别墅。其外形是西式塔楼，但采用了中式的八角形设计。内部格局采用了当时欧洲流行的样式，装潢则在运用日本匠人的工艺和金唐纸装饰的同时，在天花板上又雕刻了龙、凤、牡丹，并悬挂中国式枝形吊灯。总之，移情阁是一座集西洋设计、日本工艺、中华文化灵魂于一体的建筑物②。

1913年3月，孙中山以中华民国铁道督办的身份访问神户，受到神户政界、工商业界以及当地华侨的热烈欢迎。3月14日，孙中山应吴锦堂之邀，在松海庄参加了由华侨代表举办的欢迎宴。宴会结束时，孙中山与当地华侨以松海庄为背景合影留念③。

1928年，神户至明石之间的国道扩展，虽松海庄被拆除，但移情阁仍保留了下来。1931年9月和1937年7月，日本先后发动了九一八事变和卢沟桥事变，扩大了对中国的侵略。同时，对居住在日本的华侨实施高压政策。为了维持生计，多数华商无奈之下"协助"日本政府参加各种捐献活动。吴锦堂也以公司名义将"移情阁"捐献给兵库县圣迹保存会，用来祀奉明治天皇的神灵及其遗物④。

---

① 吴锦堂（原名作模），1855年生于浙江省宁波府慈溪县，1882年到上海，在红庙（今南京东路）的萃丰蜡烛店当店员，1885年，筹集资金东渡日本长崎开设中国特产店，两年后转往大阪。1890年从大阪来到神户开设怡生号，经营日本红衣牌、龙船牌火柴，运销中国，获利颇巨。又在尾崎市与日本友人经营东亚大门汀株式会社。1901年，从日本三井银行购入钟渊纺织株式会社股份4万股，任常务董事。1926年1月14日在神户逝世，参见浙江省政协文史资料委员会编：《浙江文史资料选辑第44辑——浙江籍海外和港澳人物录》，1990年，第52—54页。
② 宁波市政协文史委编：《吴锦堂研究》，中国文史出版社，2005年，第195页。
③ 王泰栋：《吴锦堂先生二三事》，中国人民政治协商会议浙江省委员会文史资料研究委员会编：《浙江文史资料选辑：第28辑》，浙江人民出版社，1984年，第54页。
④ 吴锦堂合资社与奥村三郎之间的"寄附解约书"，1946年2月1日。

对神户华侨来说，移情阁见证了孙中山访问神户的历史时刻，是华侨引以为傲的文化遗产，更是华侨在当地社会地位提升的文化标志。"二战"结束后，为了收回移情阁，神户中华青年会主动联系吴锦堂之孙吴伯瑛（日本名：吴俊一郎），接洽相关事宜。1946年1月21日，吴伯瑛以吴锦堂合资公司之名义，向青年会总干事陈德仁回信，表示："神户市须磨区舞子町2028番地3外地所在移情阁捐献予明治天皇圣迹保存会，其捐献目的为祀奉明治天皇之神灵及遗物，附属楼使用于锻炼场所。但（该会——引用者注）始终未按起初目的使用，一直搁置。今日贵会计划将（移情阁——引用者注）用于接待访日中国嘉宾的住处，若日常向神户中华青年会开放此处，我认为也合祖父之意愿。考虑到为保持以往的关系，还是建议由贵会向（兵库——引用者注）县当局申请，对此我方无异议。"①

经得吴氏家族同意后，青年会向兵库县提交了使用移情阁的申请。1946年2月1日，与移情阁占有者圣迹保存会会长奥村拓治的家族继承人奥村三郎签署了捐献解除合同。合同主要内容是：因明治天皇圣迹保存会代表奥村拓治逝世，今后将移情阁及附属楼转至神户中华青年会使用，圣迹保存会与吴俊一郎之间的捐献证明书视为无效。同时，青年会应向奥村三郎支付其在过去为修复移情阁所投入经费总额的一半，即1 600日元。兵库县社寺兵事课于同日受理并批准了奥村与吴之间的捐献解除合同。1947年2月12日，青年会收回移情阁之举获得神户市市长中井一夫的批准②。

此后，吴氏家族将移情阁无偿借租给青年会使用。由于移情阁自落成以来从未有过全面装修，青年会便号召神户华侨参加捐献活动，并筹集到20万日元，使移情阁焕然一新③。青年会利用移情阁举行了多次游泳会、跳舞会，

---

① 原文：神户市須磨区舞子町二千二十八番地ノ三外地上所在移情閣ハ晨キニ明治天皇御神霊併ニ御遺物ヲ奉安シ附属建物ハ錬成場トシテ使用サルル目ノ下ニ明治天皇聖蹟保存会ニ寄附致シタ処一向目ノ通リニ使用サレズ其侭ニ放置シアリ、就テハ今会貴会ニ於テ御計画ノ素ハ神户中華青年会ニ開放スルコトトナラバ私共父祖ノ意志ニモ適シ至極結構ノコトト存ジ間従来ヨリノ関係モアリ一応貴会ヨリ県当局ニ御照会御使用スル事ニ当方トシテ異論無之候□御承知下サレ度右為念書中意□也，参见吴锦堂合资会社致神户中华青年会总干事陈德仁之信函，1946年1月21日。
② 奥村三郎致神户中华青年会总干事陈德仁函，1946年2月□日。
③ 神户中华青年会编：《中华青年》，神户中华青年会，1952年9月。

以及古玩展览等文体活动。此外，与驻神户美军军政部的交流会，亦在此处举行，促进了青年会在当地的文化及交流活动。1948年11月12日，青年会在移情阁附近竖立了孙中山先生挥毫的"天下为公"石牌[①]。

1966年，孙中山一百周年诞辰之际，以修建孙中山纪念馆为条件，吴伯瑛将移情阁捐赠给神户中华青年会。随后神户华侨社会成立"孙中山纪念馆建设委员会"。但由于种种原因，孙中山纪念馆的开馆申请始终停滞不前，整个开馆计划被搁置。1983年11月，林同春等提议以神户华侨总会名义将移情阁捐赠给兵库县政府，而移情阁的重建工作则主要由兵库县政府来推动。1984年11月12日，在孙中山诞辰之日，"孙中山纪念馆"面向公众开放。

三、华侨幼稚园经营

1946年，青年会开始筹建属于自己的会馆，最大的难题在于如何筹集资金以及找到合适的地点。首先为解决资金问题，青年会在向广大神户华侨公开号召积极捐款的同时，联系神户各界侨领，呼吁他们协助捐款工作。消息传开，神户粤籍老侨领廖道明主动让出位于神户市生田区下山手通二丁目（东亚路）的部分私有借租地（现神户华侨总会会馆），作为会馆的建设用地。在总干事陈德仁的领导及当地华侨的协助之下，会馆于1947年9月30日竣工。之后，青年会开始筹划在会馆内开设幼稚园。

神户华侨幼稚园的历史可追溯到1900年。1899年5月梁启超因政治避难抵达神户时，呼吁神户华侨创立华侨学校，于是1900年中华同文学校成立。1906年在同文学校的一角另设了附属幼稚园。后来在1945年6月因美军空袭被摧毁。华侨幼儿教育只能一度停滞。

1950年4月，"神户中华青年会附属幼稚园"（以下简称"附属幼稚园"）开始运作。当时，教职员仅有关明真、李智美2人，关明真自任园长。1950年9月，随着儿童人数增加到60余名，园长聘请了日本人（平田从子）职员1名[②]。附属幼稚园的教育方式较为陈旧，多半时间都在教唱歌，而且使用

[①] 陈德仁编：《学校法人神户中华同文学校八十周年纪念刊》，第526—527页。
[②] 神户中华青年会编：《神户中华青年会三周年纪念专刊》，1948年9月，第9—11、19—20页。

语言为日语，与日本幼稚园几乎毫无分别①。

1950年10月13日，青年会干事会改选，郑孝舜任第六届干事会总干事。新任干事会对以往工作进行了一系列改革，其中就包括决定由青年会直接管理附属幼稚园。干事会认为，对华侨子弟的教育应由华侨自己负责。但是，起初青年会将附属幼稚园开园工作委托给当地华侨关明真时，因条件不成熟等因素，与关氏之间未签订有关幼稚园转让经营的正式合同，于是青年会提议与关明真补签合同，但此项工作进展得并不顺利，问题在于双方各自坚持对附属幼稚园的所有权。

青年会主张附属幼稚园的所有权理应属于该会，此前只是把经营管理权交给了关明真。相反，关氏坚持附属幼稚园由他创办，理应归他所有，跟青年会之间仅存在对于幼稚园设施的租借关系。双方各执一词，互不相让，最终由台北驻大阪代表处出面协调。结果为，附属幼稚园归青年会所有，青年会负责附属幼稚园的一切事务。关氏可继续留任，但不能继续担任园长。此外，青年会接受关氏的要求，向关氏支付20万日元来收买其在附属幼稚园的私人资产以及作慰劳之用，至此与关氏之间的纠纷得到圆满解决②。

当时在神户，除附属幼稚园外，还有一所叫"光华幼稚园"的华侨幼稚园。光华幼稚园是汤钦明于1951年2月在神户关帝庙内设立的，黄潜园任园长③。比起附属幼稚园，光华幼稚园在教职员人数、接送儿童等方面条件相对完善。加之，1951年青年会与关明真之间争执仍在持续，导致多数原在附属幼稚园的华侨儿童转学到光华幼稚园。最终导致1951年冬季到1952年春季之间，附属幼稚园的儿童人数一度仅剩10余人。

附属幼稚园儿童人数的减少，使其经营变得更加困难。为了留住学生，王淑珠和王昭基向青年会干事会提议增加玩具、设备等，但由于干事会经费有限，资金问题短时间内无法解决。附属幼稚园教职员只好事事亲力亲为。1951年9月入职的王淑珠称"本来由家长陪来的园生，也由我们分头接送，在

---

① 陈德仁：《神户中华青年会成立とその略史》，未刊资料。
② 学校法人神户华侨幼稚园编：《创立五十周年纪念刊》，学校法人神户华侨幼稚园，2001年，第18、181、184页。
③ 神户中华青年会第六届干事会编：《中华青年》，神户中华青年会，1951年9月16日。

保育中，渐次推行国语教育，对稍大的园生教授注音符号、数学，歌曲也向中华同文学校和其他方面收集"。①

另一方面，青年会的郑孝舜、施兆成、刘润尧、吴绍祺等干部，针对幼稚园儿童人数锐减一事进行了讨论，决定派陈天寿与光华幼稚园的负责人汤钦明接洽，商讨能否把两所幼稚园合并经营。汤氏接受了青年会的提议。1952年7月，附属幼稚园与光华幼稚园合二为一，成立了神户华侨幼稚园②，关帝庙幼稚园称第一园，青年会幼稚园则成为第二园，分别展开授课③。7月1日正式开学，入学儿童人数约150人。原在光华幼稚园照顾儿童的日本教师铃木安子、西川操继续留任，而附属幼稚园方面，王淑珠和平田从子也留了下来。

合并后，神户华侨幼稚园的规模虽达到百余人，但当时华侨家庭经济条件普遍困难，收取的学费远远不能满足支出需求。于是，侨领李义招再次捐出一笔资金，并担任第一届神户华侨幼稚园董事长④，由此，神户华侨幼稚园度过了财政危机，逐步走上正轨。

随着就读幼儿的人数不断增加，关帝庙因面积所限，无法继续增加入园幼童的人数。1953年12月，经李义招董事长提议，购买东亚路一角西洋建筑物（中央区山本通二丁目）作为新建幼稚园的场地⑤。李义招和陈德仁奔走各方募捐新建幼稚园的资金。最终在神户华侨各界的支持下，新园建设工作顺利完成。

四、神户华侨青年会之"体育外交"

1937年，神户广东青年在中山手通2丁目33号成立了中华体育会，会长为时任神户华侨海务联合俱乐部会长的林景文，会员有50人，其中49人为广东人。体育会组织了棒球队和篮球队⑥，为"二战"后青年会开展体育活动奠定了基础。

---

① 郑孝舜：《一年来的会务报告》，神户中华青年会，1951年。
② 神户华侨幼稚园于1954年12月取得了（准）学校法人资格，参见学校法人神户华侨幼稚园编：《创立五十周年纪念刊》，学校法人神户华侨幼稚园，2001年，第21页。
③ 学校法人神户华侨幼稚园编：《创立五十周年纪念刊》，2001年，第18、181页。
④ 神户中华青年会编：《中华青年》，神户中华青年会，1952年9月。
⑤ 神户华侨华人研究会编：《神戸と華僑——この150年の歩み》，神户新聞総合出版センター，2004年，第67页。
⑥ 日本贸易局：《阪神在留ノ華商卜其ノ貿易事情》，1938年，第164页。

1947年9月30日，为庆祝神户中华青年会会馆竣工，横滨中华青年会[①]派出代表到神户参加落成典礼。神户队与横滨队借此机会在神户举办了第一届体育运动会。比赛设棒球、篮球、乒乓球三个体育项目。比赛结果：棒球比赛2比11神户队败，篮球比赛39比13神户队胜，乒乓球团体比赛神户队3胜2负，个人比赛则是横滨队取胜，最终双方打平[②]。

　　运动会结束后，神户中华青年会乒乓球队继续与神户各地俱乐部进行友好比赛。就1947年10月至1948年4月间的赛季而言（表9-2），比赛基本上每月安排一次，比赛对手包括美军驻神户部队职员在内的当地体育俱乐部等，青年会的比赛成绩属中上水平。一系列比赛活动，无疑加深了青年会与当地社会的友好关系。

表9-2　神户中华青年会乒乓球队对外比赛情况

比赛时间	对手	成绩
19471014	神户赤龙俱乐部	中华5：赤龙4
19480124	神户新开地神兴俱乐部	中华1：神兴6
19480208	神户西摊摩耶俱乐部	中华4：摩耶3
19480224	神户美军职员	中华5：美军职员0
19480315	神户制钢研究课	中华6：神户制钢1
19480419	神户西摊摩耶俱乐部	中华4：摩耶5

　　资料来源：神户中华青年会编：《神户中华青年会三周年纪念专刊》，神户中华青年会，1948年9月。

　　1948年5月14日，横滨中华青年会会长容振权致函神户中华青年会，邀请青年会派出选手到横滨参加于5月29日举办的第二届神户・横滨青年运动会。青年会于5月25日回函称"体念埠际至情，赐予三舍之退让，则公谊私交咸深感纽也，兹谨订于月之二十七夕，驾车东上"。

　　嗣后，青年会选派选手，于5月27日晚乘坐6点40分的火车从大阪出发，

---

① 1946年4月，横滨中华青年会成立，会所位于横滨中区山下町218番地，第一任会长为容振权（广东新会人），成立初期，青年会主要开展各项体育比赛，以及加深会员的知识文化水平等活动，参见可儿弘明、斯波义信、游仲勋编：《华侨・华人事典》，弘文堂，2002年，第789页。

② 汤钦明：《回忆》，未刊资料。

次日清晨约6点抵达横滨。29日下午1点开始的第一项棒球比赛横滨队取胜。当晚6点，在横滨YMCA球场进行了篮球比赛，到场观众众多，使赛场入口水泄不通。神户代表有关显彰、郑家熹、吴绍良、尹维业、周藤芳等，比赛过程双方不分上下，最终神户队反超横滨队，以34比24赢下比赛。30日下午6点，在横滨华侨总会举行了乒乓球比赛。双方各选出五名选手，神户队有黄霖根、施兆成、张方年、高成泉、曾昭伟。团体比赛神户队3胜2负，单项比赛神户代表高成泉获得冠军。5月31日晚，神户、横滨两地的青年会代表举办了联欢会，神滨双方各出节目，表演了"狮子舞"等中国传统文化节目。①

事后，神户青年会会员鲍鸿翔在其《凯旋后的感想》的文中，这样写道："我们不要忘记这次比赛的目标，第一是联络滨神两埠华侨青年的感情，第二是发扬我辈青年的体育精神与球艺之进步……过去我们中国人有东亚病夫之讥，和国父说过的一盘散沙没有团结力，我们要洗清这种耻辱的名词，及改过没有合群性的恶习……成为一个东亚的'壮夫'。"不难看出，青年会开展的各项体育活动，其目的不仅是与日本各地华侨加强联系，或与神户当地社会保持良好的关系，更为重要的是，他们通过比赛，使生活在日本的每个华侨感觉到作为中国人的自豪，弘扬自强的精神。

表9-3　第一、二次神户·横滨间联合运动会乒乓球比赛选手名单及赛绩

第一次比赛				第二次比赛			
团体比赛		个人比赛		团体比赛		个人比赛	
神户	横滨	神户	横滨	神户	横滨	神户	横滨
黄霖根2	郑寿基0	黄霖根2	谭广明2	高成泉3	黄仕元0	高成泉3	谭广明0
张方年2	吴应韶0	张方年1	谭广明2	黄霖根0	谭广明3		
陈天助1	谭广明2	高成泉0	谭广明2	曾昭伟3	吴应韶1		
施兆成1	关德源2			张方年3	谢寿基2		
高成泉2	李金述1			施兆成1	李金述3		

资料来源：神户中华青年会编：《神户中华青年会三周年纪念专刊》，1948年9月，第20—21页。

---

① 神户华侨华人研究会编：《神戸と華僑——この150年の歩み》，神戸新聞総合出版センター，2004年，第67页。

后来青年会本身经费短缺，神户方面参加每年一度的神滨友谊比赛的经费主要依靠当地华侨捐款。这种紧张情况一直持续到1950年友谊比赛停止举办。表9-4是神户中华青年会1950年至1951年之财务情况一览表。

表9-4 会计收支表（1950年10月18日—1951年9月10日）

单位：日元

收入		支出	
现金及银行存款	15 975	人事费	23 637
会费	69 490	会馆设施水电等杂费	35 871
附属幼稚园收入	231 250	图书室	8 784
特别收入	38 905	事业费	22 784
本会总收入	355 620	保险及税费	10 135
借款总额	188 500	幼稚园一般支出	206 068
		幼稚园特殊支出	200 000
总收入	544 120	总支出	507 279
		存款	36 841

资料来源：神户中华青年会第六届干事会编：《中华青年》，1951年9月16日。

青年会的收入来源主要依靠附属幼稚园学费、会费及额外收入，其中幼稚园学费收入最多。但因职工工资、管理费等支出巨大，幼稚园整体而言仅有25 000日元左右的盈利。如果再扣除日常开支就所剩无余，对一些特殊支出无能为力。如1951年幼稚园关明真纠纷一案，青年会需向关氏支付的20万日元，只能靠神户华侨社会捐款或借款弥补。

第四节 20世纪50年代的青年会

1949年10月1日，中华人民共和国成立。因国内形势变化及1950年6月爆发的朝鲜战争，新中国侨务扩大会议一直推迟到1953年11月才召开，有25名日本华侨代表参加会议。会上，何香凝作了《全国人民代表大会华侨代表经对话选出问题之报告》，确定通过"协商"选出华侨代表的基本思路。11月10日，廖承志与日本华侨代表进行了个别座谈会。回日本后，代表们开始筹备"留日华侨协商会议"工作。1954年1月16日,日本"留日华侨协商会议"正式成立,总部设在东京。接着,各地区陆续设立地方"协商会议",并推选华侨代表。同年7月,神户华侨社会部分领袖成立"协商会议",发起人有台湾省籍华侨陈义方、林水永、石嘉成及福建华侨陈德胜、黄慧儿等,半数以上为台湾华侨。

1952年12月,两国开始交涉在华日本遗孤归国及在日华侨归国和遗骨归还问题。1953年起,在华日本遗孤和在日华侨中,凡愿意归国者,由中国红十字会和日本红十字社代为办理归国手续。这成了战后中日两国政府交流的契机和开端。1954年11月,中国红十字会代表团到日本关西地区访问,李德全团长出席大阪的欢迎会。廖承志副团长还特别抽时间到神户,神户华侨总会和日中友好协会在神户纤维会馆共同举行了欢迎会。这无疑拉近了神户华侨和新中国之间的距离。

1957年2月5日,神户地区"协商会议"改称"神户华侨联谊会"(1976年"神户华侨联谊会"又改称"神户华侨总会"),主要成员为原"协商会议"的人员。即陈义方、林水永、陈恒华、陈德胜、石嘉成、黄慧儿[①]。此时神户共有四个青年组织,即神户中华青年会、神户同学会、神户福建青年会、神户校友会。其中,前三个组织接受联谊会领导。之后中华青年会的各项活动均在联谊会主导下举行。

---

① 陈德仁编:《日本神户华侨历史年表》,手稿资料,第23页。

第十章　粤侨陈德仁与神户华侨历史博物馆

第一节　陈德仁与神户华侨历史博物馆的创办计划始末

1937年7月，中国抗日战争全面爆发。随后日本政府实施合并各地华侨组织的政策。1939年1月，神户广业公所、福建公所、三江公所（浙江、江苏、江西籍人士的会馆）被迫合并为神户中华总商会，并将广业公所原址神户市生田海岸通（现中央区海岸通3丁目）定为总商会的办公地点。可是由于会馆在战争时期被空袭损毁，"二战"结束后神户中华总商会有名无实，基本处于停滞状态。1971年，在会长陈德仁的倡导下，总商会开始组织并举办各类活动，会员人数也由战后20余人增至约70人。

1978年3月，不断发展中的神户中华总商会，遇上了日本政府转让旧址土地的契机，总商会便开始着手新会馆的建造工作。1979年10月，神户中华总商会（KCC）大楼正式落成。为使广大民众都能了解到神户华侨社会的发展历程，将华侨在日奋斗经历与神户当地发展史融为一体，总商会会长陈德仁萌生了创办日本首座华侨历史博物馆的念头，提议将大楼的一部分空间用作历史资料馆。在总商会和各同乡组织的大力协助下，同月23日，大楼第二层以博物馆之名正式向社会公众开放。

陈德仁1917年3月7日生于日本神户，属华侨第二代。其父陈达文出生于广东省南海县，母亲本名长岛，出生于日本神奈川。陈德仁自幼随其父习修粤语，家中以粤语进行沟通、交流。1925年至1935年陈德仁就读于神阪中华小学和碧梧学校，1940年至1943年就读于大阪外国语学校中国语学部。1943年毕业后留校任中文教师，并在《每日新闻》报社兼当记者。"二战"结束后，陈德仁被推选为"神户中华青年会"总干事，同时作为神户华侨总会最年轻的理事，备受瞩目。他在1945年至1947年的短短三年间一路擢升至副会长。20世纪50年代，陈氏活跃于商界，先后成立了中美商行株式会社、协成泰株式会社、华美利株式会社，并在上海太平洋贸易公司等处兼任总经理一职。为推动当地华侨的经济发展，他于1957年创办了神户华侨贸易振兴会，任会长。60年代，神户中华总商会的发展陷入前所未有的危机。为走出困境，陈德仁积极调动人脉，成为日本政府与华侨之间名副其实的沟通桥梁，并成功取得中华总商会的法人资格。之后更为总商会新楼落成筹集到了5亿日元的建设资金。由于以上业绩，陈氏最终成了中华总商会会长的不二人选[1]。1984年5月29日，陈德仁在东京皇宫正殿的"松之阁"参加授勋仪式，接受日本政府颁发的"勋五等瑞宝章"[2]。

他认为，华人在海外争取生存与和平的权利，首先要了解华侨在历史上的地位，并利用华侨史料和文物教育华侨后代。陈德仁为华侨文献文物的收集倾注了大量个人资产。自任馆长后，更是全身心地投入到神户华侨历史博物馆（以下简称"博物馆"）事业之中，随后逐渐从商界功成身退。

谈及创办人的初衷，一篇标题为"神户的中国城"的文章曾刊登于1992年7月7日的《人民日报海外版》中。"华侨陈德仁先生又创建了一座华侨历史博物馆。……高龄已达75岁的陈德仁先生说：我之所以创办这个博物馆，就是为了保留历史，让我们的子孙后代不要忘记过去。我希望展出这些资料，能让世人都了解神户的中国人写下了怎样一部艰苦创业史。"[3]

日本华侨研究的权威专家、神户大学名誉教授安井三吉，曾如此描述陈德仁与博物馆的关系："虽陈德仁先生之本职为国际贸易，但我所了解的

---

[1] 有关陈德仁生平，参见郭玉聪、朱新建：《中日文化交流的使者——老華僑陳德仁氏》，《愛知学院大学教養部紀要》，第54卷第1号，爱知学院大学，2006年8月。
[2] 瑞宝章是日本政府奖给有功人员的国家勋章。
[3] 《人民日报海外版》，1992年7月7日。

陈先生则更热衷于华侨和孙文的历史研究。陈先生除了贸易、生意之外，多年来一直致力于收集华侨文物和文献。陈先生所搜集的孙文史料，想必是在此过程中发现并开始整理的。他希望有关华侨和孙文先生的历史可以世代相传，不被后人所遗忘。为此，陈先生先于1979年创办神户华侨历史博物馆，此后五年，即1984年，孙中山纪念馆亦正式开馆。当然，博物馆和纪念馆并非只凭陈先生一己之力建造完成，但若没有他的不懈努力和无私奉献，根本不可能将此梦想付诸现实。"①

早年神户中华总商会的用地是从日本政府处租借而来的。1978年3月，因日本政府出让会馆旧址土地，故有了新会馆的建设蓝图。由于这是一项高达四亿五千万日元的大工程，当地的神户侨胞同心协力共筹款项，终于在1978年8月，工程顺利开工②。

1980年2月，陈德仁在"神户华侨历史博物馆是如何建成的"文章中这样叙述，"去年（引用者注：1979年）春天，社团法人神户中华总商会决定建造'总商会大楼'之际，作为商会会长的我开始萌生了建造博物馆的念头。但本人不才，当时并没有建立大型历史博物馆宏图计划的完整构思。原定将商会大楼的二层约300平方米建造成一个大会议厅，但是，会议不会每天都有。可以在空余的时间里，陈列一些神户华侨有史以来的资料、照片，征集一些日本及世界各地的华侨资料，建立一所华侨资料馆之类的设施。再者，如果能将我过去20年间收藏的文献、资料和个人笔记整理出来，估计五年便可建成。转念又想，既然要做，何不做得彻底些，连同神户华侨有史以来的日常生活用品、珍稀的书画古董也全部展览出来吧。所以，才最终形成了'神户华侨历史博物馆'的宏大构想。消息被传出去后，各报纸杂志、电视广播纷纷报道，社会各界也寄来了热情鼓励的信函。热心人士甚至送来了稀世珍品。"③

在该馆的经营、运作方面，陈德仁表示，作为向公众开放的设施，博物

---

① 《創設者陳德仁先生のお仕事とその継承》，神户华侨历史博物馆编：《神戶華僑歷史博物館通信》，第1号，2003年6月25日。
② 《神戶新聞》，1978年8月13日。
③ 陈德仁：《神戶華僑歷史博物館は育つか》，《歷史と神戶》，第98号，神户史学会，1980年2月，第33页。

馆周六、日是不能闭馆的，而且冷暖气设备和管理人员自然必不可少。这样的话，日常运营费用只能从门票收入中扣除。但站在民众的角度，既然要收取门票，便要拿出价值相当的展品。因此，从开放初期开始，博物馆陈列品每2—3个月更换一次，并确保有几件"镇馆之宝"。

以上论述可知，博物馆之倡办理念源自陈德仁，他不仅有着20多年华侨文献文物的收藏经验，并存有详尽的相关记录。陈氏通过当地新闻广播，积极号召神户侨胞及社会各界捐献，并在运营资金和经营方法等方面"出谋划策"。

第二节　博物馆的创办过程

一、博物馆营业申请

在当时的日本，创办一所博物馆必须满足以下诸多条件，如设施、资料、人员、活动内容等。第一，建筑面积须达到132 m²以上，配备陈列室、资料保管室、办公室等；第二，馆藏资料须包括寄存书籍（资料）在内的实物、标本、模型等；第三，岗位设置上须配有研究员[①]；第四，馆内须定期举行常设展览和专题展览；第五，须定期印制馆区导览图、馆刊等；第六，须举办各种学术讲座、研讨会或电影展播等文化活动；第七，须对文献史料展开定向调查研究；第八，须订立博物馆内部机构设置、使用规则、职员组织规定等相关制度；第九，一年之中，开馆时间达到100天以上；第十，场馆须向公众实行开放，参观人员应包括除当地市民以外的各地区广大群众[②]。如此事无巨细、烦琐庞杂，要落实执行实属不易。

在1980年2月23日召开的神户中华总商会全体大会上，为规范博物馆之管理，陈德仁提议并获通过，将原总商会章程中第四条第（7）（8）（9）项依

---

① 博物馆研究员需有以下资格：一、拥有学士学位，大学期间修得国家文部省规定的博物馆相关科目学分；二、大学二年级以上在读生，修得包括博物馆相关科目在内的62个学分。并有三年以上候补研究实习员资格或相关经历者，参见《図書館法施行規則》，日本《博物館法》，1951年12月1日，法律第285号。
② 《博物館に相当する施設の指定について》，1971年6月5日，文社社第22号。

次改为（8）（9）（10）项，并增加第（7）项，即"创建神户华侨历史博物馆，对公众实行开放。该馆的管理细则将另行制定"。

此外，他还在博物馆细则（1）（2）中增加"本馆设于神户中华总商会大楼第二层。使用面积为第二层总面积约300 m²"，以及"本馆由社团法人神户中华总商会负责管理运营，另设由中日两国的专家、学者组成'展览评审委员会'，对馆内展览文物进行鉴别与征集"两项规定。

为了完善博物馆的相关制度，陈德仁于1980年3月25日向兵库县教育委员会提交《博物馆之相关设施许可申请书》。

博物馆之相关设施许可申请书①

①设立者名称及地址：社团法人神户中华总商会，神户市生田区海岸通3丁目33番地

②名称：社团法人神户中华总商会神户华侨历史博物馆

③所在地：神户市生田区海岸通3丁目33番地神户中华总商会大楼2F

④附件：社团法人神户中华总商会登记簿誊本、土地登记簿誊本、建筑登记簿誊本、博物馆专用的建筑及土地图纸、新建场馆建筑照片、博物馆展示状况全景照片、博物馆内部展示状况图纸、神户华侨历史博物馆概况、神户华侨历史博物馆章程、博物馆研究员资格证书

神户华侨历史博物馆概况②

1）书画古董

①京都宇治黄檗宗万福寺始祖——隐元禅师决意留日之挥毫挂轴一幅

②于神户逝世的清朝末年的著名画家——胡铁梅之山水挂轴一幅

③明朝中期，"万里长城"修复古砖一块

④仿汉古瓦"端溪古砚"一对

⑤神户开埠初期使用的煤油灯

---

① 神户中华总商会会长陈德仁致兵库县教育委员会之申请书：《博物館に相当する施設許可申請書》，1980年3月25日。

② 《神戸華僑歷史博物館概況》，1980年3月。

⑥神户开埠后搬运工始祖——梁鹤轩之遗物

⑦古磁枕（清朝时期的陶瓷枕）一个

⑧其他

2）珍贵照片

①神户开埠以来，神户华侨相关珍贵纪念照100张

②孙中山先生在初到神户期间和政治避难期间所摄照片十数张

3）华侨相关资料、书籍

①以神户华侨为代表的日本华侨、世界华侨之相关记录文献图书

②华人墓地的相关记录，中华会馆的建立及捐赠者名单

③神户华侨文学家、文学爱好者之著作及诗作，神户著名画家、书法家之书画

递交的申请书中，除了馆长陈德仁、副馆长陈根霖外，还有委员徐灿生、李家让、林同春、游水源、王柏林、蓝璞、陈东华的联名签署，皆为神户广东、台湾、福建、三江各社团的代表人物。此外，还有顾问山口一郎、落合重信，研究专员鸟本一男。外聘研究员方面，有小林桂助（县文化财保护审议议会会长）、东乡松郎（神户商科大学名誉教授）、毛利久（神户大学名誉教授）、热田公（神户大学教授）、柴天宽（京都大学名誉教授）、和田邦平（甲南大学教授）等关西地区的大学研究学者[①]。

遗憾的是，第一次申请未能通过。1981年3月10日，陈德仁第二次递交申请，但从同年8月27日收到的兵库县教育长森胁隆的答复信中得知，兵库县决定暂时受理，并向博物馆提出了几点改善意见。在馆藏资料方面，"博物馆的立意鲜明、展示内容新颖。博物馆除了中日历史资料外，可考虑将重点放在神户当地的华侨历史上，结合各种有形、无形的文化遗产，使馆内文物资料多元化，达到充实丰富之目的"。在人员配置方面，"根据博物馆法规定，应尽早聘请研究专员"。在建筑及土地的有关问题上，"考虑到博物馆

---

① 《神户华侨历史博物馆馆长、学艺员、顾问名单》，手稿资料。

作为永久性设施，建议设立财团法人"。①随后不久，神户中华总商会便取得了社团法人的资格。

二、资料、文物的收集

1979年10月23日，神户中华总商会新楼举行落成典礼。同日，神户华侨历史博物馆正式开馆，并对外开放。博物馆陈列有陈德仁多年的收藏心血结晶，以及神户华侨的捐赠物品，共约200件（套）历史照片及文献②。

1980年，在总商会运营计划书中，有一段关于博物馆文物收集及展示的记录内容显示，为丰富馆藏资源，博物馆不仅动员当地华侨的力量，同时呼吁与华侨联系紧密的日本人也参加捐献，并寻求海外援助。

文物资料的收集范围以神户的华侨历史为中心，反映华侨的贡献与当地发展状况，具体事例有：①神户华侨有史以来，在华侨社会或其居住地方有显著贡献者之略史及其照片；②抚育有功于社会之人氏，或其祖父母等抚育者之略史及遗照；③创立有益于社会之企业或商号者之略史及照片；④曾为公益团体服务，而有显著贡献者之略史及照片；⑤历代在各公益团体或学校、幼稚园等服务之首长及理监事之名表；⑥现任各公益团体之首长及理监事之名表；⑦神户开埠以来（即神户华侨有史以来）曾到过神户之祖国著名人士名表及照片；⑧曾为华侨子弟教育机构服务十年以上之教师及开设教馆或学塾有五年以上之教师略史及照片；⑨神户华侨出身，而当下及过去在祖国或海外，成为著名人士之略史及照片、文物、书画、作品或其著作；⑩神户华侨有史以来，使用或曾使用过之物品或文物，或其他值于陈列本馆之一切珍奇或珍贵文物；⑪神户华侨编年史③。

一份以总商会会长陈德仁之名发布的中、日文版《为设立神户华侨历史博物馆募捐启事》（日期不详），上面写有捐款方式："……馆内四围须设置大展览玻璃框外，另予搜集百十年来之神户华侨有关资料，然此等费用

---

① 兵库县教育长森胁隆致神户中华总商会会长陈德仁先生函：《博物館の登録申請について》，教社文第602号，1981年8月27日。
② 《神戸新聞》，1979年10月24日。
③ 神户中华总商会：《神户华侨历史博物馆陈列内容》，手稿资料。

一共约需二千万日元。欲向神户华侨有志者二百人募捐，每口十万日元，但为纪念寄付者先生夫人姓名，希望每一组先生夫人共捐二十万日元，如出自公司或商号名义寄付时则不论金额，辱承寄付者芳名皆刻名在铜板上永留纪念……"①。该活动，得到神户华侨的积极响应，募捐金额总计470万日元。

表10-1　博物馆设备及资料捐款人名单

单位：万日元

姓名	金额	姓名	金额	姓名	金额	姓名	金额
杨永清	10	陈德仁	20	刘友荣	20	陈叔康	20
林同春	20	杨惠芳		刘杏代		陈容真	
林贵美		游水源	20	林富贵	20	陈启明	10
吕达民	20	游如碧		林玉起		振东产业株式会社	20
陈肴		林文明	10	梁信昌	10	华东联合有限公司	10
陈建新	20	高村健民	20	雷振德	20	神户博爱病院	20
郑泰江		高村ヨネ		雷金枝		华侨贸易株式会社	10
发利行	20	杨胜美	20	王炽炳	20	大信实业株式会社	20
赵健	20	陈美代		鲍惠美		丸林住宅株式会社	10
杨玉莲		陈成基	20	林圣福	20	东南商事株式会社	10
曾广梧	10	陈照红		林游胜子		总额	470

资料来源：神户中华总商会：《神户华侨历史博物馆募捐者名单》，1979年，手稿资料。

捐赠物品中也有来自当地华侨的热心者和日本人。台湾华侨李义招捐出京都宇治山黄檗宗万福寺始祖隐元禅师之直笔挂轴一幅、逝世于神户的中国著名画家胡铁梅之山水画挂轴一幅、前日本首相犬养毅的直笔挂轴一幅，著名画家鲍少游为创馆纪念创作了《松竹梅》。前神户市市长、白山会会长中井一夫捐出明治十五年（1882）发行的《资治通鉴》全七十卷②，山中园子捐出日本最早期"铁轨"一节，田中健一郎捐出"万里长城"修复用的石砖一块③。1980年1月30日，《朝日新闻》曾报道过山中园子的捐赠事迹。山中女

---

① 神户中华总商会：《为设立神户华侨历史博物馆募捐启事》，1979年，手稿资料。
② 《神戸新聞》，1981年1月14日。
③ 《神戸華僑歴史博物館創立記》，手稿资料。

士（时年62岁）在神户市垂水区的家中谈起父亲的昔日往事。其父山中宽治终身任职于日本铁道部，于1969年逝世。在职期间曾在铁道部东京池袋训练班教授中国留学生日语，教过的留学生约三千人。为珍视父亲这段缘分，山中女士决定将父亲留下的日本第一代的铁轨赠予博物馆①。

陈德仁先生心系博物馆事业，曾致信中国各地寻求支援。在其遗留下来的资料中找到了一份写于1983年9月30日的信件，收信人为暨南大学华侨历史研究所②。

> 暨南大学华侨历史研究所负责同志：
> 　　日本神户华侨历史博物馆，由创立至今已逾四年，先后曾展出过日本神户地区的华侨史料与孙中山先生革命活动的史料。……目前，日本兵库县厅正在修建孙中山纪念馆，拟在1984年11月12日举行开幕典礼，敝馆受兵库县厅和日本"孙文研究会"所请准备把现存孙中山先生的史料，大部分移至新建的孙中山纪念馆展出。……敝馆对于世界华侨的状况，所知甚微，故亟盼您能相助一臂之力，在百忙中抽暇提供一部资料。……
> ①各国历史上华侨人数的变化与现在华侨的人数
> ②各国的华侨对祖国和当地的重大贡献
> ③各国的华侨史上以及现在的优秀人物
> ④各国侨社的文化教育简况
> ⑤各国与中国友好都市结合的情况
> ⑥各国华侨史的书籍资料等
> ⑦孙中山先生在各国从事革命活动的情况，以及与当地华侨的关系
> ⑧各国侨社的各团体名称、地址、领导人姓名
> 　　收集以上资料及代购书籍文物等所需费用及邮费等，望至紧示下，敝馆可随时汇上。

---

① 《朝日新闻》，1980年1月30日。
② 陈德仁致暨南大学华侨历史研究所之函，1983年9月，原件标注"此套信暂保留不寄"。

虽然该信最终没有寄出，但由此我们看到了陈德仁先生确实为此付出的不懈努力。

陈氏为搜集工作积极奔走于国内外各城市之间。1985年前后，为筹集神户华侨历史博物馆特别展的展品，专程到国内用1个月的时间与各大博物馆进行联络、接洽，先后涉足宁波、绍兴、杭州、北京、天津、旅顺等地，参观了上海和旅顺的博物馆及天津南开中学周恩来纪念馆，并与旅顺博物馆和南开中学周恩来纪念馆的负责人商洽租借展品在日本展览事宜。在浙江，他首先访问了神户华侨巨商吴锦堂在家乡慈溪县捐资创办的学校，再辗转到绍兴参观了鲁迅和秋瑾的纪念馆，随后参观了奉化县蒋介石故居和蒋母之墓。并在走访旅顺博物馆后，到北京与中国社科院的胡绳、刘大年及华侨历史博物馆的相关人员进行了面谈，并落实了一行人的访日计划。与此同时也接洽到长期担任陈嘉庚秘书的庄明理，达成了博物馆资料、文物等方面的合作意向[①]。

陈德仁在接受《日本产经新闻》（1980年1月16日刊载）采访时表示："希望将来可以携手东南亚的侨胞们，共同举办一场盛大的华侨特别展。"随着工作的稳步推进，从1986年起，博物馆开始收到来自中国的杂志和文献资料[②]。

第三节　博物馆的前期活动

自1979年10月23日开馆以来，博物馆一年的开放时间达到了350天，陆续开展购置文物和委托展览，建造模型，收集、编纂资料，举办华侨主题研究活动，发行通信刊物，以及推动中日文化交流等系列活动。

表10-2　神户华侨历史博物馆活动一览表

时间	事项
1979年10月23日	神户中华总商会大楼"KCC大楼"二楼开馆

---

① 陈德仁：《孫文と私——在神華僑の立場から》，《孫文研究会会報》，第3号，1985年9月15日。
② 《産経新聞》，1986年1月16日。

续表

时间	事项
1979年11月30日	成立展览评审委员会。时任委员有：陈德仁、林同春、王继德、陈根霖、王柏林、蓝璞、陈正雄、陈东华、曾士才
1979年10月23日—1981年3月15日	举办"神户与华侨"展。展示神户市历任市长、兵库县历任知事、神户华侨和日本名人的照片
1981年3月20日—9月	举办"孙中山和辛亥革命七十周年展"之"孙文与神户"展
1981年10月—12月	举办"辛亥革命展"和"鲁迅展"
1982年	将部分馆藏品分别赠予中国广东省广州市中山大学、廖仲恺纪念馆及广东省中山市孙中山纪念馆
1984年11月12日	在神户市舞子移情阁（原华侨巨商吴锦堂别墅）设为孙中山纪念馆之际，博物馆将馆内孙中山和辛亥革命相关部分藏品赠予孙中山纪念馆
1987年5月30日	成立神户华侨研究会（现神户华侨华人研究会）
1987年	协助神户新闻社编写《华侨史年表》
1997年7月	举办"香港，回归中国展"
1999年2月1日—20日	举办"来自中国的祝贺展"
1999年12月	举办"澳门，回归中国展"
2002年1月—2003年3月31日	暂时闭馆。将KCC大楼第10层设为收藏室，并将第2层命名为展览厅。修缮展览厅，并对收藏室的藏品进行调查及整理
2003年6月25日	创刊《神户华侨历史博物馆通信（News from the Kobe Overseas Chinese History Museum）》，半年刊
2004年4月1日—5月5日	举办复馆一周年纪念"李庚墨绘画——陈舜臣'青山一发'插绘原画展"
2004年11月28日—12月28日	举办孙文"'大亚细亚主义'演讲80周年纪念特别展"
2005年1月17日—3月31日	举办"地震后的南京町——涌田佐惠子写真展"
2005年2月	发行安井三吉编写的《神户华侨历史博物馆所藏图书·定期刊物目录（初稿）2005》
2006年6月21日	成立发展基金会（神户华侨历史博物馆发展基金会）之发起人会。成立神阪京华侨口述记录研究会
2007年8月20日—10月3日	举办第一届至第九届的世界华侨大会的回顾特别展
2007年9月15日—17日	协助第九届世界华商大会神户分会主办"南京町热烈欢迎祭"，展览厅免费开放

续表

时间	事项
2007年10月4日—2008年1月	举办"齐藤真木子系列藏品——中国民间玩具展"
2008年6月9日	成立"二战"后神户华侨资料阅读会
2008年10月—2009年1月	举办"中日和平友好条约互换批准书三十周年展"
2009年10月23日	发行《神户华侨历史博物馆创办30周年纪念志(1979—2009)》
2009年12月	发行安井三吉编撰目录《游仲勋系列藏品》
2011年1月27日—2月24日	举办南京町春节祭特别展
2011年9月17日—12月27日	举办辛亥革命100周年纪念特别展
2012年1月22日—2月28日	举办南京町春节祭特别展
2012年9月1日—12月25日	举办"中日邦交正常化40周年与神户华侨之回首过去、展望未来"特别展
2013年2月7日—28日	举办南京町春节祭特别展"走过25载"
2013年3月	发行由陈来幸主编、安井三吉参编的《蔡宗杰系列藏品(图书·文书)》
2014年1月23日—2月25日	举办南京町春节祭图片展 协助单位：神户市、南京町商店街振兴组合
2015年2月12日—28日	举办南京町春节祭特别展——"震灾20年与新的羁绊"。协助单位：神户市、南京町商店街振兴组合

资料来源：神户华侨历史博物馆网站：http://www16.ocn.ne.jp/~ochm1979/index1.html，访问日期：2015年3月7日。

1979年10月23日到1981年3月15日，举办首次特别展"神户与华侨"。1981年3月20日，为纪念辛亥革命，举办第二次特别展"孙文与神户"。同年10月到12月，以相同主题举办"辛亥革命展"和"鲁迅展"。

特别展以图片展示为主。"神户与华侨"以史为纬，以事为经，列举了当地民众与侨民之间的相互促进、相互融合的事迹，真实地再现了自开埠以来华侨华人走过的风雨历程。另外，"孙文与神户"中的宝贵文献和照片等展览素材，大多属私家珍藏。这些素材基本上都是出自对当年孙中山革命有突出贡献的神户华侨，以及当地大力支持孙中山革命的日本友人后嗣子孙的私人藏品。

1981年总商会的年度工作计划书中，对3月份的特别展有着明确的规划：3月15日以"神户与华侨"为题，展出自开埠以来有关华侨与神户的资料和文物；3月20日，配合神户"PORTOPIA'81"开幕日，改为"孙文与神户"这一主题的特别展出。其目的是将神户"PORTOPIA'81"博览会的观众也能吸引到博物馆来。如前文所述，开馆初期，博物馆虽未获得日本政府的正式批准，但已开始向公众开放，配合当地各种节庆活动，筹办专题展览，举办各种中日文化交流活动。以下部分将就初期特别展的展示活动进行阐述。

孙中山先生生前曾10次访问日本，其中有4次到访神户①。为此，作为第二次特别展览，博物馆于1981年3月20日至9月3日，举办了"孙文与神户"展，回顾并介绍孙中山在神户期间的革命活动情况。会上展示了约200套照片及孙中山本人使用过的名片和书籍，并首次公开了珍藏于孙中山曾居住的神户海运商三上丰夷宅邸的文献资料，以及孙中山于1924年11月28日在日本神户高等女子学校发表的"大亚细亚主义"演讲译稿和照片，还有时任兵库县知事服部一三在密会孙中山后，向日本外务大臣汇报的内容。

该报告书中记载，服部知事建议孙中山"长期逗留日本之种种不利"等内容。陈德仁对《读卖新闻》的记者表示，这一史料有力印证了孙中山先生在避难日本期间，更多是得到神户的商界及有社会影响力人士的支持，而非日本政府，并对神户商界的贡献作出了正面的评价②。特别展引起了中国国内的关注。1981年10月5日，《人民日报》以"革命先行者的足迹：记'孙文与神户'展览会"为题进行了报道。神户华侨历史博物馆之名也因此逐渐为国

---

① 有关孙中山与神户华侨的研究参见，段云章：《孙中山的革命斗争与日本华侨》，《华侨华人历史研究》，1989年第2期；陈德仁、安井三吉：《孫文と神戸》，神户新闻出版中心，1985年；日本孙文研究会、神户华侨华人研究会编：《孫文と華僑——孫文生誕130周年記念国際学術討論会論文集》，汲古书院，1999年。

② 《読売新聞》，1981年3月21日，200件珍藏品首次公开——缅怀孙文之遗德"神户展"。

内熟知①。

紧接着，博物馆于1981年11月举办了"鲁迅展"。此次展出的文物及资料由兵库县日中友好协会与中国政府磋商。由于此前收集了来自中国的大约200件鲁迅生前的照片、书信及报刊资料②，举办"鲁迅展"可谓顺理成章。

1983年3月，兵库县与广东省缔结友好省县关系。陈德仁等借此造访兵库县政府，向知事提出设立孙文纪念馆的建议，"神户华侨曾助推孙中山革命事业的发展，且广东省又是孙先生的故乡，若将位于神户舞子的华侨巨商吴锦堂之别墅翻新后设为孙中山纪念馆，定能增进省与县之间的交流合作"。1984年，孙文纪念馆成立，神户华侨社会之名也蜚声海外。1985年6月1日，陈德仁飞赴北京，与中国对外文物展览公司、辽宁省旅顺博物馆签订了展览合作协议，详细内容见如下《会谈纪要》③。

> 中国对外文物展览公司和旅顺博物馆方面认为，陈先生（陈德仁——引用者注）代表神户市华侨组织提出的在神户市举办中国文物展览一事，有利于神户华侨的公益事业发展和中日两国之间的文化交流，对此表示极为关注，并愿意为文物展览在神户市出展尽心出力。有关出展事宜的国内手续将由中国对外文物展览公司和旅顺博物馆负责办理，神户等方面事宜由陈德仁先生办理。
>
> 公司和博物馆（旅顺博物馆——引用者注）方面将尽量考虑神户华侨方面提出的文物出展内容，在国家有关规定的范围内，挑选历史价值、观赏价值均较高的文物展品出展，数量在一百件（套）左右。经过这次展览之后，如双方都感到满意，今后在较长时期内可考虑继续合作筹办多种内容的展览。

---

① 中国广东省仲恺农业学校于1981年10月19日向博物馆馆长陈德仁致信，信中写道："目前，我校正在筹建'廖仲恺先生纪念馆'，需要他在日本进行革命活动的有关照片、史料等。最近，我们从国内报刊上知悉您俩先生负责华侨历史博物馆工作，……现敬请您俩先生给予大力支持帮助，提供和搜集廖仲恺先生在日本进行革命活动的有关照片、史料。"可见神户华侨历史博物馆在中国国内已有一定知名度。
② 《每日新闻》，1981年11月11日。
③ 神户中华总商会会长陈德仁与旅顺博物馆及中国对外文物展览公司之间的《会谈纪要》，1985年6月1日，于北京。

关于筹展经费等事宜，双方都表示在互利互惠的原则下，由双方做进一步的友好商定。公司和博物馆方面为推进华侨事业发展，在收取筹展和租借费用上愿意给予适当关照。

借此契机，神户华侨历史博物馆的展览格局得到进一步的扩大。从最初展示华侨内部的资料，到发掘日本人收藏的珍贵文物，后来更是直接与中国政府签订合作协议。

如前文所述，陈德仁终身研究孙文的革命史，1987年3月，他和神户大学教授安井三吉的共同著作《孙文和神户》（《孫文と神戸》，神户新闻出版中心，1985年）在神户国际会馆8楼举行的村尾育英会年会上获村尾学术奖。参加大会的神户大学校长新野幸次郎邀请神户学院大学教授中村哲夫、神户大学教授长谷川善计等在会馆一侧交流。他们在和与会者的相互交谈过程中，中村教授提出成立华侨研究会的想法，大家一致赞成。随后，5月30日，"神户华侨研究会"成立大会在神户大学文学部举行，会员共19名[①]。参加人员以研究中国和日本、国际关系史、经济学、社会学、人类学、地理学、民俗学、教育学等各领域的专家和学者为主。陈德仁、林同春、王柏林、陈正雄、蓝璞等神户华侨社会的代表人物，以及曾德深、陈焜旺、陈东华等横滨、东京、长崎的华侨也参加了神户华侨研究会。

1990年，研究会先后与中国华侨历史研究所、华侨历史学会、上海市华侨历史学会、广东华侨历史学会开展学术交流。邀请中山大学历史系陈锡祺教授等到神户进行演讲。1990年，日本九州华侨华人研究会（1989年6月成立）的市川信爱教授以及庆应大学的可儿弘明教授也加入了神户华侨研究会，由此奠定了神户、横滨、长崎华侨共同研究的基础[②]。1988年3月，应邀参加了神户华侨研究会的暨南大学华侨研究所主任罗晃潮，后来完成了《日本华侨史》（广东高等教育出版社，1994年）。1992年研究会的总会上，将

---

① 安井三吉：《神戸華僑華人研究会の15年と華僑華人研究》，阪神華僑の国際ネットワークに関する研究：《華僑華人とグローバリゼーション》，2003年，第7—8页。
② 长谷川善计：《神戸華僑研究会》，《社会学雑誌》，第7号，神户大学社会学研究会，1990年，第85—86页。

名称改为"神户华侨华人研究会"。

进入20世纪90年代,博物馆除了展览活动,经博物馆文化部提议,另开设山水画教室,聘任中国老年书画研究会会员稗翁为讲师,开设基础班和强化班。基础班教授中国山水画的基础知识,笔、墨等使用方法及技法,强化班则讲授山水画的作画要点及各流派的风格特点,借此推广中国山水画,加深草根阶层的文化艺术交流[①]。

第四节 博物馆"日志"分析

下文将采用神户华侨历史博物馆编纂的《华侨历史博物馆业务日志（1988—1999）》文献,对博物馆参观人数及其性质进行分析。整体而言,博物馆的参观人数,从20世纪80年代每年500—600人,到90年代后期增加了2—3倍。

表10-3　神户华侨历史博物馆入场人数

单位：人次

年份	成人（收费）	学生（收费）	团体（收费）	免费	共计
1983年	316	65	106	86	573
1984年	276	86	96	278	736
1985年	233	74	53	224	584
1986年	176	56	43	112	387
1987年	195	91	173	104	563
1988年	243	96	176	102	617
1996年	524	114	274	106	1018

资料来源：神户华侨历史博物馆编：《华侨历史博物馆业务日志》,1988—1999年。

华侨历史博物馆日志[②]记载了参观者来自何方,以何目的、何种形式参观博物馆等信息。下文拟在华侨历史博物馆日志的基础上,尝试分析从1998年1月到1998年12月这一年内具体的参观情况。

---

① 神户华侨历史博物馆文化部：《中国山水画教室開設、受学者募集について》,1991年。
② 日志首页写有"蔡"字样,故推测由时任副馆长的蔡笃钦编写而成。

表10-4　1998年博物馆接待情况一览表

分类／所／次	来馆目的／次	来馆者所属（身份）／次／名	来馆者地址／所
小学生1所／1次	参观（修学旅行）1次	广田小学5年级18名	兵库县1所
中学生23所／28次	参观（修学旅行）28次	堺市中学、大阪市立中学、但马关宫中学6名、龙野西中学25名、夜久野中学2次共计17名、神户生田中学、香寺中学17名、南淡町中学10名、神出中学7名、池田中学4次、大津中学、玉津中学2次、大阪市的中学、高槻第一中学21名、真野中学30名、市立大藏中学15名、广岭中学12名、上越市的中学4名、福井东和中学40名、三重名张中学400名、熊野市神上中学、加贺市东和中学33名、金泽城南中学	兵库县10所，大阪府5所，三重县、新潟县各2所，京都府、滋贺县、福井县、石川县各1所
高中生8所／9次	参观（修学旅行）9次	大阪凤高中教师1名、东京高中生4名、京都教育大学附属高中2次共计81名、大阪高中生15名、香里高中7名、沼津女子高中5名、京都市立高中6名、神奈川平塚高中7名	大阪府3所，京都府2所，东京都、神奈川县、静冈县各1所
大学生24所／31次	参观21次、资料收集7次、交流2次、捐赠1次	神户老年大学7次共计33名、神户商科大学1名、神户的女子大学生数名（教员带队）、神户大学研究生数名、神户大学1名、神户外国语大学1名、关西大学2名、大阪大学留学生1名、天理大学研究生9名、大阪市立大学1名、大阪外国语大学1名、大阪大手前大学2名、近畿大学研究生5名、大阪中国留学生1名、同志社大学中国留学生1名、京都精华大学研究生2次共数名、奈良女子大学3名、冈山女子大学1名、津田塾2名、东京学生2名、东京的私立大学1名、广岛的私立大学3名、青山学院大学2名、马来西亚留学生8名	大阪府8所，兵库县6所，东京都4所，奈良县2所，冈山县、广岛县、京都府和其他各1所

续表

分类/所/次	来馆目的/次	来馆者所属（身份）/次/名	来馆者地址/所
学者12所/13次	参观7次、研究4次、协助1次、资料保管1次	神户学者2次、横滨华侨研究家、长崎学者、复旦大学所长、长崎县立大学教员、神户商科大学教员、福建历史学家、新加坡大学教员及其他2名、奈良女子大学教员、中国台湾学者3名、浙江研究者、研究者A	兵库县、长崎县各2所，神奈川县、奈良县、上海、浙江、福建、台湾、新加坡和其他各1所
研究生8所/10次	资料收集10次	神户大学2名、关西大学1名、大阪大学学生1名、大阪外国语大学3名、中国留学生2名、东京大学1名、常盘大学1名、北海道大学1名	兵库县、大阪府、东京都各2所，北海道和其他各1所
个人或家庭共计11所/16次	参观8次、寻人1次、资料收集2次、其他5次	中国人个人1次、中国人3名1次、日本人个人4次、日本人2—4名小组6次、日本人携家属者4次	兵库县2所，大阪府、滋贺县、静冈县、东京都各1所，中国2所，新加坡、美国、加拿大各1所
华侨8所/10次	参观8次、协助请求1次、寻人1次	神户华侨A2次、神户华侨B2次、神户华侨C、神户华侨D、横滨华侨、横滨中华学院5名、长崎华侨夫妇、山西籍华侨	兵库县4所，横滨2所，长崎和其他各1所
个人团体7所/7次	参观7次	东邦团体10名、亚细亚邻国周知会、老年人团体6人、大阪市民团体18名、德岛团体、福井团体、中国重庆游客参观	兵库县2所，大阪府、德岛县、福井县、北九州、重庆各1所
商业团体4所/4次	参观2次、交流1次、联络1次	日本乡土史学家团体10名、殿下商工会13名、大阪人权博物馆、澳门中华总商会	大阪府、德岛县、福井县、澳门各1所
日本行政部门5所/5次	城镇建设3次、资料收集和参观各1次	神户市政府、兵库县职员3名、神户教育委员会、Tor Road建设公司、津名教育委员会20名	兵库县5所
中国官方机构8所/8次	参观7次、摄影1次	中国人民政治协商会议委员、国务院侨办访日团4名、山西省访问团3名、天津海外联谊会·天津侨联、福州市教育委员会12名、北京华侨博物馆、厦门华侨博物馆、中国中央电视台	北京4所，厦门、山西、天津、福州各1所

续表

分类/所/次	来馆目的/次	来馆者所属（身份）/次/名	来馆者地址/所
企业5所/5次	捐赠和参观各2次、摄影1次	富士科技系统公司、住友银行须磨支行、EMA Triangle、阿尔玛株式会社、阿尔玛集团	大阪府3所，兵库县2所
广告杂志8所/11次	咨询11次	KOBE趴趴走、Chatter编辑室、Kansai Walker、兵库Journal、情报志Pia、L magazine、神户情报Information、Blue Light淡路岛	兵库县8所
旅行社5所/7次	咨询7次	JTB、近畿日本旅游、近畿树津文店、四国旅行社、Sunrise Tourist	近畿地区、德岛县
传播媒体9所/18次	采访14次、资料收集1次、其他3次	神户新闻6次、每日放送5次、每日新闻、产经新闻、朝日新闻、富士电视台、MBS电视、周刊实话、神户Kiss放送	兵库县7所，大阪府2所

资料来源：神户华侨历史博物馆编：《华侨历史博物馆业务日志》，1998年。

从这份笔录中可以了解到，博物馆一年内共接待日本国内外访客183次，来馆者次数达1 019人次以上。访客所属单位及来访目的依次为：中小学生修学旅行38次，大学生参观或资料调查41次，媒体及广告杂志工作者31次，日本国内外学者13次，商业团体11次，华侨10次，中国政府机关8次，日本行政机关5次等。参观者中，可确定居住地者共146次。日本国内分别是兵库县54次，大阪府28次，东京都8次，神奈川县和京都府各4次，奈良县、福井县和长崎县各3次，三重县、新潟县、滋贺县和德岛县各2次，石川县、静冈县、冈山县、广岛县和北海道各1次。日本以外地区，北京4次，福建和山西各2次，其余上海、天津、浙江、重庆、台湾和澳门各1次，新加坡2次，美国和加拿大各1次。

参观访问者中，中学生团体人数不断增加。其中，前来神户南京町参加修学旅行的日本各地中学生所占人数居首。以1998年为例，来访博物馆的初中和高中数量多达31所，人数高达756人次，主要来自兵库县、大阪府、京都府等日本关西地区。大学生中，部分为教员带队从事相关方面研究的在校生，部分为课题研究或毕业论文搜集资料者。研究生方面，多来自神户、大阪及部分来自东京的学生，主要目的是搜集论文资料。此外，到访的学者和研究人员中，主要来自华侨研究盛行的神户、横滨、长崎，其中较多以参观、资料收集和保存，及寻求学术合作为目的。日本以外地区，来自中国上海和福建地区的研究者较多。此外，还有个人、家庭及小型团体参观，但占总体比例较低，一年中大概百人。

一方面，博物馆与中国国内的博物馆和侨务机构、日本当地行政机关一直保持着良好的往来。前者如中国人民政治协商会议、国务院侨务办公室等中央政府机构，和各省市博物馆、政府机关单位的来访、参观和交流。后者如神户本地的行政机构亦会通过该馆搜集资料，寻求社区的合作。

另一方面，博物馆本身也颇受媒体的关注。日本各大报刊及电视台多次来访，围绕博物馆和神户华侨进行采访报道。平面媒体除了本地神户新闻，还有每日新闻、产经新闻和朝日新闻。电视台则有每日放送、富士电视台及MBS电视台。从而让人们了解到博物馆在深深扎根于当地社会的同时，努力地传递着神户华侨自身独特的历史和文化。

在过去40年间，博物馆充分发挥了"信息传播站"的作用，让海内外华侨华人及日本社会都能了解到神户华侨群体的形成和发展过程。随着一代又一代人的成长，华侨与当地社会的融合愈发紧密，逐渐成为其中的一个重要组成部分。

第五节　2000年以后的博物馆运营状况

一、博物馆的复馆

1995年，发生阪神大地震，博物馆内不少文物受损，且随后1998年创办人陈德仁逝世，使博物馆一度陷入混乱。蔡笃钦担起代理馆长职务，直至2000年4月林天民正式就任。2002年1月，蔡氏骤然离世，林天民随后亦宣布辞去馆长一职。至此，华侨历史博物馆的存废问题被提上了议程。馆长职位悬而未决之下，暂由孙中山纪念馆副馆长王柏林兼任。

2002年6月末7月初，在存废争议持续约半年后，神户中华总商会终于表决通过，由神户大学的安井三吉、神户商科大学（2004年改名为兵库县立大学)的陈来幸和孙中山纪念馆的蒋海波等人协力,筹备博物馆的复馆工作[①]。神户中华总商会大楼第二层和第十层的布局不变,依旧为展览厅和收藏室,仅对展览厅的内部进行整修,维修经费则由王柏林组织当地华侨募捐[②]。2002年8月,修缮工作启动。2003年4月1日,博物馆取英文名为 Kobe Overseas Chinese History Museum。至此,博物馆翻开了全新的一页。

重新开放的博物馆,定位为"叙事性展示旅居神户华侨之历史"。从二楼展览厅庞大的文献资料库中整理、筛选出具有历史文化价值的200件(套)文物及文献,以统一的规格,并借助图片显示屏等手段,形象而系统地向人们展示了神户华侨华人的奋斗史,也勾起人们对那段不寻常历史的追念。[③]

随着博物馆重新对外开放,由神户华侨研究会主办的《神户华侨历史博物馆通信》半年刊亦正式发行。[④]

1987年,神户华侨研究会成立以来,一直致力于搜集、考证、整理华侨有关资料,除给观众带去紧贴时代步伐的展品外,还制作了展览计划书和详尽的解说文(日文和中文),同时不断地挖掘博物馆内有价值的历史资料。2000年,社团法人中华会馆正式出版了《落地生根:神户华侨与神阪中华会馆百年史》(研文出版)一书,凝聚了神户华侨研究会多年研究的成果。该书从历史角度详尽地描述了神户华侨从"落叶归根"到"落地生根"转变的历程。这可以说是博物馆复馆展示以来的一大亮点。[⑤]

---

① 张玉玲:《日本華僑による文化提示とエスニック・アイデンティティの主張——神戸華僑歴史博物館の考察を中心に》,《国際開発研究フォーラム》,第29号,2005年3月,第157—158页。
② 安井三吉:《創設者陳德仁先生のお仕事とその継承》,神户华侨历史博物馆编:《神戸華僑歴史博物館通信》,第1号,2003年6月25日。
③ 张玉玲:《日本華僑による文化提示とエスニック・アイデンティティの主張——神戸華僑歴史博物館の考察を中心に》,《国際開発研究フォーラム》,第29号,2005年3月,第158页。
④ 蓝璞:《三十年を振り返って》,神户华侨历史博物馆编:《神戸華僑歴史博物館通信》,第13号,2009年3月25日。
⑤ 关于今日博物馆的展览特征,参见张玉玲:《日本華僑による文化提示とエスニック・アイデンティティの主張——神戸華僑歴史博物館の考察を中心に》。

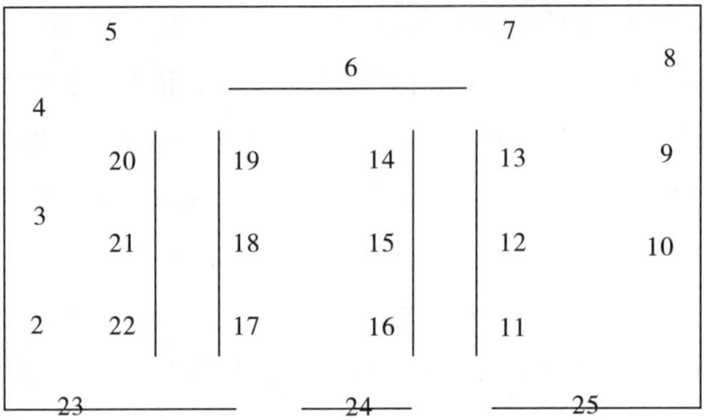

```
            5                    7
    4              6              8
         20    19    14    13
    3                                9
         21    18    15    12
                                    10
    2    22    17    16    11
       23          24          25
              (入口) 1
```

① "落地生根"横匾（神户中华同文学校校长金翼题词）　② 神户开港与中国人的入港
③ 辛亥革命与华侨　　　　　　　　　　　　　　　　④ 华侨社会的发展
⑤ 华侨文化（神户在留中国书画家的作品）　　　　　⑥ 吴锦堂生前状况及其故乡
⑦ 神户中华同文学校之百年、同文学校的照片和物品　⑧ 抗日战争与华侨
⑨ 华侨社会的再度崛起　　　　　　　　　　　　　　⑩ 生于共生共荣的时代
⑪ 世界华侨大会（第七届）和神户中华总商会　　　　⑫ 华侨与棒球、篮球、（神户中华俱乐部）武彝登山会
⑬ 神阪中华义庄之相关照片　　　　　　　　　　　　⑭ 南京町区划整备前后的状况
⑮ 民生广东料理、老祥记等老店铺之旧照　　　　　　⑯ 阪神大地震后供应市民食物的商贩之照片
⑰ 长崎灯会狮子舞、舞龙和孔子祭祀等节日照片　　　⑱ 横滨关帝庙和狮子舞的照片
⑲ 函馆中华会馆、京都华侨总会、大阪关帝庙的照片　⑳ 关帝庙的模样、释仁光的照片、关羽像、普度胜会
㉑ 华侨和神户的火柴产业、华侨的火柴贸易　　　　　㉒ 复兴号的规约和金门民俗文化村
㉓ "博爱"横匾和孙文照片　　　　　　　　　　　　　㉔ 陈德仁照片和题字
㉕ 龙川仪作照片

图10-1　2003年复馆后的展示厅平面图

资料来源：张玉玲：《日本華僑による文化提示とエスニック・アイデンティティの主張——神戸華僑歴史博物館の考察を中心に》，《国際開発研究フォーラム》，第29号，2005年3月，第158页。

二、馆藏文献的整理及公开

进入21世纪，神户华侨历史博物馆在安井三吉的带领下积极开展典藏资料的整理及对外公开的工作。目前，博物馆典藏着五大系列重要文献资料。在原有的陈德仁系列藏品基础上，补充了后期受赠的石嘉成系列收藏、神阪侨务分处侨务档案和游仲勋系列收藏，以及战后日本华侨发行的新闻资料等汇总而成。其中，陈氏藏品的史料价值为最高，主要文献包括神户华侨社会内部资料、照片、定期刊物、华侨相关书籍等。陈氏逝世后，上万件藏品便一并从家中转移至博物馆。2004年4月，安井三吉率众人开始整理，于2010年发表专题论文①。

安井三吉曾说："陈德仁先生十分热衷文献文物收藏，藏品数以万计，但因工作繁忙未能及时整理。说实话，眼下各类文献堆积如山，我们的整理工作变得十分艰巨。"②据安井三吉论文介绍，陈德仁系列藏品包括文书文献类1 887份，陈氏亲自编写的档案约600份，书籍1 600册，定期刊物170种③。为战后神户华侨乃至日本华侨社会的历史研究留下了不可替代的史料基础。

石嘉成系列收藏为其在任公职期间收集保管的，大致有定期刊物87种和文书104种。石氏1934年生于台湾嘉义，1940年来日。1964年曾任神户华侨联谊会职员，1976年为神户华侨总会职员，后任职专任副会长。石氏资料是在其任公职期间保存下来的一手资料。

1945年日本战败投降至1952年与台湾当局签订"友好条约"前，在日本有国民政府及台湾当局驻日代表团行使"大使馆"职能，负责与GHQ（联合国军总司令部）进行谈判。代表团驻扎东京，并于横滨、大阪、长崎三地设立分处，专门处理各地区中国人的生活、工作等各方面问题。神阪侨务分处侨务档案便是其中一部档案（复制件），为现时博物馆收藏又增添了一份重要文献④。

三、神户华侨历史博物馆发展基金会之设立

作为社团法人神户中华总商会公益事业的一部分，博物馆属于非营利设施，然而仅靠微薄的门票收入很难维持博物馆正常运作。2005年，丰田财团出资赞助，制作了大型图片展示屏，印制了中日英三语解说词的宣传册。加

---

① 安井三吉：《神戸華僑歴史博物館と孫文書「天下為公」碑》，《海港都市研究》，第5号，神户大学大学院人文科学研究科海港都市研究中心，2010年3月，第99—107页。
② 安井三吉：《創設者陳德仁先生のお仕事とその継承》，神户华侨历史博物馆编：《神戸華僑歴史博物館通信》，第1号，2003年6月25日。
③ 安井三吉：《神戸華僑歴史博物館と孫文書「天下為公」碑》，《海港都市研究》，第5号，神户大学大学院人文科学研究科海港都市研究中心，2010年3月，第99—107页。
④ 关于神户华侨历史博物馆所藏资料的内容及其价值，参见陈来幸：《神戸の戦後華僑史再構築に向けて——GHQ資料・プランゲ文庫・陳德勝コレクション・中央研究院档案館文書の利用》，《海港都市研究》，第5号，神户大学大学院人文科学研究科海港都市研究中心，2010年3月，第65—73页。

上每年发行两次的《神户华侨历史博物馆通信》中的广告收入，勉强做到收支平衡。直到2006年8月，神户中华总商会设立了"神户华侨历史博物馆发展基金会"，才彻底解决了长期以来的财政隐忧。①

基金会的设立目的主要基于两点：其一，维持神户华侨历史博物馆的正常运作，并推进其事业的发展；其二，便于会员相互间的沟通联系，处理共同关注的问题。②

2006年5月16日，为进一步推进该博物馆的发展，相关人士组织了神户华侨历史博物馆发展基金会筹备会议。同年6月21日，于神户中华总商会会议室通过决议，决定成立发展基金会之筹备委员会，订立年度募捐目标为150万日元，规定普通会员每年缴纳2 000日元，"维持会员"③每年缴纳10 000日元，并发表《呼吁成立神户华侨历史博物馆发展基金会》一文，争取社会各界的支持。相关文章中有这样一段内容，"陈德仁先生生前为博物馆事业鞠躬尽瘁，打下了坚实的基础，我等不仅要守护这一笔财富，更要为其谋求长远的发展。为此，博物馆必须有充足的资金基础，这是日后稳定发展不可或缺的保障。故，我等在此特别呼吁设立神户华侨历史博物馆发展基金。"此文的刊登，再次肯定了陈德仁先生之于博物馆的伟大功绩。④

筹备委员会的"代表"由时任神户中华总商会会长林同春担任，王柏林（神户华侨历史博物馆名誉馆长）、曹英生（"南京町商店街振兴组合"理事长）、蓝璞（神户华侨历史博物馆馆长）、安井三吉（神户大学名誉教授）、陈来幸（兵库县立大学教授）担任副代表。

8月23日，筹备委员会于神户中华总商会会议室举行总会，出席会议的人员有王柏林、过放、许淑真、黄耀庭、吴伯瑄、住本幸博、郑正秀、曹英生、湛沛纶、安井三吉、蓝璞、梁佳惠、林正茂、林宏仁共15名。会议在议

---

① 蓝璞：《三十年を振り返って》，神户华侨历史博物馆编：《神戶華僑歷史博物館通信》，第13号，2009年3月25日。
② 神户华侨历史博物馆网站：http://www16.ocn.ne.jp/~ochm1979/index1.html，访问日期：2015年3月7日。
③ 维持会员是指认同该会宗旨，推动博物馆的运作和发展，并提供资金援助的个人、企业或团体。
④ 安井三吉：《神戶華僑歷史博物館発展基金会発起人会が発足》，神户华侨历史博物馆编：《神戶華僑歷史博物館通信》，第7号，2006年6月30日。

长许淑真的主持下宣布博物馆发展基金会正式成立,并审议通过了基金会会则。同时,选出董事等干部人员。具体名单为代表林同春,副代表王柏林、曹英生、蓝璞、安井三吉、陈来幸,办事处秘书长林宏仁,监事佐佐木卫、姜成生。

表10-5 神户华侨历史博物馆发展基金会"维持会员"一览表(2006年8月)

姓名	所属	姓名	所属
林同春	社团法人神户中华总商会代表	王柏林	神户华侨历史博物馆名誉馆长
曹英生	南京町商店街振兴组合理事长	陈来幸	兵库县立大学教授
安井三吉	神户大学名誉教授	蓝璞	神户华侨历史博物馆馆长
王柯	神户大学国际文化学部教授	片山启	社团法人神户国际贸易促进协会常务理事
过放	桃山学院大学社会学部副教授		
许淑真	摄南大学外国语学部客座教授	姜成生	财团法人三江会馆理事长
孔怡	媒体公关	金翼	神户中华同文学校校长
吴宏明	京都精华大学人文学部教授	黄耀庭	日本中华总商会会长
佐佐木卫	神户大学文学部教授	吴伯瑄	吴锦堂有限公司董事长
石嘉成	神户华侨总会理事	住本幸博	神户华侨历史博物馆同友会代表
田边真人	园田学院女子大学教授	高桥晋一	德岛大学综合学部副教授
郑正秀	社团法人兵库县台湾同乡会会长	湛沛纶	日本中华总商会理事
文启财	社团法人神户中华总商会副会长	中村哲夫	神户学院大学人文学部教授
刘友荣	神户华侨幼稚园名誉理事长	鲍悦初	神户华侨总会会长
林正茂	神户华侨历史博物馆副馆长	梁佳惠	神户中华同文学校非专职讲师
林攸树	神户饭店代表董事长、总经理	林文明	财团法人中华会馆理事长

资料来源:神户华侨历史博物馆网站:http://www16.ocn.ne.jp/~ochm1979/index1.html,访问日期:2015年3月7日。

截止到2006年11月27日的会员总人数为维持会员31名,共缴纳97万日元;一般会员60名,共缴纳20万8 000日元,总金额达117万8 000日元。[①]一

---

① 安井三吉:《神戸華僑歴史博物館発展基金会発起人会が発足》,神户华侨历史博物馆编:《神戸華僑歴史博物館通信》,第7号,2006年6月30日。

年后，即2008年1月25日召开的2008年度总会上，基金会宣布会员总人数已增至180名，筹集会费共150万日元，达到预期的目标。会费将用于以下几方面：整理、装订博物馆现存的报纸杂志，成立"战后神户华侨相关资料阅读会"，整理华侨口述记录，图片显示屏的维护、展览厅的修缮、举办特别展等。①

　　起步于神户广业公所，后由陈德仁发起创办的神户华侨历史博物馆，已被视为重要的历史文化遗产之一。不论过去或现在，它一直用自己的声音，以弘扬中华民族传统文化为己任，向海内外华人诉说着一个个血与汗交织而成、催人奋进的故事，并不断地绽放出一道道历代华侨华人在异国他乡艰苦拼搏、自强不息的绚丽光彩！

---

① 林宏仁：《発展基金会総会報告》，神户华侨历史博物馆编：《神戸華僑歷史博物館通信》，第11号，2008年6月15日。

第十一章　当代留日广东新移民现状与广东高校日本校友会

第一节　20世纪80、90年代留日广东新移民

20世纪70年代初中国相继与美国、日本建立邦交。广东省的新移民潮流亦是始于这个时期。1971年6月，国务院下达《关于华侨侨眷出入境审批工作规定》，规定对华侨和国内侨眷在出入境方面应适当放宽。1971年至1977年间，广东共有2.5万人次的侨眷得到出国批准。"文革"结束后，自1979年起，国内的侨眷与海外亲属朋友之间的来往更加密切，海外有亲属关系的广东人出国人数明显增加，形成了广东移民新高潮。当代广东新移民可分为四类：一是亲属移民，主要是老华侨或新移民的亲人，通过亲属牵线出国；二是留学移民，公费或自费出国的留学生，完成学业后留在国外发展；三是技术移民，移居国外之前在国内研究机构从事科研工作，被国外相关单位聘请出国后留在国外；四是商务移民，包括投资移民，他们通常是在国内或在港澳地区已有一定的经济实力的投资者，携带全家去往移民地。①

改革开放初期，广东省内归侨、侨眷、港澳同胞的亲属有2 000多万人。

---

① 庄国土、张晶盈：《中国新移民的类型和分布》，《社会科学》，上海社会科学院，2012年第12期，第7—9页；李爱慧、潮龙起：《粤闽浙三省新移民迁移规模、流向和方式的比较研究》，《暨南学报（哲学社会科学版）》，2008年第3期，第135—136页。

80年代到90年代，广东新移民的出国方式主要是亲属移民，主要向北美和南美及大洋洲移民。据广东省有关部门调查，1980年前后至1996年底，37.8万广东省新移民中，亲属移民约占85%。广东省内输出新移民最多的是江门市，其亲属移民比率高达91%[①]。截至1996年，江门地区海外合法新移民（不包括往香港、澳门者）共182 409人，占广东省整体新移民人数48.1%。其移民目的地为：美国87 000人（47.7%）、加拿大52 315人（28.7%）、南美洲27 927人（15.3%）、大洋洲7 688人（4.2%）、欧洲2 772人（1.5%）[②]。此外，"二战"结束到1970年前，有大约30万的广东人以非法出境等方式到香港或澳门，其中有相当部分再转到其他国家。

90年代，中国政府进一步放宽出国限制。1993年，政府采取"支持留学，鼓励回国，来去自由"政策，自费出国留学生人数随之增加。在原有亲属移民的基础上，广东地区增加了以留学、劳工、结婚等非亲属移民，其主要去向依然为美国和加拿大等地。进入21世纪，留学移民成了广东人的主流，去往欧洲发达国家的人数增加。

据日本法务省入国管理局《在留外国人统计》数据显示，20世纪50年代至70年代，在日华侨人数一直保持在4.5万—5万人之间。80年代后，随着留学生等人数的增加，旅居日本的中国人总数在1989年已超过10万人，2001年，超过30万人，2006年，超过50万人，2019年，已逼近80万人大关。加上已加入日本国籍者等，在日华侨华人总数达到百万人的规模。其绝大多数为改革开放后40多年来移居的"新移民"（又称"后期移民"或"新华侨[③]"）。相对而言，中日两国建立邦交之前已居住在当地的"老华侨"仅占5万人左右。

---

① 张秀明：《国际移民体系中的中国大陆移民——也谈新移民问题》，《华侨华人历史研究》，中国华侨华人历史研究所，2001年第1期，第25页。
② 山岸猛：《中国新移民及其主要输出地》，《南洋资料译丛》，厦门大学南洋研究院，2007年第4期，第65—66页。
③ "新华侨"一词在日本被广泛使用，现特指1972年中日邦交正常化后，尤其是改革开放后来自中国的新移民。曾经也指"二战"后恢复中国国籍的在日台湾人。详见第五章第一节。

表11-1 "二战"后在日广东华侨人数变化及其分布

单位：人

年	日本华侨总数	日本粤侨总数	东京都	神奈川县	兵库县	大阪府	埼玉县	千叶县	爱知县	福冈县	静冈县	其他
1954	43 282		484	2 240								
1959	44 599	5 412	727	2 168	1 875	141						
1964	48 003	5 274	671	2 212	1 861							
1969	51 448	5 293	644	2 243	1 865	105						
1974	46 944	4 520	519	1 517	1 834	162						
1984	67 895	4 582	402	1 748	1 916	106						
1986	84 397	4 739	646	1 701	1 853	110						
1988	129 269	6 906	2 564	1 719	1 804	146	185					
1990	150 339	7 118	2 324	1 795	1 797	189	227	119				
1992	195 334	7 418	2 244	1 868	1 769	238	297	177				
1994	218 585	7 371	1 977	1 855	1 761	261	340	210				
1995	222 991	7 140	1 838	1 823	1 678	265	327	219	104			
1996	234 264	7 085	1 764	1 765	1 695	294	326	229	116			
1997	252 164	7 032	1 674	1 698	1 677	322	353	248	128			
1998	272 230	7 017	1 600	1 691	1 661	321	351	246	132	103		
1999	294 201	6 976	1 524	1 661	1 644	307	342	264	139	103		
2000	335 575	7 105	1 559	1 656	1 640	301	349	274	151		104	101
2001	381 225	7 222	1 606	1 655	1 619	300	368	264	157	102	119	
2002	424 282	7 479	1 668	1 669	1 606	328	394	274	203	106	112	101
2003	462 396	7 466	1 676	1 671	1 547	340	390	305	205	106	122	102
2004	487 570	7 590	1 690	1 681	1 510	355	391	341	211	104	132	117
2005	519 561	7 922	1 774	1 697	1 460	359	414	353	260	133	183	131
2006	560 741	8 368	1 892	1 771	1 474	407	461	406	276	120	166	352
2007	606 889	8 775	2 009	1 802	1 462	421	501	441	334	139	182	436
2008	655 377	9 308	2 232	1 883	1 470	435	545	471	380	154	194	426
2009	680 518	9 608	2 449	1 922	1 448	454	562	504	387	160	211	253
2010	687 156	10 203	2 620	1 894	1 448	522	596	552	416	186	244	715
2011	674 879	10 393	2 730	1 833	1 403	605	593	565	439	203	266	639

资料来源：日本法务省入国管理局编：《在留外国人统计》，各年版。

注1：表中的分布仅显示粤籍人数超过百人的"道都府县"。

注2："二战"后法务省入国管理局于1947年开始对旅居日本的外国人进行统计，到1960年代大致是10年一刊，70年代是5年一刊，入80年代增加到2年一刊，到了1995年以后开始每年刊行。自2012年，入国管理局更换了统计方式，即取消对旅日华侨的按籍统计。

注3："其他"包括2000年长野县101人，2002年京都府101人，2003年京都府102人，2004年京都府117人，2005年京都府131人，2006年京都府137人、三重县110人、茨城县105人，2007年三重县169人、京都府148人、茨城县119人，2008年三重县159人、京都府145人、茨城122人，2009年京都府149人、冈山县104人，2010年京都府202人、群马县146人、北海道140人、长野县121人、茨城县106人，2011年京都府223人、北海道154人、群马县148人、茨城县114人。

自"二战"结束到60年代，旅日广东华侨人数一直保持在5 000人左右。他们就是所谓从战前就生活在日本的老华侨，主要居住在横滨、东京和神户、大阪两个地区。1972年9月，中日邦交正常化前后，由于部分日本华侨选择入籍等原因，广东华侨人数也减少了近800人。到80年代前半期，该人数一直保持在4 500人左右。1987到1988年两年间，旅日广东籍人数突增2 000多人，总人数达到6 906人。但1989年至1999年间，人数上无明显增减。到了2005年，人数也尚未超过8 000人。之后，每年仅增加100到500人不等。2010年才超过1万人。改革开放后30年间，迁往日本的广东新移民共计不到6 000人。2011年长期居住（三个月以上）在日本的广东籍移民人数仅有10 393人，新老华侨各占一半，主要分布在关东圈的东京、横滨、千叶县、埼玉县等（共计5 721人），以及关西圈的神户、大阪、京都等（共计2 231人），占总人数的76.5%。至于日本江户时代的早期华商迁移地长崎，时至今日仅余广东籍华侨40人[①]。

在日广东新移民人数甚少，其主要原因应从接受国日本和派出国中国以及派出地广东三个方面考虑。首先，自"二战"前，日本政府对接受外国人劳工一直保持取缔政策[②]。战后日本也没有制定过明确的移民政策，制约了华

---

① 法务省入国管理局编：《在留外国人统计》，大藏省印刷局，2011年。
② 参见许淑真：《日本における労働移民禁止法の成立——勅令三五二号をめぐって》，布目潮渢博士纪念论集刊行会编辑委员会编：《東アジアの法と社会——布目潮渢博士古希记念論文集》，汲古书院，1990年。

工入境的积极性。其次,改革开放初期,为吸收海外先进国家的技术,中国政府积极推动公费留学生的派出。在留学名额分配上,名校众多的北京、上海等地占优势。例如,1980年至1984年国家公派到日本的留学生共有377名,其中,北京18所大学共派出162名,上海10所大学共派出62名,两地派出人数占了总人数的60%,广东省派出人数为中山大学13名,华南师范学院(今华南师范大学)4名,华南工学院(今华南理工大学)1名,中山医学院(今中山大学医学院)1名,暨南大学1名,共20名,仅占总人数的5.3%[①]。

80年代中期,中国开始放宽自费留学生出国限制。同一时期,日本也开始接受"就学生"(在日本语言学校以学习日语为目的的外国留学生)。据日方统计,1987年到1988年的中国留学生,尤其是"就学生"人数剧增。1986年中国留学生人数仅有2 126人。截止到1988年12月,旅日中国学生人数达到51 030人,其中包括了35 388名就学生[②]。前文提到,从1986年到1988年短短两年,旅日广东籍人数从4 739人逼近7 000人。其直接原因是旅日广东留学生的增加。从旅日广东籍人口的分布来看,与1986年相比,1988年东京地区人数增加了1 918人,邻县埼玉增加了117人,占新增广东籍人数的94%。

针对中国留学生人数飙升情况,日本社会开始出现不太正面的舆论。如1988年6月4日,日本《东京新闻》刊登"上海的日本留学热已成为严重的社会问题"的报道。在日本也发生了就学生欠缴学费等问题。日本政府开始收紧政策,而与此同时中国国内发生变化,出国留学的学生减少。

改革开放后,也有部分广东人经香港抵达日本。例如旅日名厨尹达刚和围棋棋手陈嘉锐都是先到了香港,再到日本发展的广东人。尹达刚(1949年生)于1961年到香港开始学习厨艺,1969年担任香港九龙华盛顿酒楼"副料理长"。1979年,到日本德岛皇家八仙阁料理店担任料理长,随后在日本多家酒楼担任料理长。1998年,到横滨 Royal Park 酒店担任中国料理部料理长。陈嘉锐(1954年生)12岁入段,1979年代表中国参加第一次世界业余围棋选手大赛,获第三名,1980年继续参加同一个比赛,获第二名。1982年移居香

---

① 王雪萍:《当代中国留学政策研究——1980—1984年赴日国家公派本科留学生政策始末》,世界知识出版社,2009年,第5—15页。
② 廖赤阳主编:《大潮涌动——改革开放与留学日本》,社会科学文献出版社,2010年,第208页。

港,1986年以香港代表身份参加世界业余围棋大赛获冠军。1987年来到日本,属关西棋院。1988年,获得关西棋院新人奖。

90年代,除东京、横滨、神户、大阪外,广东华侨在埼玉、千叶、爱知、福冈各县人数都略有增加,但到1999年整体人数反而在减少。以广东留学生最多的东京来看,1988年的人数最多为2 564人,到1999年减少至1 524人,少了千余人。

2001年,中国加入WTO,广东省与日本之间的经济贸易往来愈来愈频繁,人员往来也不断增加。2000年到2011年期间,旅日广东新移民人数增加了3 000余人,总人数超过1万人。不过,与旅日中国人数整体增长趋势相比,广东人可以说是处于绝对少数。

第二节 旅日广东留学生的流动及其社交网络

1998年,日本侨报社出版《在日中国人大全》[①],记载了改革开放后到1997年期间1 078名留日中国博士生的姓名、籍贯、就读大学名称、留学时间等详细信息,其中广东籍博士生有27人。针对这27名留日博士生,笔者在《在日中国人大全》资料的基础上,利用网上资源,进行了留学前、留学期间、毕业后的去向及现状调查。其基本情况如下。

表11-2 改革开放以来赴日粤籍博士毕业生信息表

序号	姓名	出生年	国内	日本	博士毕业后去向	2016年情况
			本科阶段→硕士阶段→博士阶段			
①	潘庆中	1951	未详	82—88 东京农工大学,生物学	华南农业大学任教	居住日本
②	李石	1952	82 中山大学毕业	82—88 一桥大学,经济学	中山大学管理学院副教授	日本亚洲经济研究所客座研究员,94 三菱综合研究所主任研究员

---

① 段跃中编:《在日中国人大全》,日本侨报社,1998年。

续表

序号	姓名	出生年	国内 本科阶段→硕士阶段→博士阶段	日本	博士毕业后去向	2016年情况
③	黄培彦	1952	77重庆大学本科毕业，83华中工学院硕士毕业	86—90横滨国立大学，机械工学	90日立制作所博士后，94华南理工大学任教	华南理工大学博士生导师，兼任中国力学学会常务理事
④	洗幸夫	1953	未详	83—89东京农工大学，生物科学	制药公司、大学等任职	BSI生物科学研究所研究员
⑤	区建英	1955	广州外国语学院本科，北京师范大学硕士	86东京大学入学，思想学	新潟国际情报大学任教	同左
⑥	庄东红	1955	82华南农学院毕业	83—89京都府立大学，果树园艺学	90汕头大学任教	06韩山师范学院副院长
⑦	钟雪云	1955	未详	88—94长崎大学，医学	暨南大学任教	暨南大学博士生导师，兼任广东省病理学会副主任
⑧	赖高潮	1956	未详	84—90大阪大学，有机非金属工学	东洋铝株式会社研究员	同左
⑨	李适宇	1956	82河海大学毕业	83—89大阪大学，水质管理学	89日本建设技术研究所博士后，91新加坡国立大学研究员	94中山大学环境科学与工程学院，曾任该院院长
⑩	杨跃生	1957	82华南农业大学毕业	85—92名古屋大学，农学	91日本太阳化学株式会社中央研究所，92华南农业大学博士后	99升为华南农业大学博士生导师
⑪	林小涛	1957	82湛江水产学院毕业	85—92东京水产大学，水产学	92日本海洋生物研究所博士后	93暨南大学任教，后升为博士生导师，兼任中国动物学会理事

续表

序号	姓名	出生年	国内 本科阶段→硕士阶段→博士阶段	日本	博士毕业后去向	2016年情况
⑫	唐常源	1957	中山大学毕业	82—88筑波大学，水环境学	中山大学任教	93千叶大学任教，教授
⑬	陈小梅	1957	未详	87—94东京大学，农学	未详	未详
⑭	蔡健	1959	81华南工学院毕业	82—88大阪大学，建筑工学	88华南理工大学任教	华南理工大学博士生导师，兼任中国土木工程学会理事
⑮	伍培明	1959	82中山大学毕业	82—88名古屋大学，大气环境科学	中山大学任教	日本海洋研究开发机构主任研究员
⑯	梁瑞兴	1959	清华大学毕业	83—89东京工业大学，化学	未详	不列颠哥伦比亚大学研究员
⑰	叶雄英	1961	未详	83—86信州大学硕士毕业，89东京大学，信息处理学	89—92松下电器产业公司博士后，日本ORIX系统公司工程师	92起清华大学教授，兼任中国微米纳米技术学会常务理事
⑱	侯本慧	1961	未详	83—89东北大学，电机通信工学	未详	未详
⑲	邓超然	1961	未详	83—91东北大学，电子工学	未详	未详
⑳	黄少博	1962	未详	东京大学，工学	千叶大学任教	未详
㉑	胡南星	1962	华东理工大学毕业	83—89广岛大学，应用化学	未详	94Xerox加拿大研究中心研究员
㉒	王卫红	1963	未详	85—91大阪大学，化学工学	未详	未详

续表

序号	姓名	出生年	国内 本科阶段→硕士阶段→博士阶段	日本	博士毕业后去向	2016年情况
㉓	陈哲生	1963	85广东医药学院毕业，88中山医科大学硕士毕业	93—98鹿儿岛大学，医学	00Fax Chase肿瘤中心博士后	04圣约翰大学
㉔	杨冬华	1963	87中山医科大学毕业，90该校硕士毕业	93—97鹿儿岛大学，医学	鹿儿岛大学任教，00Fax Chase肿瘤中心博士后	Fax Chase肿瘤中心研究员，圣约翰大学特聘教授
㉕	谭立朝	1964	未详	85—91东京工业大学，情报工学	未详	未详
㉖	钟家新	1965	未详	87—94筑波大学，社会学	弘前学院短期大学等任教	01明治大学教授
㉗	陈运明	1965	未详	90长崎大学入学，土木工学	长崎大学任教	同左

资料来源：段跃中编：《在日中国人大全》，日本侨报社，1998年，第157、169、177、197、211、214、216、220、233页，以及参照各网站制作。

注：除"序号"之外数字皆表示年份。例如00为2000年，87—94为1987年—1994年。

上述信息表（表11-2）中有以下三点值得注意。首先，27名博士中24名属理科专业，留学期间的活动范围主要限于科学研究。其次，毕业后的就业趋向则显示出分散局面。毕业后，回国任教的有8人，选择去第三国家的有4人，留在日本包括回国后重返日本的仅有10人。最后，留在日本的人员中4名就职于政府或企业研究所的研究岗位，4人在日本的大学任教。

序号第㉔杨冬华的例子比较典型。杨氏1981年考入中山医科大学临床医学科，本科毕业后继续攻读硕士课程，于1990年获得该校生理学硕士学位。1993年，到日本鹿儿岛大学留学攻读博士课程。1997年，获鹿儿岛大学医学哲学博士学位，随后任鹿儿岛大学讲师。2000年，杨氏转到了美国Fax Chase

肿瘤中心从事博士后研究，曾任美国新泽西医科齿科大学讲师，现为美国Fax Chase肿瘤中心助理教授和St. Johns University兼职教授①。

80年代中后期开始，中山医科大学派出留学生的主要对象国是美国，而派到日本的主要安排在鹿儿岛大学医学部。1995年，中山医科大学留美毕业生在当地成立了"美东校友会"。世界蛋白质芯片品牌企业美国RayBiotech公司创始人、广东籍华人黄若磐也是从中山医科大学派往鹿儿岛大学攻读博士课程的留学生，1991年毕业后将研究环境转移到美国。2000年，黄氏被评为Emory大学首席研究员。2001年研制和开发出全球第一个人类细胞因子蛋白质芯片，并于同年在美国成立RayBiotech公司②。

另一方面，自费到日本留学的广东人当中也有不少选择从日本再迁往美国。1987年，广东人L氏高中毕业后拿到"就学生"签证，就读于东京某语言学校。留学期间，周边广东人甚少，结识了3名来自广东的留学生，其中有2名后来又去了美国。交友方面和两名上海人住在一起，跟他们关系很好，并通过他们介绍找到兼职工作③。不过，也有在日本成功创业的广东青年。1991年4月，InfoDeliver社创始人尚捷到东京就读日本语言学校。尚氏1972年出生在广州的公务员父亲和商人母亲的家庭，选择日本留学的原因是在国内高考失败，自己又不想复读次年再参加高考。在语言学校打好日语基础后，1992年考入了东京工业大学，本科毕业后继续攻读硕士课程。1996年4月，尚氏中途退学后与伙伴一起成立了技术人员派遣公司，主要负责将中国技术人员派遣到日本。1999年，尚氏又独立成立了以通用软件开发为主体的InfoDeliver社，任董事长兼社长。成立不久，公司成功将索尼及Benesse纳入客户源，2000年转为股份有限公司。总公司设在被称为东京建筑物之龙头的东京六本

---

① 中山医科大学美东校友会编：《中山医科大学美东校友会成立二十周年纪念相册1995—2015》，2015年，第97页。
② 《"中国人发明的技术要造福中国"——记蛋白质芯片专家、科技领军人才黄若磐》，广州开发区党工委、管委会主办：《创业导报》，第346期，2011年2月17日。http://www.cydb.getdd.gov.cn/default.asp，访问日期：2016年4月16日。
③ L氏，1966年出生，广州人，1987年留学日本，毕业后在日本工作，2002年回国。访谈时间：2015年5月23日，访谈地点：广州。

木新城森大楼①。2003年，先后在大连和无锡成立了益德穿梭科技（大连）有限公司和益德科技（无锡）有限公司。2009年，中国国家发展和改革委员会、工业和信息化部、商务部、国家税务总局认定益德穿梭科技（大连）有限公司为中国国家计划内重点IT企业。

目前，InfoDeliver公司的注册资金达4亿9 000万日元②，其主要发展模式之一是将日本国内各企业的部分业务外包给中国国内专业团队。尚捷之所以选择大连，而不是广东作为其国内服务基地，主要与他在软件开发领域方面国内伙伴的背景有关。尚捷到日本后，最初在东京工业大学学习软件技术。尚捷曾提过，"我在大学期间与清华大学学生进行了共同研究"③。时值尚捷1992—1996年在日本就读期间，留学到东京的广东人人数从2 244人减少到1 764人。可以推断，尚氏在软件开发领域上的国内伙伴多数是与东京工业大学有交流的清华等大学的北方人士。对尚氏本人来说，他的创业与大学期间和北京同行的紧密交流密不可分。

改革开放至90年代前期，留学日本的广东人不占多数。毕业后，一部分人又选择将研究环境转向美国等地。同时，最终在日本扎根的广东人在社会交友网络中，会和固有的"广东"地域有所偏离。这都使得在日广东新移民无法通过组织社团的形式成为一股能影响当地社会及华侨社群的力量。

第三节　广东高校在日校友会萌芽

中共十一届三中全会作出改革开放的重大决策后，中国政府决定在靠近香港、澳门、台湾地区的广东和福建两省中，选取四个地方作为第一批经济特区来建设。其中，深圳、珠海、汕头三个特区在广东省内。广东省自此开始与境外企业进行以"三来一补"为主的加工贸易，香港、台湾企业和东南

---

① サーチナ：《広東出身の社長による業務支援サービス、その原点は？》，2008年10月21日，exciten ニュース：http://www.excite.co.jp/News/chn_soc/，访问日期：2016年5月14日。
② InfoDeliver公司主页：http://www.infodelier.com，访问日期：2016年5月14日。
③ サーチナ：《広東出身の社長による業務支援サービス、その原点は？》，2008年10月21日，exciten ニュース：http://www.excite.co.jp/News/chn_soc/，访问日期：2016年5月14日。

亚华人企业也随之迅速在广东开设分公司或加工厂等。与此同时，广东省各地区也开始与日本各大城市搭建友好关系。1979年5月，广州市和福冈市首先缔结友好城市关系。1983年3月，广东省和兵库县签署友好协定。接着，1985年5月佛山市和伊丹市，1988年4月中山市和大阪府守口市，1990年6月汕头市和大阪府岸和田市，1996年12月佛山市三水区和兵库县多可町，1997年8月东莞市望牛墩镇和鹿儿岛县和泊町，1997年10月广州市和大分市，2002年5月广州市和登别市，2004年6月深圳市和筑波市（つくば市），2004年7月珠海市和热海市相继结为友好城市。

1985年，日本接受"广场协议"后，日元汇率飙升。在进出口贸易方面，日本同时采取自我限量的措施。这导致多数日本企业一方面将生产基地迁移到欧美国家，一方面为节省劳动成本在中国等亚洲各国建设生产基地。进入90年代，日本企业外迁风潮随日元大幅升值而加速。日本松下电子等巨头家电企业先行在广东投资。1996年，日本吉之岛（现日本永旺集团）也在广州市天河区开始营业大型超市。1998年，日本本田技研工业株式会社与广州汽车集团合资投入生产汽车。2001年12月，加入 WTO 后，中国从"世界工厂"逐渐转为"世界市场"，加速了日本对中国的直接投资。2003年，日产汽车在广州花都投入汽车生产。2004年，丰田汽车进驻广州南沙。其余日系日用品生产业、餐饮业、零售业等各产业如雨后春笋般涌现。目前，在广东省日本商工会注册的日系企业数达2 000余家。截止到2014年10月，居住在广东省的日本人共有18 805人[①]。

随着与日本之间物流、人流的增加，广东地区对日语人才的需求不断增加。广东各大高校以及教育机构开始增设日语系或日语培训班，扩大友好学校范围，加强与日本学生及教师间的相互交流。

因日本政府始终对外国劳务人口流入持有保守态度，所以通过留学方式迁往日本的人员越来越多。目前在日中国新移民社会核心主要以具有留学生背景的华侨华人构成，且以留日之前"学缘"认同的社团占绝对多数。

---

① 日本国驻广州总领事馆网站：《广东省主要データ》，http://www.guangzhou.cn.emb-japan.go.jp，访问日期：2016年3月17日。

90年代中后期起，来自清华大学、北京大学等国内名校的留学生率先相继在东京成立日本校友会。进入21世纪，校友会队伍在数量和规模上持续发展，广东的大学亦是如此。据笔者调查，目前在日本共有四个广东高校校友会，成立时间先后顺序为：2005年的广东外语外贸大学日本校友会、2007年的暨南大学日本校友会、2014年的中山大学日本校友会、2015年的华南理工大学日本校友会。其中，暨南大学校友会是由留学过暨南大学的日本老华侨组织的，其他三个组织是改革开放后留学到日本的新移民团体。

一、暨南大学日本校友会

2007年11月3日，暨南大学日本校友会成立，是广东省内大学日本校友会实体运作时间最早，组织活动也最为活跃的团体。

暨南大学是直属国务院侨办的综合性华侨大学。该校1978年春恢复办学。1978年秋，广州华侨学生补习学校（1993年并入暨南大学华文学院）复办，有两名意大利籍华裔学生要求学习汉语，学校决定为他们提供"基础汉语""会话"课程。自此学校正式恢复中国语言班。1982年9月，在广州华侨学生补习学校内增设广州中国语言学校，开设汉语基础班、汉语专修班、汉语专业班，以及各种短期培训班和举办夏令营。1980年9月，暨南大学中文系设立汉语专修班，旨在帮助留学生提高汉语水平。1982年9月，中文系成立汉语中心，为港澳台同胞、海外华侨、外籍华人和其他外国学生提供汉语训练[①]。多数日本华侨子弟到暨南大学就读，成了暨大校友。

暨南大学日本校友会的成立是以暨南大学建校一百周年为契机。2006年11月16日—19日，暨南大学举办建校一百周年纪念大典，有8名日本老华侨校友参加。12月2日，潘维君等7人在东京池袋聚会，主要讨论校友会成立问题。2007年1月27日，暨南大学副校长贾益民一行抵达东京，10名暨大校友参加晚宴。宴会上，大家继续讨论成立校友会的相关事宜。

2007年4月14日，7名华侨校友在神奈川县川崎市召开预备会，商定于同年10月底举行成立大会，由冯日珍、范伟玲负责联系工作。10月17日，成立

[①] 程裕祯主编：《新中国对外汉语教学发展史》，北京大学出版社，2005年，第360、369页。

暨大校友会筹备会召开①。11月3日，暨南大学日本校友会成立会议于东京华侨总会召开，首届会长是范伟玲（暨大医学部，医生），副会长4名（金启功、陈隆进、何宜动、冯日珍），干事12人（罗明珠、段飞虹、李东耀、符顺和、潘维君、黄震平、翁华晃、肖建英、侯自力、张庆杰、何旭、吴敏中），暨南大学校董会董事陈焜旺任名誉会长，东京华侨总会会长符易亨任顾问，会员共60名。会址设在东京都新宿区东崎实业有限公司内。

该组织由华侨主动发起，在东京和神户均设有办事处。关西地区负责人为金启功副会长，东京及其他地区由何宜动副会长主持。2009年起就任东京华侨总会的廖雅彦会长也是暨大校友且担任校董会董事。校友会多项活动，如暨南大学入学通知书授予仪式等，都在东京华侨总会举行。

校友会定期活动主要有：1月组织返校访问活动，春节期间举行聚餐，8月举行暨南大学入学通知书授予仪式。校友会具有向母校推荐华侨免考生的资格，该任务是校友会的核心工作之一。

旅居日本的华侨子弟经暨南大学日本校友会推荐，可免试就读暨南大学。近三年的留学人数情况为：2013年11人、2014年18人、2015年12人。以2015年的录取情况来看，报名人在日本的居住地范围非常广泛：东京都4人、埼玉县1人、新潟县1人、茨城县1人、静冈县1人、大阪府1人、兵库县1人、神奈川县1人、三重县1人。他们在暨南大学就读专业分别是：医学院3人、经济学院2人、外国语学院3人、国际学院1人、新闻系1人、研究生1人、华文学院1人②。推免生制度，为暨大日本校友会队伍的稳定发展提供了有力保障。

2012年，该校友会创建校友会网站。通过主页网站，大家可以看到校友会的最新动态，更新频率较高。主要介绍校友会活动以及推免生的相关信息，诸如返校访问、春节聚餐、入学通知书授予仪式等，积极参加东京华侨总会以及其他华侨组织举行的国庆庆祝等活动。

按规章制度，校友会理事任期为2年。但自校友会成立8年以来，首届理事续任至今，因此如何注入新鲜血液及扩大社会影响力是校友会接下来所面

---

① 暨南大学日本校友会网站：http://jndx.exblog.jp，访问日期：2016年5月12日。
② 暨南大学日本校友会网站：http://jnujp.web.fc2.com，访问日期：2016年5月20日。

临的关键问题。

二、广东外语外贸大学日本校友会

1965年，广东外语外贸大学的前身广州外国语学院正式招生办学，开设英语、德语、法语、西班牙语四个专业。1970年，因广东省大专院校调整，该校从4个专业增设到9个专业。其中，增加了日语专业。

自1973年起，广州外国语学院恢复聘请外国专家制度，为日语系和日本之间的交流提供了平台。1986年，广州外国语学院与日本神户女学院大学建立交流关系。截至目前，广东外语外贸大学已与日本的立命馆大学、成蹊大学等十余所大学签订学生互换协定，每年派出公费留学生30余人，自费留学生30余人，加上硕士留日项目每年出国人数达70人。

2005年，广东外语外贸大学迎来40周年校庆。在开展庆祝建校40周年系列活动中，校庆筹备委员会将海内外校友回访母校列为其中的一个重要环节。2005年前后成立的海外校友会有6个：德国校友会、新西兰校友会、日本校友会、法国校友会、加拿大校友会、美国校友会。海外校友会的成立旨在联系居住在海外的校友，并推动国内外成立校友会工作。

2005年10月1日，日本校友会于东京成立。发起人是柴乾生（日语1978级）等70年代后期到80年代前期考入广州外国语学院（即现广东外语外贸大学）日语专业的校友。柴乾生担任首任会长。除会长外的其余首届校友会主要干部名单如下：常任副会长黄良军（日语1982级，东京贸易株式会社副总经理），副会长杨湛渭（日语1974级，双日株式会社国际业务部）、张伟雄（日语1977级，札幌大学教授）、欧阳江旋（日语1979级，中国驻大阪总领事馆领事）、叶华（日语1977级，省石化厅）、顾洪彬（日语1980级，中国国际航空东京支店总经理）、肖菊芳（日语1981级，丹京株式会社董事长兼总经理）、唐海燕（日语1992级，龙燕有限公司董事），秘书长黄良军（日语1982级，东京贸易株式会社副总经理），副秘书长戴琪（日语1994级，东京外国语大学硕士留学生）。会址设在常任副会长黄良军所在东京贸易株式会社内①。

广东外语外贸大学日本校友会所有会员都是日语系毕业生,以1980年前后入读广外的毕业生为主力。组织成员多数是从国内单位派到日本的常驻人员,流动性较大。例如,2008年会长柴乾生回国,其他成员也陆续回国。后续到日本的校友又未能被很好地组织起来,所以目前校友会活动基本处于停滞状态。

2013年,广东外语外贸大学日语系教师刘劲聪赴日本神户女学院大学任客座研究员期间,与日本关西地区的广外毕业生和留学生联系,向他们提议成立一个校友组织。同年,立命馆大学、阪南大学、神户女学院大学、大阪大学、京都大学留学生共同组成校友群。目前该组织的主要活动有:新年聚餐;帮助新来校友解决住房、兼职等问题;校友们定期组织日本国内的旅游,增进彼此感情。新组织的校友群人员在日本完成学业后大部分选择回国,只有少部分毕业后在日本当地就职。他们在日本既没有社会影响力和经济实力,且与早期在日本发展留日前辈之间处于断裂状态。

三、中山大学日本校友会

1980年至1984年,中国政府派往日本的公费留学生中有13名中山大学学生。80年代中后期,中山医科大学(前身是中山医学院,1985年改称中山医科大学,2001年与中山大学合并)派到日本的公派留学生多数入读日本鹿儿岛大学。随后,由单位公派到日本的中山大学毕业生陆续在当地扎根。不过,至90年代后期,相当部分学生毕业后再去第三国家,留在日本的中山大学校友分布比较分散。进入21世纪,中山大学与日本高校的交流日趋加深。目前,与中山大学已建立友好关系的日本大学有13所:名古屋工业大学、九州大学医学部、长崎大学医学部、琉球大学医学部、立命馆大学、冈山理工大学、神户大学、关西学院大学、大东文化大学、吉备国际大学、创价大学、东海大学、早稻田大学。据中山大学日本校友会介绍,目前在日本的中大校友包括日本人校友在内已有1 000人。

---

① 广东外语外贸大学校友总会网站:http://alumni.gdufs.edu.cn/,访问日期:2016年6月11日。

2014年8月底，为庆祝中山大学成立90周年纪念活动，中山大学校友总会向各地校友会发出邀请参加同年11月8日—12日母校90周年庆典的通知。同时，中山大学主动联系在尚未建立校友会的国家和地区具有一定影响力的校友，支持其在当地成立校友会。

2014年9月底，在中山大学校友总会主导下，旅日中大校友李缨等组织成立日本校友会筹备组。为达到宣传告知的效果，筹备组首先从母校得到在日校友的联系方式，再以群发邮件形式发送举办中山大学日本校友会成立大会的通知。10月初，《中文导报》刊登"中山大学日本校友会成立大会通告"："中山大学由孙中山先生亲手创办，今年喜迎其90年校庆。……学校十分珍视校友对母校的厚爱，一向致力于推动校友事务，扩展校友网络，力求与校友保持紧密联系，目前在海内外建立的校友会组织已超过150个。这些校友组织在校友总会指导下开展工作为当地校友服务。……学校决定于10月18日中午12点至14点在（东京——引用者注）日比谷公园松本楼成立中山大学日本校友会，李萍副校长决定携代表出席，驻日中国大使馆领导和相关日本政要也将光临本次盛会。"①通告里还写着，由李缨负责统筹组织成立大会，由早稻田大学博士生李海涛（中大2007级）承担联系工作，并添加了介绍李缨的百度百科链接。

李缨，1963年生于广东，1980年考入中山大学中文系，1984年入职中央电视台任纪录片编导。1989年，以日本文化厅的海外招聘艺术家研究员的身份来到日本，开始研究日本电影。1993年，在日本成立production龙影，开始投入影片制作。其首创作品"2H"②在1999年柏林国际电影节荣获NETPAC奖，接着2003年出品的"味"在马赛国际电影节获奖。2014年11月初，李缨代表日本校友会参加中山大学召开的全球校友会会长论坛。

2014年10月18日，中山大学校友总会下属第160个校友会——日本校友会在东京成立。参加成立大会的人员约有80人。大会推选李缨为首任会长，副会长肖长波（中大日语系1981级，现金友株式会社社长）、栗原千里（中山

---

① 《中文导报》，2014年10月。
② 纪录片描述了曾担任过孙中山的参谋，后移居日本的马崇六的故事。

大学国际汉语学院留学生，现日本大学法学部教授）。当天前来祝贺的有中山大学副校长李萍，中国驻日使馆公使衔参赞白刚。应邀与会的有日本前首相村山富市，日本前首相大平正芳的秘书和女婿森田一，日中协会理事长白西绅一郎，梅屋庄吉的孙女婿、现任松本楼社长小坂哲琅等①。

中山大学日本校友会成员大体分为两个群体：从中国大陆到日本的校友；从日本到中山大学留学后返回本国的日本人。

中山大学日本校友会成立之前，日本已有"中山大学日本校友会"，由留学过中山大学的日本人于2011年6月19日成立。2011年，中山大学国际汉语学院为迎接成立30周年，鼓励各国校友成立校友会。为积极响应号召，日本人校友成立了日本校友会。首届日本校友会理事有福重、长浜、稻叶三人。他们在Facebook上注册中山大学日本校友会群，作为相互联系的平台。初期"校友"均为曾在中山大学留学的日本人。该会的运营规则及活动内容框架也由中山大学制定。首先，加入校友会以自愿为原则。校友会不对入会会员收取会费，不向会员收集其个人资料。校友会活动内容主要有以下四方面：参加母校举办的各项活动，在中山大学网站介绍在日校友会的情况，与大学校友总会进行交流，校友会不定期活动。

2014年9月26日，日本人校友会在其校友群转载了中山大学校友总会计划在日本成立校友会的通知。10月18日，日本人校友也参加了日本校友会成立大会，自动成为新成立的日本校友会的一员。目前，加入"中大日本同学会"微信群的约有100名校友，加入"中山大学日本校友会"Facebook群的约有70名校友②。校友会的活动集中在东京地区。2015年1月，校友会举行新年会，共有8名日本人校友和1名中国人校友参加。同年3月，组织赏花活动，李缨等10余名校友参加。5月，组织郊游，共有7名中国人校友参加。2月到8月间，校友会组织隔月聚餐，基本上每个月组织一次集体活动。这些活动通知及相互交流主要通过微信、Facebook等网络平台来支撑③。

---

① 人民网：《中山大学日本校友会在东京成立》，访问日期：2014年10月18日。
② 中山大学日本校友会网站：https://www.facebook.com/zuriben; https://www.facebook.com/zuribengc/?ref=py_c，访问日期：2016年5月12日。
③ 中山大学交流广场网站：https://www.facebook.com/zuribengc/?ref=py_c，访问日期：2016年5月12日。

2015年10月18日，作为纪念孙中山先生诞辰150周年活动发起组织者之一，中山大学日本校友会在横滨中华街华都饭店举行了孙中山铜像揭幕典礼暨孙中山国际基金会（日本）启动仪式，同时庆祝校友会成立一周年。参加活动的还有日本孙中山研究学会、日本中国和平统一促进会、国立文化产业有限公司。仅成立一周年，校友会就已与当地组织结合在一起，迈出了与当地社会携手发展的第一步。

四、华南理工大学日本校友会

1979年到1984年间，华南理工大学仅占派往日本公派留学生1个名额。80年代后期，随着单位公派人员增多，华南理工大学毕业生在日本得以发展。今日与华南理工大学合作的日本大学共有8所：早稻田大学、奈良产业大学、电气通信大学、首都大学东京、九州大学、长冈技术科学大学、大阪大学、大阪府立大学。

2015年11月7日，华南理工大学日本校友会在东京日中友好会馆举行成立仪式，其成立也与母校直接相关。

自2013年起，华南理工大学将每年校庆月（11月）的第二个周六定为"校友返校日"。为让更多境外校友参加返校活动，华南理工大学于2013年在大学校友会主页设置境外校友会专栏，对已成立的香港校友会（1969年1月3日成立）、澳大利亚校友会（1978年12月1日成立）等10所校友会进行基本信息的整理和上传工作。大学校友会常务副会长刘琪瑾（党委副书记兼纪委书记）负责推动海外校友会的建设工作。2014年7月，刘氏一行赴英国伦敦和法国巴黎，旨在参加这两个地区新成立的校友会庆典活动。

2015年，为成立日本校友会，华南理工大学联系旅日校友吴东航（建筑工程系1984届毕业生）负责前期筹备工作。事先召开了第一次筹委会会议，初步议定了校友会章程，并决定于11月7日在东京日中友好会馆举行成立仪式[①]。

吴东航，广东人，1963年生，吴建筑事务所代表。1984年本科毕业后，

---

① 《中文导报》，2015年11月5日。

就职于广东省建筑工程总公司，1987年10月，赴日本留学，在东京大学攻读硕士和博士课程。1994年取得东京大学工学博士学位。1997年9月，在东京成立东信建筑设计研究所，后改称吴建筑事务所，开发了"WUTEC-SF"建筑技术。2013年，就任清华大学客座教授。

成立大会当日，刘琪瑾等代表母校前来祝贺。会上通过了华南理工大学日本校友会章程和第一届理事会成员名单。吴东航校友任会长，早稻田大学陈奎任秘书长，任真、汪伟等任副会长，赵钿任关西分会召集人。刘琪瑾向校友们传达2015年校友返校日相关安排，希望校友们常回母校看看，年长的校友们积极为师弟师妹的发展提供助力[1]。

五、四所广东高校日本校友会组织分析

在人员结构上，海外校友会以具有某同一所教育机构学习背景的留学生作为入会对象，在社团分类上，则属于学缘社团。根据所学教育机构所在地的不同，校友会同时具有了地缘特征。就上述四个校友会而言，广东高校的学生多数是广东人。从其他省份考入广东各高校的学生，在其社会关系网络上也少不了"广东"因素。笔者将从组建动因、组织形态、经济机制、未来发展及其意义五个方面，对上述四所广东高校日本校友会进行分析。

首先，四个校友会的发起人均是改革开放初期在广东高校毕业后出国留学，结束学业后便在日本奋斗拼搏20余年，最终在当地建立起稳定的社交网络，部分校友还开创出自己的事业，为成立校友会起到领头羊作用。进入21世纪，随着中国对外交流愈加开放、频繁，国内高校也纷纷与海外教育机构建立起友好合作关系，相互之间的交流也活跃起来。广东外语外贸大学、中山大学等高校不断增加留学到日本的学生人数，为成立校友会提供有力的人员规模保障。

其次，母校的呼吁促成了校友会的成立。2005年到2015年期间，暨南大学等广州高校分别举办了校庆等大型系列活动。这期间，各高校开展了邀请海内外校友回母校参观活动，并积极推动海外校友会的组建。例如，2005年

---

[1] 华工新闻网：http://news.scut.edu.cn，访问日期：2016年5月12日。

广东外语外贸大学日本校友会就是为迎接大学40周年校庆而成立的，暨南大学日本校友会也与华侨校友参加2006年母校100周年校庆密不可分。近两年成立的中山大学日本校友会和华南理工大学日本校友会同样是在大学举办校庆活动的机缘下形成的。与北京、上海等地各大高校日本校友会相比，广州四所高校日本校友会起步晚但成长迅速。例如，中山大学日本校友会成立一周年之际，便和日本孙中山研究学会等组织共同举办"孙中山国际基金会（日本）启动仪式"。2015年，华南理工大学日本校友会在举办成立大会时，就邀请了包括暨南大学日本校友会以及中山大学日本校友会在内的各大学日本校友会代表参加。

不过，因由大学主导，校友会也存在一些难题。校友会从筹备到成立，内部运营到对外活动方面缺少主动性和积极性，且会员流动性大影响了校友会的稳定发展。以最早成立的广东外语外贸大学日本校友会为例，该会成立第三年的2008年，会长柴乾生回国，其他校友也陆续接受工作调动离开校友会。自1986年与神户女学院大学建立交流关系以来，广东外语外贸大学以日语系为主向日本东京、大阪等地派出了大批学生，但校友会和新到校友之间未能形成有效衔接，基本上处于停滞状态。中山大学日本校友会内部活动多是集中在留学生聚集的东京地区，与其他地区的校友基本上通过网络平台保持联系。会员对校友会的主体意识和归属意识比较淡薄，使得校友会与当下流行的微信群、QQ群等网络社交群毫无二致。而经费来源则是校友会面临的最大难题。校友会不收会费，也没有房产等资产去支付日常会务经费。他们的会址普遍都设在会长或校友会干部所经营的公司内。除暨南大学日本校友会外，其余三所都尚未建立校友会网站，发行定期会刊等工作更无从论起。

关于校友会未来发展，运营近十年的暨南大学日本校友会给我们诸多启发。首先暨南大学向该校友会授予招收推免生权限。校友会在网站公布招生流程等信息，借助各地华侨总会的内部渠道在日本各地华侨社会进行宣传。校友会的干部人员本身在当地兼任其他华侨组织的要职，因此校友会与其他社团之间的关系会非常密切，新的校友也随之不断涌现。

当今华侨社会的关键问题之一是如何建立早期移民（老华侨）和改革开放后出国的新移民之间的桥梁。到了第四、五代，日本老华侨基本上已融入当地社会，在语言、思想、文化等认同方面较为重视出生地，与新移民（新华侨）之间存在一定疏离感。例如，东京广东同乡会理事会曾讨论过有关聘用广东留学生协助会馆工作之提案，但表决最终未能通过。同时东京广东同乡会开办广东话教室聘请教师也多是内部解决。但从"校友"角度出发，两者之间自然也有共同意识。笔者在日本留学期间，曾在神户拜访过暨南大学日本校友会副会长金启功先生。交谈过程中，金副会长得知笔者是暨南大学毕业生，主动建议本人加入暨南大学日本校友会。"校友"身份拉近了相互之间的距离①。与往年不同，今日多数华侨子弟不局限于暨南大学等华侨学校。2012年6月，笔者曾采访过在广东外语外贸大学留学生教育学院就读的横滨广东籍华侨 G氏。他说，起初他想去北京留学，但最终还是选择了广州的广东外语外贸大学②。老华侨接触广东高校的方式也变得多样化。2011年11月2日，东京广东同乡会副会长朱铭江参加了广东省侨办在中山大学举办的"首期海外华社文化菁英中华文化高级研修班"。11月4日，中山大学陈春声副校长在结业典礼上致辞表示，中山大学在海外有200多个校友会，希望各位能通过中大校友会的平台，加强与中大的合作与交流。朱铭江代表全体学员发表感言③，也成了中山大学的校友。海外"校友"群研究将成为学术界研究和谐新老华侨社会新的突破口。

---

① 访谈日期：2016年10月13日，访谈地点：神户中华会馆。
② G氏，横滨华侨，访谈日期：2012年6月16日，访谈地点：广东外语外贸大学。
③ 社团法人广东同乡会编：《会刊》，第60号，2012年1月，第31—31页。

附 录

附录1 开埠初期东亚广东华侨名录

一、兵库县准给广东清国人籍牌名单

姓名	年龄	籍贯	职业	到港	住址	发牌日期	籍牌等级
梁文玩	37	顺德	在港广东人总管	1875	神户荣町4丁广东公所	1877	上等
任作恬	33	鹤山	怡南号主	1873	神户海岸1丁	1877	上等
张惠	33	香山	行商,由横滨来	1877	神户海岸4丁同孚泰	1877	上等
郑杰南	35	香山	义馨居主	1874	神户元町1丁	1877	上等
郑镛光	30	香山	号伴	1877	神户元町1丁和昌号	1877	下等
郑仁光	34	香山	号伴	1872	神户元町1丁和昌号	1877	上等
陈氏	22	广东	万源号内钟叠妻		夫家	1877	家眷
梁佳	5	广东	怡南号梁细子男		父家	1877	家眷
何仰云	32	顺德	广裕隆主	1874	神户海岸10番	1876	上等
何廷生	26	香山	雇工	1876	神户居留地38番印子馆	1877	上等
陈赐	33	南海	鞋匠	1873	神户海岸南兴号	1877	下等
徐志	31	香山	店伴	1874	神户元町生源隆	1877	下等
陈梅	5	广东	南兴号陈赐子男		神户海岸夫家		家眷
丁颜亭	26	番禺	手艺,由横滨来	1876	神户	1876	上等
郑朝光	28	香山	号伴	1874	神户元町1丁和昌号	1877	下等
袁慎之	34	香山	杂货商号伴	1876	神户元町1丁和昌号	1877	下等

续表

姓名	年龄	籍贯	职业	到港	住址	发牌日期	籍牌等级
何祥	56	三水	工艺	1875	神户	1877	下等
韦照	25	香山	万源号伴	1876	神户荣町2町	1877	下等
韦粗	48	香山	万源号伴	1872	神户荣町2町	1877	下等
欧阳荫堂	40	三水	鞋匠	1876	神户元町祥升店内	1877	下等
欧湘记	34	三水	雇工	1873	神户荣町	1875	下等
陈良	36	顺德	涂物	1873	神户海岸彩和号	1877	下等
陈朝	24	顺德	涂物	1876	神户海岸彩和号	1877	下等
邓顺	38	三水	鞋匠	1874	神户元町1丁顺和号	1877	下等
邓丰	39	三水	鞋匠	1874	神户元町1丁顺和号	1877	下等
钟叠	40	新安	万源号伴	1870	神户荣町1丁	1877	下等
李其	35	三水	缝衣	1875	神户海岸	1875	下等
刘尖	19	新会	万源号伴	1875	神户荣町2丁	1877	下等
麦森	32	鹤山	万源号伴	1873	神户荣町1丁	1877	下等
梁细	35	三水	怡南号伴	1872	神户荣町2丁	1877	下等
任作樑	30	鹤山	怡南号伴	1876	神户荣町2丁	1877	下等
叶灿	31	四会	怡南号伴	1873	神户荣町2丁	1877	下等
任锦全	32	鹤山	怡南号伴	1876	神户荣町2丁	1877	下等
黄梃生	28	南海	店伴	1876	神户海岸1丁恒升豫号	1877	下等
吴南亭	35	鹤山	怡南号伴	1873	神户荣町1丁	1877	下等
崔本民	32	南海	恒升豫伴	1876	神户荣町2丁广盛隆	1877	下等
胡泽溪	26	南海	店伴	1876	神户海岸1丁恒升豫号	1877	下等
郑康敬	32	香山	店伴	1875	神户元町1丁义馨居	1877	下等
郑文献	19	香山	店伴	1877	神户元町1丁义馨居	1877	下等
黄铿	16	香山	号伴	1877	神户元町1丁和昌号	1877	下等
黄伦	37	香山	店伴	1875	神户元町1丁义馨居	1877	下等
郑丽	17	香山	号伴	1873	神户元町1丁和昌号	1877	下等
伍章明	55	番禺	工艺	1877	神户荣町1丁目	1877	上等
刘茂	43	新会	万源号主	1870	神户荣町1丁	1877	上等
崔松泉	31	南海	杂货商		神户		上等

资料来源：《兵库县准给清国人民上等籍牌》，神户大学图书馆藏。

二、《清季中日韩关系史料》记载朝鲜广东华侨名单

光绪九年（1883）11月至光绪十年（1884）12月常住仁川已领执照广东商人名单

日期	姓名	籍贯	姓名	籍贯	姓名	籍贯
1883年11月	易仁丽	鹤山	陈良	顺德	张维	香山
	张昇	香山	何贞雄	番禺	欧阳球	三水
	冯汝祺	南海	周寿臣	新安	苏泰	番禺
12月	张安	香山	邓凝钧	新会		
1884年3月	郑翼之	香山	曾钦	香山	郑和调	顺德
4月	韩麟生	番禺	邝创田	开平	郑云章	香山
	钟琛	东莞	郑成	香山	陈如三	香山
	云茂秀	文昌	黄兰辉	香山	朱胜	新会
	宁汉山	宁阳	黄提	香山	梁耀	番禺
	丁雁亭	番禺	马才	新会	谭培三	香山
	麦蓉三	鹤山				
5月	邝添盛	新宁	邝如茂	新宁	刘成	新会
	徐茂泰	新会	郑钦	香山	李星垣	新宁
	李长稳	新宁	李才	新宁	李宣	新宁
	黄释	新宁	梁旺	新宁	彭垣	香山
	冯子林	南海	潘澄波	新会	邝兆棠	开平
	张濂江	顺德	李振臣	新会	林少波	顺德
	吴柏池	香山				
闰5月	周林	开平	黄锦	顺德	周庆云	南海
	郑渭生	香山	黄林	新宁	张秀朝	香山
	郑德垣	香山				
6月	林瑞珊	新宁	刘燮亨	归善	周祺兰	开平
	王东成	嘉应	叶茂春	归善	梁作和	新安
10月	林瑞林	新宁	邝添盛	新会	邝如茂	新宁
11月	郑渭生	香山	郑翼之	香山	周林	开平
	张安	香山	张淮	香山	曾钦	香山
12月	麦荣三	鹤山	郑和调	顺德		

光绪十一年（1885）汉城广东商人名单

姓名	籍贯	姓名	籍贯	姓名	籍贯
云郁山	文昌	刘晚成	新会	云逢岸	文昌
俞杰亨	琼山	黄才福	海南		

光绪十一年（1885）仁川广东商人名单

姓名	籍贯	姓名	籍贯	姓名	籍贯
谭杰生	高要	周玉芝	番禺	郑翼之	香山
郑渭生	香山	周祺兰	开平	冯聘西	香山
周材常	开平	陈文锡	新宁	冯瑞鲤	开平
郑云章	香山	陈仪三	香山	张建礼	香山
张三维	香山	林瑞珊	新宁	李才	新宁
钟琛	东莞	邝如茂	新宁	邝添	新宁
邝泮	新宁	何贞雄	番禺	关鸿琚	番禺
江好	新宁	梁旺	新会	冯予林	南海
王命	新会	邝兆堂	开平	韩世昌	番禺
司徒维	开平	黄绍英	新宁		

光绪十二年（1886）仁川广东商人名单

姓名	籍贯	姓名	籍贯	姓名	籍贯
张三维	香山	张安	香山	周林	开平
周祺兰	开平	周梦龙	开平	郑云章	香山
陈如三	香山	谭晴湖	高要	谭以庄	高要
谭杰生	高要	罗佩章	鹤山	周玉芝	番禺
关鸿琚	番禺	邵松芝	番禺	陈文锡	新宁
何真雄	番禺	冯予林	南海	邝泮	新宁
李才	新宁	林瑞芝	新宁	郑翼之	香山
邝如茂	新宁	郑渭生	香山	邝兆荣	开平
韩世昌	番禺	司徒维	开平	王乾福	香山
邝如动	新宁	邝如川	新宁	郑耀	香山
周凤岐	开平	郑元辉	香山	朱文胜	新会
黄辉	新宁	何丽堂	高要	梁旺	新宁
何万能	番禺				

光绪十年（1884）元山广东商人统计表

姓名	籍贯	何时何处来	何时何处去
萧万胜	香山	6月由长崎到元山	
梁玉亭	香山	6月由上海来元山	
何问樵	香山	8月10日汉城来	9月29日往上海
唐亚三	东莞	8月10日长崎来	即往珲春
黄晓山	香山	8月10日长崎来	即往珲春
吴慎之	香山	8月10日长崎来	即往珲春
凌荫宗	番禺	8月17日由珲春来	次日身故
张卓山	南海	8月17日由珲春来	即往上海
苏汉三	番禺	8月17日由珲春来	即往上海
邓贵	三水	9月12日由汉城来	21日往珲春
梁肇南	顺德	9月20日由长崎来	10月19日回长崎
钱青选	番禺	9月20日由长崎来	即往珲春
邓济亭	香山	10月19日由珲春来	即往长崎
何文卿	南海	10月19日由珲春来	即往长崎

光绪十二年（1886）釜山港广东商人名单

1月	往仁川	何文德			
	往元山	李麟阁			
	仁川来	林小波			
2月	元山来	冯瑞廷	郭杏林	周昭廷	
	往仁川	梁爵和			
	元山来	冯器之			
3月	来釜山	罗明著			
4月	来釜山	谭以端			
	往仁川	章子生	谭以庄	罗章佩	
	仁川来	周昭廷			
	元山来	谭树堂	冯器之		
5月	仁川来	钟达聪			
	往元山	谭树堂	罗秉臣		
6月	来釜山	何云甫	郑瑞芬	高殿昭	谢代雄

续表

6月		何兆荣	高殿标	谢常茂	
	来釜山	黄赠波	刚学之		
	来釜山	陈北			
	往珲春	林渴贤			
9月	仁川来	周月松			
	珲春来	陈良	李养轩	张星晖	陈南山
	仁川来	冯礼			
11月	珲春来	邓贡臣	谭树堂	冯星垣	邝春生
		聂省三			

三、横滨广东商人百年商号表

名称	成立年份	地址	业种	几代	备注
大德堂	1867	横滨中区下町	药房		
聘珍楼	1884	横滨港北区	料理	7	家族企业变更张→鲍→庞
万珍楼	1892	横滨中区下町	料理	3	
同顺利	1890	横滨中区下町	药房	3	
安乐园	1903	横滨中区下町	料理	3	恭安泰（贸易商），1923年转料理
同发	1911	横滨中区下町	料理		干货商，战后转料理

资料来源：后藤俊夫：《華僑ファミリービジネスの長寿性——横浜中華街の事例研究》，《拓殖大学華僑研究》，2012年，创刊号，第11页。

附录2 日韩广东华侨墓地逝者名录

一、仁川富平（부평）家族公园旅韩广东同乡墓地名簿（"二战"前）

编号	姓名	编号	姓名	编号	姓名
6-63	陈辉光	6-67	朱文星	6-71	刘运氏
6-64	陈礼恩	6-68	关罗氏	6-72	林之公
6-65	张黄氏	6-69	梁亚雁	6-73	陈和公
6-66	谭亡氏	6-70	梁避联	6-74	吴丽贞

续表

编号	姓名	编号	姓名	编号	姓名
6-75	郑月明	6-96	梁陈氏	6-117	郑培基
6-76	灵载存	6-97	黄子辉	6-118	周学宏
6-77	梁公明	6-98	雷逢崇	6-119	关宋氏
6-78	俞杰亨	6-99	曹俊之	6-120	马平礼
6-79	俞光礼	6-100	黄泉奎	6-121	李静波
6-80	关健平 关善金	6-101	郑丽金	6-122	郑渭祥
6-81	叶闰成	6-102	云陈氏	6-123	郑慎宽
6-82	关王氏	6-103	张生公	6-124	古云氏
6-83	司徒关	6-104	关女士	6-125	马禄亿
6-84	陈和生	6-105	林举镇	6-126	莫方氏
6-85	周树德	6-106	关带宽	6-127	袁郑氏
6-86	王□三	6-107	林任氏	6-128	郑福乡
6-87	云昌观	6-108	郑许氏	6-129	郑萧氏
6-88	周昭赞	6-109	关灵氏	6-130	郑帝忠
6-89	毕□氏	6-110	关东林	6-131	容文秋
6-90	云茂川	6-111	林光明	6-132	黄桂荣
6-91	陈盛祥	6-112	郑徐淑	6-133	袁敬之
6-92	梁丽珠	6-113	司徒想	6-134	袁德孚
6-93	古观超	6-114	司徒俊	6-135	郑泰生
6-94	司徒胡	6-115	梁金□	6-136	郑余氏
6-95	林王氏	6-116	谭晓		

注:"□"为解读困难。

二、1945年横滨关帝庙空袭罹灾遗骨名单

姓名	籍贯	姓名	籍贯
冼肖琼	广东	招致根	南海
杨官胜	广东	蓝尧喈	中山
尹权捷	广东	梁肖媚	宝安
黄幼玲	鹤山	鲍进昇	中山

续表

姓名	籍贯	姓名	籍贯
邝景棠	中山	鲍进雄	中山
邝永福	中山	鲍进强	中山
赵善利	中山	梁苏氏	番禺
赵邝氏	中山	陈□娣	宝安
郑赵氏	中山	林伦章	番禺
鲍黄燕辉	中山	陈月清	南海
曾广荣	中山	潘兆萃	南海
容德光	新会	莫优珍	鹤山
容荣光	新会	任汝长	鹤山
荣雪英	新会	吕炳恒	鹤山
何杰贤	三水	刘树昌	中山
何杰坤	三水	梁杰英	番禺
招刘氏	南海	潘芬元	梅县
陈梁金全	新会	郑莲英	中山
梁海	中山	郑顺名	中山
黄树勋	番禺	鲍汝坚	中山
谭七	顺德	鲍捷勤	中山
林有滔	中山	何国兴	鹤山留村
陈素□	中山	黄门卢氏	广州
李庆廉	中山	黄德荫	中山南屏
高成发	中山	刘家耀	鹤山
简荫南	新会	王许敏	香港
简胡氏	新会	苏招贤	广东
简洪棠	新会	陈富荣	广东
吴观富	中山	郑芳锦	中山
		廖竹川	清远

注:"□"为解读困难。

附录3 战后旅日广东社团章程

一、神户中华青年会会章

第一章 总则

第一条 本会定名为神户中华青年会。

第二条 本会以发扬中华文化，砥砺侨胞青年德智体群之向上，及谋侨胞之福利为宗旨。

第三条 本会会址设于神户市生田区下山手通2丁目15番地。

第四条 有必要时，得设分会及联络处，地点由干事会决定之。

第二章 组织

第五条 本会以全体会议大会为最高机关，下设干事会，遵照本会宗旨、决议及执行本会一切会务。

第六条 本会设干事15名，由全体会员大会公选之。前项公选出之干事互选总干事1名，副总干事2名，常务干事1名，各组干事若干名，组织干事会。

第七条 总干事、副总干事、常务干事及各组干事之工作如下：

（1）总干事对外代表本会，对内综合各干事意见处理一切会务。

（2）副总干事辅助总干事，共同处理对外对内问题，遇总干事因故欠席时，代行其职务。

（3）常务干事负责处理日常工作，执行干事会之决议事项。

（4）各组干事分管本会各项进行事项。

第八条 干事会设下列各组，执行会务。依照本会宗旨，划分总务、文化、体育、福利、组织五部。

（1）总务部内分：

①文书组：主持对外对内文件，纪录。

②会计组：主持收支，保管经费。

③舞子会馆管理委员：主持管理本会舞子会馆一切事项。

④庶务组：主持会内会外有关问题之日常工作。

（2）文化部内分：

①教育组：主持本会有关一切教育工作。

②出版组：主持本会会报编印。

③娱乐组：主持本会各种文艺和有关娱乐工作。

④图书组：主持本会图书室，并给会员阅览。

⑤音乐组：主持本会音乐会及音乐研究会。

（3）体育部内分：

①登山组：主持登山队。

②游泳组：主持游泳队。

③棒球组：主持棒球队。

④乒乓组：主持乒乓球队。

（4）福利部内分：

①就职组：主持会内会外有关就职工作。

（5）组织部内分：

①青年组：主持青年会员的组织。

②少年组：主持少年会员的组织。

第九条　各组视工作之繁简，得增设助理干事若干名，由干事会任免之。

第十条　干事会认有必要时，得设各种委员会，推进临时会务。

第十一条　干事会认有必要时，得聘请对会有贡献之人士任为本会顾问及名誉干事等各种名誉职务，有权列席干事会发表意见而无表决权。

第十二条　总干事、副总干事、常务干事、各组干事对干事会负责。干事会对全体会员大会负责。

第三章　任期

第十三条　总干事、副总干事、常务干事、各组干事任期为1年。连选得连任。

第十四条　总干事、副总干事、常务干事、各组干事遇有欠额时，得有干事会设法补充之。

第十五条　干事会欠额逾定员半数以上时，须召集临时全体会员大会改选之。其任期以前任者之任期为限。

第十六条　全体会员大会通过对干事会不信任时，总干事、副总干事、常务干事、各组干事须全体辞职。

第十七条　前条须有出席会员半数以上之投票，方得通过。

第四章　会议

第十八条　全体会员大会由干事会召集之。

第十九条　全体会员大会每年召集1次，于9月中召集之。

第二十条　如遇必要或有三分之一以上之会员联名请求时，干事会须召集全体会员大会。

第二十一条　全体会员大会之主要任务如下：

（1）改选干事会全体干事。

（2）决议本会重要进行事项。

（3）干事会报告会务。

（4）审议本会之预算、决算及一切临时费用等财务事宜。

第二十二条　干事会由总干事召集之。

第二十三条　干事会每半月间1次，遇必要时临时召开之。

第二十四条　干事会之任务如下：

（1）制定各种规则。

（2）依章任免各种人事事宜。

（3）讨论本会对内对外之一切事宜。

（4）处理日常会务。

第二十五条　本会各种会议出席人数原则上须过定员半数以上。但会员大会由干事会负责周密通知，至少超过全体会员之三分之一以上方能成会。

第二十六条　本会各种会议表决时，除别有规定者外，以多数表决之。

第五章　会员

第二十七条　凡华侨青年、年满16岁以上，而愿遵守本会会章入会者，经会员2人之介绍，干事会之承认，得为本会会员。

第二十八条　会员有服务会务，遵守会章，实行全体会员大会、干事会决议之义务。

第二十九条　凡会员均有选举权、被选举权及依会章享受会员一切之权利。

第三十条　会员有忽亲会章，滥用会名，破坏全体利益及有害本会之名誉者，干事会得酌情轻重，施以下列之处分：

（1）劝诫。

（2）停止享受权利1周至3月。

（3）停止选举权及被选举权1期。

（4）开除会籍。

第三十一条　前条第（4）项，须得全体干事三分之二以上之通过，方得执行。

第三十二条　会员对本会有特殊功绩者，经干事会之决议，得以各种形式致奖或致谢。

第三十三条　会员得自由退会。如有不缴纳会费半年以上者，亦认为自动退会。

第六章　会计

第三十四条　本会经费以会费、捐款及其他充当之。

第三十五条　会员入会时须缴纳基金100元，以后每月会费分100元、50元、30元3种，由干事会审查以负担能力而定之。

第三十六条　本会会计年度，每年自10月1日起至9月30日为止。

第七章　附则

第三十七条　本会会章之解释属于干事会。

第三十八条　本会会章若有未尽处得由干事会修正后，提出全体会员大会通过之。

第三十九条　本会会章经全体会员大会之通过，自公布日起行之。

第四十条　本会附设少年部，依照少年部规则处理一切。

1945年8月27日起草	1946年3月25日通过
1947年9月2日修改通过	1950年9月修改通过
1953年9月20日修改起草	1953年9月20日通过
1954年9月26日修改通过	1955年9月20日修改通过
1958年9月14日修改通过	1959年9月20日修改通过

二、兵库县广东同乡会章程

第一章　总则

第一条　本会定名为兵库县广东同乡会。

第二条　本会以发展会员之文化、经济福利，增进会员间之团结友爱互助之精神，为全体华侨团结、为中日友好、为祖国贡献为宗旨。

第三条　本会会址设于神户市。

第二章　会员

第四条　凡居住在兵库县之广东人，不论性别、信仰、思想信条，愿遵守本会章程，经本会理事会承认者均可加入本会。

第五条　本会会员享有下列权利：

（一）选举权及被选举权（但须满18岁以上）；

（二）本会一切福利设施；

（三）其他。

第六条　本会会员须遵守下列义务：

（一）遵守本会章程；

（二）缴纳会费。

第七条　如有下列事项经理事会议决会员大会通过者可以除名：

（一）损害本会利益及名誉；

（二）损害华侨利益。

第三章　组织

第八条　本会以全体会员大会为最高机关。

第九条　本会设置理事会及监事会。

第十条　理事会在会员大会闭会期间执行本会一切会务。

第十一条　监事会监察本会一切会务，理事会如有违背章程损害本会利益时，监事会可招集临时会员大会改组理事会。

第十二条　理事会置理事15名以上至21名以内。监事会置监事5名至7名。

第十三条　理监事由会员大会公选之。

第十四条　理事会可设下列各部：

（一）总务部　　（二）外交部　　（三）文化-体育部　　（四）福利部

（五）财政部　　（六）企划部　　（七）文书部　　　　（八）其他

第十五条　理事会设置下列职员：

（一）会长一名　　　　（二）副会长若干名　　（三）部长若干名

（四）常务理事若干名　（五）名誉会长若干名

（六）名誉理事若干名　（七）顾问若干名

第十六条　监事会置监事长一名。

第十七条　选举：

（一）会长、副会长、部长、常务理事由理事中互选之；

（二）顾问由会长推荐，经理事会决议聘任之；

（三）监事长由监事互选之。

第四章　职责

第十八条　会长之职责如下：

遵照理事会决议对外代表本会，对内统理一切本会应行事宜。

第十九条　副会长辅助会长执行一切会务，会长因故缺席时代理会长执行会务。

第二十条　理事、部长、常务理事等在理事会闭会期间，由会长领导执行一切会议之决议事项。

第五章　任期

第二十一条　理监事之任期定为二年，连选可连任。

第二十二条　会长之任期为二年，只限连任一期。

第二十三条　顾问之任期由理事会决定。但只限当期理事之任期。

第二十四条　会长、副会长、常务理事因故退任时由理事互选补充之，理事缺员时由次票补充之。

第六章　会议

第二十五条　会员大会每年五月召开一次，如有必要时或三分之一以上会员要求时会长须召开临时会员大会。

第二十六条　理事会每月召开一次会议，如有必要时或三分之一以上理事要求时会长须召集临时理事会。

第二十七条　监事会每月召开一次，如有必要时或三分之一以上监事要求时监事长须召开临时监事会。

第二十八条　监事、名誉会长、顾问名誉理事可出席理事会有发言权但无表决权。

第二十九条　本会会员大会须有会员三分之一以上出席方能成立。本会各种会议出席人数须超过半数以上方能成立。

第三十条　本会各种会议表决时，须超过出席人员半数以上方能通过。

第七章　经费

第三十一条　本会经费以会费及其他各种收入充当之。

第三十二条　每户口一年须缴纳会费日币一千元正，如有困难者经理事会承认可免除之。

第三十三条　本会会计年度自每年五月一日起至翌年四月底止。

第八章　附则

第三十四条　本会章程经会员大会三分之二以上赞成方能修改。

第三十五条　本章程经会员大会通过后立即发效。

第三十六条　名誉会长推荐办法：对本会有特别贡献者或有如下义捐者由理事会通过聘任之。

（甲）捐款1000口（每口相当一户一年分会费）者恭举为一期名誉会长（一期为二年）；

（乙）捐款2000口者恭举为二期名誉会长；

（丙）捐款3000口者恭举为三期名誉会长；

（丁）捐款5000口者恭举为永久名誉会长。

第三十七条　名誉理事：对本会有贡献或作如下义捐者由理事会通过聘任之。

（甲）捐款200口者恭举为一期名誉理事（一期为二年）；

（乙）捐款400口者恭举为二期名誉理事；

（丙）捐款600口者恭举为三期名誉理事；

（丁）捐款1000口者恭举为永久名誉理事。

1982年6月13日，第一届会员大会通过。

三、社团法人神户中华总商会之附属神户华侨历史博物馆章程（手稿）

第一章　总则

第一条　本博物馆名称为"神户华侨历史博物馆"。

第二条　本馆位于神户市生田区海岸通3丁目33番地 KCC大楼第二层，办公室为大楼的第十层。

第二章　设立目的及业务范围

第三条　本馆公开展出明治元年神户开埠以来，神户华侨相关的资料、文物、照片、遗物和华侨人士收藏的书画古董、非华侨出身的热心人士捐赠或借展之珍贵文献和书画古董。同时征集日本及世界各地之华侨资料。以打造世界华侨资料藏馆为目标，为增添国际港口城市神户的文化特色，提升国际形象作出应有的贡献。

第四条　为达成第三条之愿景，拟开展下述工作：

（1）召集愿为华侨历史文化事业奉献的有学识、有经验者若干名，成立"神户华侨历史博物馆展览评审委员会"，每月召开至少一次委员会议，对馆藏资料进行整理、调查及研究。

（2）作好对受赠文物的管理、保存和展示研究，及资料搜集。

（3）募集资料和书画古董的采购经费和设备经费。

（4）参观学习各类博物馆、资料馆，出席其他博物馆的开馆典礼，扩大知识面并探求自身发展。

（5）每年必须举办两次或以上的研讨会或学术讲座。

（6）印发馆刊。

第三章　馆长、研究员、顾问

第五条　本馆设立馆长，负责馆内各项运营管理工作，监督所属职员，确保博物馆完成各项任务。

第六条　本馆设置专家顾问组，由若干名学识经验丰富者和一名专门研究员组成。做好资料的收集、保管、展示及调查研究工作，并对专业业务提供指导性意见。

第四章　附带设备

第七条　馆内不仅收藏有华侨、中日文化交流相关的记录与书籍，另有兵库县、神户市相关的文献书籍。为便于专家与民众的翻阅及研究，配有供阅览用的宽大桌椅。

第五章　开馆时间

第八条　每周一、二、三、五、六，周四、日及节假日休息。

第九条　上午10点—12点、下午2点—5点

第六章　入场费

第十条　现免费入场，如需收取门票另行通知。

拟稿时间：1980年3月

四、广东要明鹤同乡会会章

第一版1967年2月21日，旅日要明鹤同乡会章程；

第二版1996年10月，广东要明鹤同乡会会章。

（一）旅日要明鶴同郷会章程

第一章　総則

一、命名　旅日要明鶴同郷会

二、住所　横浜市中区山下町二百二十番地。

三、宗旨　同郷間の情誼を深め、情報を交換し、互いに助け合い、対内対外ともむつまじくすることを旨とする。

四、経費　会員の会費及びその他の臨時収入をもって財源とする。

第二章　会員

五、日本に居住する広東の高要・高明・鶴山出身者で満十八歳以上ならば男女を問わず、会員となることができる。

六、会員の義務　本会則を遵守し、決議事項に従い、会費と理監事会で臨時に決定した費用を納入すること。

七、会員の権利　役員の選挙権・被選挙権、提案権と役員の罷免の要求および本会が行う各種福利活動を享受することができる。

八、会費　会費は毎月一名五十元及び臨時に決定した費用を納めること。

第三章　組織

九、本会の理監事は十五名とし、全員会員大会で選出される。

会長一名、副会長二名は理監事会にて互選される。顧問若干名は理監事会で招聘する。各理監事の職責は正副会長により指定する。

幹事は必要に応じて正副会長により推薦し、理監事の同意を経て、会長が招聘する。

十、理監事の任務

会長は本会を代表し、会務を振興するとともに全役職を統轄する。

副会長は会長を補佐して会務を処理する。会長が不在か任務遂行が困難な時は会長の全権を代行する。

秘書組　本会の対内対外の文書を処理し、全ての会議の議事録を担当する。

総務組　会員名簿と重要な公文書類などの管理の責任を負う。

交際組　本会の対内対外の交際と付き合いを主管する。

財務組　会費徴収及び長寿金などと本会の財政収支事務の責任を負う。

会計組　本会帳簿を管理し、毎月の収支表を作成して理監事会に報告することを主管する。

核数組　本会の帳簿の会計監査の責任を負う。

福利組　本会の福利活動を主管する。

郷務組　会員間の親睦交流と揉め事が発生した時の仲裁、可能な限りで会員に職業を紹介することを主管とする。

監事　各組の業務を監察し、決議違反や会則違反あるいは職責を果たさない役員の責任を追及する責任を負う。

顧問　本会の会務を指導する。

幹事　各組主任が会務を推進することに協力する任にあたる。

十一、各理監事の任期は二年とする。但し、再選を妨げない。

十二、理監事が職責を果たさないか、妥当でない行為があった時は、会員はこれを会長に報告し、会長は、会員大会を開催し、大会で通った後に、その者に、警告を発し誤りを正すこととする。

十三、長く会費を滞納し、本会の名義を濫用し、または本会を損なう不法行為をした会員に対し、会員大会でその行為が認め、決議を経てその者を除籍させる。

第四章　会期

十四、会員大会は二年に一回開催し、会長が召集する。但し、もし特別な事由が発生した場合と三分の一以上の会員の要求があった時は、会長は臨時会員大会を召集しなくてはならない。

十五、理監事会は月に一回開催し、特別な事由が発生した場合あるいは理監事長が必要と認めた時は、随時開催する。理監事の過半数の出席をもって会議が成立する。

第五章　慶忌規定

十六、人が天寿を全うするのは免れあいので、特別に寿金を会議で立て、先に会員一名ずつから寿金を百元ずつ徴収し、もし、会員が百年の天寿を全うする時には、この蓄えた寿金をその喪主に渡し、それが使われた後はまた更に徴収して蓄えていく。

十七、会員の帰国旅行または婚姻には祝金として二千円を送り、葬儀には香典として二千円をそなえる、財務組がこれを処理する。もし、財務組が知らずにこれらを未処理の時は、当該会員は自ら本会へ受領に来ること。

第六章　附則

十八、本会の会則の改定は全員大会に提出する。

(二) 広東要明鶴同郷会会章

第一章　総則

一、名称　広東要明鶴同郷会

二、住所　横浜市中区山下町二百二十番地。

三、宗旨　同郷間の情誼を深め、情報を交換し、互いに助け合い、対内対外ともむつまじくすることを旨とする。

四、経費　会員の会費及びその他の臨時収入をもって財源とする。

第二章　会員

五、①日本に居住する広東の高要・高明・鶴山出身者で満十八歳以上で、一年以上の在留資格を持っている者は、男女を問わず、理監事会の承認を経て、入会金と当該年度の年会費を納入すれば、会員となることができる。上記出身者の男子と婚姻関係にある他府県の女性も含まれる。入会申込者は本会会員一名の紹介を必要とする。入会金の金額は理監事会で決定する。

②会の男性会員の子女に関しては、会に入会できる資格があるとみなす。

③脱会した者が、再度入会する場合は、理監事会の承認を経て、あらたに入会金と三年分の会費を納入すれば会員となることができる。

六、会員の義務　本会則を遵守し、決議事項に従い、会費と理監事会で臨時に決定した費用を納入すること。

七、会員の権利　役員の選挙権・被選挙権、提案権と役員の罷免の要求および本会が行う各種福利活動を享受することができる。ただし、新入会員は、入会一年後に初めて、被選挙権を享受することができる。

八、会費　会費の金額と徴収方法は理監事会で決定する。

九、①会費を二年分滞納した場合、理監事会の決議を経て、その者の会員権利を停止する。さらに一年以内に納入しない時は、理監事会の議決を経て、その者を除籍する。

②本会の名義を濫用し、または本会を損なう不法行為をした会員に対し、理監事会の議決を経て、その者に警告を発し誤りを正すこととする。

第三章　組織

十、本会の理監事は十五名とし、全員大会で選出される。

会長一名、副会長二名は理監事会にて互選される。顧問若干名は理監事会で招聘する。各理監事の職責は正副会長により指定する。

幹事は必要に応じて正副会長により推薦し、理監事の同意を経て、会長が招聘する。

十一、理監事の任務

会長は本会を代表し、会務を振興するとともに全役職を統轄する。

副会長は会長を補佐して会務を処理する。会長が不在か任務遂行が困難な時は会長の全権を代行する。

秘書組　本会の対内対外の文書を処理し、全ての会議の議事録を担当する。

総務組　会員名簿と重要な公文書類などの管理の責任を負う。

交際組　本会の対内対外の交際と付き合いを主管する。

財務組　会費徴収及び長寿金などと本会の財政収支事務の責任を負う。本会帳簿を管理し、毎月の収支表を作成して理監事会に報告することを主管する。

福利組　本会の福利活動と会員間の親睦交流の活動を主管する。

（例を挙げると、会員旅行、敬老慶賀会、冠婚葬祭などの事柄）

青年組　本会の青年会員の親睦交流の活動を担当し、積極的に同郷青年の入会を勧誘することを主管とする。

監事　各組の業務を監察し、決議違反や会則違反あるいは職責を果たさない役員の責任を追及する責任を負う。本会の会計を監査する。

顧問　本会の会務を指導する。

幹事　各組主任が会務を推進することに協力する任にあたる。

十二、各理監事の任期は二年とする。但し、再選を妨げない。

十三、理監事が職責を果たさないか、妥当でない行為があった時は、会員はこれを会長に報告し、会長は理監事会の同意を経て、その者に、警告を発し誤りを正すこととする。

第四章　会期

十四、会員大会は本会の最高決議機関であり、二年に一回開催し、会長が召集する。但し、もし特別な事由が発生した場合と三分の一以上の会員の要求があった時は、会長は臨時会員大会を召集しなくてはならない。

十五、理監事会は二ヶ月に一回開催し、特別な事由が発生した場合あるいは会長が必要と認めた時は、随時開催する。理監事の過半数の出席をもって会議が成立する。欠席する理監事の委任状は出席人数とする。

　　第五章　慶忌規定

　十六、会員の婚姻には祝金を送り、葬儀には香典をそなえる、財務組がこれを処理する。もし、財務組が知らずにこれらを未処理の時は、当該会員は自ら本会へ受領に来ること。祝金と香典の金額については、理監事会で決定する。

　　第六章　附則

　十七、本会の会則の改定は全員大会に提出するか、会員全体にはからなければならない。

　十八、女性会員が他府県の男子と婚姻したことにより、本会を除籍する過去の慣行を廃止する。これにより除籍された女性会員は、再度一般の入会金と当該年度の会費を納入すれば会員となることができる。

　十九、本会の会計年度は毎年1月1日より12月31日までとする。

　二十、本会則の解釈権は理監事会に属する。

　二十一、本会則は1997年1月1日より施行する。

五、社団法人广东同乡会章程（1965年10月14日）

　　第一章　名称及び事務所

　第一条　本会は社団法人広東同郷会と称し事務所を東京都中央区日本橋浜町1丁目5番１３に置く。必要に応じて支部を設けることができる。

　　第二章　目的及び事業

　第二条　本会は政治的に公平且つ無党派の立場をとり中国と日本国との間の親善関係を促進し、併せて日本国に在留する中国広東省出身者間の親睦、福祉の増進を図る目的とする。

　第三条　本会は前条の目的を達成する為左の事業を行う。

　（一）会誌の発行

　（二）広東同郷会会館の設立、運営

　（三）中国文化の日本に対する紹介、普及、及び日本文化の在日中国人に対する紹介

（四）その他前条の目的を達成するに関連ある一切の事業活動

第三章　会員

第四条　この法人の会員は正会員、準会員及び名誉会員とする。

第五条　（正会員）日本国に居住する中国広東省出身者であって日本国政府の居住許可を得ている満二十歳以上のものは本会員二名の紹介を以て本会に入会の申込をすることができる。

理事会において右申込を審査しこれを許可した場合これを正会員とする。

第六条　（準会員）第五条に掲げる者の中満二十歳に満たない者はこれを準会員とする。

準会員が成年に達したときは当然正会員となるものとする。

第七条　（名誉会員）左の各号に掲げる者は理事会の議を経て総会において名誉会員に公認されるものとする。

但し、次の（一）に規定する名誉会員は引継き正会員の資格及び権利義務を享受する。

（一）正会員にして本会に金五十万円以上の寄付を為したる者又は本会に対し特別の功績があった者。

（二）広東省出身以外の者（日本人たるその他の国籍を有するものたるとを問わない）が本会の趣旨に賛同し、本会に対し金十五万円以上の寄付を為したる者、又は本会に対し特別の功績があった者。

第八条　本会員は左の権利を有する。

（一）総ての正会員は本会役員についての選挙権並びに被選挙権を有する。但し準会員及び名誉会員はこの限りに非ず。

（二）総会において議事事項を提出すること。

（三）本会の目的に関する調査又は資料を本会へ報告し発表することができるとともに、本会の事業に関して意見を述べることができる。

（四）本会の経営する施設を利用し及び本会の一切の福祉事業に参与することができる。

第九条　本会員は左記の義務を負う。

（一）本会員は在日中国人として倫理を尊重し、社会の尊敬と信頼とを得ることに努めなければならない。

（二）本会の定款並びに規則等を遵守するとともに本会の決議に従う。

（三）会員は本会所定の会費及び負担金を本会へ支払う義務を負う。会費及び負担金の負担率、その額並びに支払方法は理事会においてこれを定める。

（四）住所変更ありたる場合は遅滞なくその旨を本会へ届け出ること。

第十条　本会員であって次の各号の一に該当する者は理事会の議を経て、戒告又は除名されることがある。

（一）在日中国広東省出身者として倫理に違背し、会員たる名誉又は本会の名誉を毀損した者。

（二）会費を三か月以上納入しない者。

（三）その他本会の定款に違反し又は秩序を乱した者。

前項に依り戒告又は除名したときは、その氏名及び事由の概要を関係官庁に報告するとともに直今の総会に於いてその報告をするものとする。

第十一条　（退会）本会員にして本会を退会しようとする者はその旨を会長に届け出て退会することができる。

第四章　役員その他の機関

第十二条　本会に左の役員を置く。

（一）理事十一名　内　会長一名　副会長　二名　監事　三名

（二）理事及び監事は正会員の中から総会において選出する。

（三）会長及び副会長は理事の中から選出する。

（四）理事及び監事は相互に兼ねることができない。

第十三条　会長は本会を代表し会務を総理する。

（一）副会長は会長を補佐し、会長事故あるときはその職務を代理し会長が欠けた時はその職務を行う。

（二）理事は会務を処理する。

理事は予め会長の定めた順位により会長及び副会長共に事故あるときはその職務を代理し、会長及び副会長共に欠けた時はその職務を行う。

（三）監事は民法第五九条の職務を行う。

第十四条　役員の任期は二年とする。但し再任を妨げない。

役員は任期満了の後も後継者が職務を行うまではその職務を行わなければならない。

第十五条　会長、副会長、理事、監事及び理事候補三名、監事候補二名並びにその各順位は別に定めるところにより総会に於いて正会員中より選挙する。

第十六条　役員に欠員を生じたときは理事会の決議を経て次の如く昇格するものとする。

（一）会長欠員の場合は副会長の中第一順位者が会長となる。

（二）副会長欠員の場合には理事中よりその順位に従い副会長となる。

（三）理事欠員の場合は理事候補者中よりその順位に従い理事となる。

（四）監事欠員の場合は監事候補者中よりその順位に従い監事となる。

第十七条　本会に顧問を置くことができる。

顧問は理事会の議を経て会長がこれを委嘱する。

顧問の任期は会長の任期による。

第五章　会議

第十八条　会議は総会及び理事会とし、総会を定期総会及び臨時総会に分ける。

第十九条　総会は正会員を以って構成する。

第二十条　総会は子の定款に規定する者のほか次の事項を議決する。

（一）事業計画の決定

（二）事業報告の承認

（三）予算を伴わない権利の放棄又は義務の負担

（四）その他この法人の運営に関する重要事項

第二十一条　理事会は子の定款に規定するもののほか次の事項を議決する。

（一）総会の議決した事項の執行に関すること

（二）総会に付議すべき事項

（三）その他総会の決議を要しない会務の執行に関する事項

第二十二条　（招集）会議は会長が招集する。

会議を招集するには会議を構成する正会員又は理事に対し会議の目的なる事項及びその内容日時場所を示して十日以前に文書を以て通知しなければならない。

第二十三条　（開催）定期総会は毎年一回開催する。

（一）臨時総会は理事会が必要と認め、又は正会員の四分の一以上若くは監事全員から会議の目的たる事項を示して請求のあったとき開催する。

（二）理事会は必要なとき随時開催する。

第二十四条　（議長）総会の議決はその総会に於いて出席会員の中から選任する。理事会の議長は会長がこれに当る。

第二十五条　（定足数）会議はこれを構成する会員又は理事の半数以上の出席がなければ開会することができない。

第二十六条　（議決）総会の議事は出席会員の過半数の同意を以て決し、可否同数のときは議長の決するところによる。

理事会の議事は出席理事の過半数を以て決する。

第二十七条　（議事録）会議の議事については次の事項を記載した議事録を作成しなければならない。

（一）開催の日時及び場所

（二）会員又は理事の現在数

（三）会議に出席した会員又は理事の氏名

（四）議決事項

（五）議事の経過、要領及び発言者の発言要旨

（六）議事録署名人の選任に関する事項

議事録には議長及び出席会員又は理事の中からその会議において選任された議事録署名人が署名しなければならない。

第二十八条　監事は理事会に出席して意見を述べることができる。

第二十九条　会長は必要と認めるときは委員会を設置することができる。

第三十条　本会の事務運営の組織及び手続については別に定める。

第六章　会計

第三十一条　この法人の資産は次の各号を以て構成する。

（一）会費

（二）寄付金品

（三）資産から生ずる収入

（四）事業に伴う収入

（五）その他の収入

この法人の経費は資産を以て支弁する。

第三十二条　この法人の資産は会長が管理し、この方法は理事会の議決による。

第三十三条　本会の会計年度は四月一日に始まり翌年三月三十一日に終わる。

第三十四条　各会計年度における経費の定額はその年度の歳入でこれを支弁する。

第三十五条　本会は運営上必要があるときは一時借入金をすることができる。一時借入金は当該年度の歳入でこれを償還する。

第三十六条　各年度の総予算は会長がこれを編成し理事会の議を経なければならない。規定予算の追加または更生をしようとするときも同様である。総予算を理事会に付議する時は財産目録を提出しなければならない。

第三十七条　予算外の支出若しくは予算超過の支出に充てる為予備費を設けることができる。予備費は理事会の議決がなければ支出することができない。

第三十八条　歳計に剰余があるときはその翌年度の歳入に繰入れる。

第三十九条　数年度に亘る継続事業で継続費として総額を決めたものは各年度の支出総額を事業完成年度までに逐次繰越して使用することができる。

第七章　雑則

第四十条　本会の職制並びに職員の任免給与分限及び執務に関して必要な事項は会長がこれを定める。

第四十一条　この法人は主務官庁から政治上、思想上の対立抗争により本会の運営に支障ありと認められ、解散の勧告を受けたとき並びに民法六十八条第一項第二号から第四号まで及び第二項の規定により解散する。

解散の時に有する残余財産は総会の決議を経て主務官庁の許可を得て類似の目的を持つ他の団体に寄付するものとする。

附則

一、本定款は設立総会を通過した後、主務官庁より許可せられた日より施行する。

二、この法人の設立当初の役員はこの定款の規定にかかわらず設立総会の定めるところにより、その任期は定款の規定にかかわらず昭和四十一年三月三十一日迄とする。

三、この法人の設立初年度及び逐年度の事業計画及び収支予算はこの定款の規定にかかわらず、設立総会の定めるところによる。

本定款の第一条事務所番地、外務省の認可により平成十一年度より現行通り訂正した。

第三十三条会計年度の日期に付いて外務省の認可により昭和四十六年度から現行通りに訂正した。

附录4 社团法人广东同乡会《会刊》所载有关广东的信息一览表

刊号	发行年月	内容
37	1999-3	广东儿歌（陆焕鑫）
38	1999-9	附录广州公共汽车路线图（编辑部）
39	2000-3	广府人的来源（陆焕鑫）
40	2000-9	"大广州"的诞生（编辑部）
41	2001-3	广州建老字号一条街（编辑部）
42	2001-9	带你吃遍新西关（朱铭江）、广东游（谭伟忠）、简讯二则–广州新机场拟明年建成
43	2002-3	根在中原的客家民系（伍毅雄）、过年过节（伍毅雄）、广东概况
44	2002-9	编者的话–新广州的确值得回去看看（朱铭江）、广东见闻（朱铭江）、简讯三则–新会撤市建区、广州新"羊城八景"出炉
45	2003-3	浅谈乡音方言（伍健雄）、家乡食俗知多少（朱铭江）、"大佛山"新格局确立、大佛山之变迁、华东·广东行、第二届"世粤联会"专辑、广州"羊城新八景"
46	2003-9	与食结缘（朱铭江）、简讯集锦–广州新机场十月竣工、珠三角城际快轨年底动工、谈谈羊城的年节食俗
47	2004-3	友好往来–广东省海外交流协会侨情考察团来访、关于当今粤语的"懒音"现象（朱铭江）、煲汤自有绝招（朱铭江）、广东温泉逐个泡
49	2005-6	有趣粤语单词一二（朱铭江）、广东语文字谈义（朱铭江）
50	2005-9	广东花絮、捐款启事–献出爱心，支援家乡灾区人民
51	2007-6	编者的话–你识唔识讲广东话？（朱铭江）、百年侨团群英会在穗召开、广东人与汤水（汤水王）、常用粤语俚语集锦、广东省侨办感谢信
52	2007-10	食咗饭未？（陆焕鑫）
54	2009-1	参加2008年广东青少年夏令营寻根之旅（陆焕鑫）、广东省人民政府侨务办公室感谢信
55	2009-6	善泽南粤、侨爱中华（朱铭江）、第五届世粤联会圆满召开（朱铭江）
56	2010-1	内外の侨胞青年珠海·マカオに集う（朱铭江）
57	2010-6	广东华侨博物馆简介
59	2011-6	买单＝埋单、搞定＝搞掂（朱铭江）、广州中山纪念堂华表趣谈
60	2012-1	第六届世粤联会曼谷召开
61	2012-8	养成漫步–广州都城隍庙
62	2013-1	广东省海交会成立二十周年会庆、第五届番禺旅外乡亲恳亲大会记

参考文献

一、档案

（一）中国台湾"中央研究院"近代史研究所

《朝鲜京城华商各种营业之概况》,《驻韩使馆保存档案》,编号：03-47-126-02。

《调查华侨户口》,《驻韩使馆保存档案》,编号：03-47-05-04。

《调查华侨组立机关》,《驻韩使馆保存档案》,编号：03-47-58-09。

《各口商务情形——各口商务情形（一）》,《驻韩使馆保存档案》,编号：02-35-56-01。

《各口商务情形——各口造送光绪三十年春夏商务清册》,《驻韩使馆保存档案》,编号：02-35-05-12。

《华侨团体地址调查表》,《驻韩使馆保存档案》,编号：03-47-179-04。

《京城总商会改选正副会长及董事等履历》,《驻韩使馆保存档案》,编号：03-47-120-04。

《具报发给牌籍人数及所收存牌费实数》,《驻韩使馆保存档案》,编号：01-41-71-01。

《仁川中华总商会第三次选举职员表》,《驻韩使馆保存档案》,编号：03-47-120-04。

《商会改选会员》，《驻韩使馆保存档案》，编号：03-47-70-01。

《商会选举暨整顿商业意见书》，《驻韩使馆保存档案》，编号：03-47-70-02。

《商会职员改选》，《驻韩使馆保存档案》，编号：03-47-178-03。

《怡泰栈与美国公司合同纠纷案》，《驻韩使馆保存档案》，编号：03-47-108-03。

(二)韩国国史编纂委员会

《警秘第一八九〇号之一（26）清国商人之言行》，1909年6月29日，国史编纂委员会：《統監府文書》，2000年。

仁川二等领事能势辰五郎致京城特命全权公使大鸟圭介报告，京第37号，1894年6月20日，《全羅民擾報告宮闕内騷擾의件二（32）探報書》，大韩民国教育部国史编纂委员会编：《驻韩日本公使馆记录》，第1册，1986年。

仁川二等领事能势辰五郎致京城特命全权公使大鸟圭介报告，临庶第51号，1894年7月24日，《清国人动静等仁川港情况报告》，大韩民国教育部国史编纂委员会编：《驻韩日本公使馆记录》，第3册，1988年。

日本驻韩公使大鸟圭介致日本外务大臣鲁奥之报告，机密第141号本82《清使归国에따른英总领事의公館및人民保护의件》，大韩民国教育部国史编纂委员会编：《驻韩日本公使馆记录》，第1册，1986年。

《外部에서华商安昌号등관련영국공사의조회에대해경부사에내린훈령》，1898年11月12日，大韩民国教育部国史编纂委员会：《警务厅来去文Ⅰ（1-3）》。

(三)日本外交公文史料馆

神户理事官黎庶昌致日本外务卿井上之函，1884年4月26日（农历），日本外交公文史料馆，编号：3-12-2-14。

神奈川县知事池田向内务大臣望月圭介和外务大臣田中义一的报告：

《外国人関係諸団体に関する件》，《在本邦诸团体调查关系杂件1》，日本外交史料馆所藏，编号：k.3.7.0.14。

神奈川县：《外国人又は外国人関係団体調》，《在本邦诸团体调查关系杂件1》，日本外交史料馆所藏，编号：k.3.7.0.14。

《在本邦诸团体调查关系杂件1·2》，日本外交史料馆所藏，编号：k.3.7.0.14。

(四) 日本东洋文库

《中华民国国民政府（汪精卫伪政权）驻日大使馆档案》，东洋文库所藏，编号：2-2744-32，2-2744-54。

(五) 神户大学

《兵库县准给清国人民上等籍牌》，藏于神户大学图书馆。

二、社团资料

奥村三郎致神户中华青年会总干事陈德仁函，1946年2月□日。

《博物館に相当する施設の指定について》，1971年6月5日，文社社第22号。

兵库县广东同乡会：《兵庫県広東同郷会主催「広東語教室」開催要項》。

兵库县教育长森胁隆致神户中华总商会会长陈德仁先生函：《博物館の登録申請について》，教社文第602号，1981年8月27日。

陈德仁编：《日本神户华侨历史年表》，手稿资料。

陈德仁致暨南大学华侨历史研究所之函，1983年9月。

陈德仁：《神户中华青年会成立とその略史》，未刊资料。

福建公所理事长致神户中华总商会会长陈德仁之函，发信日期未详。

广业公所复兴筹备委员会：《通告》，1966年6月27日。

广业公所复兴筹备委员会：5项原则，手稿资料。

《旧广业公所会议记录》，1980年11月30日，手稿资料。

社团法人广东同乡会：《社团法人广东同乡会会刊》，第37—47、49—

52、54—57、59—60号,1998—2012年。

《社团法人神户中华总商会第一期至第三期理事氏名及住所》,1939—1944年。

《神户广东同乡会章程草案》,1975年6月。

神户华侨历史博物馆编:《华侨历史博物馆业务日志》,1988—1999年。

神户华侨历史博物馆编:《神戸華僑歷史博物館通信》,第1号、第7号、第11号、第13号。

《神戸華僑歷史博物館創立記》,手稿资料。

《神戸華僑歷史博物館概况》,1980年3月。

《神戸華僑歷史博物館館長、学艺员、顾问名单》,手稿资料。

神户华侨历史博物馆文化部:《中国山水画教室開設、受学者募集について》,1991年。

神户中华青年会编:《青年》,神户中华青年会,1965年9月。

神户中华青年会编:《青年——二拾周年纪念专刊》,1965年。

神户中华青年会编:《神户中华青年会三周年纪念专刊》,神户中华青年会,1948年9月。

神户中华青年会编:《神户中华青年会十周年纪念刊》,神户中华青年会,1955年11月。

神户中华青年会编:《中华青年》,神户中华青年会,1952年9月。

神户中华青年会第六届干事会编:《中华青年》,神户中华青年会,1951年9月16日。

神户中华总商会编:《神户华侨历史博物馆募捐者名单》,1979年。

神户中华总商会会长陈德仁与旅顺博物馆及中国对外文物展览公司之间的《会谈纪要》,1985年6月1日,于北京。

神户中华总商会会长陈德仁至兵库县教育委员会之申请书:《博物館に相當する施設許可申請書》,1980年3月25日。

神户中华总商会会长陈德仁:《兵庫県指令文第1—27号に対する回答》,1981年9月。

《神户中华总商会紧急会议会议录》，1981年2月18日。

《神户中华总商会理事会会议记录》，1965年12月7日。

神户中华总商会：《社团法人神户总会总商会省别名单》，1972年3月。

神户中华总商会：《神户华侨历史博物馆陈列内容》，手稿资料。

神户中华总商会：《为设立神户华侨历史博物馆募捐启事》，1979年，手稿资料。

汤钦明：《回忆》，未刊资料。

《図書館法施行規則》，日本《博物館法》，1951年12月1日，法律第285号。

吴锦堂合资会社与奥村三郎之间的"寄附解約書"，1946年2月1日。

吴锦堂合资会社致神户中华青年会总干事陈德仁之信函，1946年1月21日。

郑孝舜：《一年来的会务报告》，神户中华青年会，1951年。

三、访谈

G氏，横滨华侨，访谈日期：2012年6月16日，访谈地点：广东外语外贸大学。

L氏，1966年生，广州人，1987年留学日本，2002年回国。访谈时间：2015年5月23日，访谈地点：广州。

Z氏，神户华侨，访谈日期：2013年8月，访谈地点：神户。

金启功，暨南大学日本校友会副会长，访谈日期：2016年10月13日，访谈地点：神户。

谭绍荣，社团法人汉城（首尔）华侨协会会长，访问日期：2016年9月5日，访谈地点：首尔。

四、回忆录

陈德仁编：《神户中华同文学校八十周年纪念刊》，神户中华同文学校，1984年。

二十五周年纪念刊编辑委员会：《兵库县广东同乡会成立二十五周年纪

念刊1982—2007》，兵库县广东同乡会，2007年。

广东要明鹤同乡会编：《广东要明鹤同乡会纪念成立五十周年会刊1952—2002》，2002年。

纪念刊编辑委员会编：《兵库县广东同乡会十周年纪念刊》，兵库县广东同乡会，1992年。

潘干元提供：《潘植我回忆录》，中国人民政治协商会议汕头市委员会文史与学习委员会编：《汕头文史》，第17辑，2002年。

社团法人广东同乡会编：《社团法人广东同乡会40周年纪念特刊》，2006年。

王泰栋：《吴锦堂先生二三事》，中国人民政治协商会议浙江省委员会文史资料研究委员会编：《浙江文史资料选辑：第28辑》，浙江人民出版社，1984年。

学校法人神户华侨幼稚园编：《创立五十周年纪念刊》，学校法人神户华侨幼稚园，2001年。

叶少林：《日本神户华侨办庄的发展及其衰落》，中国人民政治协商会议广东省委员会文史资料研究委员会编：《广东文史资料》，第14辑，1964年。

中华会馆、横滨开港资料馆编：《橫濱華僑の記憶——橫濱華僑口述歷史記錄集》，中华会馆，2010年。

中山医科大学美东校友会编：《中山医科大学美东校友会成立二十周年纪念相册1995—2015》，2015年。

五、新闻杂志

《华侨工商导报》，1948年10月1日。

《人民日报海外版》，1992年7月7日。

《上海总商会月报》，第2卷第1号。

《申报》，1885年8月7日。

《中山日报》，2001年1月5日。

《财界展望》，（日本）财界展望新社，第479号，1995年5月。

《财界人》,(日本)财界人出版,第68号,1994年5月。

《産経新聞》,(日本)1986年1月16日。

《読売新聞》,(日本)1981年3月21日。

《横滨贸易新报》,(日本)1934年7月23日。

《华侨报》,(日本)1997年8月5日。

《每日新闻》,(日本)1981年11月11日。

《神戸新聞》,(日本)1978年8月13日、1979年10月24日、1981年1月14日。

《書斎の窓》,(日本)有斐阁,第372号,1988年3月。

《朝日新聞》,(日本)1980年1月30日。

《中華日報》,(日本)1947年3月22日。

《中文导报》,(日本)2014年10月、2015年11月5日。

《大韩每日申报》,(韩国)1906年—1907年。

《东亚日报》,(韩国)1924年8月12日,1946年12月1日。

《工业新闻》,(韩国)第252号。

《韩华通讯》,(韩国)2009年1月1日。

《皇城新闻》,(韩国)1899年—1910年。

《每日新报》,(韩国)1941年12月11日,1944年8月5日。

《中央日报》,(韩国)1979年9月17日。

《中央新闻》,(韩国)1945年12月5日。

六、中文文献

(一)专著

巴殿君:《冷战后日本对台湾政策研究》,九州出版社,2010年。

卞修跃:《稗海精粹——近代中国社会面面观》,四川人民出版社,1999年。

滨下武志著,王玉茹等译:《中国、东亚与全球经济区域和历史的视角》,社会科学文献出版社,2009年。

滨下武志著,朱荫贵等译:《近代中国的国际契机——朝贡贸易体系与近代亚洲经济圈》，中国社会科学出版社，1999年。

陈昌福：《日本华侨研究》，上海社会科学院出版社，1989年。

陈福坡：《中天文集——陈福坡文史哲论丛》，东方出版社，1997年。

陈捷延：《过客吟——捷延咏史诗存·下》，中国文史出版社，2012年。

程裕祯主编：《新中国对外汉语教学发展史》，北京大学出版社，2005年。

崔承现：《韩国华侨史研究》，香港社会科学出版社，2003年。

东莞市政协编：《东莞学人文丛：罗晃潮集》，花城出版社，2012年。

段跃中编：《在日中国人大全》，日本侨报社，1998年。

冯自由：《革命逸史》中卷，新星出版社，2016年。

佛山市高明区地方志编纂委员会编：《高明市志1981—2002》，广东人民出版社，2010年。

冈本隆司著，黄荣光译：《属国与自主之间——近代中朝关系与东亚的命运》，生活·读书·新知三联书店，2012年。

高承龙，朴今海主编：《朝鲜族研究论丛》，第9辑，2018年。

高明县地方志编纂委员会编：《高明县志》，广东人民出版社，1995年。

古田和子著，王小嘉译：《上海网络与近代东亚——十九世纪后半期东亚的贸易与交流》，中国社会科学出版社，2009年。

顾铭学等编：《朝鲜知识手册》，辽宁民族出版社，1985年。

广东华侨华人研究会：《华侨华人社团机构名录》，2007年。

广东省地方史志编纂委员会编：《广东省志·人物志》上卷，广东人民出版社，2002年。

国务院法制办公室编：《新编中华人民共和国常用法律法规全书》，中国法制出版社，2015年。

华侨志编纂委员会编：《华侨志——韩国》，华侨志编纂委员会出版，1958年。

姜鸣：《龙旗飘扬的舰队——中国近代海军兴衰史》，生活·读书·新知三联书店，2002年。

姜抮亚：《东亚华侨资本和近代朝鲜——广帮巨商同顺泰号研究》，广东人民出版社，2018年。

李君明：《广东文人年表》第3册，广东人民出版社，2020年。

廖赤阳主编：《大潮涌动——改革开放与留学日本》，社会科学文献出版社，2010年。

廖赤阳主编：《跨越疆界——留学生与新华侨》，社会科学文献出版社，2015年。

林明德：《袁世凯与朝鲜》，台北"中央研究院"近代史研究所，1970年。

卢冠群：《韩国华侨经济》，台北海外出版社，1956年。

卢冠群：《日本华侨经济》，台北海外出版社，1956年。

卢海云、王垠主编，国务院侨办侨务干部学校编著：《华侨华人概述》，2005年。

陆益龙：《嵌入性适应模式——韩国华侨文化与生活方式的变迁》，中国社会科学出版社，2006年。

罗晃潮：《扶桑觅侨踪》，暨南大学出版社，1994年。

罗晃潮：《日本华侨史》，广东高等教育出版社，1994年。

吕伟雄主编：《海外华人社会新透视》，岭南美术出版社，2005年。

宁波市政协文史委编：《吴锦堂研究》，中国文史出版社，2005年。

权赫秀：《近代中韩关系史料选编》，世界知识出版社，2008年。

沈汉：《资本主义史·第二卷》，人民出版社，2015年。

台北"中央研究院"近代史研究所编：《清季中日韩关系史料》，台北"中央研究院"近代史研究所，1972年。

王良编：《横滨华侨志》，中华会馆，1995年。

王维：《华侨的社会空间与文化符号——日本中华街研究》，中山大学出版社，2014年。

王雪萍：《当代中国留学政策研究——1980—1984年赴日国家公派本科留学生政策始末》，世界知识出版社，2009年。

夏凤珍：《互动视野下的海外新移民研究——以浙江侨乡发展为例》，中央编译出版社，2013年。

杨建成编译：《华侨商业集团之实力与策略剖析》，台北中华学术院南洋研究所，1985年。

杨昭全、孙玉梅：《朝鲜华侨史》，中国华侨出版公司，1991年。

虞和平、夏良才编：《辛亥革命百年纪念文库——周学熙集》，华中师范大学出版社，2011年。

臧广恩、蒋永敬编著：《日本华侨教育》，台北海外出版社，1959年。

张礼恒：《在传统与现代性之间：1626—1894年间的中朝关系》，社会科学文献出版社，2012年。

张兆理编著：《韩国华侨教育》，台北华侨文化出版社，1957年。

浙江省政协文史资料委员会编：《浙江文史资料选辑第44辑——浙江籍海外和港澳人物录》，1990年。

郑乐静：《日本温州籍华侨华人社会变迁研究》，科学出版社，2015年。

中国第二历史档案馆编：《南京国民政府外交部公报》，第3卷第4期，第3卷第7期，第3卷第10期，第8卷第3期，第8卷第7期，第12期，江苏古籍出版社，1990年。

《中国海关通志》编纂委员会编：《中国海关通志·第1分册》，方志出版社，2012年。

中国人民政治协商会议广东省佛山市委员会文教体卫工作委员会编：《佛山文史资料第12辑——华侨、港澳同胞人物、社团资料专辑》，1993年。

中日韩三国共同历史编纂委员会：《超越国境的东亚近现代史（上卷）：国际秩序的变迁》，社会科学文献出版社，2013年。

（二）论文

陈来幸：《从一些家族史看广东华侨与中日关系》，张应龙编：《广东华侨与中外关系》，广东人民出版社，2014年。

陈来幸：《通过中华总商会网络论日本大正时期的阪神华侨与中日关系》，《华侨华人历史研究》，中国华侨华人历史研究所，2000年第4期。

陈来幸：《辛亥革命时期的日本华侨与日本经济史研究的新趋向》，暨南大学、华侨大学编：《海外华侨与辛亥革命国际学术研讨会论文集》，2011年8月22日。

崔佑吉、郑信哲：《韩国的外国人政策及社会整合问题》，《世界民族》，2018年第4期。

段云章：《孙中山的革命斗争与日本华侨》，《华侨华人历史研究》，1989年第2期。

贺江枫：《朝鲜半岛的中国租界——以1884至1894年仁川华商租界为个案研究》，《史林》，上海社会科学院，2012年1月。

黄启臣、庞新平：《清代活跃在中日贸易及日本港市的广东商人》，《中山大学学报（社会科学版）》，2000年第1期。

李爱慧、潮龙起：《粤闽浙三省新移民迁移规模、流向和方式的比较研究》，《暨南学报（哲学社会科学版）》，2008年第3期。

李丹、尹宁：《釜山老华侨的民族与国家认同研究》，《东亚研究》，第58集，2010年2月。

李吉奎：《近代买办群体中的广帮（1845—1912）——以上海地区为中心》，《学术研究》，1999年第12期。

李正熙：《韩国华侨社会组织研究》，庄国土、清水纯、潘宏立等编著：《近30年来东亚华人社团的新变化》，厦门大学出版社，2010年。

刘力：《道德价值转型中的清末彩票》，《福建论坛（人文社会科学版）》，福建社会科学院，2007年第1期。

柳耀广：《韩国华侨简况》，《当代韩国》，社会科学文献出版社，1996年第2期。

罗晃潮：《20世纪70年代前日本横滨华侨社会的广东人》，《岭南文史》，2003年第2期。

闵杰：《白鸽飞来——彩票百年史之一》，《百年潮》，2000年第3期，中国中共党史学会。

闵杰：《论清末彩票》，《近代史研究》，中国社会科学院近代史研究所，2000年第4期。

权赫秀：《唐绍仪在近代朝鲜十六年活动考述》，《韩国研究论丛》，第21辑，复旦大学韩国研究中心，2009年。

任贵祥：《日本华侨对辛亥革命的支持》，《民国档案》，2011年第4期。

山岸猛：《中国新移民及其主要输出地》，《南洋资料译丛》，厦门大学南洋研究院，2007年4期。

舒习龙：《晚清粤籍日本华侨的商人网络与商会组织》，《日本研究》，2013年第4期。

许琼丰：《在日台湾人与战后日本神户华侨社会的变迁》，《台湾史研究》，第18卷第2期，台北"中央研究院"台湾史研究所，2011年。

张秀明：《国际移民体系中的中国大陆移民——也谈新移民问题》，《华侨华人历史研究》，中国华侨华人历史研究所，2001年第1期，第25页。

张应龙：《简论日本神户华侨华人与广东侨乡的关系》，《华侨华人历史研究》，2003年第2期。

庄国土、张晶盈：《中国新移民的类型和分布》，《社会科学》，上海社会科学院，2012年第12期。

七、日文文献

（一）专著・调查资料

安部直躬：《三十年之回顾》，商业兴信所，1922年。

安井三吉：《帝国日本と華僑》，青木书店，2005年。

奥平武彦：《朝鮮の条約港と居留地》，《朝鮮開国交渉始末》，刀江书店，1969年。

长崎华侨研究会编：《長崎華僑と日中文化交流》，1989年。

朝鲜总督府编：《朝鮮の人口現象》，1927年。

朝鲜总督府警务局：《外事关系统计》，警务局，1931年10月。

朝鲜总督府编：《在朝鲜的中国人》，1924年。

陈德仁、安井三吉：《孫文と神戸》，神户新闻出版中心，1985年。

陈焜旺编：《日本华侨·留学生运动史》，日本侨报社，2006年。

陈来幸：《近代中国の総商会制度——繋がる華人の世界》，京都大学学术出版会，2016年。

杜国辉：《多文化社会への華僑·華人の対応》，1991年。

法务省入国管理局编：《在留外国人統計》，大藏省印刷局，2011年。

饭岛涉编：《華僑·華人史研究の現在》，汲古书院，1999年。

古田和子：《上海ネットワークと近代東アジア》，东京大学出版会，2000年。

韩沽劢著，平木实译：《韓国通史》，学生社，1987年。

横滨开港资料馆编：《図説横浜外国人居留地》，有邻堂，1998年。

横滨市：《横浜市史稿·産業編》，横滨市役所，1932年。

横滨市总务局行政部教育课编：《横浜市地域研究費による成果報告書》，横滨市总务局，1997年。

鸿山俊雄：《神戸大阪の華僑——在日華僑百年史》，华侨问题研究所，1979年。

鸿山俊雄：《神戸と在留中国人》，华侨问题研究所，1954年。

鸿山俊雄：《神戸の外国人——外国人墓地と華僑風俗》，华侨问题研究所，1984年。

加藤圣文、宫本正明编：《旧殖民地図書館蔵書目録》，ゆまに书房。

菅原幸助：《日本の華僑》，朝日新闻社，1979年。

菅原一孝：《横浜中華街探検》，讲谈社，1996年。

京城府编：《京城府史》，第二卷，1934年。

臼井胜美：《横浜居留地の中国人》，《横浜市史·第三卷下》，横滨市役所，1963年。

可儿弘明、斯波义信、游仲勋编：《華僑·華人事典》，弘文堂，2002年。

堀和生编：《京都大学東アジア関連文献目録》，京都大学大学院经济学研究科，2006年。

李正熙：《朝鮮華僑と近代東アジア》，京都大学学术出版会，2012年。

林同春：《橋渡る人——華僑波乱万丈私史》，エビック，1997年。

笼谷直人：《アジア国際通商秩序と近代日本》，名古屋大学出版社，2000年。

内田直作：《日本華僑社会の研究》，同文馆，1949年。

内田直作、盐胁幸四郎：《留日華僑経済分析》，河出书房，1950年。

企划院编：《華僑の研究》，松山房，1939年。

浅川晃广：《在日外国人と帰化制度》，新干社，2003年。

日本帝国统计年鉴编：《日本帝国統計年鑑》，各年版。

日本经济安定本部总裁官房调查课：《戦前在日華僑の人口職業別調査》，1947年。

日本贸易局编：《阪神在留ノ華商ト其ノ貿易事情》，1938年。

日本内务省警保局：《庁府県別外国人又は外国人関係団体表》，1934年10月。

日本实业部工商访问局：《大阪神户华侨贸易调查》，1931年。

日本孙文研究会、神户华侨华人研究会编：《孫文と華僑——孫文生誕130周年記念国際学術討論会論文集》，汲古书院，1999年。

日本外务省编：《日本外交年表並主要文書1840—1945》。

日本外务省编：《通商彙纂》，第21卷、第41卷。

日刊劳动通信社编：《外事関係団体要覧》，日刊劳动通信社，1978年。

山田信夫编：《日本華僑と文化摩擦》，岩南堂书店，1983年。

山下清海：《池袋チャイナタウン——都内最大の新華僑街の実像に迫る》，洋泉社，2010年。

山下清海：《チャイナタウン——世界に広がる華人ネットワーク》，丸善ブックス，2000年。

商业兴信所编：《商工资产信用录》，第一期第一卷，1909年。

神阪中华会馆：《落地生根——神戸華僑と神阪中華会館百年史》，研文出版，2000年。

神户华侨华人研究会编：《神戸と華僑——この150年の歩み》，神戸新聞総合出版センター，2004年。

神户税关：《神戸在留華商及其の取引事情》，1932年。

石川亮太：《近代東アジア市場と朝鮮》，名古屋大学出版会，2016年。

田中镇彦编：《神戸港》，神戸港编纂事务所，1905年。

町田实一：《日清貿易参考表（神戸ノ部）》，1889年。

王恩美：《東アジア現代史のなかの韓国華僑——冷戦体制と「祖国」意識》，三元社，2008年。

小川雄三编：《仁川繁昌记》，龙溪书舍，2009年。

小笠原谦三：《孫文を支えた横浜華僑温炳臣、恵臣兄弟》，八坂书房，2009年。

信夫淳平：《韓半島》，东京堂，1901年。

须山卓：《華僑社会——勢力と生態》，国际日本协会，1955年。

（二）论文

安井三吉：《神戸華僑華人研究会の15年と華僑華人研究》，阪神華僑の国際ネットワークに関する研究：《華僑華人とグローバリゼーション》，2003年。

安井三吉：《神戸華僑歴史博物館と孫文書「天下為公」碑》，《海港都市研究》，第5号，神戸大学大学院人文科学研究科海港都市研究中心，2010年3月。

长谷川善计：《神戸華僑研究会》，《社会学雑誌》，第7号，神戸大学社会学研究会，1990年。

陈德仁：《華僑の巨人——呉錦堂》，《神戸中华总商会报》，1972年。

陈德仁：《神戸華僑歴史博物館は育つか》，《歴史と神戸》，第98号，神戸史学会，1980年2月。

陈德仁：《神戸華僑を語る》，《社会学雑誌》，第7号，神戸大学社会学研究会，1990年。

陈德仁：《孫文と私——在神華僑の立場から》，《孫文研究会会報》，第3号，1985年9月15日。

陈来幸：《阪神地区における技術者華僑ネットワーク一考——理髪業と塗装業から》，王柯編：《阪神華僑の国際ネットワークに関する研究》，2002年。

陈来幸：《神戸の戦後華僑史再構築に向けて——GHQ資料・プランゲ文庫・陳徳勝コレクション・中央研究院档案館文書の利用》，《海港都市研究》，第5号，神戸大学大学院人文科学研究科海港都市研究中心，2010年3月。

陈来幸：《中華民国の成立と中華総商会秩序の再編——神阪華商に関する領事報告を中心として》，孙文研究会編：《辛亥革命の多元構造——辛亥革命90周年国際学術討論会（神戸）》，汲古書院，2003年。

出口晴久：《日中戦争期における神戸華僑の実態と動向》，《東洋史論》，第9号，東アジア史研究会，1996年10月。

崔晨：《日本華僑華人の商業活動とその社団組織》，日本大学経済学部研究所论文数据库，http://www.eco.nihon-u.ac.jp/center/。

帆刈浩之：《広東帮華人ネットワークによる横浜華僑救済——関東大震災時の横浜・神戸・香港・広東》，《徳島大学総合科学部人間社会文化研究》，徳島大学，第5巻，1998年。

符順和：《横浜中華義荘の調査について》，饭岛涉編：《華僑・華人史研究の現在》，汲古書院，1999年。

关户明子、于之玲：《横浜中華街における華僑・華人の生活様式の変容》，《群馬大学教育学部紀要人文・社会科学編》，第50巻，群马大学教育学部，2001年。

过放：《在日中国人社会の変容——神戸華僑を中心として》，《社会学雑誌》，第11号，神戸大学社会学研究会，1994年。

郭玉聪、朱新建：《中日文化交流の使者——老華僑陳德仁氏》，《愛知学院大学教養部紀要》，第54巻第1号，爱知学院大学，2006年8月。

河明生：《韓国華僑商業——1882年より1897年迄のソウルと仁川を中

心として》,《神奈川大学大学院経済学研究科研究論集》,神奈川大学大学院经济学研究科,1994年。

籠谷直人:《戦間期アジア通商網の歴史的意義——日本加工綿布取引を事例に》,日本孫文研究会、神戸華僑華人研究会編:《孫文と華僑——孫文生誕130周年記念国際学術討論会論文集》,汲古書院,1999年。

内田直作:《華僑研究資料第22輯——長崎に於ける華僑団体の沿革と神阪中華会館について》,日本外務省南洋局第二课,1942年。

内田直作:《日本における華僑社会の発展——中華総商会設立前後事情》,《一橋論叢》,东京商科大学一桥学会,第18卷第4号,1947年。

神田末保:《川口華商の研究》,《同志——神戸貿易同志会会報》,第17号,神户貿易同志会,1940年。

石川亮太:《朝鮮開港後における華商の対上海貿易——同順泰資料を通じて》,《東洋史研究》,第63卷第4号,京都大学东洋社会研究会。

石川亮太:《開港後朝鮮における華商の貿易活動——1894年の清国米中継貿易を通じて》,森时严编:《中国近代化の動態構造》,京都大学人文科学研究所,2004年。

石川亮太:《ソウル大学校蔵〈同泰来信〉の性格と成立過程——近代朝鮮華僑研究の手がかりとして》,《東洋史論集》,第32号。

武吉彩华:《「広東要明鶴同郷会」について》,《神奈川大学大学院言語と文化論集》,第13号,神奈川大学,2007年。

許淑真:《労働移民禁止法の施行をめぐって——大正十三年の事例を中心に》,《社会学雑誌》,神户大学社会学研究会,1990年,第7号。

許淑真:《留日華僑総会の成立に就いて(1945—1952)——阪神華僑を中心として》,山下信夫编:《日本華僑と文化摩擦》,岩南堂書店,1983年。

許淑真:《日本における労働移民禁止法の成立——勅令三五二号をめぐって》,布目潮渢博士纪念论集刊行会编辑委员会编:《東アジアの法と社会——布目潮渢博士古希記念論文集》,汲古書院,1990年。

許淑真:《新華僑の生成と日本華僑社会の変容》,《摂大学術》,第5

号，摂南大学国际言语文化学部，1987年。

伊藤泉美：《関東大震災と横浜華僑社会》，《横浜開港資料館紀要》，横滨开港资料馆，第15卷，1997年。

伊藤泉美：《『横浜大震災中之華僑状況』に見る関東大震災前後の横浜華僑社会》，《横浜開港資料館紀要》，横滨开港资料馆，第20卷，2002年。

伊藤泉美：《横浜華僑華人に関する多様な歴史資料について——複合的資料利用の重要性》，《海港都市研究》，神戸大学大学院人文科学研究科海港都市研究中心，2010年3月。

伊藤泉美：《横浜華僑社会の形成》，横山伊徳編：《幕末維新論集7——幕末維新と外交》，吉川弘文館，2001年。

伊藤泉美：《横浜华人商业会议所设立考》，上海市档案馆编：《上海和横滨——近代亚洲两个开放城市》，华东师范大学出版社，1997年。

伊藤泉美：《横浜居留地における華僑の職業》，横浜居留地研究会編：《横浜居留地研究会報告——横浜居留地の諸相》，横滨开港资料馆，1989年。

伊藤泉美：《1920年代中頃の横浜華僑社会——諸団体の動向を中心に》，《横浜開港資料館紀要》，横滨开港资料馆，第24卷，2006年。

斎藤多喜夫：《幕末期横浜居留地の社会構成と居留地像をめぐって》，横浜居留地研究会編：《横浜居留地研究会報告——横浜居留地の諸相》，横滨开港资料馆，1989年。

张玉玲：《日本華僑による文化提示とエスニック・アイデンティティの主張——神戸華僑歴史博物館の考察を中心に》，《国際開発研究フォーラム》，第29号，2005年3月。

八、韩文文献

高承济：《華僑对韓移民의社会史的分析》，《白山学报》，第13号，白山学会，1972年。

한동수、박철만：《부산 清国租界地의 필지구조와 특성에 관한 연구》,《中国学报》,第64辑,韩国中国学会,2011年。

韩国法务部:《出入国管理统计年报》1995、2000、2005、2010、2015、2019年。

韩国国史编纂委员会:《구술자료선집5——한국화교의 생활과 정체성》2007年。

朝鲜银行调查部:《在韩华侨의经济的势力》,《经济年鉴》,第二部,1949年。

姜抮亚:《동순태호——동아시아 화교 자본과 근대 조선》,庆北大学校出版社,2011年。

姜抮亚:《역사인물——화교거상 탄제성(谭杰生)》,《복현사림》,第29卷,庆北史学会。

姜抮亚:《战时期동아시아广东商人자본의 환류1931—1949》,《中国近现代史研究》,第58辑,中国近现代史学会,2013年。

李铉淙:《旧韩末外国人居留地内状况》,《史叢·金成植博士華甲記念論叢》,第12号,高丽大学校历史研究所,1968年。

이정희:《한반도 화교사》,동아시아,2018年。

이정희외:《한반도 화교사전》,인터북스,2019年。

이정희:《해방초기 인천화교의 경제활동에 관한 연구》,《인천학연구》,第9卷,仁川大学校仁川学研究院,2008年。

임채완、박동훈:《한국 화교의 역할과 발전방향》,《한국동북아논총》,第41辑,韩国东北亚学会,2006年。

김희신:《清末(1882—1894)汉城华商组织과그位相》,《中国近现代史研究》,第46辑,中国近现代史学会,2010年6月。

김영신:《日帝时期在韩华侨(1910—1931):仁川地区华侨를 중심으로》,《인천학연구》,第4号,仁川大学校仁川学研究院,2005年2月。

김원숙:《우리나라 외국인정책의 역사적 전개에 관한 소고》,법무부 출입국관 리서기관,2012年12月。

박현옥、박정동:《연구보고서——한국화교(인천화교)의 경제활동 및 사회적 지위에 관한 연구》,인천발전연구원,2003年。

朴银琼：《韩国华侨의种族性》，韩国研究会，1986年。

朴银琼：《韩国华侨社会의历史》，《震檀学报》，52卷，1981年。

진유광저，이용재역：《중국관행총서04——중국인 디아스포라：한국 화교 이야기》，韩国学术情报出版社，2012年。

谭建平：《재한화교의사단조직에관한연구——서울지역을 중심으로》，首尔大学硕士论文，1985年。

郑惠仲：《开港期仁川华商네트워크와华侨정착의 특징》，《中国近现代史研究》，第36辑，中国近现代史学会，2007年。

九、网站

广东同乡会网站：http://www.guangdong-jp.org。

广东外语外贸大学校友总会网站：http://alumni.gdufs.edu.cn/，访问日期：2016年6月11日。

广州开发区党工委、管委会主办：《创业导报》，第346期，2011年2月17日。http://www.cydb.getdd.gov.cn/，访问日期：2016年4月16日。

华工新闻网：http://news.scut.edu.cn，访问日期：2016年5月12日。

暨南大学日本校友会网站：http://jndx.exblog.jp，访问日期：2016年5月12日。

暨南大学日本校友会网站：http://jnujp.web.fc2.com，访问日期：2016年5月20日。

李海峰："海外新华侨华人近千万：超半数居欧美"，http://www.chinanews.com/ zgqj/2012/01-11/3597462.shtml。访问日期：2016年6月7日。

人民网：《中山大学日本校友会在东京成立》，访问日期：2014年10月18日。

日本国驻广州总领事馆网站：《广东省主要データ》，http://www.guangzhou.cn.emb-japan.go.jp，访问日期：2016年3月17日。

神户华侨历史博物馆网站：http://www16.ocn.ne.jp/~ochm1979/index1.html，访问日期：2015年3月7日。

中山大学交流广场网站：https://www.facebook.com/zuribengc/?ref=py_c，访

问日期：2016年5月12日。

中山大学日本校友会网站： https://www.facebook.com/zuriben； https://www.facebook.com/zuribengc/，访问日期：2016年5月12日。

中国新闻社《世界华商发展报告》课题组：《2008年世界华商发展报告》，http://www.chinaqw.com/news/200902/02/148817.shtml，访问日期：2016年6月19日。

InfoDeliver公司网站：http://www.infodelier.com，访问日期：2016年5月14日。

サーチナ：《広東出身の社長による業務支援サービス、その原点は？》，2008年10月21日，exciten ニュース：http://www.excite.co.jp/News/chn_soc/，访问日期：2016年5月14日。

韩国外交部网站：http://www.mofa.go.kr。

定价：90.00元